news interview and writing

news interview and writing

news interview and writing

news interview and writing

news interview and writing

news interview and writing

news interview and writing

News Interview
and Writing

21世纪新闻传播学精品教材

新闻采访与写作

许 颖 著

中国传媒大学 出版社

·北京·

目录

绪论　理解新闻　/1

第一节　变化中的新闻特性　/1

第二节　新闻采访与写作——新闻传播活动的起点和媒介产品生产的龙头　/10

第三节　新闻采访与写作的关系　/12

第1章　理解新闻采访　/16

第一节　新闻采访性质及特点　/16

第二节　新闻采访的任务　/22

第三节　新闻采访中的记者和采访对象　/29

第2章　新闻的发现与选择　/34

第一节　新闻的发现力　/34

第二节　获得新闻线索：采访的起点　/40

第三节　新闻选择：把关人与把关　/45

第3章　新闻报道策划　/50

第一节　新闻报道策划的类型、原则与方法　/50

第二节　案例：从新闻线索到策划报道　/59

第4章　新闻采访的准备　/63

第一节　消息源的确立及取得　/63

第二节　拟定采访提纲　/73

第三节　特别的采访准备　/83

第 5 章 | **新闻采访的一般方法** / 91

第一节 访问采访法 / 92

第二节 观察采访法 / 106

第三节 文献研究法 / 118

第 6 章 | **新闻采访的特殊方法** / 123

第一节 隐性采访 / 123

第二节 体验式采访 / 126

第三节 基于社会科学研究法的采访 / 129

第四节 在线采访 / 134

第 7 章 | **采访素材的整理与分析** / 138

第一节 采访素材整理与分析的意义及程序 / 138

第二节 采访素材整理与分析的方法 / 146

第 8 章 | **形成报道思路** / 153

第一节 确定报道体裁 / 154

第二节 设计报道结构 / 162

第三节 选择新闻角度 / 164

第 9 章 | **新闻写作的基本规律** / 171

第一节 价值律——通过新闻写作显现新闻价值 / 171

第二节 真实律——新闻真实性对写作实践的要求 / 175

第三节 效果律——基于传播目标的写作 / 177

第四节 客观律 / 178

第 10 章 | **新闻写作的基本方法** / 183

第一节 用事实说话 / 183

第二节 新闻跳笔 / 189

第三节 白描语言 / 194

第 11 章 | **消息写作（上）** / 202

第一节 消息及其基本构成元素 / 203

第二节 消息导语的写作 / 211

第 12 章 | 消息写作（下） / 229
第一节 主体的建构 / 229
第二节 消息的背景 / 245

第 13 章 | 广播电视消息写作 / 256
第一节 适合口说耳听的写作 / 257
第二节 广播电视消息的导语与主体
结构 / 262
第三节 音响、解说与画面的关系及脚本
写作 / 268

第 14 章 | 网络消息写作 / 279
第一节 网络新闻传播过程中受众心理
与行为方式特征 / 279
第二节 在线写作程序 / 281
第三节 非线性结构 / 284
第四节 多种符号与元素的组织及配置 / 290

第 15 章 | 新闻特写 / 295
第一节 特写及其特点 / 295
第二节 特写的取材 / 298
第三节 特写的叙事 / 300

第 16 章 | 人物专访 / 303
第一节 人物专访概说 / 303
第二节 人物专访的分类 / 307
第三节 人物专访的消息源 / 309
第四节 人物专访的写作 / 312

第 17 章 | 调查性报告 / 318
第一节 调查性报道概说 / 319
第二节 调查性报道的结构 / 320
第三节 调查性报道的写作 / 321
第四节 调查性报道的陷阱 / 327

第 18 章　深度报道　/ 330
第一节　深度报道概说　/ 330
第二节　深度报道的特点　/ 331
第三节　深度报道的写作要领　/ 335

第 19 章　广播电视新闻专题的写作　/ 343
第一节　广播电视专题及其分类　/ 343
第二节　广播电视新闻专题的特点　/ 348
第三节　广播电视新闻专题的表达手段
　　　　及其常用结构　/ 350

第 20 章　网络新闻专题制作　/ 366
第一节　网络新闻的专题产生及其特点　/ 366
第二节　网络新闻专题的结构与布局　/ 368
第三节　网络新闻专题的多媒体表现　/ 374
第四节　网络专题的制作程序　/ 379

第 21 章　在媒体实习和工作　/ 383
第一节　如何选择媒体　/ 384
第二节　如何写好求职信和个人简历　/ 385
第三节　如何准备笔试及笔试应试策略　/ 386
第四节　面试临场策略与技巧　/ 389
第五节　如何顺利渡过实习期　/ 392

参考文献　/397
后　记　/399

绪论——理解新闻

2008年的"两会"的新闻发布会上,来自网络的记者、编辑格外抢眼。

只见一名网络摄影记者坐在第一排,负责抢拍记者会的主角和提问者的照片,全程记录新闻人物的现场表情,然后将数码相机的储存卡递给坐在后排的一位网络编辑;这位编辑随即换给他一张新卡,同时马上把储存卡导入置于膝上的手提电脑,在电脑上挑选出有价值的新闻照片,并加注标题说明,与此同时,通过无线网络,这些照片立刻传送回网站,挂到网上的两会直播窗上。

而网站通过无线网络与记者会现场的编辑同步联系、发出指令,如需要某位回答问题者侧面的照片,或要会场的全景,现场记者、编辑可以立刻执行,几分钟后,新的照片就出现在网上。

两个储存卡、一部手提电脑、十只上下翻飞的手指,这就是网络现场直播的核心设备;每次提问、抢拍、交换、挑照片、挂上网,都在几分钟之内完成,网民几乎可以同步在线观看。这种速度让新闻发布会上来自其他媒体的记者们望尘莫及。

关于媒介,最近几年已经发生了很大的变化。人们注意力被聚焦到这样一些事件:中国网民人数突破亿人,网络广告强劲增长;"超级女声"节目的短信收益与广告收益等量齐观;手机电视、网络电视、手机报纸、电子报纸等新的媒体概念层出不穷……传统的报纸、广播、电视、杂志泾渭分明的界限正在被消解,媒介之间日益出现融合的趋势。在这样的背景下,新闻的特性发生了怎样的变化?又有什么是不变的呢?作为新闻传播中最基本环节的采访与写作又将如何胜任这些新的变化?新闻采访与新闻写作之间又存在着怎样的关系?

第一节 变化中的新闻特性

"随时随地,信息由我选择",这在过去似乎是遥不可及的想象。而今天,随着信息技术的发展,满足受众这样的需求并非纸上谈兵。报纸、广播、电视、电脑、手机……这些媒体都作为信息的终端出现,受众只要想获得信息,便可以自由地选择任何一个最适合自己所处的位置与需求的媒体来满足自己的需要。日本电通公司2003 年在一份媒体接触行为的调查中勾勒了一幅日本上班族接触媒体的典型画面:清晨起床后,电视和报纸是受众获得信息的首要来源;上班途中,报纸、杂志和广播三分天下,同时,用手机看新闻在青少年中势头正劲;上班时,网络是工作之余获取新闻的最佳接触点;午餐休息时,手机和网络平分秋色;下班途中,再次重演上班途中的一幕,人们在报纸、杂志、广播的陪伴中回到家中;晚上,电视与网络占据了很多人的休闲时间直到一天结束①。

今天,这样的画面对于中国的受众而言也并不陌生。在多种媒体并存、多种媒体竞争的时代,媒体会调整自己对新闻所下的定义,从而调整内容配置,以满足目标受众的需要。在这样的时代,新闻的消费发生了怎样的变化? 而新闻的特性有哪些变与不变呢?

一、新闻消费方式的变化

1. 从独立式消费到参与式消费

随着媒介技术的发展,受众地位已从被动向主动转变,受众已不满足于传统媒介单向的"独立式"消费模式,更追求双向互动的平等传播。

获取新闻和信息一度只是强势机构的特权,只有他们才有权利和财力去主宰信息的发布。而如今新的信息访问和传播方式给人们上网发布消息提供了极大的便利。数码照相机、数码摄像机、移动电话、短信、图像电话等传播科技进入寻常百姓家,为受众提供和发布新闻给予了技术上的支持,使任何一个普通人都可以跟专业记者有同样的机会通过他们的个人电脑发布新闻,使受众从信息的消费者变为信息的提供者成为可能。关于这一点,《草根媒体》的作者丹恩•吉尔莫尔总结得十分直接,他说:"我的基本看法是,如果人们拥有创建新闻内容的工具,他们就会这么去做,从而逐渐出现一种全球性交谈。"

目前,在互联网上,用户自创内容与专业内容的融合趋势已经开始显现。MySpace的前任董事长理查德•罗森布拉特(Richard Rosenblatt)表示:"专业内容与用户自创内容相结合,将成为 2007 年的重大主题。"他认为,人们将希望在网络上建立个人"频道",在此,他们能够将业余材料与专业材料结合起来。而他的新公司迪蒙德传媒(Demand Media)正投资 2 亿美元进行相关尝试②。

2. 从信息"超市"型消费到信息"专卖店"式消费

目前的受众越来越不满足信息同质的大众化传播,更喜欢提供适合小众和个性化的信息服务。而受众细分使媒体纷纷推出个性鲜明、具有针对性的信息,使受

---

① ビデオリサーチ社・MCR2003
② 谁将成为新的网络赢家 2007 三大预测趋势预测,http://www.enet.com.cn/article/2007/0110/A20070110385902.shtml

众更容易识别适合自己需要的信息内容。

以网络媒体为例,网民每天面对铺天盖地的各种新闻,选择就成了费时费力的苦役,因此,提供个人定制服务,即根据受众个人需要对新闻进行筛选、过滤、整理、加工和定向提供,那么新闻就会变得更有价值。于是网络可以提供点对点的传播方式,加速了传播小众化和分众化的进程。

这样的转变对于媒体而言具有重要意义。媒体必须考虑,决定新闻信息产品市场表现的核心因素已经由产品质量向信息服务质量转移。因为,信息销售规律是:信息的价值不决定于信息本身的价值,而是决定于信息提供者以往所提供的信息给接受者所带来的快感和收益。具体对一条新闻信息产品的价值进行判断是很困难的,市场价值的确定与价格定位的真正完成在其传播以后,而不是传播以前。传播以后,人们因此信息获得了收益或经济学意义上的福利,人们感到物有所值,愿意向上次的信息提供者购买其新闻信息产品。这时,信息销售规律在真正发生作用。

更仔细地分析其内在规律,就会发现,人们这时向上次的信息提供者购买的已不是新闻信息产品,而是提供新闻信息产品的服务。人们这时并不确知将要提供的新闻信息产品有什么样的价值,但知道其具有提供有价值的新闻信息产品的能力,因此,愿意购买这样的服务。这样的运作多了,特别是信息的搜集加工销售工业化、电子化、信息流化以后,人们更加难以确定具体新闻信息产品的价值,只能是购买、依赖其提供的服务。从客户的眼光看来,更是这样。即使具体的新闻信息产品的价值与客户的需求不够吻合,但信息仍能以他们感觉方便、快捷、可靠、以信息流的方式提供,客户仍会感到一定程度的满意。

3. 信息消费的碎片化与散点化

"碎片化",原意为完整的东西破成零片或零块,在 20 世纪 80 年代末常见于"后现代主义"研究文献中。"后现代"是与现代的断裂和折裂,更多强调的是对现代的否定,是一种认知的扬弃,它肢解或消解了"现代"的一些确凿无疑的特征①。

在传媒领域,随着电视频道日益增多、广播媒体开始复兴、报纸版面极大扩张、专业杂志层出不穷、网络与手机媒体异军突起,这一切,将消费者原有的媒介接触时间、接触习惯完全打破,传统的办公室阅报行为已经逐渐被互联网新闻浏览所取代,对多数人来说,接触媒体成为一种在比较放松的半休息状态下寻找精神归属感和情感沟通的方式。这种新的媒体环境下和新的阅读方式的变化,就是媒介消费的"碎片化"。以北京消费者的媒介接触情况为例,1998 年至 2003 年,其电视收视时间和报纸阅读时间逐年增长,而广播收听率和杂志阅读率基本呈逐年下降趋势。2003 年以后,消费者的媒介接触发生了显著变化,收看电视、阅读报纸的时间开始

---

① 〔英〕迈克·费瑟斯通著,刘精明译:《消费文化与后现代主义》,译林出版社 2000 年版,第 3-4 页。

缩短,而接触广播、杂志的比例明显上升①。

对于受众的信息消费而言,他们并不关注从什么媒体获得的信息,而更关注获得信息的方便度、低廉度及丰富度,在接触媒体时选择最有利于自己接收信息的一个。如在人们移动时,就容易选择广播、手机媒体来获得信息,在家里、办公室里,报纸、网络、电视会被优先考虑。因此,消费者的信息消费场所日益散点化,随时随地只要信息能方便获得,受众就有可能进行信息消费。

新媒体则是能与消费者生活方式融合的一种媒体形式,它跟随人的生活轨迹发生,成长在人们的生活接触点上,进而形成有效的媒体网络。它能够适应受众特定的时间与空间,从而创造出特定的媒体接触方式。如一个人在白天的十多个小时中会出现在家庭以外的许多地点,在这些地点会有什么样的媒体接触行为发生?新媒体应该从人们的生活形态中去发现潜在的传播机会。

美国西北大学媒体管理中心负责人约翰·拉文(John Lavine)认为,碎片化是"遍及所有媒体平台最重要的趋势"②。在分众化与碎片化时代,媒体将面临更加严峻的局势,传统的经营与运作模式开始受到挑战。媒体机构将再也无法单单用一种旗舰节目或出版物来获得大批受众。相反,要获得大批受众,则需要通过一个遍布一系列平台的媒介系统。

二、新闻特性的不变与变化

新闻价值是选择和衡量新闻事实的客观标准,即事实本身所具有的足以构成新闻的特殊素质的总和。什么样的事实是新闻?需要由新闻价值来作出判断。在新闻消费日新月异的今天,新闻价值的很多传统构成要素仍然是起作用的,与此同时,新闻价值的构成要求也发生了一些新变化。

1. 传统新闻价值标准

一般而言,传统的新闻价值要素主要包括以下几个方面:

(1)新鲜性

新鲜性是新闻价值的首要因素,新鲜性包括两层意思,即时间新、内容新。一条新闻,时间上离事实发生(变动)的时间越近,内容上包含人们的未知因素越多,就越有新闻价值。在可能的范围内,记者总是想方设法尽快把新闻传递给受众。报道当天或前一天发生的事件,或者即将发生的事件,往往被认为是有时效的。对于过去已经发生的事情,如果恰巧是在它发生的纪念日,如一周年、三周年、十周年的时候报道,也会被看作是有时效的。时间新这一要素是要回答受众这样的问题:你为什么现在告诉我这件事?

与此同时,内容新也是新鲜性的重要组成。有的记者每天都忙于参加各种会

---

① 转引自黄升民:《碎片化背景下消费行为的新变化与发展趋势》,《广告大观(理论版)》2006年第2期。

② 转引自崔保国:《2006年:中国传媒产业发展报告》,社会科学文献出版社2006年版,第15页。

议,按照会议统一的文字材料进行报道,所采访的内容和所写的新闻在相当程度上是程式化的,而这样的新闻作品很难吸引受众的眼球,更别提能引起很大的反响了。于是有人讽刺现在的很多报道,说"开会没有不隆重的,闭幕没有不胜利的,鼓掌没有不热烈的,会谈没有不亲切的"。而一家媒体真正出彩的地方,并不是它一件不少地报道了别人同样报道的新闻,而是它报道了别人没有报道过的新闻,或者是在报道同一题材的新闻时,它的报道比别人更有新意。

请看下面的报道:

> · 本报记者某某报道,今天下午,北京市政府在国际俱乐部举行情况介绍会,向驻华使馆官员、外国记者介绍了新的《北京城市总体规划》的情况。
>
> 作为中国的首都,北京的城市总体规划为中外人士所关注,按照新修订的北京城市规划,在未来的20年里,北京将加速发展第三产业。同时,北京还将继续严格控制老城区的建筑高度以维护古都风貌。
>
> 各国驻华使馆新闻、经济官员和驻华记者等90多人出席了情况介绍会。

同样的会议,另一篇报道是这样的:

> · 本报讯　外资和外商今后有望参与到北京市的城市基础设施建设当中,这是今天北京市政府在向驻华使馆官员、外国记者介绍新的《北京城市总体规划》时透露的信息。
>
> 据了解,在今后七年里,北京市以平均每年100亿人民币的资金投入,重点建议包括南水北调、陕北天然气进京在内的一批城市基础设施和大型骨干工程,这些工程将采用建设、经营、转让的方式,鼓励外商外资参与。
>
> 此外,北京市还将在二环路沿线建设相当规模的金融、商务、信息等公共建筑,满足第三产业的发展。

这两条新闻的主要内容都是北京市政府举行介绍会,介绍新的《北京城市总体规划》,但在采访中,第一位记者关注的信息不够新,显得不具体,老生常谈多,没有将新的规划新在哪重点突出介绍;而第二条新闻则突出了新规划中"让外商参与建设"、"二环沿线建公共建筑"等新信息,这些信息是在报道前人们所不知道的,也是受众想知道的,因此就更有新意。

(2)重要性

新闻价值的重要性是指某个事实既为广大受众所关注,又能对社会产生较大的影响。比起其他的新闻价值要素来,对重要性的判断能体现记者的政治观点和思想倾向。新闻事件与当前社会生活和大众的切身利益有着密切关系,势必会引起人们关心,影响许多人,如政局的变动、政策的变化、战争以及重大经济信息等。

如何发掘新闻的重要性?这需要记者在采访中去了解新闻事实对人们的影响。一般来说,影响的人越多、影响范围越大、影响程度越深这一新闻就越重要。记者应该通过自己的采访把事实中蕴含的影响表现出来。

有一年的"六·一"前夕,国家技术监督局对儿童用品做了一次抽查,结果发现儿童车的合格率不高。按照常规,对这类新闻就是泛泛地公布一下不合格童车的数字,并将其厂家名称等予以曝光。而前去采访的中央电视台的记者不满足于此,他们在对不合格的童车做了一番调查后,用很大的篇幅介绍了不合格童车存在的问题和这些问题可能造成的危险。为了起到强调作用,记者用一组特写定格画面,对童车存在的问题逐一展示,给家长们在选购童车时提供了指导。解说中写道:

> 这些童车普遍存在着突出物,小孩子在使用时很容易被挂住衣服什么的;这些外露的闸线头、尖端物容易划伤孩子娇嫩的皮肤……

如果记者按照常规做法处理这条新闻,对于问题童车到底会带来什么危险等内容只字不提的话,观众从新闻中获得的只是单一的信息,新闻的重要性可能不会被观众认识到,受到震动的也许只是部分厂家。而通过更深入的采访,能让观众认识到问题的实质,从而起到更好的传播效果。

(3)显著性

显著性是指新闻事实具有不同一般、超出一般的性质。显著性通常是指人物、地点、事件的著名,再就是指事物程度、数量的显赫。

新闻中的人物、地点或事件越是著名、越是突出,新闻价值就越大,人们的注意力会自然而然地集中到他们的身上。有成就的名人,比如演艺明星、运动员,或无论因为好事还是坏事出名的人,往往能吸引受众的注意。如总统的一次感冒,证券市场也可能跟着颤抖;又如一位名人或要人的膳食、体温、睡眠、爱好乃至私生活等,都可以成为新闻内容。新闻价值的"显著性"要素可形象地浓缩成一组"一目了然"的数学公式,颇有借鉴价值:平凡人+平凡事≠新闻,平凡人+不平凡事=新闻,不平凡人+平凡事=新闻,不平凡人+不平凡事=大新闻。

此外,显著性也表现在事物程度、数量在变动上的某种显著特征,如带有"第一"与"最"的事实比较容易引起人们的关注。

1997年4月20日,当时中央电视台驻香港记者孟凡鲁听说中国人民解放军驻香港部队40名先遣人员21日将进驻香港。凭着多年的新闻经验,他意识到这是一条不同寻常的新闻线索,这意味着驻港部队首次踏上香港的土地。于是记者克服了种种困难联系采访,最终成为香港众多媒体中唯一一家随首批驻港部队先遣人员采访的记者,记录下驻港部队首次进驻香港的全过程。

但新闻价值的显著性要素也不宜滥用,过分追求显著性会使媒体热衷于报道名人隐私等猎奇性内容,降低媒体的品格。

(4)接近性

接近性是指某个事实和受众有某种关联而产生"亲近"感。接近性首先体现在地理的接近上,受者一般最关心的总是自己周围发生的事情,本地发生的事情对他的影响更加直接。如:

> 今夏想吃上地道的大兴西瓜,您可以先查一下它是否上了"户口"。今天上午,大兴区庞各庄等六个镇四个品种的西瓜被正式授牌,成为国家地理标志产品。消费者可以根据西瓜上的标号,找到销售者、生产者和生产地块,从而保证吃到优质放心的大兴西瓜。
>
> (北京晚报,2007 年 5 月 16 日,第 4 版,西瓜须专卖还得带户口)

这样一条新闻如果放在上海的《新民晚报》,或广州的《广州日报》上,估计很难吸引读者的眼球,然而在北京,由于市民大多购买本地西瓜,对这样的新闻就会比较感兴趣。

接近性还体现在一种心理上的接近。人们往往对关系着自己切身利益的事实有接近感。比如住房问题、社会保障体制问题、医疗改革问题、教育问题、弱势群体权益维护问题等,这些问题都与社会公众的利益密切相关,报道这样的内容,容易引起受众心理上的关注。

值得注意的是,新闻传播作为一种文化现象,它植根于一种文化,这种文化就是人们在长期的社会生活中形成的一种共同的心理体验。一些看似离受众较远的内容,可以尝试从让受众产生心理关联的角度入手报道,有时也能出人意表,出奇制胜。请看以下报道:

> 当 CCTV 的"感动中国"评选活动正在紧张激烈地进行之时,纽约出了一个无可争议的"感动美国"人物,他的名字叫韦斯利·奥特利。美国一家报纸说,虽然新年才刚刚开始,评选新闻人物的 NO.1 还有点早,但可以肯定的是,整个 2007 年,没有人可以和奥特利竞争了,他的事迹太感人了。
>
> (南方人物周刊,2007 年 1 月 21 日,第 14 页,"地铁超人"奥特利感动美国)

这条新闻如果直接表述为"美国一建筑工人跳下地铁救人"就会让中国的读

者感觉比较遥远,而从"感动中国"联系到"感动美国"的角度来报道,则会让读者的心理产生亲近感,进而产生阅读的兴趣。

(5)趣味性

新闻的趣味性是指事实所特有的情趣和意味,是事实本身所具有的能够引起受众注意或足以动人情感的素质。新闻事实中的趣味性主要表现在两个方面,即奇异现象和人情味。

非普通事件,鲜有或离奇事件,或者从事非正常活动的人,就具备一定的新闻价值。西方新闻界流行这样的说法"狗咬人不是新闻,而人咬狗则是新闻",表现的就是新闻的奇异性元素。请看下面的例子:

> 不起眼的家禽粪便通过科学利用竟然摇身一变,成为重要能源。美国明尼苏达州一家农场利用家禽粪便和农场垃圾发电,不仅解决了垃圾处理问题,还变废为宝,为广大住户提供了新能源。
>
> (新京报,2007 年 5 月 25 日,A32 版,美国农民建"粪电站")

而人情味元素,往往与道德伦理、婚姻家庭、人间真情、人生成长等有关。这类新闻的故事性比较强,容易激起读者或欣喜、或愤慨、或悲哀、或惊讶、或深思等多种丰富的情感。如:

> 直到今天,Brecken Chinn Swartz(中文名字:陈博瑞)也无法理性地解释,她那天为什么会在残疾小姑娘周琳的面前停下来。她只觉得是一种直觉引导她这样做。而这一邂逅,竟然戏剧般地改变了她的人生。
>
> (中国新闻周刊,2007 年 2 月 5 日,第 56 页,当陈博瑞遇见周琳)

这篇报道讲述的是一位美国女性帮助中国一位严重烧伤的女孩到美国进行康复治疗的故事。这类报道让人们关注主人公的困境,通过报道那些有特殊问题或经历的人,使人们的心灵产生共鸣。

2. 变化了的新闻价值元素

(1)有用性

在人们生活节奏日益加快的今天,受众看新闻除了获得信息之外,同样希望信息能对他的生活有所帮助。这样,新闻的概念就扩大为包括个人化的、被需要的、有用的所有信息。

新闻的有用性既不像重要性突出的硬新闻那样关系到国家大事、人类命运,也不像趣味性强的软新闻只带来当下的情感满足,而是一种可以带来立竿见影的现实利益的信息。比如,股市行情可以给人带来投资收益,IT 动态可以帮助人采用最新的计算机硬件和软件。这样的信息对特定的受众有一定的指导意义,为其提供决策参考。

（2）娱乐性

在目前多种媒介相互竞争、融合的背景下，新闻价值的侧重点也发生了一些转移，娱乐性强的新闻成为媒介竞争的一个重要品种。娱乐报道通常具备名人效应，其娱乐价值在于可以使受众感到轻松愉快。

美国新闻学者庞德在《新闻学概论》中曾指出，"伊利诺州立大学广播研究院院长威尔伯·施拉姆根据经验所得，曾作一个假设，其理论为'我想一个人之所以选择新闻，目的在于有所收获，这种收获，不外下列两种范围：一为心理学大师弗洛伊德所谓的寻乐原则，另一种是他所谓的现实原则。也可以称为立即收获和延缓的收获。'"如果说，延缓收获更多地来自时政新闻、经济事件、社会问题、科学、教育和卫生等新闻的话，立即收获则更多地来自于娱乐性强、趣味性强的新闻。

但也需要注意的是，娱乐性元素的过分强调则容易造成媒体的低俗化、煽情化，这对于新闻文化环境的建构可能产生某种程度的危害。如2006年王菲生孩子的事情，被很多媒体用狂轰滥炸的形式来报道，不但影响了公众人物正常的生活，也让受众感觉到过分，进而对媒体的责任感产生了强烈的质疑。

（3）可视性

可视性指新闻事实中蕴含着能用视觉符号充分表现的元素，对于目前图片与视频在新闻媒体中广泛使用的情况而言，可视性是一个重要指标。

在一项名为"新闻报道与眼球"的研究中，研究人员发现，报纸读者首先被彩色照片所吸引。[①] 因此，记者在报道时要考虑到用图片或图表以辅助文字报道，树立对自己的报道进行视觉化处理的意识。

此外，对于一些可视性强的新闻，有时会因为其强烈的可视性而在受众中引起很大的关注。如中央电视台曾播出一条新闻，说的是北京有一位行人横穿高速路遭遇车祸身亡，而记者当时正好抢拍下了这次车祸的全过程。这条新闻光看内容是一则交通事故的报道，其新闻价值并不大，因为每天都有很多交通事故发生，作为中央电视台不可能一一关注。但这条新闻恰恰在于记者拍摄下了事故的全过程，画面给人带来强烈的视觉冲击，比任何文字的描述都更直观地表现了车祸是如何发生，同时不失时机地宣传交通法规，这样的引导会让观众留下深刻印象，因为观众是在血的教训中感悟到遵守交通法规的重要性。从这个角度说，这条新闻产生的社会效果远远超出了事件本身。

在当今这个充满变化的时代，人们获取信息以及传递信息的方式都在发生着巨大的变化，但这些信息的加工方式并没有根本的变化，都必须由记者通过现场采访收集后，从中找出最重要的元素将它整合成一篇报道，并在媒体能达到的传播范

---

① 〔美〕卡罗尔·里奇著，钟新主译：《新闻写作与报道训练教程》，中国人民大学出版社2004年版，第28页。

围内有效地传播。无论哪个媒体的记者,都应该好好研究在这个时代中新闻的变与不变,研究如何选择并报道新闻,让新闻既满足读者的知情权,又使读者对报道感兴趣,同时在传播中实现新闻的传播价值。

第二节　新闻采访与写作——新闻传播活动的起点和媒介产品生产的龙头

一、新闻采访与写作——新闻传播活动的起点

新闻传播的过程可以用这样一个图表来表示:

选择事实 ⟶ 加工制作 ⟶ 播报传递 ⟶ 受众接受 ⟶ 信息反馈

1. 选择事实:通过采访完成新闻传播的信息收集

客观世界的发展变化丰富多彩,包罗万象,并不是所有的事态都能成为报道对象进入传播过程,因此,需要靠传播者进行选择,发现并获取有新闻价值的新近发生的事实。这一过程,正是采访的过程。记者深入社会生活对多种事态进行探访、比较和筛选,从中捕捉新闻价值较大的事实,确定为新闻报道的题材。

2006 年 2 月 16 日,《南方周末》刊出了对著名演员濮存昕的专访《濮存昕:跳进"人艺"这锅粥》。报道没有关注濮存昕作为明星的一面,而是关注了他的另一个身份——北京"人艺"主持日常工作的常务副院长,深入报道了其作为国家级艺术殿堂一把手的尴尬。报道刊出后,新浪、网易、搜狐在第一时间转载了《南方周末》的报道,《第一财经日报》《外滩画报》《新闻晨报》《新京报》《北京晚报》、《西安晚报》、中央电视台、凤凰卫视等媒体希望就此问题进一步采访濮存昕时,却遭到了拒绝。濮存昕说,"我说的话已经在《南方周末》上说完了。你们可以看看《南方周末》去。"这些媒体只好大篇转载、摘编《南方周末》的内容①。这篇成功的独家人物专访其实一开始并没有把这个内容当成重点。据记者在其采访手记中回忆,"人艺"话题只是其采访提纲中的一部分,还准备了关于公益事业、电影、电视剧、话剧、生活等方面的内容。但当记者在采访"人艺"话题的时候,记者没有想到形象素实的濮存昕会如此激动,他对记者坦言其任"人艺"副院长三年来"一事无成"。濮存昕的愤怒让记者吃惊,记者立刻调整了采访的思路,把问题聚焦在"人艺"话题上,提出了一系列的问题,使原来 1 个小时的采访被延长到了 4 个小时,获得了很多有价值的独家信息。记者采访结束后已经是晚上 12 点,兴奋的他打了个电话给《南方周末》的编辑部,说自己抓到了大鱼了②。

---

① 张英:《濮存昕现象的悲哀,〈南方周末:后台〉》,南方日报出版社 2006 年版。
② 张英:《濮存昕现象的悲哀,〈南方周末:后台〉》,南方日报出版社 2006 年版。

在选择事实这一过程中,记者始终对其采访到的信息不断地分析判断,找出最有新闻价值的事实来。值得注意的是,这种选择建立在全面准备和采访的基础上,即应该对报道对象进行全面深入的实地观察和面对面的访问,尽可能详尽的获得第一手材料和相关的背景信息。

上文谈到的《南方周末》专访濮存昕的报道之所以采访的成功,正是因为记者在 2003 年濮存昕上任时在现场,听到了濮当时对"人艺"的期望,掌握了相当多的背景材料。因此,当濮存昕说到"人艺"有问题时,记者能迅速反应过来并联系起原来的背景知识进行提问,引起了濮的共鸣。深入而全面的采访为真实、准确的报道打下坚实的基础。

2. 加工制作:通过写作完成新闻传播的编码

在加工制作环节,记者把经过选择的事实转换成新闻作品,这一转换通常是经过新闻写作来实现的。记者首先需要对在选择事实环节获取的原始素材进行去伪存真、去粗取精的第二轮选择和筛选,形成报道可以使用的各种材料;然后对这些早已经了然于胸的材料进行合理的结构与整合,包括提炼报道的主旨、归纳与概括报道的核心内容、展开报道,这个过程是在一定的叙事框架下组织材料的过程;最后再根据不同媒体的物理性质,最终形成符合自己媒体特性的报道,或形成文字报道,或制作成音频报道、视频报道,甚至是融多种符号为一体的多媒体报道。

笔者 1998 年在中央电视台社会新闻部做实习记者,一次去采访当时林业部组织的一场集体婚礼,100 对新人以种植纪念树的形式在京郊怀柔度过自己大喜的日子,当时的林业部副部长出席了这一活动。笔者采访了新人种植纪念树的活动之后,在现场还发现了其他自发来种植各种各样的纪念树的人,有为孩子周岁种树的,有为朋友生日种树的,于是笔者对他们又进行了一一采访。之后,再询问了管理这片纪念林的工作人员,他们说自发前来植树的人每年成倍递增。在对时任林业部副部长的领导进行采访时,除了采访关于集体婚礼的问题外,又补充了关于种植纪念树的问题。在写作阶段,笔者仔细分析了自己获得的素材,觉得如果单纯报道这次集体婚礼并没有体现出新闻的价值。当时正好是 4 月,植树的最佳季节,很多单位都在组织植树,然而普通老百姓自发的种植纪念树还不多见。于是笔者就调整了报道思路,转向以"从组织到自发的植树成为植树新风尚"作为新闻落点。这样,原来素材中关于集体婚礼的内容进入写作环节时就大大压缩,而放大了后面记者新发现的内容。接着笔者按采访一对新人、几个朋友、一家三口的顺序组织这些素材,从种纪念树表达爱情、友情、亲情三方面展开报道,再加上林地管理员和林业部副部长提供了关于自发种植纪念树的数据和相关评价,形成了一个文字稿。最后笔者在文字稿的基础上,按照电视新闻的特点,编辑、制作了一条新闻《种植纪念树 为国添绿色》,在中央电视台《新闻三十分》和《新闻联播》播出了,引起了广泛的好评。

由此可见,写作环节主要是对采访后的原始材料进行进一步加工制作,通过分析大量的新闻素材后,明确并深化报道主题,根据主题筛选新闻素材,将一般素材剔除掉,而将能说明主题、围绕主题的素材挑选出来,将其组织化、条理化,最终完成对信息的编码工作。

通过新闻采访与新闻写作两个环节,传播者将信息转化为可以传播的文字符号、图像或声音符号,没有采访写作,也就没有新闻传播活动,它们是新闻传播活动的起点。新闻采访、写作的准确度、清晰度、时效度、可信度等,将直接关系到信息的传播效果。

作为新闻传播的第一道工序,采访写作的核心任务是将信源发生的信息(即事实)转换为对应的符号,因此,一定要保证采访到的事实准确可靠、全面具体,同时写作过程中注意符号的表述与事实相符,否则就容易出现新闻失实的现象。

二、新闻采访与写作——媒介产品生产的龙头

如果将新闻媒介作为一种产品来考察,新闻报道是媒介产品中最重要的组成部分。报纸中的新闻版、广播电视中的新闻频道及新闻栏目、网络媒介中的新闻频道和新闻中心……新闻报道都占据了媒介中的最重要地位。

正是这样的地位,决定了媒介产品的生产必须以新闻报道为核心,即以新闻信息的采集、加工、展示为核心来组织整个媒介的生产。这其中,新闻信息的采集与加工,是通过新闻采访与写作环节来完成的,新闻采访将新闻事实的内容进行采集与还原,新闻写作则将这些零散的信息进行加工与组装,形成初步的新闻报道。而新闻信息的展示,则是在采访写作形成初步报道的基础上,通过一定的编辑手段,使报道以某种方式呈现。

由此可见,新闻采访写作是新闻报道产生的最重要步骤,是媒介生产的龙头。没有采访写作对新闻信息的采集与加工,就谈不上对新闻信息进行展示。

2008 年 5 月 12 日,四川省汶川县发生 8 级强烈地震,第二天,各家报纸都将这一新闻作了重点报道。《新京报》5 月 13 日以 10 个版面报道此次地震,其中除了 4 个版面的内容主要来源于新华社与《成都商报》、《西安晚报》等其他合作媒体之外,6 个版面的报道均是由本报记者采写的。据笔者统计,当天《新京报》共投入了三十余名文字及摄影记者对此次地震进行报道,形成了颇具规模的报道强势。试想,如果没有本报记者进行采写,仅靠通讯社和其他媒体的内容转载,无法支撑起其新闻内容的生产。即使是来源于其他媒体的报道,同样也是由记者采写完成的。只有当记者采写出大量报道时,新闻生产的流水线才能有效地启动。

因此,媒介产品生产的龙头是新闻采访写作,在这个龙头的带动下,大量的新闻事实被加工成新闻报道,进而通过编辑、配置和展示形成媒介产品。新闻采访写作为媒介产品生产提供大量的"预制构件",是媒介产品生产的基础。

第三节　新闻采访与写作的关系

新闻从何而来？新闻来自事实，由事实构成，是事实的记录与再现。发现和捕捉新闻事实，并赋予一定的再现形式传播于社会，这就是新闻采访与写作对实现新闻传播的特殊功能。在这个过程中，从总体程序和各自的作用考察，新闻采访与写作有着明显的区别。新闻采访，旨在认识并把握新闻事实，主要是了解情况、弄清真相、收集素材，为新闻的传播打下坚实的事实基础；而新闻写作则是旨在反映并表现客观实际，主要是根据采访得来的事实材料，经过分析、取舍和组织，采用恰当的体裁形式和表现方法，使客观存在的事实成为可供传播的新闻作品。

新闻采访与写作，彼此既密切联系又有区别，两者的关系是互为制约、相辅相成的，但两者的地位又不是对等的。

一、新闻采访决定新闻写作

在新闻传播的过程中，采访在先，写作在后。记者想要写一篇报道，首先要受到新闻事实是否发生的制约，好的新闻报道的前提是必须先有一个好的新闻事实。采访作为认识事实的手段，是新闻传播过程中与新闻事实直接接触的唯一接点，只有清楚认识事实，才可能准确地反映事实，采访中对事实是怎样认识的，往往决定写作时对事实怎样反映。如果没有采访到足够的事实材料，笔下工夫再好也无能为力，毕竟是"巧妇难为无米之炊"。如果硬要写，往往是"米不够，水来凑"，甚至于胡编乱造，许多假新闻就是这样制造出来的。

同时，采访的深度和广度也直接关系到写作的深度和广度。要想通过新闻写作深刻而全面地反映客观事实，必须先作深入而广泛的采访。所谓的"深入成就深度"正是对采访与写作关系的最好注脚。

如《南方周末》的记者戴敦峰采访房地产界的知名人物任志强的经过就可见一二。记者从 2005 年 11 月就开始准备采访任志强，但一开始就颇费周折，直到 2006 年 2 月都没有见到任志强本人，只是做了大量的外围采访，如一些房地产媒体的记者，听他们从侧面谈论和评价了任志强。经过不懈的努力，记者终于和任志强见了面，然而他给记者的时间只有半小时到一小时，并且一开始，任志强的状态是不配合采访。"他双眉紧锁，既不站起相迎，也不握手致意，而是一边在纸上写字，一边歪着头去看电脑"，记者建议他写完东西后再采访，但他坚持说"我一边写你一边问"。面对采访对象的这种封闭状态，记者开始找任志强最感兴趣的话题问。果然，一说到房地产理论，任志强话就多了，但说话时目光仍然不与记者交流。于是记者尝试和他谈过去的事，是记者事先了解到的他早年在延安插队的经历。结果，一谈起这段生活，"他的表情立刻变得生动起来，像是记忆的闸门被打开，完全陷入了对往事的沉思中"。这以后，记者与他的谈话才进行了全面开放阶段，所有想问的问题,都得到了他的正面回答。而这一天的采访,从最初约定的半小时到一小时,延伸到实际的三个小时,采访效果比想象的要好。记者采访后写作非常顺利,很快就完成了。记者总结这次采访,认为"与写作相比,采访的过程更加重要"①。

采访对写作的决定作用还体现在内容决定形式上,用什么体裁写作、如何表达为好等,都要看采访所获得的事实内容来定。如果采访缺乏必要的情节与细节,就很难写成通讯或深度报道;相反如果采访非常充分,内容也比较重要,写成消息则浪费了新闻资源。

新闻写作的基础在于采访,采访决定新闻写作,这符合人们对客观事实的认识和反映规律,也是成功的新闻采访写作实践的经验之谈。新闻界的经验是"七分采,三分写",建议记者把更多的精力用在采访上,采访成功了,可以说新闻事实已经到手了,写作只是水到渠成的事了。

二、新闻写作对采访的能动作用

强调采访并不是说写作就无足轻重,事实上写作对采访有能动作用。写什么、怎么写、用什么样的体裁,往往不是动笔时才开始考虑,而是在采访过程中就要酝酿,根据写作的要求来进行采访。写作时,如果发现事实不够充分,还会有补充采访的必要。

这一点,在广播电视采访中体现得尤其突出。广播电视新闻当中,不仅被采访者回答问题时的有声语言可以直接地展示在报道当中,而且新闻事件过程及细节的展示也都可以通过音像的形式由素材直接来完成。因此,采访捕捉到的音像素材将以其不可改变的形式直接构成报道作品的一部分,后期的再创作只能决定对素材的选择与作用,而很难对素材本身进行改变(通过物质手段有可能对画面和声音的部分内容进行突出、强调或遮盖,但不能改变画面和声音的根本性质)。换句话说,作为新闻素材搜集过程的采访已经构成了新闻作品制作的有机组成部分,新闻报道的形式与新闻素材的获取方式即采访方式发生了密切的关联,前期采访与后期写作、制作的环节必须紧密衔接。

因此,记者在进行广播电视采访前,就应预见到即将采访的新闻会采用什么样的报道形式,是音响报道还是无音响报道? 是现场报道还是无现场报道? 不能等到采访结束时甚至到写作时才做决定。这种根据报道形式的需要而采取相应的采访方式的做法,将给信息的传播带来很大的便利,同时能提高采访与写作的效率。

新闻写作对于采访的能动作用还体现在有了好的内容,还需要好的写作形式与技巧来表现。同样的材料,写作水平的高下决定了报道质量的高下。就像有了活鱼鲜肉,还需要精心烹调,才能做出可口的佳肴一样,写作不当,则会让采访的内

---

① 戴敦峰:《和任志强过招,〈南方周末:后台〉》,南方日报出版社 2006 年版。

容得不到展现。

　　总之,采访是写作的前提和基础,写作是采访的表现和结果,两者不可偏废。但从采访写作关系的实质看,是采访决定写作。

练习

1. 读一期报纸,分析这期报纸中所报道的新闻分别具有哪些新闻价值元素? 并思考报纸对于比较重要的新闻是如何处理的?

2. 调查一下你周围的朋友以及长辈的媒体接触行为,看他们都在什么时间、什么场合、接触什么样的媒体? 他们的媒体接触有什么异同点?

3. 找出一篇你喜欢的报道,分析你之所以喜欢它的原因是什么? 是在于采访还是写作? 记者在写这篇报道时大概怀有什么样的目的? 这篇报道的普遍意义何在?

第1章
理解新闻采访

如何调查一次矿难有没有被瞒报？《焦点访谈》的记者曲长缨在采访山西省临汾市阳泉沟煤矿特大矿难瞒报死亡人数的事件时费尽了脑子。由于矿主勾结有关部门事前做了大量的消灭证据、统一口径、隐瞒真相的工作，甚至曲长缨到殡仪馆的停尸房去核实遇难矿工的人数都没有取得突破。正当采访陷入僵局时，记者决定和摄像记者再去矿难现场碰碰运气。那天正赶上下雪，他们在山里就迷路了，在问路时，恰好遇到了一名知情的矿工，了解到一些情况。同时，曲长缨听说有人在矿难现场捡到身份证，"我心想，既然有人捡到身份证，我们也许能捡到一些纸片之类的东西，结果就捡到了个笔记本。"而这个笔记本正好是一位被瞒报的死者的遗物，于是采访取得了实质性的突破①。

采访，并不只是坐在办公室里与采访对象聊一聊这么简单，有的时候，像曲长缨一样翻捡垃圾也是获得信息的手段。采访，作为一个记者的基本功，也是记者日常最主要的工作内容到底是什么呢？我们如何来理解新闻采访呢？

第一节　新闻采访性质及特点

一、新闻采访的性质

所谓采访，采，就是搜集、采录；访就是访察、查证。新闻采访，是指记者为完成报道任务或了解某些情况，围绕采集新闻事实材料而进行的调查访问活动。

采访是一个观察、发现、记录的过程，通过在采访中的调查研究，记者应该对客观事物的认识逐步加深，由感性到理性，由认识现象到认识本质。就其性质而言，采访是以新闻事实为对象、以新闻报道为目的的一种专业性极强的调查研究。

---

① 《专访〈焦点访谈〉记者曲长缨》，《北京娱乐信报》2003 年 12 月 17 日。

1. 以新闻事实为对象的调查研究

新闻采访有着明确的对象,调查采访主要是为了解事实、传递信息、反映舆论。

(1) 如实反映事实的调查研究

采访是一种如实地反映事实的调查研究,在采访中所收集的新闻事实应与客观事实相符,是对事实的忠实记录。通过采访,力图还原人与事的原模原样,让受众尝到新闻事实的原汁原味。

美国记者马莎·米勒负责采访一起枪击事件。当她来到现场时,她注意到了地上的血斑。一开始,她用 10 美分的银币去比量血斑,发现血斑比 10 美分的硬币要大一些,于是她用大一点儿的 5 美分的镍币再试,结果大小刚合适。接着,她又数了数血斑的数量。她把这段采访结合她所了解到的其他内容写成了这样一段:

> 布朗被数次射中后,摇摇晃晃地走出了公寓,经过两个房子后到了维吉尼亚街区上的"路站"便利店。在他经过的人行道上,可以清楚地看到 41 个五分镍币大小的血斑。

这位记者在谈及采访的"如实"问题时这样说:"要展示给他们,让他们身临其境地感受。调动你所有的感官把读者带到现场。把气味和声音也写进报道。"①

记者在采访时,应调动自己的一切能力对新闻事实进行全方位的了解,力争如实地表现新闻事实。像前面说到的记者曲长缨翻捡垃圾获得宝贵的新闻线索,美国记者马莎·米勒靠数血斑来获得对现场的还原等,都表现出采访是一种如实反映事实的调查研究这一特点。

(2) 公开反映事实的调查研究

新闻是一种运用大众传播手段而向整个社会传播的信息,应该符合社会公众的普遍兴趣,能够调整公众认识即社会舆论。如果新闻不公开传播,只向一部分人或个人传播,那就变成了情报。

记者在进行采访这一调查研究活动时,应把重点放在"公开"上,考虑其广泛的社会性,同时也要考虑一旦公开所带来的影响。一些记者热衷于挖名人的隐私,甚至对名人采取"盯梢"采访的方法,而事实上这样的选题并不具备广泛的社会性,名人的很多隐私并不适宜公开;另一方面,一些记者在采访一些重要内容时,没有意识到采访内容最终将公开,而导致泄密。如一位记者在采访景德镇后,写了一篇详细介绍景德镇陶瓷的报道,结果将一些并不适宜公开的工艺报道出来了,令日本迅速掌握了这一工艺,在第二年就导致了中国陶瓷销售在世界上的竞争力下降。

值得注意的是,虽然近年来新闻传播出现"小众化"与传播内容个性化的趋

---

① 〔美〕卡罗尔·里奇著,钟新主译:《新闻写作与报道训练教程》,中国人民大学出版社 2004 年版。

势,但"小众化"的圈子不能太小,个性化也不能丧失共同的兴趣。新闻总要有公开传播的社会价值,总要能满足相当多的人的某种需要。

2. 以新闻报道为目的的调查研究

(1)快速的调查研究

新闻记者就像一个全天候开机的手机,随时随地接收并传送信息。我们生活的世界是个变动的世界,作为记者,应该快速地把这种变化"调查研究"出来。只有采访快,才能写作快,最终实现新闻的快速传播。

1998 年 4 月 14 日 11 点多,当时笔者正在中央电视台社会新闻部做实习记者,正在编辑间等待发稿时,突然感觉脚下传来一阵轻晃,笔者立刻意识到地震了。于是赶快奔向电话拨通了地震台的热线,采访了有关专家,证实了地震消息。之后立刻写了一条口播稿。当制片人审稿时,他还说:"地震了吗?我怎么不知道?"又亲自打电话核实。中午 12 点,中央电视台首发了《今天上午唐山地区发生 4.3 级地震》的消息,比新华社稿快了十几分钟。

虽然这不算一条重大的消息,但笔者第一次体会到"时效"两字对于采访的影响。这条消息的采访仅用了不到五分钟,在最短的时间内把新闻事实的基本内容了解清楚,才有可能实现新闻的最大时效。

采访这种调查研究最快应该快到什么程度?最快的应该是"立马可待"。新闻事件刚刚结束,甚至于新闻事件还没有完全结束,记者的采访就可以完成。采访上快的要求在事件性新闻中显得更重要,在保证准确的前提下,采访应该是越快越好。在非事件性的报道中,快的要求虽然有所降低,但同样也是一个非常重要的指标。

只要从事新闻工作,采访要快的意识就要时刻存在着,时刻准备着,这样的新闻才会是一条条"活鱼"。

(2)针对目标受众的需求调查研究

新闻采访是一种针对受众的需求进行调查研究的活动,采访前要研究什么是受众欲知、应知又未知的信息,这就是采访时需要调查研究的重点。

如记者去采访"信息产业部公布手机充电器行业标准"这一新闻,就必须抓出"手机充电器新行业标准对受众意味着什么?""是一个什么样的标准?""为什么要出台这样一个标准?""如何推广这一标准?"等问题展开调查,了解清楚之后再写成相应的报道。请对比以下两篇关于手机充电器行业标准公布的报道,看哪一条更符合受众的需求。

报道一：

信息产业部公布手机充电器行业标准[①]

主持人：信息产业部出台充电器行业标准，今后所有的手机都将通用一个充电器了。

> 解释新标准意味着什么？

解说：您现在看到的就是基于新标准的手机充电器。

同期声　信息产业部电信研究院中国泰尔实验室主任何桂立：这一端 220 伏接电没变，而且支持 110 伏充电，这一端我们做了一个标准化，是一个新加的通用的 USB 接口，然后在这条线的另外一端，也就是与手机连接的端口，没有做标准化，由企业自行设计。

> "展示"让报道更具体形象，表现什么是新标准？

> 进一步解释同期声的内容，方便理解。

解说：以后，手机厂商出售手机时，将连带出售一条和手机接口匹配的数据线，这样既可以和统一的充电器连接充电，又可以和电脑连接充电和进行数据交换。

解说：目前市面上的手机充电器种类超过 100 种，用户每年更换的手机超过 1 亿部，由于不同技术指标和接口各异，大量手机充电器闲置。新标准的实施，将有效降低消费成本，减少电子废弃物污染。

> 解释如何推广新标准

> 解释为什么需要新标准。

解说：目前，信息产业部正在制定其他手机配件的标准，例如手机电池等一类的产品也将有望实现统一。专家表示，相关标准如果要实现大规模商用，还需政府部门将此标准纳入电信设备进网许可制度，实施强制性推广。

---

① 信息产业部公布手机充电器行业标准：载于中央电视台《新闻联播》，2006 年 12 月 18 日。

报道二：

手机充电器接口将实现统一 信产部公布行业标准①

中新网 12 月 18 日电 针对不同手机常有不同的充电器技术指标和接口的现状,中国信息产业部今天公布"移动通信手持机充电器及接口技术要求和测试方法"通信行业标准。

> 新标准的全称不够通俗,不容易让受众明白

该标准从提高实用效率、利于手机个性化设计的角度出发,在接口方面参照了通用串行总线(USB)类型接口规范,并将统一的连接接口设在充电器一侧。

> 笼统地说新标准是什么样的,不利于受众的理解。

据悉,2005 年初,信息产业部委托中国通信标准化协会组织通信运营企业、手机制造企业、手机充电器生产厂家、科研机构等业内相关单位,开展手机充电器标准规范的研究制定工作,规范和统一手机充电器的技术指标和接口。

> 新标准如何出台的?这一信息一般受众并不感兴趣,采访时不应作为重点。

信息产业部有关负责人指出,这一标准的实施,将为公众提供更加便利的手机使用环境,降低消费成本,减少电子废弃物污染。

> 解释了实行新标准的意义。

据信息产业部粗略统计,目前中国每年更换的手机超过 1 亿部,因不同手机需要不同充电器,无法互换使用的手机充电器被大量闲置。

从上面两篇同题报道比较中,我们可以看出,第一个报道由于更加通俗易懂,在满足受众需求方面做得更好些。而这源于记者在采访时,就围绕受众的需求所进行的信息采集。

采访活动应该从受众的实际需要出发,尽可能地满足受众对新闻信息与社会

---

① 手机充电器接口将实现统一 信产部公布行业标准 http://www.chinanews.com.cn/it/sj/news/2006/12-18/840049.shtml

服务信息的需求。在采访时要想着受众需要什么,传播的内容要尽量适合受众的特点,要充分考虑受众的接受能力和接受习惯,树立一种"受众本位"的思想。

另一方面,满足受众的需求也不是媚俗,而在采访中将关心、服务受众与教育、引导受众结合起来。采访时那些格调低下、庸俗不堪的内容应该坚决地舍弃。

二、新闻采访的特点

作为专业性很强的调查研究活动,无论代表哪个媒体进行的新闻采访往往都有以下几个特点:

1. 求新性

记者所要采访的事实是新近发生、发展、变化的新鲜事实,这意味着记者采访时更关注事实的新闻价值,尤其要注意采集那些刚刚发生的、有新意的、独特的事实。

如中国国际广播电台记者鲍冬青在 1997 年 12 月 12 日对当时正在召开的中国侨联五届四次会议进行报道。在这次会议上,时任国务院副总理的钱其琛作了重要讲话,讲话涉及很多内容:国内国际形势、对侨务工作的指示等。如何作报道呢? 是所有内容都报道还是择"新"而报之? 记者鲍冬青发现,在钱其琛的讲话中有一个很有新意的事实,那就是他谈到"在最近东南亚地区出现严重金融危机的情况下,中国金融稳定,经济形势很好,人民币不会贬值"。这是当时中国领导人第一次谈及"人民币不会贬值"的问题。针对当时的形势,记者鲍冬青立刻对这一内容进行采访,并以最快速度制作了消息《钱其琛说:中国金融稳定,经济形势很好》,当天就在国际广播电台播出了,引起了很大的反响[①]。而记者鲍冬青也因此获得了当年的中国新闻奖和中国广播电视新闻奖。

正是记者在采访时集中于最新的事实,舍弃那些老生常谈的内容,才使得这条新闻在众多报道这次会议的新闻中脱颖而出。

2. 突击性

记者的采访往往是在较短的时间里完成的,从准备到执行、完成报道的周期一般都不长。这是记者采访的特点,也是难点。一般的调查研究往往有较充裕的调研时间,但采访这种特殊的调查研究很大程度上需要以快取胜,尤其是对突发事件的报道,更要求快采、快写,迅速传播。因此,记者采访时要有冲锋陷阵的突击意识,在较短的时间内面对大信息量快速地作出自己的判断,就像鹰一样,翱翔时就在寻觅,随时准备扑向目标。

由于广播电视媒体的时效性更强,对记者的突击采访能力有更高的要求。如在 9·11 事件发生当天,凤凰卫视的记者庞哲原本准备到纽约证券交易所报道纽约股市开市的情况,但听说有一架飞机撞上世贸中心后,她在第一时间打电话通知

---

① 丁柏铨主编:《新闻采访与写作》,高等教育出版社 2004 年版。

了凤凰卫视香港总部,并着手对此事件进行采访。几分钟后,凤凰卫视播出了美国飞机撞上世贸中心的最新消息和现场画面,被临时召回公司的主持人陈晓楠甚至还没有来得及化妆就穿着牛仔裤坐到了主播台前,开始了长达 36 小时的直播报道。①

因此,记者必须具有强烈的时间观念和突击采访的能力,把握时机和主动权,以最新信息赢得受众。这是加快信息传播的需要,也是新闻竞争的需要。

3. 灵活性

记者采访比较灵活,通常只集中于一点,致力于挖掘精彩的新闻素材,不必拘泥事情的全过程,也不必一味追求材料的系统化。同时可以随时根据情况的变化调整采访对象和内容。

记者采访的灵活性还表现在,根据采访深入和情况变化,新闻线索发展了,可以增加采访内容,扩展调查范围,挖掘新的有意义的事实材料;也可以变换采访对象,更换新的线索等。

4. 广泛性

记者的采访活动涉及面大,接触范围广,各行各业新近发生的有新闻价值的事实,各个领域出现的新情况、新成就和新经验、新问题,都在记者广阔的采访视线之内;记者可以跨行业、跨地区进行采访活动,而且不受采访对象和调查内容的局限。

而对于广播、电视等传播媒介而言,受众的广泛性更需要记者进行范围广泛的采访,满足不同受众多方面的需要,使传播的内容尽可能适应各个行业、各个层次受众的口味。

即使是目前出现的所谓小众化、专业化传播,如广播电视中的专业性频道(率),记者的采访面相对于一般的调查研究来说也是相当广的。如广播交通台的记者虽然主要报道交通方面的内容,但却能涉及交通新闻的方方面面,其采访对象及其报道范围仍然十分广泛。

因此,记者要善于与各种人物沟通交流,知识面要广,这样才能适应采访这一调查研究活动在广泛性方面的要求。

第二节 新闻采访的任务

先来看一则报道:

火车首次跨越"世界屋脊"
(英文倒译稿)

新华社格尔木/拉萨7月1日电 中国周六创造了历史:第一对满载乘客的列车沿着连接西藏和中国内地的高原铁路首次跨越了"世界屋脊"。

---

① 钟大年、于文华主编:《凤凰考:建构一个新传媒》,北京师范大学出版社 2003 年版,第 140 页。

当两列庆典列车"青 1"和"藏 2"分别驶出格尔木和拉萨车站时,世界为之瞩目。

数千名身穿各色民族盛装、讲各地方言的群众目睹了这一历史时刻,高呼"扎西德勒"。

国家主席胡锦涛为首趟进藏旅客列车开通剪彩。

"这不仅是中国铁路建设史上的伟大壮举,也是世界铁路建设史上的一大奇迹,"他对会聚格尔木火车站参加庆典的 2600 多名各界代表说。

周六是中国共产党建党 85 周年纪念日。当晚还有三列进藏客车分别从北京、成都和西宁首发。

梦想成真

青藏铁路全线通车,圆了中国革命先行者孙中山的梦想,也攻破了美国现代旅行家保罗·泰鲁"有昆仑山脉在,铁路就到不了拉萨"的断言。

青藏铁路从西宁至拉萨,全长 1956 公里。其中 814 公里的西宁至格尔木段已于 1984 年通车,格尔木至拉萨段 2001 年 6 月 29 日开工建设。

这一工程被喻为"奇迹",因为人们过去普遍认为沿线的多年冻土层根本无从支撑铁轨和火车。

"没想到,这辈子我还能坐上火车!"乘坐首列出藏列车 700 名旅客之一、藏族牧民土登当曲说。他的"英雄结(辫子)"是用新的红头绳编的,"因为今天是大喜的日子",他说。

土登当曲有 5 个孩子,最大的 27 岁,他希望能带着孩子外出打工、做生意。

拉萨大昭寺僧人次仁为沿线的风光陶醉,迟迟不肯坐下。"到了青海我要去塔尔寺朝佛。"

塔尔寺是藏传佛教格鲁派("黄教")的六大寺院之一,也是黄教创始人宗喀巴的诞生地。

重写历史

下午 5:38,驶离拉萨的首次列车"藏 2"经过青藏铁路最高点——海拔 5072 米的唐古拉山口,历史被重写。

青藏铁路从此取代秘鲁利马至万卡约的铁路成为世界最高的铁路。

行车海拔超过 4000 米时,列车开始弥漫式供氧,旅客还可以随时用吸氧管吸氧,以免出现高原反应。

胡锦涛称造价 330 亿元的青藏铁路建成通车是中国社会主义现代化建设取得的又一个伟大成就,并再次证实中国已跻身世界强国之列。

"这一成功实践再次向世人昭示,勤劳智慧的中国人民有志气、有信心、有能力不断创造非凡的业绩,有志气、有信心、有能力屹立于世界先进民族之林,"他说。

　　1300 多年前,文成公主和亲吐蕃,从现在的西安到拉萨,走了近 3 年。今天,从北京到拉萨仅需 48 小时。

不仅是经济繁荣

　　铁道部预测,2010 年,铁路将承运75%的进出藏货物,降低运输成本并使旅游收入翻番。

　　而专家认为,青藏铁路带给西藏人民的远不止地区经济的繁荣。

　　针对一些国际舆论对大量汉民的到来会"灭绝藏文化"的担忧,藏学专家安才旦说,青藏铁路恰恰为藏文化带来了新的发展空间。

　　"西藏人民有追求发展的权利,"他说。"铁路将推动西藏的繁荣,并向世界展示藏文化。"

　　中国西藏文化保护和发展协会理事黄福开说,铁路开通后,人们的生活方式难免会有所改变。"人们会继续吃糌粑、喝酥油茶,也会吃西餐,穿牛仔衣,这是人类文明进步的必然。"

　　一些环境论者还担心铁路会破坏高原环境。

　　为保护高原生态,青藏铁路用于环保的资金达 15 亿元,是目前中国政府环保投入最多的铁路工程。

　　"我对中国政府的做法感到钦佩!"正在拉萨访问的意大利汉学家米良多说。

　　国家主席胡锦涛在周六的开通庆典上发表的讲话中也强调了环保问题。

　　"广大干部职工和乘客要增强环保意识,自觉爱护青藏高原的山山水水、一草一木,切实保护好沿线生态环境,"他说。

　　据悉,中国政府还计划在 10 年内将青藏铁路延伸至日喀则、林芝和亚东。届时西藏铁路总里程将突破 2000 公里,部分贸易物资可不再经过马六甲海峡,直接从南亚出入境。

　　这是 2006 年 7 月 1 日青藏铁路开通时新华社向世界发的新闻稿,我们从这篇稿件可以看出记者的采访内容有以下这些。

　　现场采访:铁路开通时的剪彩仪式(观察现场并记录胡锦涛主席的讲话)、在火车上(采访乘客土登当曲和次仁、观察车内情况如怎么样供氧)。

　　非现场采访:藏学专家安才旦、中国西藏文化保护和发展协会理事黄福开、意大利汉学家米良多,他们分别谈了青藏铁路对藏文化及环境的影响。

　　收集背景资料:当天是建党 85 周年纪念日、青藏铁路的基本数据、孙中山的梦想、美国现代旅行家保罗·泰鲁的断言、文成公主入藏等。

　　当然,还有很多采访的资料没有进入到新闻写作当中,报道的内容是从采访内容中精心选择出来的。

这些内容需要在核心新闻事件——青藏铁路通车当天就组织成一篇报道,而其中有大量内容是通车当天才能采访到的,因此,采访任务非常艰巨。

由此,我们可以看出采访的任务主要是迅速地发现、了解和选择有新闻价值的、真实的事实。

一、调查事实真相

记者采访的出发点和归宿都是事实,事实的真实性是报道的生命。因此,在采访中,最重要的一项任务就是调查事实的真相,避免把假象和"不合理宣传性现象"当成事实。

2003 年 3 月 23 日,西安一位 17 岁的小伙子刘亮在购买体育彩票时中了一辆宝马车,但是在兑奖前,体彩中心把这张票收了回去。几天后,这张票被确定为假票,到底是谁在造假,中奖者和体彩中心各执一词。为了证实自己的清白,刘亮甚至爬上了高高的广告牌,准备以死相拼。新闻调查的策划人余仁山遇到这个选题后,认为里面充满了悬念,如果是刘亮中奖,可以质疑监管方面的漏洞,而如果是体彩中心造假,则可能揭开一个行业的黑幕。

在记者的采访过程中,一开始找不到突破口,因为很难直接证明谁是造假者,于是记者想到了从侧面了解真相。既然在刘亮中奖前后还有三人中了宝马车,都是些什么人呢? 他们中奖、领奖的过程是否顺利呢? 这一了解,就发现了问题。三个中奖者均属子虚乌有,而体彩中心与宝马销售公司的销售合同却显示,四辆宝马车只打了两辆车的车款,而且给宝马销售公司打款的账号是体彩中心即开彩票销售主管杨永明的私人账号! 至此,虽然仍然没能证明是谁造假了,但体彩中心的问题已经开始浮出水面①。

最终司法介入调查后真相大白,是杨永明多年一直承包即开型彩票的销售,他经常采用雇托中奖的方式将大奖收归己有,刘亮其实是个漏网之鱼。为了达到将所有大奖都纳入囊中的目的,杨永明栽赃了刘亮造假,没想到最后还是露了马脚。

这个案件成为 2004 年司法界的一个大案,也成了记者采访调查真相的经典之作。它也提示我们,记者所进行的采访过程中,真相并不容易被探寻,它有可能被种种人为、非人为的因素遮蔽。作为记者,也许做不到完全把真相全揭示出来,但也应尽自己的最大努力逼近真相。查找事实、探寻真相是记者对社会、对公众的最大责任。

二、发掘新闻价值

记者采访的核心任务是要获得有新闻价值的事实,因为任何一种调查研究都要求首先了解真相,得到真实的材料,只有记者采访才会要求发现真实事实的新闻

---

① 余仁山:《解密〈新闻调查〉——电视调查性报道的策划与运作》,福建人民出版社 2008 年版。

价值,并把它采集起来。

新闻价值是记者采访时选择事实的重要标准,当记者听到某个事实时,应该用新闻价值这杆秤量一量,确定其有价值之后,再深入采访、采集。也就是说,记者在所有事实中要选择那些有新闻价值的;在一个复杂的事实中,要选择那些具有新闻价值的部分。

为此,在记者采访过程中,要随时问自己几个问题:

这个事实对谁有新闻价值?

这个事实的哪方面对谁有新闻价值?

这个事实的哪方面对谁有什么样的新闻价值?

新闻价值就像矿藏一样,存在于某些事实之中,有时埋藏得还比较深,需要独具慧眼的记者把它识别出来,发现其所在并设法将它开采。采访的过程就是对有新闻价值的事实的发现与开采的过程。

一位记者看到汽车工业协会的一个公文上的数据分析,发现一个问题:小排量车的销量越来越小。他觉得有点奇怪,于是就跑到几个大的汽车销售市场去看,发现还真是没什么人看,也没什么人买。对经销商的采访也证实了小排量车不好卖。他又想,是否是汽车生产厂家有问题? 会不会是厂家推新产品的速度慢,而销售商进货少? 记者又去采访吉利公司,发现这家公司本来有个小排量车生产线,但因销量上不去干脆关停了。于是记者采访消费者,发现大家不买小排量车的主要原因是国家没什么优惠政策。记者联想起中国是个能源消耗大国的背景,又去查了国外的资料,发现日本对大排量车和小排量车的停车费、养路费、折旧年限等都不同,向小排量车倾斜,于是就形成一个良性循环。记者在报道中还采访了有关专家,专家建议国家在政策上对小排量车的消费进行优惠和导向,从而减少污染,节约能源。

这样,在采访中记者不光是发现了一个有价值的现象,还通过深挖分析了其表现和原因,得出了一个有价值的结论。采访所做的大量工作就是寻找有新闻价值的事实及其背后的有新闻价值的事实。

三、迅速收集素材

记者在进行采访时必须尽量花费较少的时间,即了解事实的过程应该尽可能简短。对于绝大多数采访来说,记者需要迅速地了解已经发生的事实,选择适当的时机采集素材,有时甚至需要边采访边报道;而对于调查性报道这类看似时效性并不太强的采访也不能拖,像中央电视台《新闻调查》栏目一个节目的运作周期通常是一个月,即记者必须在一个月内完成采访、写作等工作。一般来说,采访难度越大,时间花费就越多。有的调查性报道甚至要花一年、甚至几年的时间去采访,然而一旦采访条件具备,开展起来仍然十分迅速。

时间性是对采访这种特殊的调查研究的质量的一个重要指标,采访必须在保证质量的前提下求速度,贻误时机,不仅会降低采访的质量,甚至可能使记者的全部劳动"报废"。

中央电视台《面对面》这个45分钟的深度人物专访节目的成名作是2003年非典时期的"三山之问"——科学务实钟南山、临危受命王岐山、忍辱负重吕厚山,这三期节目最快的是上午采访,下午就播出了。而2008年4月,《面对面》推出的"见证西藏"反藏独系列节目的采制也非常迅速,其开山之作《翻身农奴把歌唱》专访71岁的藏族女高音歌唱家才旦卓玛,从采访到播出仅三天时间。节目的编导认为,《面对面》对重大事件中的当事人的专访就是要求"第一时间",才能保证有足够的新闻性;有足够的新闻性才能保证有足够的关注度和可视性①。《面对面》这样一个周播栏目尚且如此强调新闻采访的迅速性,更不用说其他的报道了。

四、采访的分解任务——掌握几类事实

再来看一个案例:

昆山 31 万农民刷卡看病②

从昨天起,昆山31万多农民也可以和城里人一样"刷卡"看病了!

昨天,该市7个行政村发放点的上千名老百姓都领到了一本墨绿色的《昆山市农村居民基本医疗保险证》和一张IC卡。此举标志着昆山农村基本医疗保险工作开始进入全面运作阶段。凭着这张IC卡,昆山的农村居民在该市的任何一个医保定点医疗单位都可以自由"刷卡"就医。根据该市的具体实施办法,农村居民每人每年只要缴纳50元,如果不幸遭遇大病,最高可以得到近1100倍的补偿,也就是说,最高可以报销到接近55000元!

昨天下午,在该市周市镇市北村的社区卫生服务站,村民张燕君拿着刚刚领到的医保IC卡开始了自己70岁生涯中的第一次刷卡看病经历。经过一番"望闻问切",社区医生给她开具处方,一盒是感冒清胶囊,一盒是珍菊降压片。收银处是一套崭新的电脑设备,输入处方,卡一刷,随即打出一张清单,显示划卡消费9.5元,卡上余额140.5元。老太太开心得合不拢嘴:"没想到政府为我伲老百姓考虑得这么周到,送钱给我伲看毛病!"

根据昆山的农村医保施行办法,筹资标准为每人每年200元,这个标准目前是全国最高的,其中市镇两级财政各补贴65元,村集体补贴20元,农民自己支付50元,今年该市财政将拿出6000万元用于医保补贴。

据悉,昆山农村医保覆盖包括居住在农村的小城镇户口,其中16岁以下的儿童4.3万多人,17岁到60岁的18.9万多人,60岁以上老人7.7

---

① 王惠东:《"兵贵神速"——从才旦卓玛专访节目所想到的》,央视新闻周刊(内部资料)2008年第16期。
② 《苏州日报》2004年3月4日

万多人。另外还有 6000 多名人均年收入在 2000 元以下的农村低保人口,均采取倾斜政策,不用缴纳一分钱,无门槛进入这个保障体系。为 60 岁以上的老人建立个人账户,由保险基金每年自动注入 150 元。

昆山医保中心工作人员介绍说,昆山的农村医保,除了筹资标准低于城镇职工,因而报销补偿的具体数额不一样外,在运作管理模式上已经与城镇职工的医保没什么两样,就连报销的医药范围和 5000 元报销起付线都是一样的。

通过上面这个案例,我们可以分析一下,一次比较完整地采访,记者需要掌握哪几方面的新闻事实材料。

1. 全面情况

也就是概括性事实材料,这类材料能够概述事物的面貌、反映事物的轮廓。全面情况是新闻报道的框架。上面这则新闻的全面情况就是报道的第一句话"从昨天起,昆山 31 万多农民也可以和城里人一样'刷卡'看病了!",这句话概括了这个新闻的基本内容和重点,给人以完整深刻的印象。

在采访中,必须掌握最核心的全面情况,才能够提纲挈领地明确采访的主旨。如果在采访中缺少这种全面情况的材料,采写的新闻报道就会显得零散、芜杂。

2. 主要事实

主要事实是指主干材料,是构成新闻事实的各种要素,包含着丰富的信息量。上面这条新闻的全面情况是"昆山农民可以'刷卡'看病了",接下来就要问:怎么"刷卡"看病?什么时候实施?覆盖范围有多大?农民的负担如何?等等问题,对这些问题的回答就是主要事实。

主要事实材料要具体准确,就像支柱和骨干一样支撑起"全面情况"概括出来的框架。上文中"凭着这张 IC 卡,昆山的农村居民在该市的任何一个医保定点医疗单位都可以自由'刷卡'就医。根据该市的具体实施办法,农村居民每人每年只要缴纳 50 元,如果不幸遭遇大病,最高可以得到近 1100 倍的补偿,也就是说,最高可以报销到接近 55000 元!"——介绍了如何刷卡看病;"根据昆山的农村医保施行办法,筹资标准为每人每年 200 元,其中市镇两级财政各补贴 65 元,村集体补贴 20 元,农民自己支付 50 元,今年该市财政将拿出 6000 万元用于医保补贴"——介绍了如何交费投保;"据悉,昆山农村医保覆盖包括居住在农村的小城镇户口,其中 16 岁以下的儿童 4.3 万多人,17 岁到 60 岁的 18.9 万多人,60 岁以上老人 7.7 万多人。另外还有 6000 多名人均年收入在 2000 元以下的农村低保人口,均采取倾斜政策,不用缴纳一分钱,无门槛进入这个保障体系。为 60 岁以上的老人建立个人账户,由保险基金每年自动注入 150 元"——介绍了覆盖范围……这些主要材料是采访中的重点,能让新闻进一步具体化。

3. 相关背景

新闻的发生、新闻人物的出现都不是偶然、孤立的现象,有它产生的环境和条件,发展变化的原因。在采访中,要注意收集那些能够帮助受众更好地理解报道、明白其意义的事实,这类原因、条件、对比、解释、说明等方面的事实就属于相关背景材料。

如上面的那个报道,"这个标准目前是全国最高的"——体现其先进性;"昆山医保中心工作人员介绍说,昆山的农村医保,除了筹资标准低于城镇职工,因而报销补偿的具体数额不一样外,在运作管理模式上已经与城镇职工的医保没什么两样,就连报销的医药范围和 5000 元报销起付线都是一样的"——与城镇职工保险对比让受众更容易明白。这些事实都属于背景,帮助受众对昆山农民能够刷卡看病这一新闻事实的意义加深理解。

采集相关背景材料,主要包括纵向背景(事物的内部联系,事件发展的来龙去脉等等)和横向背景(事物的外部联系,与周围事物的关系等等)。采集这些背景并在新闻报道中加以适当运用,有助于阐述事物的特征和意义,丰富新闻报道的内容,增加报道的知识性和可读性。

4. 典型事例和细节

典型事例是指最有代表性、最能说明事物特点、揭示事物和问题的实质的事实或个案,具有很强的感染力和说服力。在采访中,要采集到能够代表一般情况的典型例子来说明问题,往往能让受众直观清晰地感受新闻。

如上文中采访的那位 70 岁生涯中第一次"刷卡"看病的村民张燕君,她看病的过程让受众能感受到刷卡的方便与实惠。通过一个人的经历对表现新闻主旨起到了以少胜多、以一当十的作用,也让报道更加具体、生动。

细节指新闻事件中那些细微又含义深刻的小地方。在采访中要深入、细致地观察和采集与新闻事件相关的场面、环境、人物语言、动作等细小的内容。这些细节往往能使报道生动逼真,富有实感和情趣。

如上文中"一本墨绿色的《昆山市农村居民基本医疗保险证》"、"收银处是一套崭新的电脑设备"、"老太太开心得合不拢嘴'没想到政府为我伲老百姓考虑得这么周到,送钱给我伲看毛病!'"等处都属于细节描写,它让报道可读性更强了。

一次完整的采访一般要采集到以上四类事实,全面情况搭建报道的框架并奠定报道的基调,主要事实支撑起报道的骨干和主体,典型情况和细节主要是让报道更吸引人、更生动,而背景材料则是让报道更容易理解。在采访中如果这四类事实采集得都比较充分,就能够较好地完成报道的任务。

第三节　新闻采访中的记者和采访对象

采访必须在人与人之间的社会交往中进行。一位美国的新闻学者这样说:"新闻事业是一个跟人打交道的行业。大约有 99% 的新闻是部分或全部以访问——

也就是向人提问题——为基础写成的"。① 在采访过程中,最主要、最经常、最具有决定意义的是记者同采访对象之间的关系。

采访对象是记者在采访活动中向之索取情况和意见,或者以各种方式向记者提供情况和意见的人。记者要传播新闻,而这些新闻并不是记者制造的,绝大多数是新闻事实发生后,有人向记者通报,然后记者才去采访写作的;在采访中,记者为了更多地了解事实,可能会除了采访提供情况的人之外,再扩大采访的范围,增加采访对象。

信息是记者与采访对象交流的主要内容,记者与采访对象关系的成败与质量高低的衡量标准主要看两者之间信息交流得如何。如果两者相谈甚欢,但没有说出什么事实,也不能说采访成功;两者虽然很不友好,但谈出了很多事实,如著名记者法拉奇采访政要往往以挑衅性的语言刺激对方,令对方不得不说出一些重要情况,双方的关系不可谓不紧张,但最终记者拿到了事实,也可以说采访比较成功。

一、记者与采访对象关系的特点

1. 繁杂性

记者与采访对象之间的关系是非常繁杂的。记者所面临的对象几乎可能是社会上任何行业和职业的人;他面对的可能是朋友,也可能是敌人;他和采访对象可能是老熟人,也可能是萍水相逢;他们之间可能观点相同,也可能看法对立……总之,记者的采访对象可以说是三教九流,纷繁芜杂。

这种繁杂性要求记者在处理与采访对象的关系时,不能按照一个固定的模式进行,必须根据对象、时间、地点等具体情况,具体分析。如采访政要的高端访问记者应该西装革履,但这样的打扮去采访田间地头的老农就显得不伦不类,对方可能就不愿意与你交流。

了解记者与采访对象关系的繁杂性,有助于记者明确:为了处理好与各种采访对象之间的关系,记者必须了解和学习各种社会交往的知识,人情世故、各个阶层的情况都应有所了解。这样,碰到不同的人记者就知道如何应对了;在采访前,记者应该思考一下自己同采访对象之间的关系,根据已知情况做个具体分析,对采访对象作出必要的估计,这样才能知己知彼,百战不殆。

2. 双向性

记者与采访对象之间不是单向关系,而是双向关系。记者需要采访对象,只有通过对采访对象的采访,记者才能拿到事实材料,完成采访任务;同时,采访对象也常常需要记者,他有话要说,有情况要反映,有主张要宣扬……在记者观察、了解采访对象的同时,采访对象也在观察、了解记者:这个记者要做什么样的报道? 他的真实意图是什么? 他的品质如何? 自己该如何应对记者的采访?

---

① 〔美〕杰克·海敦著,伍任译:《怎样当好新闻记者》,新华出版社 1980 年版,第 23 页。

　　记者在挑选采访对象的同时,采访对象也在挑选记者。对自己不中意的记者,采取应付态度;对自己中意的记者,采取积极态度。在对大报、小报、中央新闻单位、地方新闻单位、名记者、普通记者等有区别的情况下,有时采访对象的选择对一些记者来说是令人苦恼的——可能小报、地方媒体、无名记者被采访对象拒绝的概率要高得多。

　　记者在与采访对象交流时,主要是希望获得其所了解的情况和其所持有的意见,但采访对象也不是一个没有想法的"牙膏"——记者挤一下,就说出一些东西。在很多情况下,采访对象接受记者采访也有自己的目的。高明的记者,在采访时不仅要考虑自己的采访目的和意图,也要考虑采访对象接受采访的目的和意图,并估计这种因素对采访工作将发生怎么样的影响,因势利导,完成采访任务。

　　如一些被批评的对象接受采访的目的是为自己辩解,那么记者也应该听一听其辩解之词,但要注意不能被其牵着鼻子走,而是通过其他事实的采访来考察其辩解的合理性。如《焦点访谈》记者有一次采访棉花掺假事件,一位采购员在明知棉花有假的情况下,收受对方两万元的贿赂从而让自己所在的企业购买了假棉花,造成企业的损失。记者在采访他时,他却反复说自己对棉花掺假并不知情,纯属受骗上当,接着就表白自己为了给厂里买棉花东奔西走如何辛苦。于是记者就采用了迂回的办法顺着他的话说:"那现在棉花好买吗?""不好买。""是一般的不好买还是非常地难买?""非常难买,没有一定的路子根本买不到。""也就是说,棉花完全是卖方市场了?""对,现在哪有棉花都好多家抢,……"谈到这儿,这位采购员还沉浸在表功的情绪当中,于是记者突然回到正题:"既然这样,你作为买方应该你求他才对,他怎么会倒给你两万块钱呢?""……这我就不知道了。"这个解释显然很不合理,但对观众的判断力而言,是非已经非常清楚了。

　　3. 非个人性

　　记者与采访对象之间的关系并不完全由记者和采访对象两者来决定。还有一个更重要的因素在影响着他们的关系——受众。

　　记者在进行采访时,表面上看是记者个人同对方交往,但实际上,并不完全是个人之交,记者是作为受众的代表在同采访对象打交道。记者对采访对象提什么样的问题,首先要考虑受众想了解什么方面的问题;记者同采访对象打交道时,采访对象也很清楚他面对的不是记者一个,而是千万个受众。

　　记者在采访时要想着自己身后的受众,考虑采访的传播效果,必须为了满足受众的需要而向采访对象发问。

　　如一些比较敏感但重要的问题,记者如果向采访对象提出,有可能会引起其不愉快或拒绝的反应,但如果这样的问题是受众关心的,记者就应该提,当然提的时候要注意方式方法。如果不提,一味投其所好,虽然最后赢得了采访对象的好感,但没拿到受众关心的信息,也是记者的失职。

　　4. 人际性

　　虽然记者与采访对象之间不是单纯的个人关系,但由于采访是在人与人之间展开,记者与采访对象不可避免地会受到人际性的影响。

出色的采访并不是"公事公办"的冷漠对答,而是双方互相影响、互相启示、互相感染的采访。采访对象和记者一样都是人,俗话说"酒逢知己千杯少,话不投机半句多",如果记者和采访对象之间能够产生感情上的碰撞和交流,那么双方之间的谈话就会欲罢不能;反之,则会干巴巴地匆匆结束。采访对象在接受记者采访时也希望记者是一个合格的对话者,能够听懂并理解他的话,是一个"知音"。

与采访对象之间达成良好的人际关系,首先要求记者应该具备良好的个性特点和人格魅力,让采访对象一见就不反感;第二要求记者通过采访前的准备与采访对象能缩短心理距离。如一位记者前去采访日本友人,虽然从来没学过日语,而且采访也有翻译,但如果能事先准备几句日语问候的话,一见面就和日本友人寒暄一下,对于打破采访僵局、建立良好的采访人际关系有着不可小视的作用。

二、新闻采访中的心理感应规律

采访这种特殊的调查研究在记者和采访对象之间展开,这其中充满着复杂微妙的心理感应活动。对于采访对象来说,记者往往是突然闯入的因素,或多或少会影响与改变采访对象的原有心理状态与活动方式,甚至打破其心理平衡态势。为了让采访对象的心理感应向着"正迁移"——感情交融,谈话出现持久热情的局面发展,避免负迁移——僵持、冷场、尴尬甚至敌视,研究采访对象心理的活动非常有必要。

1. 首因效应——形成良好的第一印象

记者与采访对象双方之间的第一印象如何至关重要。采访对象往往从记者的谈吐、举止中感受记者的为人品格,从记者的提问中感受记者对所要采访的问题的了解程度及其敬业精神。

记者应注意文明修养,大方而不做作。仪表应端正,着装应因地制宜。如果是下乡或到贫困地区采访,衣着应更朴素。在采访中要注意神态、坐姿、立姿,以一种平等、开放的姿态进行采访。如中央电视台《新闻调查》的一期节目《大官村里选村官》,记者胡劲草在采访时穿着朴素,能在田间地头席地而坐,与采访对象谈话唠家常,深得农民的喜欢,农民们自然也就和记者交心,说出了很多真心话。

同时,记者也要注意第一个问题的设计。这也是给采访对象第一印象的关键。如果是初次见面,记者可以聊聊天气、家庭成员、生活状况等;如果是办公室采访,还可以从摆设、装修风格等谈起。总之,需要记者因地、因时、因人制宜,在采访对象心里塑造良好的第一印象。

2. 自己人效应——决定谈话的质量

"自己人效应"是指采访双方在"观点"上一致,有某种意义上的一切相似性时,采访双方就会彼此认同,产生息息相通,有话说不完的效果。在大多数采访场合,记者与采访对象应该努力营造"自己人效应"关系。

记者与采访对象谈话,应该努力寻找共同语言,即有共同感兴趣的事物、共同的观点和情感等。这样,心理上产生共鸣,双方产生好感和亲近感,心理距离大大缩短,让采访谈话能迅速变得热烈。如共同的经历、共同的家乡、共同的看法等都能有助于建立自己人效应。反之,不恰当的问题、不文明的举动会引发"异己人效应",导致采访失败。

3. 调节注意力——谈话的稳定剂和推进器

注意力是指心理活动的指向与集中,在采访时,需要记者与采访对象注意力高度集中,才能迅速获得有价值的信息。

在采访刚刚开始,采访对象注意力还不是很集中时,记者可以先关注对方正在关注的事情,再慢慢将注意力转移到记者需要关注的问题上。

在采访对象注意力已经集中,所谈的内容既丰富又重要时,记者应以自己的及时反馈和鼓励让对方保持注意力。

在采访中,采访对象注意力迁移——如跑题时,记者可以适当地再重复自己的问题,将采访对象的注意力拉回来。

另外,根据现代科学实验结果,注意力的维持是有一定时间限度的,时间长久了就会产生疲劳,降低效率。通常情况下,注意力在谈话 40 分钟后进入高峰期,而过了一个半小时以后则衰落。因此,记者应该注意采访时间,不搞"车轮战"、"持久战",提高采访的效率。

练习

1. 假设你现在要采访一起交通事故,请想一想你需要采访一些什么人,都问些什么问题。再从一份报纸上找到一起交通事故的报道,看看这个报道采访了些什么人,问了些什么问题,并与你所设想的内容做一番比较。

2. 在报纸中找出三篇报道,根据报道中每段或每句话所包含的信息,使用彩色笔给这些段落或句子上色。用红色涂核心信息,用橙色涂支持核心信息的主要事实,用蓝色涂背景信息,用黄色涂典型事例,用绿色涂细节。完成以后,思考一下这个报道是如何组织的? 采访了些什么信息?

3. 请从报纸或杂志上找到一则你喜欢的报道,分析一下它的核心事实、主要事实、相关背景、典型事例和细节等分别是什么? 是否还有别的内容?

4. 设计一系列问题作为采访时融洽气氛的"破冰船",采访对象可以是一位你喜欢的明星,或者是一位知名教授,假设你现在要采访他或她,你会怎么开始?

5. 与一个完全陌生的人进行谈话,问问他认为媒体在进行采访时应该或者不应该做什么? 请他谈谈他对人们在电视和广播中接受采访的方式怎么看?

第2章
新闻的发现与选择

1932 年,印度现代民族解放运动的著名领袖甘地被英国人逮捕,囚禁几个月后,最终在极其隐秘的情况下被释放。一天午夜后,他被带到一个偏僻的火车站,自己将随身的行李拖到站台上。就在那儿,在一片黑暗中,他认出了美联社记者吉姆·米尔斯,是他报道了甘地为印度赢得独立所付出的一切努力。因此,在那个时候,只有米尔斯一人获知甘地被释放的消息。"我猜想,当我死后站在天堂之门的时候,碰到的第一个人会是一名美联社记者,"甘地曾这样说。

米尔斯是如何知道甘地被释放的消息的?这已经成为了历史的秘密。但记者不遗余力地找新闻线索的传统仍然没有改变。事实上,找到选题的过程,其实就是新闻发现的过程。大千世界,每天发生那么多事儿,到底哪一件有价值?一个人物有众多的侧面,到底写他的哪一方面?一件事有很多头绪,从何入手?要从这些事实中发现有新闻价值的事实,的确并不是一件容易的事。本章将分析新闻的发现与选择的规律,擦亮大家发现新闻的慧眼。

第一节　新闻的发现力

新闻工作者每天的工作就是在很短时间内,从每天发生的、海量的事实中找出具有新闻价值的事实,并围绕新闻价值点对事实进行采访、报道,尽快传播出去。发现新闻,是新闻采访活动具有决定意义的第一步。

一、新闻发现与新闻的发现力

新闻发现就是识别客观事实的传播价值,看出或者找到客观事实本身固有的、值得传播的要素。一般来说,作为新闻报道对象的事实,其传播价值表现是多侧面的,内容是多层次的。新闻发现最关键的环节是,敏锐地感觉客观事实诸多价值表现中最能吸引公众注意力的侧面,充分发掘多层面的价值,尽可能实现其价值最大化。

　　如突发性灾难事件当中包括很多侧面:灾难突发的事实、损害延续的事实、救灾的事实、灾后调查原因的过程、处理责任人的事实、灾后重建家园的事实,都有新闻价值。在 2008 年汶川地震的报道中,我们看到了不同阶段媒体报道重点会有所不同。如早期报道灾难突发的状况、灾情,中期报道抗震救灾的情况,后期报道重建家园的情况,这种报道主题的转移是随着受众的关心点的转移而实现的。

　　在新闻发现时,要首选受众最关心的、有普遍意义的角度去报道新闻事实。但如果记者的新闻发现出现偏差,报道的效果会大打折扣。

　　如 2000 年 12 月 25 日,河南洛阳东都商厦发生特大火灾,309 人在火海中丧生。火灾发生后,多家媒体作了报道。其中一家媒体的报道题目是《众志成城战火魔》,六个小标题分别是:冲在最前头的是消防官兵、市领导赶赴火场第一线、视火场如战场、白衣天使的爱、普通市民的奉献、愿死者的灵魂早得安息。

　　火灾刚刚发生的时候,人们对为什么会引起火灾、为什么伤亡会如此惨重等与火灾直接相关的信息更感兴趣,新闻发现应该往这个方面去找,但记者却没有这样做,而是把悲歌写成赞歌,受众看了之后会比较反感。

　　新华社总编辑南振中在《记者的发现力》一书中,对新闻发现力做了如下概括:新闻工作者善于发现新鲜事物、揭示事物内在规律的能力就是"发现力"。

　　他将新闻发现力的表现归纳成六个方面:

　　善于发现或者找到迄今还没有通过大众传播媒介传播的、鲜为人知的新鲜事实;

　　善于发现或者澄清社会上众说纷纭、莫衷一是的重大事件的事实真相;

　　善于发现或者提炼出有助于解决当前各种困难和社会矛盾的新鲜经验;

　　善于发现和捕捉能给人以启迪的新思想,深刻地揭示人们观念上的新变化;

　　善于发现和表现最能体现时代精神、对人们有较大激励和鼓舞作用的典型人物;

　　善于发现能够体现事物发展规律的新的苗头、新的动向,准确地预测和描绘事物发展趋势。

　　从这六个方面的能力中我们可以看到,新闻发现力从根本上来说是对认知事实真相的能力和把握受众需求的能力。认识事实真相是进行新闻发现的前提和基础;把握受众需求是新闻发现对事实的新闻价值进行衡量的标准和依据。只有准确把握了事实真相和受众需求,才能依据新闻传播规律,选择符合传播目的事实信息进行传播。

　　在新闻发现中,如果记者认知新闻事实真相的能力不足,则可能导致虚假新闻传播的现象,影响媒体的公信力。如 2007 年十大假新闻之一的"新郑市前副市长出狱卖烧烤"就是一例,报道虚构了一个传奇人物——李兆才,他出生于河南省新郑市一个农民家庭,高中毕业考上了河南农业大学,获得硕士学位留校任教,两年后就被破格评定为副教授。2000 年李兆才挂职锻炼,来到了家乡新郑市担任副市长,后因玩忽职守罪被判处有期徒刑两年。刑满释放后,他拜师学艺,成了一个地地道道的风味羊肉烧烤匠。而事实上,这条新闻就是作者想象出来的,被《廉政瞭望》杂志刊发后,引起网络的大量转载和受众的广泛关注,最后被证明这是假新闻。

在新闻发现中,如果记者把握受众需求的能力不足,则可能导致新闻传而不通的情况出现。长期以来,有关领导视察、工作往来以及各种会议、工作日程的报道占据了媒体的大量空间。说这些事情不重要?大概很多人都不会同意。但新闻实践却证明,这类从领导视角出发、工作角度出发的公文式新闻,内容上不符合受众兴趣,语言上又充满陈词滥调,虽然记者发现了真实的事实,但由于没有把握好受众的兴趣,使其发现的新闻由于脱离新闻传播规律,常常遭到受众的冷遇,受到规律的惩罚。

二、新闻敏感

新闻的发现力来自于新闻敏感,新闻敏感是记者能够敏锐地发现和捕捉新闻的一种特有的素质。新闻敏感作为一种职业敏感,是一种顿悟性的思维活动。记者具有较强的新闻敏感,就能从错综复杂、五光十色的社会生活中,迅速而准确地判断出什么是新闻,从而抓住真正的新闻。

记者的新闻敏感通常包括四种判断能力:

1. 判断某个事实能否引起受众兴趣的能力

记者采访的新闻最终是向公众传播的,受众对所传播的新闻是否感兴趣,就成为判断这一事实在多大程度上是新闻的一种重要标志。

需要注意的是,受众的兴趣也有层次。第一层兴趣是显性的兴趣,如人们对人情味的事实、反常性的事实等具有天然的兴趣,但如果过分迎合受众的这种兴趣,势必导致低俗新闻的繁荣。因为这类新闻能够提供直接的感官刺激,可以超越受众的阶级、种族和文化的差异,是一种最"本能"的兴趣。

第二层的兴趣是隐性的兴趣,即受众的实际存在状态对新闻信息的需求,这种兴趣是存在的,但是没有被充分反映出来,作为记者,新闻敏感更体现在能够识别出某一事实能否引起受众的潜在的兴趣上。

不可否认的是,受众感兴趣的事实不一定是对受众的实际生活有重要影响的信息。针对这一点,曾经获得过普利策新闻奖的美国著名记者杰克·富勒说:"重要性和兴趣都可以为某一事件或某条消息见报提供理由,两者提供的理由都很充分。不管有多么少的人对裁军会议缺少兴趣,但这些会议对地球上人类的未来产生的深远意义常常使它具有较高的新闻价值。不管迈克尔·乔丹在一家二流棒球队中表演多久对美国的历史来说不重要,但读者对此事的广泛兴趣完全使它有理由占据大块版面"。①

----

① 〔美〕杰克·富勒著,展江译:《新闻的价值》,新华出版社1998年版,第7页。

因此,有新闻敏感的记者不能满足于跟在受众共同兴趣的背后亦步亦趋,而应该在选择新闻时,把重要性和共同兴趣标准有机结合,使新闻发挥应有的导向作用。

2. 判断同一新闻事件的许多事实中,哪个最重要、哪个次之的能力

如果我们把新闻事件比作一座矿床,把新闻价值比作矿藏的话,那么,正如矿藏在矿床中分布是不均匀的一样,新闻价值在新闻事件中的分布也是不均衡的。记者依靠新闻敏感,不但能够从大量纷繁复杂的事实中,发现具有新闻价值的事实,而且能够从同一新闻事件的许多事实中选择出最重要的事实,而不是眉毛胡子一把抓,捡到篮里都是菜。

2006 年 3 月 4 日,胡锦涛总书记在参加全国政协十届四次会议的分组讨论时,提出了树立社会主义荣辱观和“八荣八耻”的内容。在人们感觉世风日下、对公德呼声日盛的今天,胡锦涛总书记提出的“明荣知耻”的倡导,无论是从宣传角度还是新闻角度,都具有重大新闻价值。然而,我们各大媒体的表现却不尽如人意,主要原因就在于新闻敏感不强,没有判断出在这次会议中什么重要、什么不重要。

如《人民日报》、《光明日报》、《经济日报》等各大媒体,第二天都在头版头条刊登了胡锦涛总书记的活动的消息,但标题却大同小异:“胡锦涛参加政协分组讨论”、“中央常委参加政协分组讨论”、最多有的报纸用副标题的形式标明“胡锦涛提出要树立社会主义荣辱观”。对于社会主义荣辱观和“八荣八耻”的具体内容并没有作为重要事实突显出来。而当天的《新华每日电讯》却独具慧眼,在其头版头条的位置用大字体标出主标题:《胡锦涛:是非善恶绝不能混淆》,并且将胡锦涛关于树立社会主义荣辱观以及“八荣八耻”的内容以副标题的形式予以突出。而此后,各媒体对“八荣八耻”的广泛报道以及胡锦涛讲话内容在国内外引起的广泛关注,证明《新华每日电讯》对这一事实的新闻价值的认知比较准确,记者的新闻敏感较强,抓住了这一事实中最重要的内容。

3. 判断某一个线索是否可能导致重大新闻发现的能力

在复杂的大千世界中,重要的新闻事实常常被一些不大起眼的现象掩盖着。这些不大起眼的现象往往会露出新闻事实的种种蛛丝马迹。记者如果有比较强的新闻敏感,就能从这些蛛丝马迹中看出不平常的东西,从偶然中看出必然。

2004 年 11 月,新疆电视台的记者在南疆国家级贫困县——乌什县的一个偏远乡村采访时无意中发现,在这个维吾尔族占 99% 以上、几乎听不到汉语的乡村,一些维吾尔族孩子居然能够用汉语唱儿歌。记者立刻以他的新闻敏感意识到这件事情背后的重大意义,立即开始了深入地采访,了解到当地一位受过高等教育、从这个县走出的维吾尔族青年自发地回家乡开办汉语学校、并受到当地民众欢迎的事实。而这个事实背后,是当地群众对汉语教育认识的转变,反映出偏远的边疆少数民族地区群众对学好汉语的强烈愿望,体现了他们对祖国的认同、对中华民族和中华文化的认同。这条新闻因此获得了第十五届中国新闻奖的一等奖。

4. 判断已经发表的新闻是否具备进行第二度报道的能力

已经发表的新闻能提供很多信息,这些信息有的还具备再度挖掘的价值。记者要善于找到这样的信息,在事物变动的较深层次上,从已经发表的报道中挖掘出更有价值的新闻。这是一种进行第二度报道的能力,或者说寻找第二落点的能力。

其他媒体报道过的内容其实并不是一次性消费的快餐,如果原报道未能很好地体现其新闻价值,或者第二次报道能有新的元素或内容加入时,就可以再报。它可以是对新闻事实的另一种发现,也可以是观点的推陈出新。但不管怎样,都必须与过去的报道有所不同,这也是第二落点的生命力所在。

笔者 1998 年在中央电视台社会新闻部做实习记者时,所做的很多报道都是从已经发表的新闻中寻找第二落点,经过再采访后才形成的。

1998 年 5 月 20 日,笔者从新华社稿里发现一条有意思的消息——《中国科学家率先预测今年厄尔尼诺现象将于八月结束》,立刻打电话到国家海洋局进行前期采访,发现科学家们是在经过对几千年来厄尔尼诺现象发生的资料进行分析后找出其与太阳黑子活动之间的相关规律时才作出这样的预测。于是笔者认为,原报道将重点放在预测结果上没有完全体现出新闻的价值,如果把第二落点放在科学家发现的规律上可能更好,因为是这条规律指导他们作出了预测。从这个角度讲,第二落点就比第一落点更为深刻。经过采访、拍摄,1998 年 5 月 23 日笔者所做的报道《中国科学家率先发现厄尔尼诺与太阳黑子活动有关》就在中央电视台《新闻30 分》节目中播出了,原来新华社稿的主体成为笔者所报道的结果,而占大量篇幅的是解释这条规律是什么,并利用电脑图像、动画等手段把深奥的科学知识简明化,受到了好评,当晚《晚间新闻》又重播了这条新闻。这种方式适用于事实层次较多,角度可以变换的新闻,这时换个视角再看,会令人耳目一新,甚至第二落点比第一落点更为新鲜、更能揭示本质。

还有的新闻事实其第二落点需要深入挖掘,将新闻事实背后隐藏的东西找出来。

1998 年 6 月中旬,笔者从《农民日报》上看见一篇消息——《一种负担两本账》,说安徽固镇张桥村的账有两本,一本专为对付上级检查,农民负担账目上看起来不重;另一本专为对付村民,乱收费、乱罚款等都从这上面来。由于是批评报道,不可能进行前期采访,以免打草惊蛇,只是问了写这篇消息的记者大致的情况。当时笔者在想,为什么会存在这种现象?如果把原因挖出来新闻是大有可做的,于是动身去了安徽。在采访中发现,这个村村务不公开是造成农民负担重、干部作风坏的重要原因,没有监督,腐败就有了温床,并将黑手伸向农民。出差回来后,笔者制作了《安徽固镇:村民盼望村务公开》的新闻,新闻主体仍是两本账,但增加了对原因的分析与采访,把两本账的存在直指村务不公开,把村支书对村务为何不公开的支支吾吾也全用上,整条新闻冲击力很强。这条新闻顶着安徽方面说情者的压力播发了,并配了长达 1 分钟的编后语,反响很大。后来,国务院还下发了《关于在全国范围内推行村务公开的通知》,违法乱纪者也受到了惩罚。

三、新闻敏感的培养

新闻敏感是贯穿于新闻采访、写作、编辑等操作环节的新闻思维活动,是新闻实践的主导性思维,也是新闻工作者的基本职业素质。是否具备新闻敏感,是一个人能不能当一名好记者、好编辑,甚至有没有资格当一名记者、编辑的基本素质。

新闻敏感是最重要但也最难培养的记者素质。新闻敏感再现为一种顿悟性的思维活动,所谓顿悟性,就是脑海中突然闪现出来的某种新念头、新认识、新思想。顿悟,也可以称为一种直觉、一种灵感。它是记者头脑中潜藏着的某种信息,突然同外界的有关信息发生联系和撞击之后,在极短时间内所产生的一种思想认识上的突破或飞跃,从而获得一种新的认识。因此,新闻敏感是一种独特的创造性思维活动。

从心理学的角度看,具有新闻敏感的记者,大脑常常处于一种积极的思维状态——激活状态,即对外界相关的客体信息显得特别灵敏,如果记者突然间看到、听到、感触到某客体信息,与记者头脑中的某种主体信息的是"相通"的,就会马上产生一种强烈的反应。外界的刺激就像火种,而记者头脑中的信息就是导火索,两者一碰撞,就会冒出火花来。

新闻敏感的触发,是原有信息与新获得的信息发生联系和撞击的产物。要培养新闻敏感,就应该紧紧围绕着这个基本点去努力。

1. 要懂得新闻价值

记者的新闻观念如何、是不是懂得新闻价值,直接关系到能不能发现新闻。因为在社会生活和自然界中的种种事实,只有具有新闻价值的事实才能构成新闻。如果记者不懂得新闻价值,就不能准确判断什么是新闻,什么不是新闻,什么是重要新闻,什么是一般性的新闻。

但是对新闻价值的掌握也有一个层次问题。初学者虽然学习了新闻价值理论,明白时效性、重要性、接近性、显著性和人情味是新闻价值的构成元素,但由于对事实的复杂程度、对社会公众的需求缺乏理解,特别是对实际操作中的具体评价模式的把握只达到了"知"的层面,离"懂"的层面,即深入的理解还有相当的距离,更达到不主动使用评判标准去评价和预测新闻价值的"会"的操作层面。因而,虽然学了新闻价值的理论,但不能在头脑中进行"模式迁移",更不会使用了。从"知道"新闻价值标准到"懂得"新闻价值内涵,最后达到会"运用"新闻价值标准去发现新闻,是掌握新闻价值理论的三个台阶。

2. 接触实际,注重实践

社会生活是新闻报道的源泉,也是达到"懂得新闻价值"的必由之路。记者只能广泛接触实际,把握社会实际情况,了解受众的思想动态,才有可能储备足够多的信息,一旦外界有关联的信息出现,才有可能进行碰撞,而触发新闻敏感。

如果记者头脑中储备的信息贫乏,那么思维的空间就比较小,产生创造性思维的可能性也随之减少。只有头脑中知识和情况积累得丰富,引发新闻敏感的机会才会多。

初学者要尽可能地多参加一线的新闻采写实践,扩大与社会的接触面。这样一方面锻炼自己的采写能力,另一方面,也丰富自己的信息储备,为培养新闻敏感打下基础。

3. 勤于思考,掌握科学的思维方法

新闻敏感触发的过程,实际上是对新闻认知、评价的过程,也是新闻作品创作的过程,记者的思维是交替处于两种不同的创新思维状态,一种是发散思维,一种是集中思维。运用发散思维预测新闻线索中可能产生的新闻价值点,设想尽可能多的报道主题和报道角度;运用集中思维对这些预测、设想的新闻价值点进行对比分析,最终确定一个最佳的报道主题和报道角度。

记者要养成对新闻事实勤于思考的习惯。发散思维时要充分,利用发散思维灵活、变通的特点,从不同的思路对新闻线索进行考察。要从多元的视角,大胆探索,不要拘泥于一种立场,一个角度。要善于突破思维定式,既要横向思维,又要纵向思维;既要正向思维,又要逆向思维。思维发散的范围越广,产生"点子"就越多,形成优秀的报道方案的可能性就越大,当然,这种发散不是漫无边际的盲目发散,而是围绕事实、围绕报道目的、围绕受众需求的基本标准,从事实的不同角度、不同层面和受众需求的不同角度、不同层面进行的发散。在集中思维状态下,记者要对在发散思维阶段所想到的新闻价值点、报道切入点等进行评估,确定一个之后,抓住这一线索集中力量去思考,进入思维的主攻状态。

通过科学的思维和思考,新闻敏感触发的效率会更高,形成的报道方案可行性和操作性可能会更强。

第二节 获得新闻线索:采访的起点

获得新闻线索是采访的起点,记者往往通过新闻线索来追寻新闻的方向。新闻线索是关于新闻事实的片段性的简要信息,它往往是新闻事实发生的一种信号和征兆,反映新闻事实的简略轮廓。

一、新闻线索的作用

1. 新闻线索能够触发记者的新闻敏感

新闻线索发出的信号或者征兆,可能是一种简单的信息。这种信息作为触发新闻敏感的外因正是记者发现新闻时所要捕捉的目标。如果没有线索,记者的敏感无法产生,即使再有价值的新闻也会被白白埋没了。

2002 年夏天,足球界的黑哨事件牵扯出了众多人物,孙培彦也是其中之一。当时由于情况复杂,外界并不知道孙培彦的行踪,到底他有没有被捕众说纷纭。

《球报》记者为了调查事实真相,对相关单位进行了采访,但采访对象大都不愿意提供具体的情况,记者只好失望而归。在路过传达室时,一位老头无意中说起记者来这找也没用,要到凤凰嘴看守所去找才行。这时记者立刻意识到这里面可能有"重大发现",忙问孙培彦是不是和先前已经被捕的"黑哨"龚建平一样被关在凤凰嘴看守所? 老头略显厌烦地挥了挥手:"在,都在那儿!"这样,一个新闻线索被记者抓住了,在这家看守所,记者不但证实了孙培彦的确被捕了,还与龚建平关在同一个看守所,记者由此写出一篇独家报道。记者在这次即将失败的采访活动中能绝处逢生,关键就是因为有热心人相助,再加上记者始终保持着高度的警觉,这样一触即发,顺着线索挖出了新闻。①

2. 新闻线索可以指明采访的去向

新闻线索是发现新闻的"窗口",记者抓住线索就有可能采访到所需的新闻。新闻线索可以表明哪里有新闻或者可能有新闻,记者应该到哪里去采访和采访什么。所以说,新闻线索是记者采访活动的向导,是给采访引路的。它有助于记者迅速找准采访的方位,找到采访的目标。

中央电视台的一位记者到陕西咸阳采访我国小麦品种科研成果——超大穗小麦的推广情况,当时正值雨季,天总是在下雨,记者只好在农科所的屋子里听汇报、看样品,这样持续了两天。是冒雨到麦地里实地拍摄? 还是在农科所拍摄一下样品就行? 记者认为,根据新闻线索,采访重点应该是这种小麦新品种的推广而不是研制,因此,采访的场地不应该是农科所,而必须到田间地头去才有说服力。于是记者坚持到麦田里脚踩黄泥、头顶细雨地进行现场采访和报道,制作了一条颇有影响力的新闻。②

3. 新闻线索的价值可以决定报道质量

尽管新闻线索并不等于新闻事实,但它往往显示已经或将要发生什么样的新闻,记者掌握新闻线索的情况直接影响采访活动的效果。如果记者手头的线索又多又好,选择的余地就大,甚至可以好中选优,这样,记者的工作就会很主动,而不是被动,采访的成效也会大。

二、新闻线索的特点

1. 比较简单,完整性差

新闻线索只是一种片段的情况,只是反映事实的一个简略轮廓或者一些零碎的材料。它一般没有过程,没有细节,不是一个完整的事实,新闻要素更是残缺不全的。记者必须在线索的基础上深入采访,才能使信息由零散变得完整,由简略变得详尽。

---

① 丁柏铨:《新闻采访与写作》,高等教育出版社 2004 年版,第 102 页。
② 张宁:《电视新闻采访的理论与实践》,中国广播电视出版社 1998 年版,第 112 页。

2003 年 1 月 12 日和 18 日,以揭露山西省临汾市尧都区阳泉沟煤矿特重大矿难瞒报死亡人数为内容的《焦点访谈》之《追踪矿难瞒报真相》和《新闻调查》之《死亡名单》两节目播出后,引起了很大的轰动,记者曲长缨也因此获得了中国新闻奖和广播电视新闻奖。而这次采访矿难背后其实有很多故事。这条新闻的线索来源于一个热线电话,有人反映临汾的矿难瞒报死亡人数,但却又不肯透露更多的情况,一问到对方的联系方式,对方就挂电话。这个举报矿难瞒报的电话打进来三次,记者认为这一举动证明了此事的重要性,于是决定前去调查。然而这个采访的难度就在于这样的线索实在是太简略,新闻要素残缺不全,加之采访时有关部门用事先准备好的一系列材料对真相进行隐瞒,记者没有发现更有价值的线索。最后是通过到矿工宿舍翻拣垃圾、找到一本遇难矿工的笔记本才使得采访打破了僵局。[①] 这次采访之所以取得成功看似有很多"碰巧"的因素,但如果没有记者的坚持与执著,也很难将这个新闻线索发展下去。由此也可看出,记者采访工作的价值正是体现在能将新闻线索进行补充和深化上。

2. 时间短暂,稳定性低

由于新闻事实的发生和存在,有很多是短暂的,时间一过就会失去价值,新闻线索的出现也常常是短暂的。记者发现线索后,还必须尽快对线索进行采访,否则有可能造成错过新闻现场、甚至是错过新闻的遗憾。这一点对于广播电视记者而言更为重要。比如一场车祸发生后,如果不能尽快赶到现场,等赶到之后现场就可能已经清理完毕了,对于平面媒体的记者也许可以通过采访当事人、目击者等来完成报道,但对于广播电视记者来说,这样采访的效果会大打折扣,甚至于不能作出报道,从而浪费了新闻线索。

3. 只是信号,有待证实

新闻线索这种信号、征兆,只是表示"发生了什么事",或者"可能有什么事"。实际情况到底怎样,究竟是怎么一回事?是没有证实的。因此,记者必须认识到线索的不确定性,严格区别新闻线索与新闻事实的界限,不能把线索当作事实写成新闻。因此,记者在拿到新闻线索之后的第一个工作就是要认真核实其真实性,可靠性。

1997 年 12 月,中央派出了一个执法检查团检查淮河的污染治理情况,某些企业得知后,做了一些准备工作。有的记者接到一个线索称,淮河的支流颍河过去由于污染鱼虾绝迹,现在由于某企业污水治理达标,河中已经能打捞上鱼了。于是,有一位记者根据线索来到了相关现场。看到有人站在小船上,手里拿着鱼抄子,打起了鱼,而面盆里,已经有了四五条尺把长的大鱼,该记者还对渔民进行了采访,渔民说:"通过半年的水质治理,河水变好变清了,河里面又有鱼了。"这位记者把这些内容进行了拍摄,制作了一条电视新闻播出了。然而这之后检查组来到当地检查时,却发现沿岸百姓群起告状,污染问题根本没有解决,所谓打上大鱼的新闻正

---

① 《专访〈焦点访谈〉记者曲长缨》,《北京娱乐信报》2003 年 12 月 17 日。

是有关企业一手策划导演的。如果在采访时记者能够认真进行查证,动脑子想想,问问自己这样一些问题:如果只经过半年的水质治理,打上的鱼为什么会这么大? 一条河的污染会因为一个企业的达标排放而解决吗? 可能记者就不会那么轻信,而如果记者能沿河走一走,采访一下附近的居民,可能真相能更早地被发现。

因此,记者对待新闻线索应该要有质疑精神,尤其对于广播电视记者来说,有的时候"耳听"和"眼见"都未必为实,如果不经查证就进行报道,一旦出现假新闻,这种假新闻的欺骗性可能更大。实践证明,敏锐的观察力、严谨的工作作风在新闻采访中对于记者来说是何等的重要。

三、新闻线索的来源

1. 记者本人的观察和积累

正如作家要通过观察生活积累创作素材一样,一个好的记者也需要培养出敏锐的观察力,善于调查研究,在现实生活当中和采访过程中,深入群众,深入生活,眼观六路,耳听八方,及时发现社会实践当中出现的新矛盾、新问题、新经验、新动向,及时发现不同利益群众中带有普遍性的意见、愿望和要求,通过表面现象等蛛丝马迹,发现有价值的新闻线索,就要积累下来。人们常说记者应该是社会活动家,他所从事的职业决定了他要同各界人士打交道。一个好的新闻工作者,应该充分利用这个有利条件,与各种人士特别是能够接触和提供新闻信息的人士,建立起广泛的联系。

1978 年的一天,北京有位记者路过北京新华书店门前,发现很多人都在排队买书,在当时,排队购物是个常见现象,他没有太在意就离开了。使他吃惊的是,有三个外国通讯社的驻京记者却对此作出了报道,因为他们发现人们在排队买外语书,通过中国人纷纷购买英语书学外语这样的事实,能够表现粉碎"四人帮"后文化的桎梏开始被打破,这篇报道发出后,在国内外引起了很大的反响。同样一个现象,我们的记者没有用好奇的眼光去审视,而三个外国记者却联系当时的政治背景判断出它是一件新鲜事物。

由此可见,记者想要自己发现新闻线索,必须加强平常的观察与思考,把观察思考得到的信息不断存入大脑,让其渐渐变成智慧的能量,并发光发热,记者就能在纷繁的社会现象中,敏锐地觉察到那些有报道价值的事实,发现新闻线索,并进一步去采访,最后形成新闻。

2. 官方渠道

"官方"权力部门是指导社会政治经济文化等各方面的权力机关,它们所制定的方针政策对社会生活的未来发展具有重大的影响,这些部门既对政策、法规有准确的理解与把握,又了解其制定的过程及其根据,还通过其信息系统掌握着政策、法规在执行当中的新动向、新问题,可以说掌握着较为全面的信息,甚至包括一些具体的新闻报道线索。记者通过与这些部门联系,可以获得有关会议、文件、简报、有关政策和领导人讲话等内容,新闻工作者可以通过这些信息了解社会整体或某具体领域当前状况及未来发展趋势。

在媒体中,对这一线索的取得往往是通过将记者分部门分组的形式来进行的。如将所属记者分为农业组、经济组、综合组等小组,每一个小组的记者有相对固定的报道领域,平常这些记者与相对固定的相关部门、机构进行联系,相关部门有消息可以随时找到相对固定的某位记者,记者也可以主动向相关部门询问情况,这样就能形成一个双向沟通的机制,从官方获得新闻线索。

3. 来自受众的信息

现代通讯事业已很发达,受众通过写信、打电话、发短信、互联网传输等多种方式,与新闻媒介建立起了广泛的信息沟通渠道。在这里,既可以反映出受众的态度和呼声,也蕴藏着丰富的新闻线索。目前,各新闻单位也有意识地公开征求新闻线索,把自己的热线电话和邮政编码公之于众,设专人值守,既密切了与受众的联系,也开拓了信息源。

受众提供的信息浩如烟海,这其中真正有用的线索并不多,可一旦抓住了一条,往往就是具有独家性的报道。

如中央电视台《新闻调查》曾经播出过《疫苗风波》节目,说的是黑龙江省密山市 8000 多名中小学生接种了"乙脑"疫苗,结果出现近千人被送进医院的现象。这个报道就是从数不清的观众来电里打捞出来的,节目的反响非常强烈。

4. 从其他媒体获得的信息等

新闻媒体间信息的交流与互动,是新闻工作者日常获得新闻线索的一个重要来源。报刊、通讯社、广播电台、电视台和网络的报道,都可以作为新闻线索再发现的来源。但在处理这类线索时要注意不应该是对别人报道的"翻版",而是应该就别人的新闻题材继续挖掘下去,寻找新的报道角度或内容。尤其是广播电视记者要特别注意,从平面媒体中获得线索后不要人云亦云,把自己的报道变成这条新闻的电视版、广播版。

对其他媒体的关注,并不是要将其每条新闻都仔细阅读,可以先看标题。从标题当中就能够判断出一些选题线索。此外,各种新闻发布会、记者招待会、会议等信息交流场所以及简报、情况反映等内部信息汇集文件也是新闻线索的一个重要来源。

5. 线人

这里指的线人就是"为新闻媒体提供本行业或本领域的新闻线索的内线人物"。2003 年 3 月,新华社通过在伊拉克当地线人提供的线索,得以在全世界第一个发出伊战爆发的消息,成就了新闻史上中国媒体第一次"世界性质的领先"。

有的线人通过新闻线索来获得报酬,如香港媒体曾经买通过的内线包括酒店服务生、酒吧服务员、保安、明星助理、医院的医生等,媒体通过他们来获得明星的消息。而有的线人是出于维护公众利益的目的,而将自己所了解的情况公之于众。但无论是哪种线人,他们都是"离新闻最近的人"。

第三节　新闻选择:把关人与把关

一、新闻选择的标准

新闻选择是指新闻记者确立新闻报道对象的过程,包括对新闻线索可能引出的新闻事实的价值判断,也包括对新闻报道采制及传播可行性的判断。

"把关人"理论是传播学的基本原理,又称为"守门人"理论,是由库尔特·卢因在《群体生活的渠道》一文中提出的。他认为在群体传播过程中存在着一些把关人,只有符合群体规范或把关人价值标准的信息才能进入传播渠道。1950 年,传播学者怀特将社会学中的这个概念引入新闻传播,认为在大众传播的新闻报道中,传媒组织成为实际中的"把关人",由他们对新闻信息进行取舍,决定哪些内容最后能与受众见面,"把关人"起着决定继续或中止信息传递的作用。

新闻选择的主体是"把关人",新闻选择是新闻把关人有意识的活动,是把关人根据新闻的品质加以比较、评价的过程。但是把关过程并非随心所欲,为所欲为,而需受到新闻媒介内外多种因素的约束与影响,按照已被内化为自己信念的标准和若干具有约束力的法规进行的。这些依据并非一成不变,而是因媒介而异、随社会发展而发展的。对具体新闻媒介而言,新闻选择的主要标准有:新闻价值标准、新闻政策标准和新闻机构自身的编辑方针与定位。

1. 新闻价值标准

我们根据日常生活经验可以知道,不同的新闻、不同的题材(内容)对新闻接受者的影响程度是有差别的。我们把能够构成新闻的信息中所含有的引起受众普遍兴趣的各种素质的总和称为新闻价值。

新闻价值标准是衡量客观事实是否构成新闻的标准,最早形成于美国。在 19 世纪 30 年代的报业竞争中,各报社老板和主编为扩大报纸发行量,十分重视对新闻事实的选择。20 世纪初,美国、日本的一些新闻学者,把新闻事实的选择标准统一到新闻价值这一概念上。在中国新闻界,这一概念分别由徐宝璜从美国、邵飘萍从日本引进。

新闻价值以受众的普遍兴趣为转移,是根据普通大众,而不是社会精英的看法形成的。把关人认为,那些涉及众人、影响一大批人、有关社会名流尤其是掌权者的新闻就是重大新闻。

就中西方新闻界和学术界的普遍意见而言,新闻价值的构成要素一般有以下五点:

(1)及时:新闻是"易碎品",时效越强越有生命力。报纸上的新闻只有 24 小时的寿命,遇重大突发事件常常发行号外。在当今电子时代,广播电视网络的滚动发布保证新闻受众不会与新闻脱节一小时。

(2)接近:事件发生的地点离读者越近,新闻价值就越大。今天还包括心理接近。

(3)显赫:显要人物引起的注意高于非显要人物。

(4)重大:新闻事实对现实和未来的影响程度越大,新闻价值越大。

(5)趣味:西方新闻界认为,"趣味是吸引读者的良方"。大多数受众对新奇、反常、带人情味的东西更有兴趣。

在西方国家,新闻媒介刊播的内容经常被当作满足社会信息需求的商品,其新闻价值观在很大程度上是市场取向的。在市场机制的制约下,冲突和反常往往成了记者、编辑作出新闻判断时优先考虑的因素。这种新闻价值观能够保障媒介的环境监测功能的发挥,具有符合新闻传播规律的一面,这一点是应当肯定的。同时我们也应当看到,过于突出冲突和反常,正是当今新闻低俗化的一个主要原因。以长期抵制大众化报纸煽情主义的欧美国家高级报纸为例,它们强调:新闻报道准确重于迅速,平实而戒绝夸张,对社会新闻的处理采取严谨态度,在版面上不予突出,对于新闻实践中可能出现的偏差及时予以纠正。凡此种种,对于我们当今培养全新的、多层次的新闻价值观,是具有启示意义的。

2. 新闻政策标准

新闻政策是新闻机构及其控制者(国家和政党)对新闻传播内容的强制性规定;也可以说,是国家、政党或地方党政领导机关对所属新闻传媒规定的宣传方针和宣传纪律。我国的新闻政策,是党的总路线、总政策在新闻工作中的具体体现。它包括党和政府就新闻宣传工作作出的决定、决议、指示,党中央领导同志和宣传部门负责人的有关讲话、批示等。

新闻政策是对新闻事实进行选择的另一标准。这道选择起着决定性的作用,它关系到具有新闻价值的事实能否进行公开报道的"命运"。

新闻政策标准通常体现为:

(1)政治标准

记者在接触新闻线索时,通常会首先从政治上来衡量新闻事实,判断这个事实在政治上的利害关系怎样。在我国,新闻选择的政治标准应包括:在政治上同党中央保持一致;遵守国家的宪法、法律、法令以及有关条例;合乎风俗人情、民族习惯和文化传统;维护社会主义理想和道德等。

(2)新闻宣传思想

新闻宣传思想是在一个时期,随着形势的发展变化,新闻传播要着重宣传什么、不能宣传什么的指导思想。新闻宣传思想的规定,是我们党和国家鉴于全局的利益和实际工作需要,对新闻事业实行领导和控制的一种手段、一种形式。随着形势的发展变化,新闻宣传思想会有不同的内容和要求。如一段时间以来,广播电视新闻报道为"建设和谐社会"和"践行八荣八耻"等主题宣传、造势,相应的这类选题就会增多。

　　一般说来,新闻政策是新闻选题能否被报道的必要条件,即符合新闻政策的选题不一定被报道,但不符合新闻政策的选题就不能报道。

　　3. 编辑方针

　　新闻机构自身的编辑方针是进行新闻选择的又一标准。我们国家的新闻机构,都在党和政府的统一领导下开展工作,由于各个新闻传播机构各有自己的特色和优势,有着不同的受众对象、报道侧重点或地方特点,并且承担着不尽相同的工作任务,这样,在具体的工作原则与编辑方针上,各个新闻机构又有一些不同的规定和做法。由于各个新闻传播机构的编辑方针不同,它们选择新闻的具体标准也是不同的。比如,对奥运会的报道,央视体育频道会以大篇幅进行充分报道,新闻频道可能只在几个新闻栏目有一些报道,而电影频道可能就只有很少的报道。同属一个报业集团,同样都是有新闻价值且符合新闻政策的选题,《南方都市报》和《南方周末》可能就会有不同的选择。

　　因此,记者确定选题时,只有紧紧把握自己所服务的新闻传播机构的编辑方针,才能做到产品对路,提高效益。

二、新闻选择的过程

　　新闻选择的三个标准像三个筛子一样对大千世界纷纭繁杂的事物进行着选择,只有这三个筛子全都通过的选题才会进入到下面的采访、报道程度中。

　　1. 综合衡量新闻价值要素

　　新闻价值的新鲜性、重要性、显著性、接近性、趣味性、可视(听)性、有用性等,某条新闻线索中以上要素具备得越多,就越有价值。同时,这些要素也是互相联系的,而不是彼此割裂的,他们之间的相互作用,可以使新闻产生增值的效果。因此,我们在判断某个事实的新闻价值时,不应当孤立地看待每个要素的作用,而是要综合地看待各个因素相互作用的结果。

　　如“9·11”事件对我国受众而言,除了接近性不强之外,它里面蕴含着“新鲜性、重要性、显著性、反常性、可视性”等新闻价值要素,这些要素累加在一起,使得这条新闻的价值极大,当时受众极为关心。因此,媒体应该迅速反应,强化报道。然而遗憾的是当时中央电视台对这一新闻的价值评估不够准确,只是在袭击发生后做了简报,直到午夜之前没有提供任何其他的信息。而另一方面,凤凰卫视的主创者迅速判断,认为这条新闻是个“重磅炸弹”,马上安排全球记者站的记者同时出动,又调动台前幕后人员、主持人轮流上阵,连续播出了 36 个小时,为这个世纪大新闻做了及时又比较详尽的报道,在一段时间内一度成为当时千千万万中国人了解这次恐怖袭击的唯一信息来源,于是甚至有许多大学生把他们的积蓄拿出来到宾馆租房间看凤凰卫视。

　　2. 全面权衡新闻政策标准

　　由于新闻政策标准的内涵通常体现在多方面,我们判断某个事实是否符合新闻政策,就要从多方面联系起来进行权衡。全面权衡的过程,实际上是对新闻不断筛选的过程。要看是否符合政治标准,是否对党和人民有利,这是最基本的一步,事关重大。只有符合政治标准的事实,才能成为新闻媒介公开传播的新闻。如果某个事实不符合政治标准,即使它的新闻价值再大,那也不能在媒体上刊播。另外,要看是否能体现当前新闻宣传思想,要看在发表后将会产生怎样的社会效果,这是相当重要的一步。记者要做到这一步,既要对新闻宣传思想有比较深入的理解,又要对社会状态和受众心理有比较清楚的了解。只有社会效果是积极的,这才是我们所需要的新闻。

因此,记者平时应学习、掌握相关政策,并根据党的政策精神,认清当前经济、政治和文化等方面的形势。这样才能在采访中深刻认识和把握新闻事实,准确地作出新闻选择,正确地发挥舆论导向和指导工作的作用。

但这里面要注意,衡量新闻政策不应成为及时报道的绊脚石,有的时候由于有关部门习惯"一看,二慢,三通过",使得报道失去了最佳的报道时机,这样反而不利于报道发挥积极的社会效果。要改善这种情况,一方面要靠记者、编辑提升自己的政治判断力,另一方面也有待我们新闻管理机制的改革。

3. 精准贴合编辑方针

编辑方针与媒体宗旨密切关联,各种不同类型、不同层次的媒体,要着眼于各自的受众对象,按不同的编辑方针取舍新闻。记者要精准贴合自身的编辑方针进行选题,在选题前应该对自己所在的媒体或版面、栏目进行分析和研究,这样才能有的放矢地选择新闻线索。

三、选题论证的方法

1. 对报道的主要内容进行考察

新闻线索是引导新闻采访发现新闻事实的途径,选择这个而不是那个新闻线索的根据就在于传播者对新闻事实的预期。因此,对新闻线索当中潜在的新闻事实的价值评估,也就是对采访报道的主要内容的预想,是选题论证的首要环节。

2. 对表现形式进行构思

内容的表现形式是多方面的,从报道方式到报道角度、从报道结构到具体表达手段,都需要加以通盘考虑与构思,要通过形象思维设计出报道的整体构想。首先,应该根据报道内容确定表现形式,是单篇报道还是组合式报道?是文章体的形式还是专访问答体的形式等。然后可以根据你所确定的表现形式列出采访的初步方案,如相关的采访对象、准备提的问题、背景等。

3. 可行性论证

在对报道的内容和表现形式进行了基本的评估和设想之后,还要对其实现的可能性加以评估和论证。由于报道从设想到完成,在整个实施过程当中,有许多具体的因素需要加以考虑,因而,需要从可行性的方面对设想加以推敲,包括可能出现的问题、采访的难点、突破口等。通过可行性评估与论证可以更好的提高采访的成功率。

在媒体当中,选题的选择与论证通常是通过选题会的形式实现。在选题会上,某位记者提出自己的选题及选题构思,其他的记者与编辑参与分析与论证,最后选题会拿出一个意见说明是否同意该选题进行操作。如中央电视台《新闻调查》栏目选题会上,一般会提出的问题有:

(1) 有没有故事?

(2) 有没有意义?

(3) 有没有足够的容量?

(4) 有没有证据可寻? 有没有可能通过记者自身找到证据?

(5) 有没有知情人会出来接受采访?

(6) 有没有可视性? (适合不适合拍成电视画面?)

(7) 观众爱看吗? 有没有收视率? (事件的普遍性和典型性有多强?)[①]

如果一个选题能把上述所有质疑都驳倒,那么这个选题基本上就可以获得通过。一旦选题获得通过,记者就可以进入采访的策划与准备阶段,为正式采访打下基础。

练习

1. 通读一张报纸或一本新闻类杂志,看看这一天都报道了些什么选题? 是否能看出这些选题的来源? 找出三篇你最喜欢的报道,分析一下这个报道中具有的新闻价值要素。有好几个要素吗? 还是只有一两个? 每个报道中哪个要素显得起到了主导作用?

2. 请比较同一选题的报道在《南方周末》和你所在的地方报纸上是否会有不同? 如果有,这种不同是什么造成的?

3. 在校园中采访至少六个不同的陌生人,以了解他们感兴趣的事物或问题。然后写一篇800 到 1200 字的报告,总结他们告诉你的信息。并分析一下,他们中有没有人有着特别的故事,值得进一步去报道。

4. 试着打一下你所在城市报纸的新闻热线,将你所看到的、你认为有价值的新闻向其反映,看看他们会不会采纳你的线索。

---

① 余仁山:《解密〈新闻调查〉——电视调查性报道的策划与运作》,福建人民出版社 2008 年版。

第3章
新闻报道策划

2008年5月12日,四川汶川8级特大地震发生,14∶50中央电视台新闻频道播发滚动字幕;15∶00整点新闻中,头条就是口播这一消息;15∶20中央电视台新闻频道中断常规节目播出,开始了自频道成立以来的首次全天候直播。

当重大新闻事件发生时,央视新闻频道的每一个栏目都打破了常规运转规律,进入"战时"状态:汶川特大地震发生时,《实话实说》栏目正在开策划会,节目组立即停止了对常规节目的讨论,投入救灾报道的策划,并制定出初步方案。5月13日一早,栏目组制作抗震救灾大型演播室特别节目,并纳入新闻频道抗震救灾整体节目当中,创造了《实话实说》历史上最快的反应速度①。

超快的速度背后是强大的报道策划力量。编辑、记者通过对新闻报道的策划,实现对新闻报道资源的最佳配置和新闻报道过程的高效组织与控制,使新闻传播获得报道者所期望的效果。

当然,在实际操作中,并非所有的报道都需要策划。大量的新闻线索在通过选题论证后,就直接进入采访准备,迅速展开采访后发回一两篇报道即可。真正需要报道策划的选题只是媒介所有报道选题中的一部分。本章重点分析新闻报道策划的方式方法,并以一个实际案例来看从发现线索到撰写策划方案的全过程。

第一节 新闻报道策划的类型、原则与方法

新闻报道策划是新闻报道的主体遵循新闻规律,围绕一定的目标,对已占有的信息进行去粗取精、去伪存真、由此及彼、由表及里的分析和研究,发掘已知,预测未来,着眼现实,制定和实施相应的采编方法和策略,以求最佳效果的创造性的策划活动。

---

① 梁建增、谷云龙:《专栏性节目的新闻化运作》,《央视新闻周刊》(内部资料)2008年第22期。

新闻报道的策划是新闻媒介为了更好地在配置和运用新闻资源方面发挥主观能动作用,以取得最佳社会效益和经济效益而在新闻实践活动中进行的谋划与设计,其目的在于使媒体能够最大限度地利用新闻资源去影响受众,以取得最好的社会传播效果。新闻报道策划包括对已经发生和将要发生的新闻事实在采写思路、采写角度、写作风格、编排处理等方面的策划,目的是让新闻报道实现最佳传播效果。

新闻报道策划不是凭空的臆造,不是脱离实际的空想,它是人们的主观意识活动,是在占有大量信息的基础上进行的。这些信息包括对采访对象以及各种新闻要素的了解,对各种报道手法和技巧的运用,对本单位、本地区、全国乃至世界范围内新闻单位对同类或相似报道的历史资料的掌握。

对于重点的选题,通过新闻报道策划可以实现其传播价值的最大化。设想一篇没有经过策划的重要新闻被报道出来,它既没有考虑受众的利益和兴趣,也没有明确的目标和正确的舆论导向,那必定是一次不成功的新闻报道。特别是对于那些具有历史意义的重大报道,更要策划到位、采访到位、编辑到位,这样呈现给广大受众的才会是一部上乘之作。

一、新闻报道策划的类型

1. 可预见性新闻报道策划

可预见性新闻报道策划,是指对能够提前获知的重大事件性新闻和非事件性新闻的报道策划。事件性新闻如卫星发射、举办奥运会、全国人民代表大会开幕等;非事件性新闻如纪念改革开放 30 周年、纪念反法西斯战争胜利 60 周年等。这些都属于可预见的新闻报道内容,对这类新闻的报道策划可以提前进行。

从报道主题看,可预见性新闻报道多是庆典、活动、比赛、会议等,报道内容一般是正面信息。长期以来,我国新闻媒介在可预见性新闻报道策划方面取得了比较丰富的经验。如对香港、澳门回归的报道经过精心的策划与组织,都取得了巨大的成功。

可预见性报道策划的特点是时间相对充裕,策划者可以充分利用时间进行精心的设计与安排,做好前期准备工作。同时,新闻媒体对这一类型的报道一般都积累了较丰富的经验,资料储备也相对较多,为报道策划提供了良好的基础。

但这类报道策划也存在难点。

(1)容易形成固定的选题和报道模式,突破和创新比较困难

由于可预见性报道往往具有一定的周期性,如奥运会四年举办一次,国庆十年一大庆,两会每年都开……其报道内容容易重复;并且多次周期性报道做下来,媒体也容易形成固定的报道模式,如国庆报道往往就是成就报道、庆祝活动报道,奥运会报道一般就是赛事情况,受众接受起来总感觉"岁岁年年花相似"。

2000 年是深圳特区建立 20 周年的纪念,中央电视台策划了 8 集系列报道《伟

大的实践》,从 2000 年 8 月 26 日开始播出。8 集新闻节目各有侧重,开篇《深圳特区今天 20 岁》重在展示今日深圳英姿,从宏观上报道特区的伟大成就;《高科技托起新深圳》以事实说明"科学技术是第一生产力",报道深圳经济的高起点;《把城市建在花园里》报道深圳这一新兴城市在城市建设中的新观念和新成就,展示了深圳的环境美;《特区劲吹文明风》报道了特区人的精神文明风范,展示了深圳市民的心灵美;《深圳率先建立社会主义市场经济体制框架》抓住"社会主义市场经济体制"这一重大问题,对深圳进行解剖,生动地总结了特区的实践经验;《党旗红、特区兴》重点报道了特区在党的建设这方面取得的成就,表达了深圳特区是党领导下的特区这一重要观点;《深圳:致富思源、富而思进》进行思考,回答深圳进行了一定财富积累后,下一步会如何走的问题;《大开放带来大跨越》做足"开放"的文章,重点报道深圳勇于开放和敢闯的特区精神。

这组报道没有停留在报道特区的发展和 20 年来所取得的辉煌成就上,而是从成就入手,揭示背后的原因和规律,以深圳为典型个案表现"物质文明与精神文明建设如何获得双丰收"这一实践难点。这组报道突破了成就报道谈成就的惯常思路,当时引起了比较大的反响。

(2) 媒介竞争激烈,创出与众不同的风格特色比较困难

这类报道对象往往具有比较大的意义,受到各种新闻媒体的广泛重视,成为大家共同报道的题材。因此,创新成为这类报道策划的主要着眼点。

2006 年,连战、宋楚瑜先后来到大陆,展开台湾政界人士的寻根之行。因为其行程等早已确定,因此,这是一次可预见的新闻报道。面对难得的新闻机遇,各大媒体展开激战,然而从整个报道的效果上看,湖南卫视给人留下的印象较为深刻。他们以翔实、准确、客观为基础,以亲情为切入点,全方位地记录了宋楚瑜的行程,出访前有连线专访,在湖南期间有贴身专访,并加入及时的分析评论,乡音、乡情贯穿整个报道行程,既与宋先生的乡音不谋而合,又为受众最大化地提供了所需信息。

又如,每年都要进行的两会报道,《经济半小时》的"小丫跑两会",成为别具特色的一道风景。以小见大、从点到面,受众在小丫的视线带领下,在个性化、生活化的语言中去解读两会、见证变化。这种两会报道形式和过去传统方式显然有相当大的区别,媒体的镜头成了观众的眼睛,节目的主持人成了观众的代言人,节目内容和受众的需求结合得非常紧密,反映出的问题也正是观众的所思所想。这一策划的成功正是利用了媒体参与者的角色变化来实施的,与其他媒体从观察者的角度报道又有所区别。

随着媒体间竞争的日益加剧,媒体独享新闻资源已变得越来越不可能。虽然不少媒体都拿出"花红"悬赏新闻线索,可新闻一旦发生,一拥而上就是必然,所以,新闻报道策划可以使有限的新闻资源的价值,得到最大限度的利用,并最大限度地发挥本媒体的个性特点。

好的新闻策划是利用铺垫、渲染、递进、点睛等手法主题鲜明、重点突出地为受众解读新闻。它可以根据新闻事实以及发展趋势,进行多角度、多层次、主题鲜明和有深度的报道,深入反映事物的社会价值,揭示其中的思想内涵和本质特征,进一步增强报道的吸引力和感染力,从而扩大媒体的社会影响力,更好地发挥正确的舆论导向作用。

2. 非可预见性事件新闻报道策划

非可预见性事件新闻报道策划是指对无法预见的突发性事件的报道策划,地震、火灾、飞机失事、战争爆发、恐怖袭击等都属于非可预见性新闻的报道内容。对这类新闻的报道策划往往无法提前进行,通常是在事件发生以后,立即策划报道。

非可预见性新闻报道的内容一般以突发性、灾难性事件居多,这类报道内容往往具有强烈的冲突性和变动性,容易引起受众的广泛关注,如能快速策划,突击采写,一般能取得比较好的关注度;但由于这类新闻面临的舆论环境比较复杂,在事件突发的初期舆论导向尚不明朗,报道策划不慎的话就容易产生负面的报道效果,如带来恐慌情绪等,因此,这类报道的策划关键在于把握时机,吃透受众心理和舆论导向,做到尊重新闻传播规律与正确引导受众的平衡。

如 2001 年 9 月 11 日,美国受到恐怖分子袭击,面对这样的突发性重大国际事件,许多新闻媒介就打破日常的采编流程,做出快速反应。如《羊城晚报》立即策划了一期 4 版的号外,头版用超粗黑大字标题配以世贸中心倒塌时浓烟滚滚的照片;二版刊登最新消息;三版是各国反应和相关资料;四版是新闻图片及目击消息。经过一夜的紧张工作,《羊城晚报 9·11 号外》在 9 月 12 日清晨就送到了报亭,很快被读者抢购一空。当天下午的报纸也进行了大调整,用 10 个版面对此事件进行深入报道,满足了受众此时的信息需求①。

非可预见性新闻报道的策划强调的是迅速反应和因时、因地制宜,也是在媒介竞争白热化的现实中,赢得受众青睐的有效方式。

当然,如果非可预见性新闻的策划只满足于表面的现象,即使报道得很快、范围很广,也很难给人留下深刻印象,既满足不了读者了解事情真相的需要,更不用说针砭时弊,倡导新风了。因此这类报道的新闻策划要善于用联系和发展的观点看问题,不让表面后的重要信息漏掉,只有指导思想明确,有计划、有目的地深入挖掘,将百姓关心的报道层层做深,才能给读者留下一个全面、深刻的印象。

如在中国 361 号潜艇失事后,很多媒体的报道多是豆腐块似的短讯,当然有些是因媒体性质和版面所限,而《南方周末》却进行了整体策划、深入挖掘,以"涛声悼忠魂"为主题,用《潜 361:最后的出航》对潜艇事故予以整体报道;以《418 艇:中国首次潜艇沉没悲歌》对新中国历史上首次潜艇遇难事件进行回顾,同时还请曾在潜艇上服过役的士兵和相关军事专家就潜艇员日常生存和逃生技术进行讲述,全

---

① 参见樊毅:《"四条腿走路"——美国 9·11 事件报道纪实》,《中国记者》2001 年第 10 期。

面勾勒出中国潜艇的失事过程和潜艇员的生存状态,给读者留下一个清晰的印象。

3. 非可预见性非事件新闻报道策划

还有一类选题关注的是当前社会的热点、难点,不属于事件性新闻,但是却又是非可预见的,如一段时间以来存在的农民工欠薪的现象等。这类报道的策划时效性不像非可预见性事件新闻那么强,但也要注意时机性;同时,这类新闻没有具体的事件,策划时需要注意寻找合适的由头。

如2003年12月,中央电视台新闻采访部综合组策划了一组关于工伤的系列报道,采访了关于职业病、因工作伤残等问题,全部采用体验式采访的方式,即记者扮成打工者深入工厂内部,探查工厂中劳动保护的现状。如一组记者到广东采访职业病问题,先是采访了广东省职业病防治医院、广东省妇联维权部等机构,然后记者到鞋厂找工作,体验工人所面临的化学品污染。记者费尽九牛二虎之力才找到了一份工作,以一线工人的身份边打工,边暗访,得到了许多一手材料,揭露了黑心工厂的罪恶[①]。这些内容其实在一段时期内都存在着,之所以在这个时候来关注它,有时是因为事态在这个时候更加恶化,有时是因为存在与之相关的发稿依据。这组报道就是在《工伤保险条例》实施前策划采访的,取得了比较好的效果。

二、新闻报道策划的原则

新闻报道策划目的是使传播流程实现最优化,传播效果实现最大化,在进行新闻报道策划时,应该遵循以下原则:

1. 求真原则

新闻报道无论如何策划,都要实事求是,如实地报道新闻。因为新闻报道策划的目的是为了增强报道的传播效果,发挥报道的价值,并不是脱离客观实际随意策划。

在进行新闻报道策划时,新闻事实发生的时间、地点、人物、原因、过程、结果,都必须与客观实际相符合,必须实实在在,一是一,二是二,不能策划;而事实报道的角度,报道的方式等,可以进行策划。策划的结果仍然要看所报道的事实能不能准确地代表客观事物的整体情况。如果新闻报道策划失真了,那么报道取得了再大的反响也仍然是失败的。

2. 创新原则

富有竞争力的新闻报道策划应做到:一要有所突破,打破常规惯例;二要有所超越,超越过去时的东西;三要用独特的视角和超凡的表现形式,实现创新、再创新。因此,新闻策划的核心是创新。

90年代,当时商品经济刚登场不久,某报采编人员敏锐地意识到,为一些弱势群体提供法律救济将是我国发展社会主义市场经济中的一项重要任务。为此,他

---

① 代纪玲:《打工的日子》,《采访感悟2003》,中央电视台新闻采访部内部资料。

们联合了 200 多名律师,在全国率先策划了"法律援助大行动",为那些合法权益受到侵害且经济困难的公民,特别是老人、儿童、妇女、残疾人主持公道,伸张正义。一时,该报"洛阳纸贵",法律援助成了一个热门的词语,也成了持续到今天的一个帮助弱势群体的重要举措。这么多年过去了,如今还有人向该报要求牵线搭桥,提供法律援助。其新闻策划的震撼力可见一斑。

与此相反,我们经常能看到某报为宣传一批典型,策划了"××人物谱"专题报道,可稿件发了一大批,但读者叫好的很少,最后采编者也患上了"审美疲劳"。

前者成功,后者失败,原因何在? 就在于策划的水平。前者抓住了法制建设中的新鲜事物,事实有新发现,认识有新见解,形式有新特点;而后者还是老套路,没有新创造。

创新性是新闻策划的灵魂。创新性常常表现为"人无我有,人有我新,人新我优"。新闻策划的创新性就是标新立异,但是标新立异不是随意的,而必须要有科学的根据。因此,新闻策划必须要有科学性。所谓科学性是指新闻策划前必须认真调查研究,设计方案,进行可行性论证,在几种方案中选择最佳的方案予以实施。新闻策划的创新性、科学性在思维方式方面表现为超前性和求异性两种思维方式。超前性思维方式不同于习惯性思维方式,它不墨守成规,不僵化保守,而总是敢于突破,敢冒风险,敢于竞争,在求新中施展自己的才华和创造力。求异性思维是思维主体沿着事物的不同的方向、不同的途径和不同的角度去思考问题,从而不断发现新的信息。当今世界风云变幻,市场经济潮起潮落,新闻最核心的本质是求新求异,创新性思维是新闻工作者在市场经济条件下进行新闻策划最主要的思维方式。新闻工作者只有善于运用超前性和求异性两种思维方式,才能在新闻策划中体现出创新性和科学性的特征。

3. 适度原则

在进行新闻报道策划时要注意策划的适度问题。目前,我们有些媒体在进行新闻策划时往往一味地炒作,以期引起轰动效应,在实际的运作中既缺乏科学精神,更缺乏人文精神。

湖南经济电视台《经视卷宗》曾做过一期节目叫《消防意识调查》,那期节目里,记者出了个别出心裁的点子:在一栋合适的居民楼里来一场消防演习——用突发的"人造火灾"来测验人们的自救能力。只听到窗外楼下记者高喊:着火了! 摄像机真实记录下了人们面对火警紧急逃生的一幕。一对恋人相互搀扶着拨开烟雾,摸索着向楼梯口冲去,女孩大声尖叫着,眼里满是恐惧;一位教师临出门又返身关上厨房煤气,打开箱子取走一叠似乎是人民币的东西,然后步履匆匆,边走边喊:着火了,赶紧走! 另一组在外面接应的摄像师摄下了更具震撼的瞬间,一位女教师不顾一切地准备从三楼往下跳,楼下已经明白真相的人冲她喊:这是演习。但求生的本能只给她一个指令——跳下去。现场的救护队员冲上去撑开了床单,终于将她解救了下来。演习出乎意料的真实,然而,一些反应过来的逃生者愤怒了,与记者论理,在记者的一再解释和道歉下,仍然余气未消。现场一位惊魂未定的女教师脸色苍白,打着赤脚,双手一直在抖,她从牙缝里挤出一句话说:假如里面住着你的父母呢? 事后,记者对这次新闻策划是这样总结的:"片面有导致深刻的可能,而深刻正是我们的追求。不过,我们在心里面还是反复地问自己:我们尊重采访对象了吗? 我们是不是太爱自己的想法而剥夺了他人的思维呢?"

像这样的报道策划就是缺乏人文精神的表现,过度以媒体的需要为中心,没有平等地对待采访对象和受众。

4. 时宜原则

随着新闻竞争越来越激烈,新闻策划已为越来越多媒体所重视。因此,谁能领先一步,占得先机,也就成了新闻策划的成功与否之关键,所谓"快手打慢手"。在实际操作过程中,一些重点选题的新闻策划早在一两个月就有准备了。如果时机把握得不好,策划就会功亏一篑。

有一年的8月2日,安徽的一家报纸策划报道"请把您的空调调高一度"。这个主题是很好的,可惜它推出的时机不好。7月28号左右,合肥市用电创历史最高峰,省城不得不采取拉闸限电措施。但到8月2日这家报纸提出"把您的空调调高一度",推出"让我们携手抗高温"系列报道时,高温季节即将结束,报道为时已晚。正是由于编采人员没有很好地把握策划的时宜性,报道在做了二三篇后就草草收场,最终没有取得应有的社会效果。

当然,时宜性不仅表现在对事件发展每个过程的"先知先觉"和把握上,也体现了策划人的政治敏感、全局意识和对新闻的认知程度。因此,策划前,必须对当时的社会背景、舆论导向做详细的分析和研究。不能一味地为了追求新闻轰动效应,而置大局和社会公众利益于不顾。

5. 变通原则

任何策划都是对未来行动的谋略和规划,新闻传播中的策划也是如此。策划者总是在报道客体发展变化的某一点上谋划报道,但客体的这种发展变化并不以人的意志为转移,随时都可能会出现策划者未曾预计到的新情况、新变动。因此,要把握传播的主动权,策划者就要善于审时度势,随时变通。策划报道时应尽可能对各种可能出现的情况进行分析,使方案具有灵活性、应变性;在报道实施过程中,要紧密注视各方面情况变化,随时对报道做出修正和调整。

6. 实效原则

策划的最终目标是使新闻报道获得良好的社会效益,同时也为新闻传媒争取更好的经济效益。当然,社会效益是直接的,经济效益是间接的,并且是由良好的传播效果转化而来的。策划追求实效,客观上要求编辑把策划作为手段,而非目的。而且,除非有意宣传媒介发起的社会公益性活动,一般来说,策划手段越隐蔽,获得的传播效果往往越好。因为策划得成功的报道是那些能够让事实本身说话、让受众自由思考,最终达到传播者所期望效果的报道,而不是那些由策划者跳出来表现自己、或者强加于人的报道。因此,报道策划要注重报道实效,而不是注重策划技巧的炫耀。

7. 可行原则

策划的成果最终要在新闻实践中得到检验,因此设计方案必须具有可操作性,能够准确无误地指导新闻采编活动,而不流于纸上谈兵。在策划过程中,要注意对外部环境和内部条件分析论证,使每一步骤的设计都切合实际,能够扬长避短,具有可行性。

三、新闻报道策划的方法

新闻策划的复杂性在于它的组织过程,从新闻主题的确定、调查研究、报道计划的制订、报道思想的总体设计到报道形式和人员的配置,需要一个较长的过程。而且根据新闻策划的动态性要求,在报道实施的过程中,策划者还必须随着时间的推移和事态的发展,重新调整报道的规模、程度和表现形式。能否做好新闻策划的组织传播工作以及在报道实施过程中的各种应变能力,往往体现了一家媒体的实力强弱和这个媒体的团队协作精神。

要做好新闻报道策划需要掌握一定的方法,才能比较高效地完成策划任务。

1. 宏观把握,微观着手

新闻报道策划的一种方式是对客观事实的整体把握和具有高屋建瓴的认识,以开阔的思维去观察和思考,但入手却是从小处着眼,以贴近受众的方式进行报道。这样的新闻报道策划往往能突破思维定式,跳出事外去做冷静翔实的分析和报道,往往给人耳目一新的感觉。

如 2003 年 10 月 2 日,南方周末以头版推出振兴东北特别报道,派出三路记者分赴辽、吉、黑,观察和记录下东北大地的期待与阵痛、负重与变革。在大力倡导国家东北复兴政策的同时,引导更多的人了解、关注东北以及东北人的生存和发展。

2. 挖掘新闻背后的新闻

在策划新闻报道时,透过现象看本质、挖掘新闻背后的新闻,也是策划的一种重要方法。

2002 年,北京市发生一起"气味扰邻"的民事纠纷。被告是一个瘫痪在床的老太太。因为她身边无人照顾,床上屙、床上尿,屋中气味难闻,引起紧邻的不满,遂把她告上法庭。其他媒体也就单独报道了这一事件,而北京日报则利用此事"策划"了一下。因为北京已进入老年社会,养老问题是个社会关注的大问题。那么,北京的公共养老设施状况如何? 瘫痪在床的老太太为什么不能进养老院? 围绕这个问题我们展开了一系列的采访、报道。最后报道的落脚点是:由于经济水平所限,目前公共养老设施不足,大多数老人仍然在子女家中养老,因而子女要尽赡养义务。这起策划引起了受众的好评,强化了社会对老年问题的关注。

3. 纵向、横向比较,将报道做深、做广

有比较,才能有鉴别,有比较,才能出真知,这一方法使所报道事实的发展演变,或同类事实在不同空间中的表现在受众眼中一目了然。

如在南方周末创刊 1000 期的时候,以"春天,十九个瞬间"为总题,选取从 1984 年至 2003 年《南方周末》上登载过的文章,以具体事例勾勒出中国改革开放初到现在所走过的脚步,让读者在比较中认识改革开放在中国民众生活中引起的变化,可以说是一个独特的新闻策划。

横向比较也是一种策划的方法。

1999 年 1 月 4 日,重庆市綦江县彩虹桥桥体和钢拱一起落入了江中,耗资 400 万元的大桥和 40 个无辜的生命瞬间消失了。消息传出,全国震惊。各种媒体运用消息、通讯、图片等体裁和形式迅速作了跟踪报道。1 月 25 日出版的《长江日报》"人与社会"周刊再做这样的报道显然是太落后了,也不可能有卖点。但是,该刊还是通过精心策划作了报道,只是没有把彩虹桥断作为主题,而用了《"豆腐渣工程"惊回首》为题,对近年来工程质量问题作了一个全面的回顾。这期的版面是这样安排的:顶头安排了四幅照片和四个标题:九江堤倒;西客站破;昆禄路塌;彩虹桥断。报道从刚刚重修才两个来月、一遇洪水就决口的九江大堤,谈到投资 3.8 亿元通车仅 18 天就垮塌的云南昆禄公路,接着又介绍了号称规模亚洲第一、投资几十亿元的北京西站,从一开始运营就问题不断⋯⋯正是在这样的背景下,报道引出了重庆的彩虹桥坍塌。从而报道了我国当前工程建设中存在的问题,新颖、深刻,很好地发挥了报纸的舆论监督作用。

4. 系统方法

在系统分析的基础上,全面地、完整地认识策划的目标,客体的多种关系、各个方面,从而获得对整体与部分、部分与部分的把握,获得对目标客体的总体认识,并找到解决问题的方法。在重大策划中,必须考虑选题涉及的多个关系和环节,进行全方位、系统的思考,这样才能全面统筹。

5. 逆向方法

就是从现有事实或传统理论的对立面出发,用从一种事物想到相对的事物,从一种条件想到相反的条件,从结果想到原因的思维方法。如中国新闻奖获奖作品《计划生育非抓紧不可》,就是记者参加丹东市一次劳模大会时,抓住"失掉参加会议资格的单位"做文章,由此提醒人们"计划生育非抓紧不可"。这就是逆向思维的典型例子。

6. 突破定式思维方法

人们反复思考一个或同一类问题,会习惯地形成一种固定的思考程序,重复同一思路。因此,需要排除思维定式对形成新思路的束缚作用。如传统的思维就是记者有跑口,文化记者管文化报道,社会记者管社会新闻,但在特殊的时候打破这种思维定式也能取得良好的策划效果。

如 1999 年《解放日报》的一位文化记者随上海电影代表团到台湾访问,9 月 21 日凌晨 1 点 47 分遇上大地震。这位记者 2 点 47 分与报社取得联系时,值班的副总编让其转而报道地震的新闻,请他口述已经了解到的情况,并让上海的记者采访了地震局。第二天,《解放日报》关于台湾地震的稿子见报了,而别的报社都没有关于地震的稿子。虽然别的报社也有文化记者随上海电影代表团在台湾,也在现场,但因为《解放日报》的编辑突破了自己的思维定式,取得了独家的报道。

另外要注意的是,进行新闻报道策划还要注意研究对手。拿到一个选题后,要研究对手可能会怎么做,把对手的套路研究透了,我再出另外的牌。如果对手用三个版面报道消息本身,那你就可以只用一篇几百字的稿子解决,另外用更多的版面,做对手没想到的角度。

第二节　案例:从新闻线索到策划报道

2008 年 4 月 16 日至 23 日,中央电视台《新闻 30 分》节目连续七天推出"聚焦新医改"系列报道。这组报道在国家新医改方案出台前推出,与国家政策制订同步,在发现问题的同时,也报道了各地具有借鉴意义的医改新模式。

新闻通过大篇幅、多角度、广泛深入的采访,对基层社区的医院建设、卫生体制、药品供应、农村医疗设施简陋、医疗人才匮乏、医保报销不畅等导致看病难的一系列问题进行了深入报道。

国家发改委有关领导在连续收看该节目后,称赞报道调查深入,立场客观。而这组节目也是央视的独家报道,取得了较好的传播效果。

笔者对这组报道的主创人员进行了访问,了解了这组报道策划的前后经过。

一、线索来源

2008 年 4 月 11 日,温家宝总理主持召开深化医药卫生体制改革工作座谈会,记者了解到,新医改的方案正在制定当中;而 4 月 15 日,温家宝总理还将继续召开关于医改的座谈会,可见政府对此问题的重视。那么现在的医疗制度有什么问题?新医改又有什么样的突破呢? 记者想到可以就此策划一组节目,聚焦新医改。推出的时机就定在 4 月 16 日座谈会后一天,与温家宝总理主持深化医药卫生体制改革工作座谈会的消息呼应起来。

这组报道以工作座谈会为线索,就会议本身而言,央视新闻频道很难做到独家,但以会议线索为根源拓展开来,从报道角度和内容都可以实现独家。

二、策划方案的拟订

如何报道医改的话题? 可以从政策角度入手,也可以从老百姓的角度入手。这组报道选择了从老百姓的角度入手,做老百姓想看的新闻也看得懂的新闻是这组医改报道最突出的特色。从其策划方案中就可以看出这一点。

《明天我们怎么看病?》策划案

（一）报道思路

医改的内容比较庞杂,头绪比较多,作为新闻来讲,重要的是以老百姓的视角切入,提出老百姓看病时最希望解决的问题,把这次医改要突破的几个关键点亮出来,贴近观众的生活。以调查＋新闻＋背景＋分析的形式进行报道,在新医改方案座谈时就开始成组播出,取得报道强势。从而为医改方案公布的报道做好预热。

（二）节目设置

自4月16日在新闻频道内播出,每天一个话题,每个话题由调查＋新闻＋背景＋分析4集组成,总时长约为8-10分钟。

其中可制作精编版在新闻30分和新闻联播播出。

（三）新闻选题

1. 大病小病都能管吗?

（1）调查:以一个低收入家庭看病的经历入手,提出百姓对现行医疗制度不满的地方之一:只管大病,而日常开销最大的小病却保不上。

（2）新闻:珠海启动"全民医疗保障"方案,提出"小病治疗免费、中病进入保险、大病统筹救助",成为全国首个"让城乡居民人人享有基本医疗卫生服务"的倡行者。

（3）新闻背景:各地进展情况,如北京实现一老一小覆盖。

（4）新闻分析:采访专家简要谈医改未来的走向是全民医疗保障。

2. 我能参加医保吗?

（1）调查:以一个典型人物参加医保的尴尬入手,提出现在医保存在的问题之一:城镇居民医保、职工医保、新型农村合作医疗三大制度之间存在交叉,导致交叉人群就医难。如农村户籍的乡镇企业职工,便是三个制度的交界地带。按照国家有关文件,乡镇企业是否参加城镇职工医疗保险由各省自定。但是,一般来说,乡镇企业的职工,户籍都是农民,按照户籍,为农业人口,应该参加新农合;而按照居住地点来说,在镇上,所以也可以算城镇居民;同时,乡镇企业是"企业",其中的职工是不是应该算作城镇职工呢? 这些人看似三种医保都能参加,但实际上都不好参加,成为真空地带。

（2）新闻:吉林省让三者无缝衔接。

（3）新闻背景:解释城镇居民医保、职工医保、新型农村合作医疗。

（4）新闻分析:采访专家谈医改未来走向是三者合一。

3. 去大医院还是进社区卫生所?

(1) 调查:从"全国人民看协和"这一典型现象入手,通过协和医院一名顶级专家每天将精力花费在看各种小病这一例子,谈为什么一些能在社区解决的病非要去大医院排队,从而导致医疗资源利用的不合理。

(2) 新闻:北京启动医疗服务共同体(北京人民医院与社区医院)。

(3) 新闻分析:专家呼吁建立家庭医生制度。

(4) 新闻背景:什么是家庭医生制度。

4. 药价能否降下来?

(1) 调查:以一个病人到医院开处方,而到药店买药的故事,谈医院以药养医造成药价过高的问题。

(2) 新闻:河南统一医院药房药品价格。

(3) 新闻背景:非营利性医院的以药养医现象。

(4) 新闻分析:专家谈新医改如何补贴,让药价回归。

5. 你打疫苗了吗?

(1) 调查:以农民工子女打疫苗遭遇的难题(去哪打? 打什么?)为切入点,透析目前公共卫生体系的薄弱。

(2) 新闻:北京六十岁以上的老人打流感疫苗免费。

(3) 新闻背景:非典之后的突发公共卫生事件。

(4) 新闻分析:专家谈未来公共卫生建设的方向。

6. 新农合合算吗?

(1) 调查:通过一位参加新农合的农民去医院治病的经历,反映目前定点医院存在药价、检查费过高等问题,从而损害了农民在新农合中所得到的利益。比如同样一次感冒或其他小病,在乡村医生那只花20元左右,而到定点医院却要花费上百元。一些比较常见的小病,医生却要病人做各种检查,包括心电图、B超和各种化验,小病大看现象时有发生。

(2) 新闻:安徽全方位监管新农合资金。

(3) 新闻背景:新型农村合作医疗。

(4) 新闻分析:专家谈如何对新农合基金加强监管,防止小病大看现象。

而在实际报道中,内容与策划方案的设想会有一些出入。如由于采访比较充分,"去大医院还是去社区卫生所"的内容分解成为两个部分。4月16日播出了"大医院超负荷运转,记者体验看病难"、"社区医院分流作用亟待加强"这两条片子,从北京著名的协和医院入手采访,反映挂号难,看病难。有的人为了挂号在协和医院日夜等待,短的3天,长的16天。协和医院每天能接纳的病人的最佳流量是2000人,实际上却达到了6000到8000人。而这些慕名而来的病人中有三分之一到四分之一是普通的常见病,在基层医院应该完全能够解决。4月17日播出了"社区卫生服务中心:难当的健康守门人",则关注社区医院门可罗雀的现象,不仅医疗设备奇缺,而且很难吸引正规医科院校毕业生去工作,导致老百姓不信任基层社区医院,就连看普通感冒都要去大医院。

值得注意的是,策划方案只是报道的设想,报道应该根据采访的情况调整,而不能为了策划方案的原有设计而削足适履。因此,从最后播出的结果来看,并不完全和策划方案一一对应。

练习

1. 选一个不同媒体都报道了的事件,将其不同版本的报道找出来,分析一下不同的媒体如何构思这一报道?并评价一下每种构思的效果,如果可能的话,你可以建议出其他可能的构思方式。

2. 假设你所在的学校即将迎来建校六十周年校庆,如果你是校报的记者,请策划一组校庆报道。

第4章
新闻采访的准备

  《南方周末》的记者石岩一次去采访号称解构主义、女权主义等诸多学术流派在新时代的领军人物之一的印度裔学者斯皮瓦克。其中,记者问了一个这样的问题:"一位印度女学者在中山大学演讲的时候,介绍了印度社会至今存在的对妇女的种种不公待遇,像你这样以学术为职业,并以贱民研究为主要方向的女学者,在印度遭到的不理解和不公待遇是不是更多?"这位女学者当即的反应是:"你说的这位学者叫什么名字? 她的研究领域是什么?"然而记者没有记住那个名字,因为认为没有必要,于是只好实话实说。结果斯皮瓦克一触即发,说类似这样的问题,用我老师的话说,叫道听途说的知识,你没有读过解构主义的著作,就拿别人的观点来问我。那一刻,记者觉得:"更加地汗,一语中的"。①

  之所以记者感觉到"汗"是因为采访准备的不足。认真而周密的准备,有助于更好地和采访对象沟通,提高采访效率。有时,成功的采访准备甚至是保证采访成功的必要条件。本章将重点讲述拿到选题后采访准备有哪些内容,以及如何进行采访准备。

第一节　消息源的确立及取得

  请看这样一则报道:

故障车停主路导致连环撞②
  本报讯　昨天凌晨 3 点半左右,在东四环内环主路小武基桥附近,一

---

① 石岩:《"对话"话是不具职业水准的文体? ——做"对话体"报道的几点感受》,《后台》,南方日报出版社2006 年版。
② 《京华时报》2008 年 5 月 28 日 A32 版。

故障车在主路停车导致两起货车追尾事故,造成主路封闭 6 小时。事故中一人受伤,幸无人死亡。

目击者赵先生说,事发时,在四环主路中间车道行驶的一辆北京牌照的解放货车突然停车,尾随其后的货车为躲避转向内侧车道,而在内侧车道行驶的一辆山东牌照的时代金刚卡车躲避不及撞上货车,随后撞上内侧隔离带。此时,在金刚卡车后面的河南牌照斯太尔货车也躲闪不及撞上停在路中的解放货车,并侧翻在主路上。

解放货车司机说,因传动轴发生故障才停车,他欲下车摆放警示牌就被追尾了。

几分钟后,警方赶到,随即封闭东四环小武基桥到十八里店北桥路段,所以车辆绕行辅路。

早上六点,记者在现场看到,斯太尔货车侧翻在东四环内侧主路上,占据 3 个车道,前窗玻璃碎裂。金刚卡车车头严重变形,挡风玻璃完全碎裂。

事发后,斯太尔货车司机严先生被急救人员送往同仁医院救治。同仁医院的医护人员说,严先生下巴和左胳膊受皮外伤,下巴缝合 8 针,胳膊受感染需要清洗后进行缝合。

朝阳交通支队劲松队认定斯太尔货车与解放货车负同等责任。

事故导致东四环由北向南方向拥堵。凌晨四点,现场交警封闭道路,10 点左右,道路封闭解除,交通恢复。

在这条新闻中,记者回答了几个最关键的问题:

发生了什么? ——两辆货车连环撞,一人受伤,幸无人死亡。

谁被卷入了? ——三辆车的司机。

在哪儿? ——东四环内环主路小武基桥。

什么时候? ——昨天凌晨 3 点半左右。

为什么? ——一辆货车传动轴发生故障。

事情是如何发生的? ——连环相撞。

此外,记者还了解到这件事情的责任及影响:斯太尔货车与解放货车负同等责任;事故直接造成了一人受伤,因事故原因,还造成东四环近六小时的拥堵。

在这个报道中,我们可以看到作为记者,要到事故现场亲自看一看发生了什么,应该采访目击者,如果可能的话,采访负责调查事故的警官,并且在尽量接近截稿时间的时候给医院打电话以获得受伤者的最新情况。如果可能的话,还应该检索档案,了解在同一地方过去发生的事故,以及涉及事故的驾车者的违规记录等等。

每一种信息采集手段都能给你提供事件发生的不同信息。在确定选题之后,正式采访之前,记者必须准备以下内容:自己需要获得什么信息? 从哪里获得信息? 怎么才能获得信息?

一、确立现场作为消息源

现场是指新闻事件发生的真实时间和真实空间,在事发现场,你能看到新闻发生的基本状态、什么人被卷入此事件以及他们在事件中的角色。拿到选题后,记者应该思考这个选题是否需要现场作为消息源?

一般来说,在现场记者能看到发生的一切,并以亲眼所见的生动描述再现现场的情况;记者能见到并有可能采访到事件的参与者或目击者;同时记者还能记下让人疑惑或有趣的事,便于随后提出有针对性的问题。报道中有没有足够的和必要的第一手材料,是一个记者是否进行了独立的、不可替代的、有成效的工作的重要标志。通过记者在现场的观察,将记者亲眼看到的事实进行报道,具有很强的实证性和说服力;另一方面,记者在现场所得到的第一手材料,也是订证、检验第二手、甚至第三手材料的重要手段和途径。因此,记者在做采访准备时,要尽可能地将进入现场作为自己的采访手段。

这一点,对于电视记者来说尤其重要。现场可以说是广播电视采访的核心内容,没有现场,就很难做成电视新闻。如上面提到的连环撞事故,如果电视记者到达现场后事故车辆都已经清理一空,交通已经恢复正常,那么这条电视新闻是无法仅凭几个当事人、目击者的回忆来支撑的。因此,作为电视记者来说,如何能尽快地到达现场、如何能记录下现场是采访准备的一个关键问题。

如果确立要进入现场将其作为消息源,那么采访准备的重点就要放在自己将如何介入现场? 是旁观者的冷静审视? 还是参与到现场当中成为现场的一个组成部分?

旁观式,就是指记者在现场采访时要尽量保持现场的原生态,把记者对现场的干预减少到最低程度。这种介入方式的优势在于真实感很强,记者只是在一旁记录,客观地把新闻的全貌呈现出来,并不强加于人,让听众和观众自己做出判断。

像本章开头的那个例子,记者就采用了旁观式的现场介入,冷静地观察到了这些内容:“早上六点,记者在现场看到,斯太尔货车侧翻在东四环内侧主路上,占据3 个车道,前窗玻璃碎裂。金刚卡车车头严重变形,挡风玻璃完全碎裂。”

对于电视采访来说,旁观就意味着摄像机的忠实记录。如《焦点访谈》的获奖节目《难圆绿色梦》,记者在一旁记录下这样的一幕幕:曾经是植树治沙模范的徐治民老人回到自己亲手种树的地方却看到没有活的树,没有绿色,只有砍断的树、拔出的树根,八十多岁的老人流泪了,用颤抖的手摸着树桩;没有树的阻拦,风沙又来了,孩子们在沙漠里抓老鼠、挖沙子,却很难挖出湿润的沙土了;村里的人家炕上都是沙土,一天下来,甚至看不出来床单本来的颜色……通过这样一个个场景的记录,表现了“树进沙退,树退沙进”的主题,令人印象深刻。

对于广播而言,这种旁观主要体现在对现场音响的采集上,即记者在不影响现场的情况下,录下现场存在的各种声音,用这些音响表现新闻事实的特点。

参与式,记者与现场积极互动,影响采访对象和现场,甚至将记者的现场表现作为现场的一部分。记者以参与的方式介入现场时,记者在现场的采访、感受与现场气氛结合起来可以赋予报道以浓郁的现场感。整个采访过程和事件进程都是通过耳闻目睹的直观感受,使受众产生参与采访、亲临其境之感,它消除了传播者与接受者的心理距离,较能为受众所接受和理解。

如某记者想要曝光医托,如果采用旁观的方式介入现场的话,就是记者以第三者冷静审视的方式展示患者遭受"医托"和医生欺诈的全过程,但这种旁观方式很难让记者进入核心现场——医托和医生的内幕交易情况,这种"守株待兔"式的采访很可能抓不到真正的内容。如果记者采用参与的方式介入现场的话就好操作得多。如记者可以乔装打扮为患者、医托,以"事件亲历者,新闻当事人"的身份深入暗访,通过记者这一直接见证人,让"医托"行骗过程大白于天下。

二、确立人物作为消息源

通过采访人物——就像本章开头所提到的那个例子,无论他们是目击者、参与者、医护人员、警察还是其他人,记者能很快地从了解情况的人们那里获得信息。人物作为消息源可以使报道更具有可信性与可读性,从目击者和参与者处获得的信息使让报道更为直接,而直接引语能够增强报道的趣味性。采访准备的一个重要内容就是找合适的采访对象并让采访对象接受采访。

1. 选择采访对象

明智地选择你的采访对象能够使采访的有效性大为提高。作为通行规则,记者需要从至少三个独立的消息来源获取信息,以避免虚假和失实的现象发生。

如一位小保姆打电话到报社声称自己考上了研究生,记者如果要采访这条线索,不仅需要采访小保姆本人,看其研究生的录取通知书,至少还要采访小保姆考上的那所学校、小保姆所服务的那个家庭等。只有这几方面的信息都共同指向同一个内容,才能基本判断这个事实是属实的。

选择采访对象有以下三个原则:

(1)知情

如果你想知道怎样擦地板的话,那你采访清洁工就可以了,不需要采访保洁公司的总经理。做采访也是如此,只有与直接关系的人交谈,才能向你提供最为准确和鲜活的信息。确定采访对象应以新闻事件为核心向外一层层辐射开来,最中间的是当事人,然后是目击者、利益相关者等,再就是旁观者、意见提供者。核心层的采访对象能提供最接近事实真相的信息;而外围的采访对象如相关专家、政府官员等能提供相对权威与独立的见解,帮助分析新闻事实的本质。

知道跟谁联系需要记者首先知道自己要找什么,记者在做采访准备时需要将自己已经知道的事实列一个清单,然后问自己,这些信息是否准确? 这些信息是从哪里获得的? 消息源可靠吗? 谁可以澄清或确认不实的信息? 记者还需要就自己准备获得的信息列一个清单,然后问自己,我首先需要的是什么信息? 什么样的消息我只能从一个来源获得,而什么样的信息我可以从多个来源获得?

有的时候采访对象是不可替代的,比如新闻的当事人只有一个人时,记者无论如何只有采访到他才算成功;但有的时候采访对象是可以替代的,如有多个当事人,多个目击者,或者有多个专家可以对这件事发表看法,这时记者就应选择最典型、最有代表性的那一个或几个人。

如北京电视台一次采访市民对北京街头的早餐工程快餐车的看法,对其卫生状况记者选择在医院附近的一个摊点,采访了前来就餐的几位女医生;对其价格情况记者采访了几位外来打工者;对其布点的合理性和方便程度记者采访了胡同里的老人。这样的采访对象所说的话更具有可信性和代表性。试想让外来务工者谈卫生问题,女医生谈价格问题,其采访的效果必然大打折扣。

在找采访对象时,显著性原则常常会起作用。如在一群受害者中间找到受害最严重的,在受益者中间找到给他带来实惠最多的等;如果新闻当事人、知情者、分析者中有知名人物的话,可以优先考虑。

(2)愿讲

在采访中,采访对象的心理活动通常有以下四种情况:一是热情配合记者采访,这样的采访对象通常认为报道的内容对他们或者所有的单位有利,或者有助于自己问题的解决;二是消极应付记者采访,通常是因为采访对他们关联度不大,但由于某种原因得接受采访;三是借故回避记者采访,这样的采访对象通常认为采访会给他们带来负面影响或者没有意义;四是故意阻挠记者的采访,这样的采访对象认为采访会给他们带来不利。除了第一种采访对象让记者比较省心外,其他几类采访对象都需要记者做工作,如取得他们的信任,打消他们的顾虑,让采访对象认识到接受采访的意义和价值,或者利用采访对象之间的矛盾来突破等,让他们从消极变积极,让采访对象变得"愿讲"。如果这些常规方法都不奏效的话,最后只能进行暗访,偷拍偷录手段是记者突破采访对象的封锁线的一种补充,但切记不可滥用。

(3)善于表达

在采访对象有可选择余地的时候、在进行广播电视采访的时候,要尽量选择没有语言或行为毛病的采访对象。采访对象应使用规范的语言,表述较为生动。在电视采访中,还要避免选择有不良习惯动作、表情者。

1996 年中国新闻奖一等奖电视作品《巨额粮款化为水》述评的是东北某地的粮站挪用了农民的购粮款建矿泉水厂,而水厂经营不善导致农民的粮款覆水难收。这是一个并不很新鲜的话题,但是记者在选择采访对象方面非常成功。在追踪采访的时候,记者非常注意捕捉、收集当事者质朴、直爽的议论,这些老百姓发自内心的声音具有很强的感情冲击力,让人震撼,引人深思,如谈到他们拿到白条时,农民说:"写两个字就拉倒了,拿回去搁热炕头焐和着去吧!"谈到拿不到钱款的后果时,农民说:"你钱不到位老百姓过年怎么过呀!当官的都知道吃饺子,老百姓不知道吃饺子?你没钱搁啥吃呀?"这些生动形象、尖锐泼辣的话语,表达了广大农民的义愤与无奈,也鲜明的昭示了粮站做法的危害,为报道增添了色彩。

值得注意的是,在进行观点性信息的收集时,记者不要依赖于朋友或亲戚来填满你的采访对象清单。从你熟知的人那里获得想法和观点并没有错,但如果一个记者不断地在其可以引用别人的话时引用自己朋友或家人的话,就会显得这个记者很懒,或者是在利用其职业提携与自己亲近的人。

新闻采访不仅仅是在新闻题材的选择上非常注重,如何选择采访对象、让他来表达所要表达的意见和观点,也需要下一番工夫。

2. 熟悉采访对象

熟悉采访对象是尽快接近采访对象的重要途径,也是准确提问和深入挖掘素材的前提。采访对象不同,记者要了解熟悉的侧重点也不同。

如果采访新闻事件的知情人、当事人、目击者、分析评论者等,准备重点应放在了解采访对象的身份、与新闻事实的关联度、基本的态度和倾向等方面,而对其人生经历、个性爱好等方面信息的准备可以不做。特别是一些临时性的消息来源,只需了解一些初步情况,以便能和对方搭上话,做到无拘无束地交谈就行了。

如果采访对象本身就是报道对象,记者就必须对他们各方面的情况进行了解,包括生活、工作、学习、学历、经历、家庭、个性、爱好等,都要尽量去熟悉,越多越好。

一次,北京广播电台有位记者准备采访琵琶演奏艺术家刘德海,见到刘德海后,刘德海问记者想谈点什么?记者只提了笼统的要求:"谈谈您的经历,谈谈您和琵琶相关的有趣的事,还可以谈谈您最近的工作和今后的打算。"刘德海问这位记者大概要谈多久?记者回答:"估计半天,可能还不够,谈不完再找时间。"刘德海见这位记者对他毫无了解,便拿出自己的两篇文章,让记者先拿回去看看再来找他,并说:"这里面可能已经回答了你的不少问题。"记者意识到自己的失误,回去后认真阅读了这两篇文章,还找到不少有关刘德海的资料,并从刘德海的熟人那里打听了一些情况。当他再次来到刘德海面前时,对刘德海的情况已经了然于胸,提问具体、层层推进,谈得十分投机。分手时,刘德海高兴地说:"今天可是倾囊而出了,有许多事连同行们都不知道。"采访结束后,记者一口气写了 4 篇报道,除了北京广播电台播出之外,中央人民广播电台和《人民日报》海外版等媒体都进行了转载①。

但并不是所有采访对象都能像刘德海一样能给记者多个采访机会,有的时候,由于采访准备不充分,有可能会葬送掉来之不易的采访机会。六十年代,英国著名

---

① 张默:《新闻采访写作》,武汉大学出版社 2000 年版,第 148 页。

影星费雯丽到美国访问,一位美国记者一上来就唐突地问她:"请问你在《乱世佳人》中扮演什么角色?"费雯丽很不高兴,于是反问记者"你看过这部片子吗? 那部小说你读过没有?"记者回答说:"没有。"费雯丽说:"由于你缺乏常识,我们不必继续谈了。"说完,拂袖而去。

因此,如果采访对象又是报道对象时,准备工夫一定得做足。如以采访世界政要首脑著称的意大利女记者法拉奇所说,要像"面临一次大考一样"做准备,与采访对象应该"相识与采访前"。

三、确立资料作为消息源

书面报告和文献记录等资料也能使记者很快地获取信息。这些资料是非常有价值的资源,可以用来增加背景信息,将报道放到一定的情境中,以及从事件的发展看出更重大的报道选题——如趋势、危险和问题等。这里面的资料除了文字材料外,也包括照片、录音、录像等音像资料。

此工作有一部分在进行选题论证时就已经做了,选题确立之后,应该在原来的基础上进一步收集与研究,以便记者加深对选题的理解,使自己的采访能"站在巨人的肩膀"上,从而发现更好的角度、更有价值的问题。

如中央电视台记者 2003 年 8 月 15 日在新华社的稿件中发现这样一条工程简讯——地跨深圳、香港的罗湖铁路桥将整体拆移,并在原址上建新桥。记者意识到这条线索可能有价值,能够进一步发展。经过一番资料收集后,记者发现"罗湖桥,1906 年由詹天佑监督设计,1911 年建造完毕,曾是参与省港大罢工的工人们往来香港与内地的必由之路,二战期间被炸毁,重建后一直是香港与内地物资运输要道",因此,这次罗湖桥拆移的意义非同一般。于是记者形成了一个报道选题,即通过报道罗湖桥拆移来反映一段历史、一种情结。这一选题获得通过后,记者立刻着手收集更详细、更全面的资料,包括罗湖桥的历史、轶闻和此次拆移工程的资料等。由于准备充分,在罗湖桥拆移的当天,记者在中央电视台新闻频道进行了 5 档直播,制作了 30 多条新闻,从不同角度将老桥的命运记录在册。通过资料的收集与加工,记者将一条有可能被淹没的新闻拎了出来,充分展示了它的价值。

收集背景材料的途径主要有网上检索、图书馆查找等,一些新闻机构也有自己的资料库,记者也可以通过本单位的资料系统查询。此外,从采访对象那里也能要到有关资料,采访前可以向采访对象提出。

四、消息源的取得

1. 现场消息源的取得

现场对于记者的价值就是获取第一手材料,所谓第一手材料就是记者不经过任何中转环节直接从所要报道的事实那里得来的材料,包括记者的直接观察和物证材料,要获得第一手材料必须进入到现场中。

尽管在很多时候可以通过采访其他在现场的人来得到关于现场的很多情况，但是那无论如何也比不上记者在现场，亲身沉浸于现场的景象和声响中，因为这会让那些非常直观、非常生动的细节不断地闯入到记者的眼中。

一旦确立需要在采访中使用现场的消息源，那么接下来记者就必须想尽一切办法进入现场。

有时进入现场是艰苦的。

2008 年 5 月 12 日，四川汶川发生 8 级特大地震，震中与外界的交通、通讯已经完全瘫痪。记者和救援队伍一样，急切地需要进入现场才能把地震真实的情况报道出来。

5 月 14 日，《中国新闻周刊》的记者随一支 1500 余人的部队从都江堰徒步近 50 公里，花了 12 小时进入了遭遇地震最严重的地方之一的映秀镇。这 50 公里的路上，不断有塌方和泥石流，途中有 3 座大桥倒塌①。

有时进入现场是危险的。

2003 年 5 月，一场非典向北京袭来。中央电视台《新闻调查》的主持人柴静进入隔离病区，与这种有生命危险的病症共舞，将最真实的消息报道出来。

有时记者要进入的现场是被遮蔽的。

如南丹矿难发生后，在黑心矿主的运作下，记者根本无法靠近现场。最后是人民网的记者想尽了一切办法取得了突破。

在采访准备时，记者要为如何能进入现场做出思考，有时甚至需要记者冒着很大的风险才能进入现场。即使是这样，记者也不应该不去现场，只在办公室打几个电话就认为搞定了采访。因为新闻在现场，细节在现场。

2. 对于人物消息源的取得

除了从现场直接获得信息之外，记者获取信息的最重要方式是通过采访人物。如何取得人物消息源？唯一的办法是得到所采访的人的信任，问适当的问题，仔细地听回答，并在这个过程中善于观察。

好的记者往往形成了自己独特的风格，来接近别人以提出采访请求以及采访。最好的采访是面对面完成的，通过预约或即兴进行。如果时间有限，或被采访的人距离很远的话，有的采访也可以通过电话来完成。

（1）即兴取得人物消息源

报道突发事件时，时间非常紧迫，采访都是即刻快速进行的，很少有时间事先打电话或写邮件安排采访。如郊区的一家炼油厂爆炸，导致 5 人死亡 9 人受伤，记者到达现场的速度几乎得和消防车一样快。记者要采访消防指挥官、幸存者、死难者家属等人物，这时需要快速地提问，能问到谁就问谁。

这类人物消息源通常是在现场即兴取得。记者在现场遇到的目击者、知情者、

_____

① 杨龙、刘向晖：《大拯救》，《中国新闻周刊》2008 年第 18 期。

参与者等都可以成为采访对象,不需要单独约时间采访,找到他们后就可以发问。

这些人多半都是陌生人,对于新手记者来说会有一些不安。但如果你能在与人打交道之前先在自己头脑中想清楚你报道的价值,以及为什么这位采访对象对你的报道非常重要,那么你也许会更自信些。

在不同场所与陌生人打交道的方法因人而异,应该根据自己的个性特点找到在不同的环境下与人打交道的途径,但真诚与坦白往往是很有效的武器,能让陌生人在很短的时间内就和你交心。

比如一位记者采访一场比赛,当他赶到体育场时,发现体育场售票处排了长队在买票。于是他走上去问负责秩序的保安:这个队最长的时候有多长? 他们在那排了多长时间? 等等;当他走得更近时,他就可以物色自己的采访对象。如他发现队伍里有两个小男孩,记者便上前说明自己身份及服务的媒体,征得对方同意后就可以提问了,如他们的年龄、姓名,谁带他们来的? 是否喜欢这场比赛? 为什么? 等等。记者有可能要和五六个人进行谈话,但并不会都用到报道中。

无论你采用什么方式来即兴采访,重要的是以职业的、礼貌的态度行事,因为在现场即兴采访中,你的行为举止或许是采访对象据以判断是否信任你的唯一根据。

(2)预约取得人物消息源

如果截稿时间不是很紧迫,采访对象比较重要,或者采访需要占用采访对象比较多的时间时,预约采访可以帮助记者有时间准备问题,表现记者最佳的一面,同时预约采访也让采访对象有所准备,表现自己最佳的一面。

在预约采访时,尽量要提前,以显示你为采访对象着想,也有助于保证记者不至于在截稿日期前两天发现你要采访的人在度假或者无法安排时间,而且要在截稿日期的四天之后才返回。作为记者,有责任组织好自己的采访计划,而不要为了赶上一个好几个星期之前就知道的截稿时间,而不停地让别人停下手头的事儿来跟你交谈。要记住,采访对象实质上是帮助你写报道的志愿者,要为他们着想。

直接与消息源联系。记者如何能越过秘书、公关人员和其他为消息源工作的人以及那些维护他们的人而直接与采访对象接触? 一个比较好的办法是通过电子邮件联系,电子邮件通常都会越过秘书和公关人员直接到达消息源手中。如果你有幸得到消息源的手机或家庭电话,那么可以选择一个适当的时机给他打。在合乎职业道德的前提下,你也可以搞清楚采访对象会什么时候来上班或者从什么地方返回,然后你可以守在半道上截住这个人,提出你的采访要求。

和中介者保持良好互动。如果你很难跟消息源本人联系上,只能通过秘书或者公关人员中介一下,那么请和中介者保持较好的沟通,取得他们的配合与支持。如《南方周末》的记者采访地产界重量级人物任志强时,通过任志强的秘书与其联系,记者想办法找到了这位秘书的 MSN,只要她一上线,记者就开始追着她给自己安排采访。"我曾经在凌晨两点的 MSN 上夸奖她的 MSN 头像拍得 PP,说得她芳心大悦,所以后来她甚至反过来帮我出主意,告诉我要发怎样的采访提纲任志强才会感兴趣。"①最后在秘书的安排下,记者采访到了任志强。

说明你的身份。清楚地说明你是谁,在为哪家媒体工作,你的采访目的,以及你认为采访所需要的时间。在预约采访时,可以概要地告诉采访对象一些情况以及他们所提供的信息会放在报道的什么位置。这样采访对象会感到接受采访时心中有数。另外,告诉采访对象大约需要的时间也很重要,绝大多数采访需要半小时至一小时,时间取决于你所采写的报道类型以及采访对象的时间安排。新闻人物通常都很忙,如果他只能给你几分钟,也要答应他,这总比不给你采访机会要好。重要的是获得采访机会,因为人们一旦开始谈话,通常都会超过预定时间的限制。如果采写的报道只是用于新闻课程,也应当如实相告。当人们知道采访内容是否用于发表时,他们有责任控制其谈话的内容。

坚持不懈。不要因为电话被挂断、让你等待却遥遥无期或者干脆的拒绝而烦恼。如果这个采访对象是必须的消息来源,那么请坚持。你可以分析一下采访对象不接受采访的原因,针对不同的原因进行坚持不懈的努力。如向其分析接受采访的意义与价值,如果他担心自己接受采访会被暴露则可以向其承诺会在报道中保护他。一位记者的经验是当采访对象在试图回避你时,那么迟早他们会决定跟你交谈。遇到这样的采访对象,请不止一次地打电话显示你的坚持,最终成功的可能性很大。

考虑消息源是否方便。如果在熟悉的环境下交谈,采访对象会更健谈,因此让他们来决定采访的时间和地点比较好。如果采访对象反问:"你什么时候方便?"那么你可以考虑一下截稿时间和自己的安排,坦诚的说出自己的希望。但从根本来说,采访应该方便采访对象而不是记者。有一些技巧能让采访对象感觉到你在为他着想。如当采访对象不耐烦地挂掉电话时,记者可以等上一分钟再打电话过去,而且一定说是线路被切断了,这样大多数时候采访对象不会第二次怒气冲冲地摔电话;又如你等采访对象很久他都没有回电时,你可以先打另外的电话,然后再试着打给先前让你等回电的采访对象,解释说你刚才正在使用电话,并担心对方可能试着跟你联系了但接不通,所以再打过来。这样采访对象一般会为自己没有回电而感到内疚,相对更容易接受采访。

思考你想问什么。预约采访前就应该为采访做好比较充分的准备,这样当消息源说"我之后都很忙,你现在就采访吧"的时候,你就不会很尴尬了。

3. 对于资料消息源的取得

大部分媒体都有自己资料库,记者可以通过电子文档或书面资料来收集已经存档的过期报道。如果没有资料室,查询新闻报道档案资料的记者可以到图书馆查阅报纸合订本、从互联网上搜索到一些信息或从政府官员、企业管理人员处获得

---

① 戴敦峰:《与任志强过招》,南方周末《后台》,南方日报出版社2006年版。

必要的背景信息。

大学和公共图书馆能提供大量有关采访对象和各类主题的网络信息或印刷信息,也是可以充分利用的资源。

(1)关于采访对象的资料

这方面的资料储备有助于帮助记者与消息来源建立起良好的融洽关系。这样才能在采访时,觉得更放松、更健谈,从而提供更多的信息。

如果从以前的报道中查到这位采访对象曾经接受过其他媒体的采访,那么可以去找写这个报道的记者谈一谈,他们能对这个人的性格特点提出一些看法,也可以判断他是否是一个容易采访的人。

有些采访对象本身有作品,如作家、学者等,要阅读他们的作品,书或文章确实能展现作者的很多东西,没有什么比说我看过你的书或文章更自然的了,这一句话就能使采访对象放松。

如果你准备采访的人从来没有接受过采访,那么请尽量从他的朋友或同事那里获得一些资料,采访前获得的信息有可能会使采访变得更顺利。

(2)关于新闻主题的资料

这些资料能帮助记者更好的理解新闻背景,从而能提出更有针对性的问题。

例如,假设一名记者被派去报道发生在一年多以前的一宗杀人案的犯罪嫌疑人的审判过程。首先,这名记者要从图书馆或网络获得信息,阅读过去写的有关该疑犯杀人和被捕的报道。这些报道可以让记者获得关于这一新闻的基本信息,确保报道中的事实因素如日期、地点、细节等前后一致,如果不同的报道有出入,记者就要向警察或法院工作人员进行确认。

然后记者需要查找与这宗杀人事件相关的资料,如本地上一次类似手法的杀人案的情况等,获得必要的背景信息。

通过这些资料记者还可以列出潜在的消息来源及形成问题。如列出法官、受害人的家庭、嫌疑人的家庭等作为采访对象,并列出需要向他们问的问题。

在审判开始前,记者应该已经从资料中收集到这个报道的很多情况、知道应该去采访谁,问什么。

做必要的准备工作会占用很多时间,但它能确保记者在进入新闻现场时不会不知所云,不会遭到采访对象的藐视。事实上,采访对象更愿意回答基于事实而不是基于猜测而提出的问题。

没有理由在准备不充分的情况下就开始采访或写作,如果没有找到有关消息来源的资料,请彻底搜索一下有关新闻主题的资料。很多人从来没有被采访过,但没有被撰写过的主题几乎是没有的,到图书馆或网上搜索一定能找到大量的信息。

第二节 拟定采访提纲

采访提纲是记者对采访活动的基本设想,包括采访的目的、要求、步骤、方法、时间、采访对象、采访问题、相关背景,以及采访中可能出现的困难和处置方法等。采访提纲应拟得详细、具体,包括一些意外情况的应对与处理。

西方记者很注重这一点,他们的要求是 10∶1,即采访 1 分钟至少准备 10 分钟的内容。而美国哥伦比亚广播公司 60 分钟节目的主持人华莱士曾给自己定了个规矩,每次采访都要有采访提纲,并且采访提纲中应该准备 30 至 40 个扎扎实实的问题。他认为,如果没有采访提纲,临时很难提出有价值的问题[①]。可见,写好采访提纲,可避免盲目性,争取采访的主动。

一、采访提纲的内容

采访提纲如何定? 要因人因事而定。一般来说,简单的采访活动,写出概要的计划与访问提纲即可;重大事件、重要人物、深度报道的采访,则需要拟出较为详尽的采访计划和访问提纲。无论是哪种情况,采访的目的是为了获得充足的信息,为写作报道服务。为了达到这一目的,在撰写采访提纲时,要注意考虑以下五个方面的内容:

第一, 明确采访目的,即采访要解决什么问题。在开始采访前,记者应该知道自己希望报道朝什么方向发展,每个报道都应该有一个目的,一旦确定目的,就可以设计问题,然后通过采访帮助记者达到这个目的。

第二, 确定采访重点对象、一般对象以及应涉及的领域、部门和现场。

第三, 设计采访的方式是个别访问、开座谈会,还是现场观察,选择什么场合进行采访,现场观察些什么内容,采访的顺序和时间如何安排等,都要进行周密的设计。

第四, 设计提问。可以将要问的问题一一列出,以便采访时作为参考。采访需要做必要准备的重要性就在这里,通过资料和初步采访后得来的信息来组织这些问题。记者需要通盘考虑如何问这些问题,当寻求事实性信息时,问题应该比较集中和具体。当寻求意见性信息包括观点、评价等内容时,问题应该比较开放和概括(下一章将对提问做更深入的探讨)。

第五, 预测采访的难点,选择采访的突破口。

以上这五个方面,组成了采访的整体构思。这其中,采访的目的最为重要。当一个新闻线索到后,记者在确立自己的采访目标和要求时,往往要从两个方面进行思考:一方面是自己采写这篇报道要表达什么思想,告诉受众什么事实;另一方面是受众的需求以及新闻政策的制约。

除了对采访内容的准备之外,思想准备也需要做足。采访小人物、小事件不要马虎大意,而采访大人物、大事件也不要紧张和自卑,应该树立起作为记者的责任心与自信心。面临一些艰苦的采访,还要做好吃苦的准备。

---

① 虞家复:《我想再次采访邓小平——记美国著名电视记者华莱士》,《中国记者》1987 年第 5 期。

二、尊重事实、及时调整

客观情况是错综复杂、千变万化的,即使事先的采访计划考虑得如何详细和周密,也往往很难在实际的采访中不折不扣地进行。因此,应当根据变化的客观情况调整计划,撰写新的访问提纲。为了能够及时做到这一点,在拟定采访计划的时候,可以设计多套方案,当一种方案行不通时,立即更换另外一种,免得措手不及。当然,采访时的临场应变也相当重要。

到了采访现场,提问顺序有可能会调整,有些问题记者是知道答案的,有些不知道,有些采访对象的回答和事先了解的不同,可能会意外牵扯到另外的问题,就需要记者顺势转移阵地,融会贯通。

三、从一个案例看采访提纲的设计过程

2006 年 1 月 19 日,《南方周末》推出了对海南省省长卫留成的专访,题为《"做官我宁可糊涂,但干事我不糊涂"》,这个报道获得 2006 年 1 月南方周末新闻奖,被访者卫留成在接受《南方周末》专访后决定至少半年内不再接受任何专访,因为他们的"采访是最深入的"。记者寿蓓蓓在回忆自己的采访时,认为"写采访提纲是绞尽脑汁的思想过程"[①],在见报的 35 个问题中,事先列在采访提纲上的有 25 个,另外 10 个是现场追问;而这 25 个采访提纲上的问题,14 个来自书面资料后的思考,11 个来自预采访过程中的发现。记者寿蓓蓓认为,"一次扎实的访谈所经过的阅读分析、实地调查、追问,三者不可互相替代"。

她在采访卫留成之前,从网上搜到了 60 页的资料,除了卫留成的各类报道和讲话,他到任后制定的《海南省行政首长问责暂行规定》、修订的《海南省人民政府工作规则》、2004 年和 2005 年所作的《政府工作报告》都是其准备的重点。通过阅读材料,列出了很多问题,有的可以直接提问,有的则需要经过前期的了解、核实再形成问题。

记者到了海南以后,没有直接采访卫留成,而是从省长外围的人入手,进行预采访。如从海南省委党校副校长廖逊处得到的关于卫留成的信息提了两个问题,从省长周围的官员及一些职能部门的采访中获得的信息帮助记者提出了 9 个问题。如关于卫留成在海南推行问责制,雷声大雨点小,记者问道:"问责制最重的处分是责令辞职和建议免职,到目前出台 10 个月了,投资环境中心也已经结案 24 件,还没有一个处分结果比较重的例子。"这时,卫留成瞪大眼睛说:"这个数字我都不知道。"十分专注地往下听,记者接着问:"我们了解到一些人对新制度有比较大的期待,我想问的是,问责制迟迟没有用起来,是不是该问你省长的责呢?"而问责制的落实情况,是记者头一天从省监察厅查到的。

---

① 寿蓓蓓:《如何向高官发问》,南方周末《后台》,南方日报出版社 2006 年版。

记者的采访目的是剖析卫留成从企业家到省长的角色转型,以及海南特区在其执政下的发展思路和前途。采访提纲的问题围绕这一目的来组织,在实际采访中也没有大的调整。

记者寿蓓蓓认为,"酝酿采访提纲的过程其实是一个化学反应,吃下一堆材料问了一堆人之后,理性的思路变得鲜活了,一个个具体的问题自己会跳出来,我的工作就是排兵布阵,按逻辑给它分堆儿。"

我们从《南方周末》对卫留成专访的最终报道中,可以看出记者的采访提纲下了很大的工夫,采访的成功依赖于一份完善的采访提纲。请试着分析一下,看哪些问题是资料中得来的,哪些是预采访中得来的,哪些是现场追问的。

"做官我宁可糊涂,但干事我不糊涂"

本报记者　寿蓓蓓　朱红军

角色突变
拍板如果拍错了丢人呐,马上人家会感到,这个省长是笨蛋。

记:从企业家到省长,面对反差这么大的角色转换,2003 年 9 月 29 日中组部找你谈话时,你心里怎么想?

卫:这时候只能有一个想法,就是感谢中央的信任,怎么样不辜负中央的重托,去做一件对我挑战性很大而不辱使命的事情,你不能再有别的想法。我早几年跟中央领导讲过,我希望就是做企业。我不算是一个特别优秀的企业家吧,但还是比较有信心,因为在我当总经理这四五年,我那个企业变化还是很大的,但是中央挑到你了,给你这么个重任,那不能再说别的话。我当时就讲,感谢中央的信任,绝不辜负中央的重托,就这么两句话。

问:这个调动你比大家只早知道了一天,在 24 小时中你做了什么?

答:谈话是在晚上,根本没有 24 个小时,只有 12 小时。

问:这一宿你睡着了吗?

答:我睡得不好。我也就想了两件事,一是我到海南以后首先应该做点什么,另外就是在中海油要怎么交代,因为第二天上午八点半就宣布了,然后我就退出,至少我要讲几句交代的话。只有 12 小时,呵呵,给我的时间实在是太短了。

问:赴任前你对海南是什么印象?

答:中海油在海南扶贫好多年,另外在海南有很多项目。我对海南的印象不多:工业几乎没有基础;农业嘛我没有概念,只知道海南出一些热带水果;旅游秩序比较乱,脑子里就这点印象。所以我来了之后花一个多月时间走了 18 个市县,走马观花看了一遍,形成一些初步印象。

记:到海南后发现实际上是怎样的?

卫:确实发现就像你刚才说的,海南地处东南沿海,号称中国最大的经济特区,但是它的观念、经济、竞争力、社会发展程度,确确实实是一个欠发达地区。当我 2003 年底来,我讲到海南省是经济欠发达地区时,好多老干部都说,你说了实话。我来到海南感到一个问题,干部急于发展的思想很重,说我们发展太慢了,要快,很多时候有一种暴富的思想。海南建省之前走私汽车,建省之后房地产泡沫……

问:你是企业家出身,反而很警惕经济快速发展。

答:我是很警惕这个东西,关于十一五的发展思路和发展政策问题,有人说我们提 9% 的发展速度太慢了,我在很多场合都讲发展速度与质量、与基础问题。广东省"十五"期间平均发展速度超过 12%,十一五提出 9% 以上,它有一个结构调整、环境整治的因素。海南省"十五"期间的平均发展速度 9.8%,我们现在提 9% 我认为已经不低了。在政府报告中我不主张提海南进入一个"跨越式"发展阶段,这个词我不用的。

记:其实好的企业家反而是务实、规避风险的。

卫:绝对是,基本的态度就应该是这样,政府也应该这样,否则要出毛病的。我认为海南还需要三几年打基础。

记:那你的任期不就打完了?

卫:这也是我的一个思想,我能做点事就行了。海南再有三年,也就是十一五的前三年,还要继续打产业基础,形成几个 100 亿以上的大产业。有些产业像农业、旅游业是上档次上水平的问题,有些产业是形成的问题,把基础打好了,十一五后期可能会加快发展。

记:你从政之前三十多年在企业的工作经验,包括国际资本市场的背景,能给海南省带来什么?

卫:从 1970 年到 2003 年,我在企业做了 33 年,从一个公司老总到一个地方行政长官,跨度是很大的,但是我适应得非常快。我感觉政府本身也有一个执政经验问题,特别在市场经济条件下,政府的资源、资产,包括行政资源和一些经济资源,都跟一个大型企业的运转规律、模式有很多相同之处。

8 日正式宣布,9 日我就开始坐在这个办公室里,处理一摞摞的文件。到目前为止,我还没有出过政策上的偏差,那倒不是因为我聪明,是因为大型国有企业的主要领导人,与政府官员的很多东西比较接近,比如作为中央候补委员,我出席中央委员会,参加中央经济工作会,旁听人代会;另外,大的政策路线,只要你用心去研究,不会出错。我第一次主持政府常务会议,讨论通过政府部门规章,我心里也有些发慌啊,十几个厅长人家发了言你得拍板,拍错了丢人呐,马上人家会感到,这个省长是笨蛋。

记:有没有过这种情况?

卫：万幸，哈哈。

官场

官场文化我搞不清楚，我也不去研究它，在这个问题上我宁可糊涂，但是我干事不糊涂。

记：海南省四年换了三届书记两任省长，大都提出海南发展思路，比如"一省两地"、"三个特色"、"四大发展战略"，可你没有提出任何发展思路，为什么？是没有，还是只做不说？

卫：我感觉担任省长也好，市长、县长也好，一定要有一个清晰的思路。这个思路还得稳定，不要换一拨人、换一届班子就换一套东西，这很重要。比这更重要的，是把思路一步一步变成现实。人人都能提出来一两套发展思路，但是能做到的可能不多，因此一些地区就发展慢。我来了两年零两个月，没有提任何新的发展思路，我觉得能够把历届省委的这些精华保持延续性，然后把这些事干成，就行了。

记：你做的一些事，让人一听就觉得是企业家作风，或者说不合通常的为官之道。比如你在当选省长的当天，对媒体说年底前要做三件事，简单说就是查账，要全面清理政府的债权债务。我没有搜到后续报道，不知道这事你干成了没有？

卫：我干成了。总的债务，包括我们政府欠国外的，欠国家银行的，200多个亿，我记不准了。但是它的还款期都很长，其中一些我相信中央会考虑，比如海南发展银行的欠款，包袱太重。

记：查账的这个举动是典型的企业家做法，接手一个企业一定先摸清家底，但在官场上是不是犯了忌——"新官不理旧账"？

卫：是的。应该说我也忌讳涉及历史上的一些欠账，以现在的观点看过去的事情，会感到有些事情很麻烦，而且收拾起来很困难。但是有些账我清楚是有好处的，比如说我们要改善投资环境，正在统计政府欠投资者的钱。最近金额最大的一笔是我们文昌市欠泰国侨领2600万元，10年了，他们当年满腔热情，联合组织了公司来投资，最后投资未成，地也收了，钱也未还，非常让人伤心。另外政府工程款的清欠工作也在抓紧做。从现在开始，政府不能再不守信用，你答应过人家的事，你签了字的事，必须兑现。同时，对过去的历史旧账也要进行清理，采取措施，如果不做好的话，这个负面影响很大，涉及政府诚信问题。

记：有人称你为"教育省长"，其实投入基础教育对GDP没有贡献，有些老同志好心劝你，这样抓教育不行，应该抓短期能出成绩的，你为什么不听呢？

卫：你说得对，教育是花钱的，不能马上见效，但是关系到海南的长远发展，而且关系到老百姓最切身的利益。这跟我的经历也有关，我小时候上学那个苦劲啊,比现在农村的孩子还要苦。我今天跟财政厅研究明年的资金安排,跟他们讲,人民政府的省长盯着发展,没有钱啥也干不成,但是当你有了有限的财力,你去干什么事? 我觉得应该去解决老百姓最需要解决的那些事。一个是教育问题,2008 年之前,还要解决农村丧失劳动能力的人最低生活保障问题、解决农民的基本医疗保障。

海南发展得慢,有各种原因,其中人才问题、教育质量问题是根本性问题,如果不花上十年、十五年时间去解决好,海南发展没有后劲。我带着情绪说,人民政府不能把穷困老百姓的孩子上学问题解决好,你讲什么都没有用。刚才我算了算,全部解决中小学危房改造,省内得多拿 3 个亿;免杂费,大数每年两个亿;解决贫困地区教师工资 3 个亿,就这几项教育投入,每年净增投入 8 个亿。

记:2005 年底,海南省政府第一次把教育发展的指标细化,纳入地方官员的政绩考核项目,但这跟你自己接受中央考核你政绩的指标并不吻合,你不在乎自己的仕途吗?

卫:说心里话,我觉得为官一任,能够实实在在地为老百姓办点事,够了,真的。这不是说漂亮话,咱们也是苦出身,父母亲都是农民,我看重的是如何利用手中的权力,真正给老百姓办点实实在在的事情,真正为地方经济发展做出点贡献。

记:有的人是为做官而做事,有的人是为做事而做官……

答:我也不敢说我是为了做事而做官,我不做官也在做事,呵呵,但是我有一个基本的想法——不做会当官而不会为老百姓办事的这种官。现在很多人对当官研究得很透,什么官场文化我搞不清楚,我也不去研究它,在这个问题上我宁可糊涂,但是我干事不糊涂,我要把它干好,每年要干成几件事。我跟市县委书记、市县长说,为官一任,你每年干几件事,五年干成十几件事,在你的权力范围之内,你这个地区变化就大。而你每年发一堆文件,五年你发了几十本文件,你如果事没办好,零,再做几年还是老样子。

记:这是不是也是一种企业家性格? 就是进退自如,比较超脱,不那么看重官位。

卫:这也没什么,到哪个山,唱哪个歌吧。我希望有更多的企业家进入这种角色。

送书

《把信送给加西亚》这本书据说在海南两次脱销,因为我送了 100 本出去,应该是起了作用的。我明显感到政府的工作效率提高了。

记:你曾经说改造了一些环境,也适应了很多东西,你改造了什么? 又适应了什么?

卫：我可以这么说，执行文化、执行理念、执行力，这两年多政府机关发生很大的变化，大家接受了。

记：你怎么知道大家接受了？

答：《把信送给加西亚》这本书据说在海南两次脱销，因为我送了100本出去，这些领导给他们的下属又买，下面的书记又给下属买，有些地方不排除有作秀的成分，我相信不是所有的人都看了，看过的人更不是都理解了，但是它的最精华部分就是执行，应该是起了作用的。我明显感到政府的工作效率提高了，执行力也明显地提高了。

不过有些东西也在慢慢习惯，比如说人家叫我省长，我说别叫，叫我老卫或叫卫总，现在叫省长就习惯了。当然底下的人叫我卫总我还挺高兴。有些不习惯的东西你得习惯。

记：你在开会的时候有时候脱稿讲话，口才很好，有时候一字不差地照着念，什么样的场合你念稿子，什么时候即兴脱稿？

卫：讲话稿印就印吧，但我还是要讲我想讲的事情。比如前天的政协常委会上，有讲话稿，但是我觉得给政协委员们讲那些套话没有太大意义，还是讲一讲真实的东西，一些思想、思路、真实的情况，我觉得这样好，求真。那次讲话听他们反映，还算好，求真务实，不过要做到也太难。

记：企业家精神中最闪光的一点是创造性，你觉得企业家精神与官场文化是不是冲突？

卫：我们平常说的官场文化带有贬义，官场也好政府也好，应该有一种正常的文化。那些负面的东西在你的脑子中印象太深了，比如说裙带关系、买官卖官、贪污腐化、光说不干……这种东西给人印象太深了，因为太多了。我觉得最大的一个问题，就是企业更讲究效益、效率，政府更讲究诚信、程序，从体制上来讲，它牺牲效率，这没办法。你一个会开了半个月，讨论了半天结果可能什么事都没讨论出来，我真希望政府在保证程序的前提下提高效率。

记：你说过要努力去找省长和企业家之间的最佳结合点，现在你找到了吗？

卫：企业家和政府首长的结合点，既严格地讲程序，又要讲效率效益。企业也讲程序，但没有这么复杂，说实在的，既讲经济效益经济发展，更注重社会效益社会发展，但一个最基本的共同点，不管是企业家还是地方首长，都是一个责任心，当一个上市公司老总，你对股民、股东负责，你当地方首长，最基本的就是要对老百姓负责。

问责

"像这个问题，提出这种不疼不痒的意见，还不如不提，重新给我提出来。"

记:你说过应该由一个领导把一个项目一抓到底,完成得好该晋升的晋升,完成不好该处分的处分。这有没有相应的制度保障?

卫:应该说是有的。像我们省的《问责暂行规定》是跟这个相联系的,跟改变海南的投资环境和招商有关系,应该联系到一起。我反复强调这个观点,一个地方的发展就是要一个项目一个项目地来,才能带起它的发展,讲空话没用,所以我很重视这个。

记:2005 年初,你有一个令人关注的举动就是省政府问责制的出台。按照问责规定,启动问责程序的按钮是在省长手里,你有没有启动过这个按钮?

卫:组成调查组调查过(几件事),但我还没启动过处分的按钮。比如说,我叫他们到有些市县调查港商反映的问题,再比如台商反映了养虾苗的问题,我都叫监察厅去调查,都已经纠正了。

记:纠正是一回事,处分责任人是另外一回事。是不是只能按照调查组提出的处分建议来执行?

卫:我跟你讲,按他的执行更麻烦,第一次提出的处分建议就抹得看不清楚了,反正这个事是真的,确有其事,但是处理问题嘛,请他们进一步研究之类的。我给它批了一通,退回去,“提出这种不疼不痒的意见,还不如不提,重新给我提出来。”重提出来的处理意见帮人家实实在在解决了些问题,并对这个事情提出通报批评。

记:问责制最重的处分是责令辞职和建议免职,到目前出台十个月了,投资环境投诉中心也已经结案 24 件,还没有一个处分结果比较重的例子,真没有适用的案例吗? 我们了解到一些人对新制度有比较大的期待,我想问的是,问责制迟迟没有用起来,是不是该问你省长的责呢?

卫:我也想找这个突破口,但是我觉得执行要慎重。问责制是执行文化中的一种深化,提这个制度,最终目的不是为了处分谁,而是为真正改变这个环境、提高执政效率,如果这个制度已经起作用了,那不是挺好吗。如果发生重大事故……但是我这个人对人呢,有些人也说我,你说你挺厉害,到时候心就软。关于投资环境的问题,省委要成立一个领导小组,今年年底对机关进行正式评议,我想到那时候效果会更明显。

记:除了问责规定之外,2005 年 6 月 30 日出台的《关于加强投资环境建设若干问题的决议》是你很看重的,这里面最得意的是哪一条? 是不是对官员的评价引入社会评议机制?

卫:这是非常重要的一条,里面我最想做的事情两条,一是政府诚信问题,再就是社会评议问题。交给谁去评议,大家有不同意见,原来说政府评议,可你自己组织评议自己不公平,再说党委评议也不行,最后研究一个办法是由省委办公厅和监察部门牵头成立一个工作组,但只负责制定评议评价方案,而真正执行评议的是政府的服务对象,是公民、企业,体现了公平公正。

我是农民的孩子

(我的名字)不是现在媒体演绎的概念,说税多留点成,而是留下来了,活了,留下来就成啊。这有个小故事。

记:你是中国第一个从企业家直接做省长的,当省长和做中海油这样企业的 CEO,你觉得哪一个成就感更大?

卫:我走到现在,还不能说当省长是成功的,但是我有成就感,就是我坐在省长这个位子上,能为老百姓办几件事。在中海油也许利润每年增加几十个亿,但是它的成就感是不能等同的。

记:你做省长给自己打多少分?

卫:我确实没想过这个问题,至少是很难打。无论做老总也好做地方官也好,都很难让社会百分百满意。当省长有个 70 分左右我就已经很满意了,现在应该有个六七十分吧。

记:你说过要搞好一个省取决于四要素:好的带头人和好班子、清晰的战略思路、好的制度、好的执行文化,现在四大因素海南具备了几个?

卫:我们还有好长的路要走。

记:如果说你在中海油使了十分力气做事的话,在省政府使了多大力气?

卫:我想我用的力气比中海油还要大。坦率地讲我在海油没有用足劲,在地方上要复杂得多、辛苦得多、卖力得多。你看到一个事情应该干,也应该能干,但最后你干不成,在这个时候你会感到非常痛苦。这不是说谁不让你干,它这个环境、条件、各种制约因素,弄得你也不敢说是欲哭无泪吧……

记:在海南这个海岛上,你有没有孤立的感觉?

卫:偶尔有。

记:那时候你怎么办呢?

卫:哈哈哈,那时我最想干的事情,就是能让我去打一场高尔夫球……

记:有人说你当了省长以后脾气变化很大,你自己能感觉到吗?

卫:我自己也有感触,一个就是温和得多了,能够听各种意见听很长时间,尽管有些话听起来也没什么意思,但你还是要听。再就是耐着性子要参加各种会议,省长一个重要的职责就是,很多会议一定要出席,你出席了大家认为重要,你讲话了大家认为你重视这件事情。很多事情按我的看法也未必真需要,但是社会需要,那我就去做了。在海油我可以完全不做这种事情,我跟媒体接触得也特别少,每年年底见一次。过去我的头发特别乱,现在我都很注意,因为代表政府形象,自己不在意,马上一个会议,摄像机就对准你了,我老婆在电视上看到了有意见,说你的头发怎么这么乱。

记:听说你夫人在北京工作,当省长使你们夫妻两地分居?

卫:是啊。她在中央电视台少儿部做编辑,大风车那个栏目的编辑,她经常来,我也经常回北京。

记:孩子的名字一般寄托着父母的希望,你的名字"留成"有什么寓意?

卫:我的名字说起来还有一段小故事,我出生在河南上蔡,家里很苦,生下来就得了"七天风",这是我们农村的叫法,实际上是破伤风,一般在农村是很难治好的。后来奄奄一息了,我母亲觉得不行了,就真把我扔了。结果同院的一个邻居陈大娘说,这个孩子还有气啊,得捡回来,捡回来又活了,这是我母亲告诉我的。我前面一个哥哥叫留住,这个活了就叫留成吧。留下来就成啊。

你写我个人的东西,我不反对,但是一个最基本的东西就是,从小我是农民的孩子,吃苦、上学,就这么熬过来的,现在有了点小本事了,能干点活多干点活,仅此而已。

第三节　特别的采访准备

一、基于特别内容的采访准备

记者面向广阔的社会,自身的知识也应力求广博,这样才能在不同领域、不同要求的采访中扩大视野,便于同各种职业的采访对象接触和深谈。但记者也不可能做到万事通,因此,对于一些与特定报道对象有关的专业知识在采访前需要临时补充,避免在采访提问中问出外行的问题。

比如有一次,两位来自不同新闻单位的记者一起到鞍钢采访,介绍情况的人谈到超额 1% 完成上个月的生产计划,利用系数提高 1.5% 左右。利用系数是炼铁厂生产技术水平高低的主要标志,一个容积 1000 立方米的高炉,利用系数提高 1%,一年就可增产生铁 10 万吨,鞍钢炼铁厂高炉利用系数一月跃增 1.5%,是个大新闻。其中一位记者采访前准备了这方面的知识,立即写了一条消息,作为工业报道的重要新闻发了;而另一位记者因为不知道利用系数是怎么回事,也就看不出此事的价值,只有空手而归。

在选题确定之后,面对即将要进行报道的新事物、新问题,尤其是有特别内容的——如采访专家、学者、科学家、艺术家以及特殊行业的专业人士等,记者需要进行充分的知识准备。

基于特别内容的采访往往是共性较少、个性较多,记者平常掌握的知识或是远远不够,或是根本没有,而报道所要涉及的知识往往比较精深,内涵也十分丰富,记者掌握这方面的有关知识就成为认识这些人和事的起点,没有这个起点,采访几乎无法进行。访问学有所长、技有所专的科学家、学者、工程技术人员,入门不易,深入更难,因为他们在某一方面的知识一般都达到了精深的程度,如要成为一名合格的对话者,记者需要更长时间、周密的知识准备。

如著名记者徐迟采访著名数学家陈景润以前,为了弄懂哥德巴赫猜想这个数论中的著名问题,用了几个月的时间,钻研包括马克思的《数学手稿》在内的有关数学著作,硬着头皮和数学上某些难懂的问题打交道。新华社记者访问著名生物学家朱洗教授之前,翻阅他从事研究工作三十多年来写的三四百万字专著,才使采访获得成功。

对特殊采访对象有了特殊的知识准备后,才能知道采访从何下手,与采访对象才有了对话的可能。

二、基于特别采访方式的采访准备

对于一般的采访而言,主要是依靠观察、访问以及文献阅读等方式进行采访,无需特殊准备。一般来说,应该轻装上阵,带上本、笔、录音机等即可。

但如果采用特别的采访方式,如隐性采访、体验式采访等,就需要做一些特别的准备。

如进行隐性采访时,要考虑好如何不被采访对象发觉,准备方面要万无一失。中央电视台记者吴昊、陈含暗访浙江五金之城——永康的部分企业不注意劳动保护,导致务工人员被机床压断手指的惨剧时有发生。一开始,他们决定以打工者的身份直接进入工厂体验,然而由于所带的偷拍机的外包根本不像打工者用的,很难自由拍摄,而工厂为了防止工人夹带产品出厂,每天下班要检查所带物品,摄像机就会被发现,因此,这一采访方式就被否定了。而为了使暗访能成功,记者做了更充分的准备——在当地报纸上看到 家浙江的百强企业在招聘小公室秘书,于是前去应聘并成功。于是记者就可以夹着偷拍机在工厂里自由走动,把这家工厂违反安全规定与劳动法规的现象全部拍了下来[1]。观众通过记者的暗访,不难得出这样的结论:大工厂的劳动保护尚且如此,那些小工厂就更不容乐观了。可见,进行特殊方式的采访需要有特殊的采访条件、精神及物质准备。

三、基于广播电视媒介的采访准备

广播电视新闻采访指广播电视新闻记者为获取新闻信息而展开的调查研究活

---

[1] 吴昊:《永康体验,采访感悟 2003》,中央电视台新闻采访部内部资料。

动,具有不同于其他媒介采访活动的特性,包括:

1. 电子传播手段的介入,广播电视采访就整体上说增加了与以往不同的采访形式,即电子媒介记录与采访共生的采访形式,我们称这种采访形式为带机采访

与平面媒体的采访不同,带机采访所获得的信息可以通过声音和影像的方式直接进入新闻节目中,而传统的脱机采访所获得的信息则要首先转换成语言,再以文字语言或有声语言的方式进行传播。在广播电视采访中,脱机采访更多地承担外围性的信息收集任务,而把关键性信息的采访交由带机采访来完成。带机采访的特殊性在于它不仅要考虑到新闻信息的采集,而且要考虑到新闻信息的传达。因此,它不仅涉及所采集新闻信息内容的重要性,也涉及所采集新闻信息形式的表现性。在这里,记者不仅要考虑问什么问题,而且要考虑以什么方式发问;不仅要考虑采录到了什么内容,而且要考虑是以什么方式采录到的信息内容;不仅要考虑到被采访者语言内容的准确性,还要考虑到其语言表述的生动性等。下面这个报道就充分体现了广播、电视带机采访的特点。

台湾民众举行"反'台独'救台湾"大游行

中央人民广播电台

主持人:陈水扁就任台湾领导人两周年之际,台湾民众举行"反'台独'、救台湾"大游行,请听中央台记者金荻、万成从台北发回的录音报道:

【出同期音响"(闽南话)反'台独'救台湾! (普通话)反'台独'救台湾!"】(压混)

听众朋友,今天下午数千名台湾民众走上台北街头,举行声势浩大的"反'台独'、救台湾"大游行。

下午 1 点由 300 多辆出租车和私家车组成的游行车队浩浩荡荡(同期汽笛声),来自各党派和各界组成的一百多个团体,三千多人参加了游行。游行的群众冒着高温,挥动着写有"反'台独'"、"回归一中,万事畅通"等字样的旗帜、标语,高喊着口号。

【出音响"爱台湾、反'台独'!""反'台独'、救台湾!""我是台湾人,也是中国人!"(压混)"我是台湾人,也是中国人!"】

记者在中山南路看到,游行的队伍非常庞大。参加游行的人大多数是青壮年,也有上了年纪,白发苍苍的老人。他们或头戴印有"1 CHINA(一个中国)"图案的帽子,或身穿写有"中国人"大字的 T 恤,他们要求台湾当局放弃台独主张,正视台湾目前的困境,为民生凋敝的现状找出路。

游行总指挥、台湾"中国统一联盟"等游行主办单位发表了《向"台独"说不——反"台独"暴力宣言》。《宣言》指出,台湾领导人的"台独"政策和李登辉的"台独法西斯"并不能代表台湾的民意。优良的武器不

能保证台湾的安全,只有两岸和平才是台湾安全的最大保障;《宣言》要求台湾当局接受一个中国原则,遵守"九二共识",重启两岸谈判,开放两岸"三通"。

【压混音响"和平统一,一中救台!""和平统一,'九二'共识!"】

台湾"统联"主席王金平在游行的队伍中发表演讲:

【出音响"我们在这里要向全世界宣告:在这里的台湾人,也是中国人!我们是台湾的中国人!(民众)对!我们也是中国的台湾人!(民众)对!(鼓掌……)"】

在游行队伍里,我们看到一位年轻的妈妈,她怀抱着婴儿。

【记者采访"记:你怎么看今天的活动?民众:我嘛是劳工。台湾已经成这个样子,经济不好,太乱了……"】(音响减弱)

游行始终在和平有序中进行。【游行群众齐唱的《国际歌》】这次游行的路线,是经过台湾当局批准的。但是游行队伍按照批准的路线要经过台湾领导人办公场所前的凯达格兰大道时,却遭到了警察的阻拦和警告。而5月11日,在"台独"分子组织的"正名"运动中,警察却护送着"台独"分子的游行队伍经过凯达格兰大道。

下午四点,游行队伍停在了信义路上的美国在台协会,愤怒的人群向铺在地上的美国国旗扔鸡蛋,并焚烧了美国国旗。

【出音响"R.O.T(台湾共和国)烂烂烂!One China(一个中国)赞赞赞!"】

下午四点五十分游行队伍来到孙中山纪念堂,游行在"中国人大团结"的口号声中结束。

【压混音响"反台独!中国人大团结万岁!万岁!"】

这个报道中,游行现场的一些有感染力和说服力的声音通过记者的采录进入到节目里,如人们所喊的口号,游行组织者发表演讲、参加游行的群众的看法等,这些声音比记者的一般性描述更有表现力和生动性,令听众感觉似乎身临其境;同时,广播电视采访也使用脱机采访来收集背景信息或不便用声音或图像记录的信息,如这个报道中游行队伍的规模、穿着及行动路线等就由记者的解说来完成信息的传达。脱机采访与带机采访相辅相成,通过带机采访突出新闻的可听元素或可视元素,这是广播电视采访的一个特点。

2. 广播电视新闻采访具有时间同步性

广播电视新闻当中,不仅被采访者回答问题时的有声语言可以直接地展示在报道当中,新闻事件过程及至细节的展示也都可以通过音像的形式由素材直接来完成。因此,带机采访捕捉到的音像素材将以其不可改变的形式直接构成报道作品的一部分,后期的再创作只能决定对素材的选择与作用,而很难对素材本身进行改变(通过物质手段有可能对画面和声音的部分内容进行突出、强调或遮盖,但不能改变画面和声音的根本性质)。换句话说,作为新闻素材搜集过程的带机采访已经构成了新闻作品制作的有机组成部分,其成败对整个作品具有不可替代的重要影响。这样的采访形式,改变了以往回溯式、结论式的报道方式,使报道在时间定位上产生了前移,采访与报道可以同步展开,进而产生了"现在进行时"的报道形态。这样的采访方式,使广播电视采访的信息存在于时间流程当中,与真实生活流程一一对应,甚至可以通过现场直播的方式实现现场采访的同步传播。

就像《台湾民众举行"反'台独'救台湾"大游行》这个报道,记者的采访与事件是同步进行的,台湾民众边游行,记者边进行采访,对有特点的声音进行采集、记录。一旦游行结束,带机采访的大部分内容就已经完成,不可能再"制造"出游行时的口号声、演讲声的声音。所以,也有人认为广播电视采访是"一次成型"的调查研究活动,很多时候一旦错过了采访的最佳时机,就没有补救的机会。

3. 广播电视新闻采访的方式直接关系到新闻报道形式

在平面媒体的报道中,经常会出现采访结束之后再考虑采用什么样的报道形式的情况,采访与写作这两个环节在一定程度上是分离的。而在广播电视采访中,由于新闻素材可以用原生态的形式直接进入到新闻报道里,这就使得新闻报道的形式与新闻素材的获取方式即采访方式发生了密切的关联,前期采访与后期写作、制作的环节必须紧密衔接。在采访前,记者就应预见到即将采访的新闻会采用什么样的报道形式,从而对自己的采访方式做出调整和准备,以保证传播的可信性与合理性。

如果认为某新闻比较适合作现场报道,就应在采访中有意识地增加记者或主持人的声音或出镜采访,如果把记者或主持人定位于新闻现场的目击者与报道者,记者或主持人就应该出现在现场音响或现场图像中,这样,其目击者的身份才能得以确证。但如果采访前未能想到使用现场报道的形式,即使是后期发现这种形式很适合这条新闻也于事无补,因为采访未能提供相应的素材。

在"神六安全返回"的新闻中,记者有一段现场报道,就是站在返回舱边完成的,很鲜活也很有说服力。

(解说)在返回舱着陆后,担负飞船回收任务的西安卫星测控中心所属着陆场回收站及时发现目标,在陆军航空兵部队配合下,迅速赶往着陆地点,接应航天员安全出舱。

(同期声)记者现场:我的旁边就是神舟六号飞船返回舱。从我们在直升机上得到飞船返回舱着陆的消息,到我们赶到现场,仅仅用了十五分钟时间。现在工作人员正在进行舱外检查,很快就要打开舱门,迎接航天员出舱。

(解说)返回舱门开启后,航天员费俊龙和聂海胜先后自主出舱,面

带胜利的微笑,向前来迎接的同志们挥手致意。(着陆现场和指挥大厅现场同期:欢呼声、掌声、献花)

(同期声)记者现场采访航天员费俊龙和聂海胜。

记者:我是中央电视台记者。请问在115个小时的太空飞行中,你们感受最深的是什么?

航天员费俊龙:我们这次太空之旅非常顺利!我们舱内的生活和工作环境很好!现在我们感觉到身体状况不错!谢谢!

记者:海胜,请你也讲一下。

航天员聂海胜:我感到有很多人,有无数人在牵挂着我们,我们非常感谢我们的祖国和人民对我们的厚爱!

由此看来,广播电视记者在采访前就应该对最终做出的报道形式心中有数,是音响报道还是无音响报道?是现场报道还是无现场报道?不能等到采访结束时甚至到写作时才做决定。这种根据报道形式的需要而采取相应的采访方式的做法,将给节目的编辑和信息的传播带来很大的便利,同时能提高采访与写作的效率。

4. 广播电视新闻记者的角色定位更丰富

在一般的新闻采访中,记者的角色定位通常是调查者和传播者,而在广播电视新闻采访中,记者的角色定位除了传统的角色之外,有更丰富的内容。如在现场报道中,广播电视记者同时也是受众观察新闻事件的现场引导者。现场报道通常需要记者在新闻事件的事发现场解说新闻事件的背景和新闻要素,并引导受众观察新闻事件的现场、理解其意义,对可能出现的传播障碍加以解释;必要时通过对现场当事人及有关人士的提问,来解答受众的疑惑。在这个过程中,记者和受众一起来了解和把握新闻事件,受众在记者的引导下接收信息并进行解读。记者此时的角色定位是一个引导者,与受众的关系更为平等。而平面媒体的现场采访一般没有这样的过程,新闻事件往往是由记者理解、消化之后再加以叙述,记者仅作为调查者与传播者出现。

如中央电视台的记者在报道"巴格达遭空袭"这一新闻时,有一段这样的现场报道:

观众朋友,我现在是在巴格达市新闻中心的平台上……我们现在听到整个巴格达市区,爆炸声响彻整个夜空。我们可以看到,在我的身后,有防空的炮弹和高射炮的炮弹。爆炸声在我们的附近响得非常强烈。在我们的周围,各个方向都有巨大的声音,而且可以看到强烈的火光……

记者在现场从不同方位引导观众去听、去看,通过大量的场景展示与细节表现让观众亲自感受空袭带来的灾难。这样的角色定位让广播电视记者在听众或观众心中更为亲近、亲切。

作为引导者的广播电视记者仍然掌握着传播内容的选择权,但这种由传播方式变化引发的记者角色变化,毕竟对记者提出了新的要求。在现场中,记者要及时地、随机应变地对现场加以从宏观到微观的整体把握,既要对新闻事件的发展做出预测,又要对受众的接受心理与需求做出判断和把握,还要时刻关注传播的目的与传播效果。记者的言行举止及至服饰都会对传播效果产生影响,记者本身也成了广播电视传播中的一个符号,他在新闻现场信息传播过程当中的表现及其对现场的驾驭能力,在一定程度上决定了传播的成败。

5. 广播电视新闻采访对设备具有较强的依赖性

新闻素材的采访及传播效果,不仅取决于记者的观察、询问、分析、报道,以及被采访者的现场表现,还取决于摄录器材的记录效果。对器材的相对依赖性,是广播电视记者区别于文字记者的又一特点。

熟练地操作摄录器材是对广播电视记者的基本技能要求,而熟练地应用摄录器材的传播特性进行报道,也是广播电视记者所应具备的基本专业素质。相对于广播记者而言,电视记者对摄录器材的依赖性更强,如果没有摄像机,电视记者可以说是英雄无用武之地。

因此广播电视记者在采访前必须做好物质与技术的准备,包括录音、录像设备、话筒、电池等都要备齐,并与相关人员做好协调。采访前,要保证这些器材是否都处于良好状态,包括电池能用多久,磁带是否够用,话筒线的接触是不是良好等,这些必备的物品,临场时缺少一样或损坏一样,都会影响正常工作,造成难以弥补的损失。

6. 广播电视新闻采访的团队合作性

广播电视采访往往是以团队的形式完成,尤其对于电视来说,基本上都是以采访小组的组织形式开展工作的。也就是说,电视采访是集体工作的产物,除特殊情况外,一般由两个以上的记者协作进行,而不是一个记者单兵作战。在电视采访小组当中,一般需要一位采访记者和一位摄像记者,有时还会有录音师协同采访。根据采访任务的需要,在此基础上,还可以加上灯光师、技术人员、主持人、编辑、编导、制作等。这就要求采访组当中的每一个人都要按照自己的角色要求做好自己所分管的那一份工作,同时,又要与其他的同事协同工作,共同完成好报道任务。在合作的工作方式下,信息的有效沟通就显得格外重要。如果采访记者与摄像记者不能够很好的沟通,摄像记者不了解采访记者的意图,或者二者在新闻事件现场的配合不够默契,就会给采访工作带来困难,进而影响到采访和传播的效果。

对于广播电视记者来说,脱机采访部分的问题准备与平面媒体的记者类似,提问应该围绕让采访对象介绍有关情况、把新闻事实的真相弄清楚来设计,做到思路清晰、提问明确、发问及时就可以了。

如果采访的提问和回答要作为音像素材记录下来,即要进行带机采访的话,记者做提问准备时还需要考虑提问与回答的镜头(音响)效果。如要考虑问题以什么方式提出,会引起对方比较好的反应? 问题的表达应该如何效果会更好? 等等。

著名节目主持人敬一丹曾讲过一个自己采访的亲身经历。一次她去某地农村采访农民互助协作组织的发展,当地推举了一个养猪专业户作为采访对象,正是以这位专业户为核心联系了若干农户作为帮助对象,由这位专业户向其他农户传授养猪经验和技术,用一帮多的形式共同致富。这位农户也因此成为了养猪协会的会长。敬一丹在采访前准备了很多问题,第一个问题是这样的:"请问会长,您的养猪协会辐射了多少家农户?"没想到对方听了提问后露出迷惑的表情,说:"记者同志,啥叫辐射?"敬一丹一下就愣住了,当时就意识到自己的准备出了问题。作为带机采访,只考虑了自己的问题组织,但没考虑对方的理解力和表达力,这样拍摄下来的采访过程效果会非常不好。这位农户见记者愣住了,便说:"记者同志,你也别叫我会长,我不过就是个养猪头啊!"这时敬一丹想到了如何转换问题,于是她顺着农户的话问:"那请问您这个养猪头领了几个猪倌啊?"这下这位养猪专业户听明白了,打开了话匣子,采访顺利进行下去了,现场录制的效果也不错。

通过这个例子可以看出,广播电视的采访在进行提问准备时除了考虑如何挖掘事实、了解情况外,有时还需要考虑有声语言的传达效果,这样才会取得采访的成功。

练习

1. 选择一个与校园相关的话题写一篇报道,例如食堂饭菜质量问题、校园心理健康问题、校园贫富分化问题等。确定选题之后,请通过互联网及学校图书馆的数据库来查找与此相关的报道。记下专家对此问题发表的观点以及你认为可能用于报道的资料或报道,并将其用在你的报道当中。

2. 确定一位你想采访的对象,看看使用搜索引擎,能否找出关于他的信息。你可能会发现,一个很普通的人在网上也许都会有不少信息。

3. 你们校园里的某些建筑物或者标志是以某些人的名字命名的。假设你要写篇关于此人的报道,请写一个采访提纲。你从图书馆、网络中查找关于这个人的背景资料,然后采访使用这些建筑物的学生,看看学生对此人的了解程度。并可将这些内容写进采访提纲。

4. 通读一张报纸,看看引语在报道中是如何被使用的。思考记者问了什么样的问题以获得这些答案?

5. 观看一个电视采访并记录问题,思考这些问题怎样被提出以及被访者如何作答。采访准备在这次采访中,起到了什么作用。

第5章
新闻采访的一般方法

1997年,一本名叫《我认识的鬼子兵》的书受到了极大关注。这本书的作者方军 1991 年到日本留学,留学的 6 年时间,他靠着课余送外卖的打工工作走进了成百上千个日本人的家庭,接触到各行各业、各种类型的人物,其中就包括侵华鬼子兵。他们大都老态龙钟、疾病缠身、行将就木,作者希望趁他们还活着的时候,抢救出他们侵华时的日记、照片、物证,了解他们对那场战争的看法和今日的心态。于是,在送外卖期间,在收盘子的间隙,方军先后采访了十几个侵华鬼子兵,听他们讲述当时的亲历、亲见、亲闻。方军的采访记录时常写在送外卖所穿的白色工作服上;有的采访对象不愿意谈过去,他就旁敲侧击,他一周问一个问题,一年就可以提50 多个问题,最终可以了解到许多情况;写作也是见缝插针,在艰辛打工之余,趴在仓库纸盒子上写。

这本历时六年采访写作完成的书出版当年就成为"十大畅销书",书中记录的很多故事和情节被改编成电视剧、电影。让人难以置信的是,作者方军并不是一个职业的新闻工作者,不过他出国留学前在日本《读卖新闻》的北京分社做过翻译,他在对中国人民大学新闻学院学生所做的讲座中坦言,日本记者的工作方式对他的采访有很大的影响,他通过做翻译向他们学习了采访的方法。

从这个例子我们可以看出来,一般的采访方法并非高不可攀,只要做有心人,勤于练习,必定能掌握。像方军正是这样。1997 年时,全日本有中国官方的 11 家报社、通讯社及其分支机构,中国在日本的记者人数也有数十名,他们并没有做成这件事,而一位普通留学生却做成了。本章将讲述采访的一般方法:访问法、观察法和文献法,帮助初学者掌握采访的基本技能。

第一节　访问采访法

一、访问及访问的几个阶段

访问作为一种采访的方法是指记者同采访对象交谈,通过双方的沟通与互动获得调查资料的调查方法。访问具有面对面的双向互动性,同时访谈过程比较灵活,有利于发挥访谈者的主动性和创造性。

选择适当的访谈方法。如果要对某一问题进行系统的调查,为定量分析提供基础资料,一般应选择结构式访谈法;若调查的目的是为了进行探索性研究,则可选择非结构式访谈法;若需要对调查问题进行深入细致的调查,采用个别访谈较为适宜;若要迅速了解多数人对某一问题的看法,则可采用集体访谈的方法。

访问是最重要的一种采访方法,记者要报道各种各样新近发生的事实,就需要与采访对象打交道,而打交道的方式主要是访问。即使是采访以观察为主的目击式新闻,通常也离不开访问活动。

记者的访问可以是个别访问,即与采访对象单独交谈,也可以是集体访问,如一名记者组织多名采访对象进行"一对多"的座谈会,以及多位记者参加的由一名新闻发言人主持的"多对一"的新闻发布会等。

记者向采访对象访问,是在进行一种特殊的人与人之间的交往,对采访对象来说,记者往往是一种突然的插入因素,他可以接受,也可以不接受;即使接受采访,他也可以多讲或少讲。因此,成功的访问应该化解采访对象的突然插入感,让其尽可能多地将其掌握的情况倾囊而出。

在记者对采访对象进行访问时,要注意着装、举止适当。如要去采访一个地位很高的商业人士或政府官员,应穿戴比较正式;如果要去采访乡村,最好穿休闲装。与采访对象保持相似的着装风格,有助于减少采访对象的突然闯入感,让其感觉到亲切。

另外,在访问时守时非常重要,一般来说,提前1分钟到达事先约好的访问现场比较重要。如果你迟到了,这会被视为你把自己的时间和事看得比采访对象的更重要,影响采访的展开。请牢记,没有什么比守时更能显示出你对人的尊敬。

一般情况下,从心理角度看记者所进行的访问往往有以下四个阶段:接近、融洽、沟通、激发。

1. 接近阶段

这是访问的开始阶段,是记者与采访对象相互由陌生到熟悉、接近的阶段。通常记者每次采访,都要和原来不熟悉的人打交道,彼此之间往往会由于陌生而感到拘束,这就必然会影响访问活动的深入展开。因此,在访问一开始,不必急于进入采访的主题,而是要先尽快熟悉并接近采访对象,处理好"生"与"熟"的矛盾,用行话讲就是"搭桥"。

"搭桥"就是在特定的环境里,选择合适的话题,造成一种活跃的气氛,同采访对象一见面就像熟人似的谈起来,无拘无束。

笔者在 2006 年 4 月,应北京电视台《奥林匹克人物访》栏目之邀,对任外交学院院长的吴建民先生进行预采访。吴建民在 1993 年北京第一次申奥时是中国代表团的新闻发言人;2001 年北京第二次申奥时,任中国驻法国大使,而当时巴黎是北京最大的竞争对手,他在对手家门口为北京申奥做了很多工作;中国申办 2008 年奥运会成功后,作为外交学院院长的他致力于奥运礼仪的推广。可以说,吴建民与奥运有着不解之缘。一见到吴建民先生,笔者就对他说,自己在人大上大学的时候听过他的讲座;吴建民听了以后,便问:"是哪一年?"就这样,笔者和吴建民谈了起来。这之后,记者还说起自己的好友是外交学院毕业的,自己曾多次来外交学院玩,谈起对外交学院的印象。吴建民饶有兴趣地问起过去的外交学院是什么样?就这样,两人之间的陌生感消除了,慢慢地进入了本次采访的主题——吴建民与奥运,吴建民侃侃而谈,谈得非常出彩,笔者掌握了很多情况之后,邀请他择日到演播室接受主持人的正式采访,他愉快地答应了。在演播室,正是借助笔者预采访得到的很多信息,北京电视台《奥林匹克人物访》主持人周方与吴建民进行了精彩的对话。这次采访的片段——吴建民谈奥运礼仪,2008 年奥运会前夕在北京公交车、地铁的移动电视上还反复播放。

搭桥的奥秘在于找到使采访对象感兴趣的相似点或接近点。这些相似点或接近点就像桥一样,使彼此陌生的采访双方能够有共同的路径你来我往。找到"桥"的根本途径是采访准备,为了采访吴建民,笔者准备了近 10 页纸的材料,还找出了1997 年听他讲座的笔记,这些都为搭桥成功做了铺垫。通过采访准备,记者可以了解到采访对象的很多信息,从中找到"桥",从而有助于同访问对象在感情上、思想上达到接近,在心理学上称"一致吸引律"。

充分掌握采访对象的状态,并运用各种相似点或接近点,迅速实现与采访对象接近的目的,是完成采访的第一阶段。

2. 融洽阶段

在访问过程上,架好交往的"桥"只是访问的初级阶段,下一步就要使双方的交往动机和交往热情向融洽程度发展。在记者初步接近采访对象后,接着与采访对象谈谈与对方有关系、有兴趣的事,有利于发展感情联系,使双方进一步亲近。可以表示支持对方某一观点,说明这次采访报道的价值和意义等,先建立融洽的基础,有了相互间的信任,再适时转入访问的正题。对方就不会感到突然,而是顺理成章了。

融洽阶段是"桥"与"正式访问"的过渡阶段。往往这时说的内容与一开始的与访问主题"风马牛不相及"不同,开始谈到这次采访;但也与后来提实质性问题不同,谈的是这次采访的背景、目的以及为什么选择这位采访对象等。让采访对象了解记者的目的,从而为进一步沟通做好准备。

如笔者采访外交学院院长吴建民时,在与他陌生感消除后,没有急于抛出问题,而是介绍了《奥林匹克人物访》这个栏目,以及为什么要采访他,并引用了他在一次演讲中的观点,"奥运会不光是国家的事,到时候人人都是外交家,人人都在代表中国的形象",希望他借助节目能把自己的奥运礼仪理念广泛传播一下。他一听就笑了,连说:"没问题,我知无不言。"这之后,笔者才开始问正式的问题。

3. 沟通阶段

这是访问的实质阶段,也是取得新闻事实材料的重要阶段。双方在通过接近、融洽基础上形成的沟通阶段,记者的任务是通过访问,了解把握新闻事实。在这种情况下,记者是"取"的一方,采访对象是"予"的一方,要使采访对象的"予"有效地为记者"取"服务,记者必须有的放矢,善于提问。提问要思路清晰,层次有序。在事先周密设计的基础上,根据谈话进程,及时进行调整与改变,才能获得沟通的成功。

在这个过程中,记者要牢牢掌握主动权,适当引导、启发或调整话题。另一方面,还要注意的是沟通是双方的感情与思想的交流,不是单方面的索取,不能像挤牙膏一样进行采访,而是在采访过程中进行交流。这种交流,有时可以适当表达记者的思想感情;在一种谈话方式遇阻时,立即转换对方易于接受的方式;也可以谈谈与此话题有关的见闻。

如笔者采访吴建民时,问了以下问题:

(1)1993 年那次申奥您当中国申奥代表团的新闻发言人,是突然的任命还是一个渐进的过程?

(2)为什么会选择您做新闻发言人?

(3)还记得您到蒙特卡罗的第一场新闻发布会吗?

(4)那个时候可以说有很多不利的负面报道针对我们国家,当时英国外交大臣赫德曾经公开的说在中国举办奥运会是一个坏主意,而且,很多人还对您发难,说吴建明您是一个外交官,您跟体育一点儿都不搭界,为什么你跑到这儿来申奥?

(5)当时,香港媒体对您有一个评价叫"外交麻辣烫",对于这个与您的外形和一贯的外交风度好像有点格格不入的绰号,您能接受吗?

(6)那您记不记得,前前后后一共举办了多少场记者招待会?

(7)在蒙特卡罗的十几天中,您本人也成为了媒体关注的一个中心人物,当时美联社甚至有一篇报道,说您的发言充满了感情,用流利的英语发表讲话,而且没有发言稿,这样做是为了随着投票时间的逼近,来提高北京的形象,您觉得到投票结果出来的那天止,您的目的达到了吗?

(8)在 9 月 23 日那天晚上,我们最后的投票结果就要出来了,那个时候您是一种什么样的心情?

(9)那一天,我们没能成功,但是您还必须接受很多记者的采访,当时是什么状态？

（10）在法国出任大使期间,您听说北京跟巴黎要同时争夺 2008 年的奥运会举办权,当时是什么反应？

（11）您当时有没有感觉到,他们是在如何进行申奥准备的,有没有及时地把这种信息建议提供给北京的奥申委？

（12）您在法国如何宣传北京申奥呢？

（13）那您高调地在人家家门口大肆地宣传北京申奥,会不会引起法国人的反感？

（14）2001 年 7 月 13 日,也就是申奥结果即将揭晓的那天,听说您还接到了一份邀请,巴黎大区的区长,邀请你去参加一个冷餐会,而且这个冷餐会要一起收看来自莫斯科的实况直播,当时您有没有犹豫过,到底去还是不去？

（15）当时结果出来时,现场是什么反应？

（16）您从驻法大使的位子上卸任后,当了外交学院的院长。可以说在工作上跟刘淇市长没有什么直接的关系,但是我们却了解到,您曾先后两次给他写信。写了什么？

（17）您为什么觉得奥运礼仪如此重要呢？

（18）您有没有具体的例子能和老百姓说说,奥运会期间,外国人来了我们应该怎么做呢？

（19）对您来说,一生中最主要的一个关键词是"外交",而奥林匹克只是您一生中的一个小片段。那么这些片段对你个人来说,意味着什么？

（20）您对 2008 年奥运会最大的期待是什么？

吴建民先生就这些问题一一作答,谈得非常深入。而笔者对他的"奥运会时世界聚焦中国,中国好处放大,不好的地方也被放大"的观点非常赞同,并在这个问题上与他进行了更深入的交流,感到受益匪浅。

4. 激发阶段

随着采访的深入,采访对象的积极性被激发,记者和采访对象会相互影响、互相感染,这就是激发阶段,也是访问的最好境界。当然,并不是每一次采访都能达到激发的水平。

在沟通阶段,记者已经收集到有关新闻事实的多方面材料,逐渐对新闻事实产生的条件、原因和发展趋势等问题有了更深刻的理解,能够对某些问题说出自己的看法,或者与采访对象进行讨论,成为采访对象更好的对话人与理解者。这时,采访对象会进一步提供更精彩的事例和细节,思维激情被充分调动,产生渐入佳境、欲罢不能的对话感受。

如笔者采访吴建民先生,到最后时他的谈兴甚浓。当问到"您有没有具体的例子能和老百姓说说,奥运会期间,外国人来了我们应该怎么做呢?"这一问题时,他提到了周恩来总理,提到自己给周总理做翻译时的一个小故事:"总理的做法一般都是等中方人到齐的时候请外宾,有一次礼宾司的人跑过去,顺口说出来,总理,我们中国人人齐了,叫外宾吧。总理眼一瞪,什么叫,请。"然后说到了自己 1971 年最后一次见总理时,感觉他比原来苍老、憔悴,就对周总理说:"总理,多保重",周总理回了一句:"谢谢你",并与他握手。说到这一情节时,七十多岁的吴建民先生非常动情,眼眶不禁红了,笔者也深受感动。

这个故事是访问进入高潮时获得的,采访对象此时已经完全把记者当自己人,把自己的真情实感和盘托出,能够取得最感人也最有价值的事实。

在采访结束时,记者要向采访对象表示感谢,问他,如果记者有问题是否可以打电话找他。这时你可以要到采访对象家里的电话或者其他联系方式,比如电子邮件地址等。

在实际访问的过程中,这四个阶段不会有明显的界限,而且也并非所有的访问都有四个阶段。通过四个阶段的划分,只是让初学者能掌握采访对象在访问中的心理变化过程,并根据不同的心理阶段,采用恰当的策略。

二、提出有价值的问题

没有什么比记者问的问题更能塑造一个报道,而且没有什么比能否熟练地在正确的时候问正确的问题更能区分有经验的记者和新手。

什么是有价值的问题? 在笔者看来,能收集到对自己的报道有用的素材的问题就是有价值的问题。在开始采访之前,记者应该知道,自己的报道要朝什么方向发展,然后通过自己的提问来使记者达到这个目的。

一般来说,有价值的问题有:

关于基本信息的问题:何人、何事、何时、何地、何因以及如何是最基本的要素。加上与"受众的关联性"这个要素,即要询问此事的意义和重要性。"谁会受到影响,会受到什么样的影响?"这个问题能为你提供关于影响面的素材。

关于背景信息的问题:弄清楚问题的来龙去脉,以及请采访对象解释专有名词或术语等。你的任务是将行话翻译给受众,因此就需要让采访对象用你和受众都能明白的语言来解释术语。不要接受任何你自己都不能解释的信息。为了让报道更清楚明白,你可以用自己的语言来重新陈述这些信息,并征求被采访者的意见,看你的解释是否正确。比如说,你可以问:"您的意思是不是……"或者问"您是否是说……"。

关于发展过程的问题:从现在问到过去和将来。如目前值得关注的是什么,有什么进展? 事件是如何演进的? 将来还可能会发生什么? 等等。关于未来发展问题的内容能够为你的报道提供一个很好的结尾。

关于换位思考的问题:记者可以和受众转换一下角色,设想你要是普通受众会期望看到什么样的信息? 什么是普通受众所需要知道的和想要知道的。

关于正反两方面意见的问题:请采访对象谈谈与一个问题相关的两个方面。

他赞成或是反对哪些意见？他对反对意见如何反应。

关于核实、验证的问题：即使你知道问题的答案也要问，因为你需要引用他的原话，让他而不是你成为这条消息的来源。一定要反复核实被访者的姓名，核对当事人的头衔等。如果采访对象告诉你一些关于另外一个人的事情，在可能的情况下，你应当与那个当事人进行核实。

关于情感的问题：情感问题是采访中的难点，可以请采访对象回忆一下事件发生时他的想法和感受，如"火车失控后你感到害怕吗？"在提情感问题时，要注意避免麻木的问题。如在问到让人伤心的事时，不能问"源于你三个孩子的死，你感觉如何？"，而可以请他回想一下他和孩子们在一起的点点滴滴，或者询问被采访者是如何应对这一悲剧的，等等。

关于自选问题：在采访结束时，可以问一下采访对象是否还有需要补充说明的问题。

有价值的问题才能引出有价值的回答，像"你有什么感想"之类的问题很容易引出空泛的回答。因此，记者在采访时要考虑，我提的问题是否有价值？这个问题的目标是什么？能为我的报道服务吗？只有这样，才能尽可能地避免无效提问。

三、提问的方法与技巧

著名电视节目主持人杨澜曾写过一本书叫《以提问为生》，很形象的概括了记者工作的特点。在访问过程中，记者的主要任务就是提问与倾听：通过提问把握整个采访活动的逻辑主线，挖掘事实真相，探寻人物心理活动的内涵；通过倾听随时发现可能出现的新线索，不失时机地进行追问，获得更多的信息，从而更逼近事实的真相。

1. 掌握访谈的主动权

访谈之前，必须通过采访的准备充分了解相关背景，明确提问的方向和主线，树立访谈的目标，只有树立了目标，采访才有针对性，记者才能掌握采访的主动权。

凤凰卫视《鲁豫有约》节目 2005 年曾经采访过"童话大王"郑渊洁，郑渊洁是一个谈吐幽默、妙语连珠的采访对象，在采访中时不时会有惊人之语，有时又会发散开来。主持人鲁豫则牢牢抓住他的童话引发儿童不宜的争议、他的教子方式引发争议的内容来进行内容把握，当采访对象跑题时，即使他说得非常精彩也要把他给拉回采访的主线来。

2. 提问要有逻辑

在访谈时要将对采访对象提出的问题进行梳理，分成几个板块，各个板块之间有一定逻辑关系，每个板块内部的问题也要有逻辑关系，避免东一下西一下，影响采访对象的思路。如对一个事件的采访，大致就可分为经过、结果、原因、影响等几个板块，每一板块里又设计一组问题，这样就比较清晰。

如北京电视台《奥林匹克人物访》节目 2006 年 9 月曾对 1988 年率领中国男足

进军汉城奥运会的主教练高丰文做过人物专访,这是中国队第一次也是到目前为止唯一一次入选奥运会决赛圈。主持人将对高丰文的问题分为"怎样进入决赛圈的?""在汉城奥运会上的表现如何?""为什么汉城奥运会没有成为中国男足的新起点,反而到目前都不能超越"等几大块内容,每一个板块都设计了若干小问题,如第一个板块有这样一些:

"在中国队为争取奥运入场券与日本队展开决战前,曾在主场输给了日本队,真的要打起来时,您心里有几成胜算?"

"您当时刚刚执教国家队不到一年,怎么看待来自他们的压力呢?"

"球队提前了几天到日本? 在那儿是怎么训练的?"

"当时日本队也是志在必得,听说还在训练场安装了监控摄像头,看中国队训练。您怎么办呢?"

"在这场比赛前,您的主力运动员之一唐尧东就头部受伤,为什么这场还安排他上呢?"

"1988 年 10 月 26 日晚上,正式开始比赛了,当时现场气氛怎么样?"

"您感觉最紧张的时候是什么时候?"

"上半时,当柳海光第一个进球打进去以后,您觉得胜券在握了吗?"

"当时场上的气氛怎么样? 日本球迷有什么表现?"

"第二个球是在什么情况下打进去的?"

"日本队最有威胁的进攻您还有印象吗?"

"战胜日本队的消息您当时第一个告诉的是谁?"

这些问题按照时间顺序排列,帮助已经有 70 岁高龄的高丰文先生时隔 18 年后顺着这些问题,打开记忆闸门。

3. 提问要具体

在采访中,问题的设计不能过于开放、宽泛,应该具备一定的指向性,使采访对象能明白记者的意图,回答能集中在一定的有效范围内。

如在奥运会上选手得金牌了,记者前去采访,问得最多的就是"此时此刻你有什么感想",但此时此刻,采访对象有千言万语也往往不知道从何说起,只能空泛地说:"得了金牌很高兴,我感谢教练,感谢我的父母,感谢祖国人民给我的支持……"这些话语体现不出采访对象的人性特点及他真实的想法。类似的情况,如果能提出具体的问题效果会更好。

如 2004 年雅典奥运会上,日本蛙泳选手北岛康介获得 100 米男子蛙泳金牌,日本 NHK 的记者前去采访,问了三个很具体的问题:"你几年前获得日本高中男子蛙泳金牌的时候想到过会有今天吗? 今天你发挥得不错,尤其是入水特别好,可这原来是你的一个弱项,怎么克服的? 再过几天还有 200 米的比赛,感觉现在的状态如何?"这样的问题就更具体,更有针对性,采访对象也更好回答。

4. 提问的方法要多样

一般而言采访时可以采用开放型问题、闭合型问题结合的方式进行,当采访对象不太合作时可以结合使用迂回式问题等方法。

（1）开放型问题

开放型指记者仅提示某一话题或访谈的范围，让采访对象自由发挥、畅所欲言，如"您对这件事有什么看法？"等。对于社会经验丰富、善于表达的采访对象，或访问渐入佳境之后，可适当采用开放式问题。

要想让谈话继续下去，并且有一定的深度和趣味，就要提出开放式问题。开放式问题就像问答题一样，不是一两个词就可以回答的。这种问题需要解释和说明，同时向对方表示你对他们说的话很感兴趣，还想了解更多的内容。

如采访某个新开的课程，可以问一些相关的开放式问题："你是怎么想到要开这门课程的？""这一年中，这门课程有过什么样的变化？""为了上课，你做了什么样的准备工作？""请告诉我你对这门课程今后的发展有什么计划。"（这是一个以请求的形式出现的开放式问题。）

又如对建设核电站的采访，在获知对方希望保持现有的核电站而不希望再多建造时，你可以问以下一些开放式问题："你认为应该怎样处理现有的核反应堆产生的废料呢？""个人应该做些什么努力来防止修建新的核电站？""如果不再建核电站，你觉得国家应通过什么样的途径提供更多的电力？"

一般来说，采访对象比较倾向于在回答开放式问题时给出更长的回答，因为这类问题鼓励他们自由地谈话。在提出开放式问题时，别人会感到放松。

以下是一些可以在不同场合使用的效果不错的开放式问题的例子：

引出观点、想法和感觉：

你如何被……（某事件或问题）所影响？

其他人如何被……所影响？

你听到人们对……说了些什么？

他们的忧虑是什么？

你认为这是什么引起或导致的？

你认为如果事情不发生改变，你们会失去什么？会得到什么？

如果你有机会，你会与谁谈论这个问题？

你对于……最喜欢的是什么？

你对于……最不喜欢的是什么？

引出细节、故事：

你关于……最早（好）的回忆是什么？

关于……你记得的最可笑的事情是什么？

关于……最难的是什么？

能不能告诉我关于……的一个……时刻？

你能否对我描述一下……看起来是什么样？（或听起来、闻起来、感觉起来是什么样？）

事情是否有可能朝另外一个方向发展的时候？

你什么时候意识到……？

你如何决定……？

你是否愿意从头开始跟我讲一讲整个故事？

(2)闭合型问题

闭合型指需要采访对象明确回答特定的具体问题,甚至有的只需要回答"是"或"不是",如"这件事是什么时候发生的?""您看到他是拿着枪吗?"等等。闭合式问题适合挖掘典型的情节、细节和核实材料,对于不善言辞的采访对象或访问的初始阶段,可适当采用闭合式问题。

闭合式问题有点像对错判断或多项选择题,回答只需要一两个词。例如:"你是哪里人?""你经常跑步吗?""你昨晚是什么时间出去吃饭的,5:30,6:00还是6:30?""你是否认为应该关闭所有的核电站?"

闭合式问题可以让对方提供一些关于他们自己的信息,供记者做进一步的了解;也能够让他们表明自己的态度。尽管这类问题有着明确的作用,但是如果单纯地使用闭合式问题,会导致谈话枯燥,产生令人尴尬的沉默。

有两个因素决定记者应该提开放式问题还是闭合式问题,一个因素是采访对象对问题可能会做出什么样的反应。记者需要判定采访进行得如何,然后决定是否需要问一些具体的、可能令人觉得尖锐的问题;另外一个因素是采访时间的长短,如果采访一个时间很紧的重要的采访对象,应立刻进入采访主题,这些采访对象以前很可能已经被采访了很多次,已经非常习惯回答这些具体的问题。

(3)迂回式问题

迂回式问题指在访谈中遇到障碍,对方回答不清或不愿回答时,放弃正面提问,而从侧面或反面提问,再引入正题的一种提问方式。迂回式提问的一般手法是先提出过渡性问题,然后逐渐接近到敏感问题(通常是那些会引起采访对象抗拒心理的问题),通过记者将敏感问题隐蔽在一般问题之后,这个过渡会使采访对象解除戒备心理,最后在不自觉的状态下回答了记者的提问。

前面第一章谈到采访的双向性(第31页)时曾举过《焦点访谈》一次采访棉花掺假事件的例子,这其中记者也成功地使用了迂回式问题让真相不言自明。

(4)激发式提问

与激将法类似,通过设问、反问或故意错问,以激发对方的情绪。如"请你谈谈你是怎么举报你的顶头上司的?"改为"举报你的顶头上司,你难道不害怕遭到报复吗?"

通过激发感情,可以从另一个角度将新闻事实弄清,也容易采访到有真情实感的事实。但使用激发式提问要注意语言环境、采访对象的身份和理解程度,避免引起误解,导致采访无法顺利进行下去。

（5）引用式提问

对于一些比较敏感或尖锐的问题,记者如果感到直接提出可能会引起采访对象的不良感受或让其感觉到记者不客观,可以借口提问,以转述或引用别人的话来提出,让采访对象回应。如"有人说你这么做是为了逃避,你怎么看?""你的竞争对手说你非法使用了商业贿赂。你对此作何回复?"等等。

又如你采访一个有争议的决定是如何做出的,如果你一开始就问:"为什么没有更多的老百姓参与决策?"传达出来的潜台词就是记者认为应该有更多的老百姓参与决策,这样就显得不够客观,不如改成:"一些人说应该有更多的老百姓参与决策,你怎么看?"

引用式提问相当于把记者从敏感、尖锐的问题碰撞中抽走,以一个中立者的身份来提问,这样采访对象也容易接受。

（6）铺垫式提问

在提比较私人或者比较尖锐的问题时,铺垫式提问也比较常见,相当于为问题加一个前奏。如"非常抱歉打扰了您,但我不得不问您这个问题"或"我知道你很忙,但我还是想问你这个问题。"

有时候,采访对象更愿意回答加有前奏的私人问题或尖锐问题。但如果你的提问让采访对象生气了,请不要慌张,让采访对象先发泄,不要做任何反应。你的工作是了解这个采访对象,并得到你的问题的答案。

5. 适当追问

在采访中,记者需要根据采访对象提供的回答对一些不甚清晰的信息进行追问。追问的方法有多种:正面追问,即直接指出回答不真实、不具体、不准确、不完整的地方,请被访谈者补充回答;侧面追问,即换一个不同的角度,来追问相同的问题;补充追问,即只问那些没有搞清、需要补充回答的问题;重复追问,即重提已经得到回答的问题,以检验前后回答的一致性。

不管采用哪种方法追问,只要促使采访对象更真实、更具体、更准确、更完整地回答了问题,就算达到了追问的目的。

追问一定要适时和适度。适时一般指追问应放到访谈的后期进行,这是因为追问是一种比较尖锐的访谈形式,搞不好就会妨碍整个访谈过程的顺利进行。适度一般指追问应不伤害访谈者与被访谈者之间的感情,如果访谈气氛紧张,应缓和一下气氛,再进行追问,这样就不会给以后的访谈留下无法弥补的隐患。

四、倾听与记录

1. 倾听

记者的倾听对采访对象而言是一种无声的鼓励,然而有很多记者在倾听方面做得还不够。比如,抢采访对象的话,喧宾夺主;采访时总想着下一步要问什么,造成采访注意力不集中,缺少追问等。倾听是采访到更多信息的法宝。

　　倾听时,一般要关注三个层面:第一是事实,第二是可以用作直接引语的话,第三是内容是否详尽、证据是否充分。采访对象是否清楚地阐述了某个观点、是否提供了充足的论据?记者明白他的观点了吗?如果没有,就请采访对象再重复一遍,进一步阐述他的意思。如果记者注意倾听说话的内容,就能主导采访的进程而不是被采访对象牵着鼻子走。

　　倾听更有助于你的提问顺序变得自然。记者可以从被采访对象的最后一句话或最后一个观点引出自己的下一个问题,就好像你在和朋友聊天一样。如果想转换话题,可以这样过渡:"关于另一个主题。"通过集中注意力的倾听,你提问的顺序将会与采访对象的思路变得一致,从而更加自然。

　　倾听时,记者应该做出适当的反馈,如时常与采访对象进行目光接触,让他知道你在听。用一些形体语言表达你的反馈,如点头、微笑、说"是的"或者露出困惑的神情。如果你没有听明白,直接告诉他。只有好的倾听才会有好的跟进问题,比如"为什么?怎么样?我没明白,请解释一下"。另一方面,如果采访对象提出了一个独特的观点或者说了很精彩的话,记者应该报以肯定的微笑或者点头来鼓励对方继续说下去。

　　倾听时也要注意观察,采访对象有什么样的体态语言?他在采访中表现出烦躁不安还是紧张?在你提某些问题时,他是微笑?皱眉还是表示不舒服?他的情绪在采访过程中有什么变化?有没有一些迹象表明采访对象在说谎或者保留了一些信息?观察可以成为有效的倾听工具。

　　倾听时记者应该保持客气和礼貌。如果采访对象跑了题或开始漫谈,不要打断他,等他做短暂停顿时再岔开话题;另外,要排除个人情绪的干扰,无论你采访前多么烦心,一进入采访状态就应该全神贯注,否则心猿意马的记者会让采访对象感觉到不够专注,从而应付采访。

　　在倾听时应该注意灵活应变。不要僵硬地依靠一套采访提纲进行采访,即使你以事先准备的问题开场,当采访朝着另一个方向发展且这个方向很有价值时,应该进行跟进与追问。既要仔细倾听你想知道的内容,也要仔细倾听出乎意料的内容。

　　2. 记录

　　"再淡的墨水也胜过再深的记忆。"好记者能找到一种方法准确和完全地捕捉住人们告诉他的东西,通过往往只有自己看得懂的笔记来把访问的重点内容记录下来。下面的技巧也许对你有一些用处:

　　带上多余的铅笔、钢笔、纸和其他可能需要的备用物品。如钢笔没水了、铅笔断了、笔记本用完了可以不影响采访。如果你用的是磁带式录音机,就要多带些磁带和电池。

　　使用关键词。不要试图记下每个一字,可以迅速摘记几个关键词来帮助自己来回忆事实和采访对象的阐述。遇到对方说的特别有说服力、有特色、有启发性的和富有洞见的语言,应该立刻识别出是值得做直接引语的,这时应该将其记录下来,并标注出来。

放慢节奏。在你记录完整话语时,可以放慢采访节奏,如问一个无关紧要的问题,边听边记;也可以请采访对象进一步阐明刚才的陈述,甚至可以停顿一会儿。你可以控制或至少影响采访的步伐,有意识地放慢提问的速度。记下完整、准确的信息和引语是你最优先考虑的,不管这些信息或引语有多长。

交流感。不要把目光粘在笔记本上,一定要确保你在提问和记笔记的过程中与采访对象进行目光交流,可以练习不看笔记本进行记录的技巧。如果记笔记让采访对象紧张的话,在适当的时候,你可以用诚挚的赞扬让采访对象感到轻松,比如说:"你说的很有意思",或者让他就同一话题再进一步阐述,以赢得记笔记的时间。

建立一套你自己记笔记的方法。如将某些词语进行简化,将有疑问的信息打上个问号,将你在采访中突然想到的问题写在第一页(之后再问这个问题时可以不用翻找笔记),用星号把重要信息标记出来,把直接引语用括号括起来等。怎么记都没关系,只是确保你自己能看明白就可以了。

核实与检查。在采访过程中或采访结束后,确认你得到的被采访者的姓名、头衔等是否正确。如果有多个头衔,可以问问采访者希望用哪一个? 你还可以在这时询问采访对象家里的电话或电子邮件地址,方便你再次与他联系。采访结束后也要检查笔记,如采访对象说了三条理由,你得确认你记下了三条,如果有遗漏,当场请采访对象再说一次。

心态要开放。在你开始提问的时候,可能已经对这篇报道有了一个想法,但别让这个先入为主的想法限制你的笔记内容。你可以在采访过程中的任何时候改变报道角度。好的记者不应该预设报道内容,只记下认为与报道相关的东西,而是应踏踏实实地记下访问的全貌。尤其在写作过程中决定转换报道重点时,就不会为没有记全笔记而遗憾了。

保存笔记。至少应该在报道发表之后几周都保存好笔记,以防万一出现与报道有关的问题,有的报社出于法律上的考虑希望记者将其笔记保存一年。在采访笔记上标注日期是一种比较好的做法。

许多记者喜欢通过录音机记录采访。如果是电台的记者,录音机是必须使用的基本工具,它能帮你捕捉到准确引语和当时采访的环境声响。但对印刷媒体的记者来说,使有录音机有利也有弊。好处在于它能完整记录内容,记者采访时可以把重点放在提问组织与观察上,不用分心来记录;弱点是采访完毕后,记者还需再听一遍录音,记下引语,这样花的时间比记笔记多得多,尤其是截稿时间比较紧张时。但一些采访最好使用录音机记录,如采访某些人的违法、犯罪行为的时候,准确地引用对方的话就显得十分重要,录音机将此记录下来以备所需;又如按问答方式写报道时,或者要发表重要的或历史性的演讲文本。如果使用录音机应保证在采访前做一个短暂的声音测试,确保每次采访前它都处于良好的工作状态。

电话采访时,很多记者都会直接把采访笔记录入到电脑上。录入采访笔记时,要随时保存,采访一结束,马上打印出一份纸质文件,以防文件被不慎删除或弄坏。

五、有关广播电视访问的提示

在广播电视采访中,并不是所有的访谈内容都会被录音机或摄像机记录下来,通常只有新闻事实的核心内容采访时才需要带机采访。带机采访的访谈又叫话筒前采访,是以话筒为工具,以提问为手段,在新闻现场或其他场合记录对新闻人物访谈内容的采访方式。话筒前采访除了有访谈采访的一切要求之外,还有些特殊的要求:

1. 尽可能地消除现场的干扰因素

如适当减少摄录人员的数量,在场者也应注意尽量减少自己存在的痕迹,话筒尽可能不要干扰采访对象与记者的交流视线,无线话筒的效果会更好。电视采访中避免灯光直射人脸等;

2. 记者的语言应精炼,通俗化,口语化,有表现力

记者在话筒前提问要注意方式方法。首先提出的问题要具有实质内容。提问时,要用"谁"、"什么"、"什么时候"、"什么地方"、"哪个"、"为什么"和"怎么样"这样的提问语提出问题,使被访问者只能具体回答问题,或者用"请告诉我……"、"请谈谈……吧"这样的句式,引导被访问者作出具体叙述。在广播电视的话筒前采访中,简单回答是否的闭合式问题要谨慎使用,这样做的结果是答案往往由采访者说出,而被采访者只是作了证实或证伪,有采访者诱导之嫌,尤其不宜多个闭合式问题连续使用。

如北京远郊区有个山村的群众吃水很困难。后来,在当地政府的关怀下,村民都用上了自来水。一位广播记者采访一位老大娘时问道:"大娘,您吃上自来水了,高兴吧?"大娘回答说:"高兴!高兴!"这次采访,记者就提了这一个问题,大娘也就连着说了两个"高兴",心里有话却因记者的直白而没能说出来。如果问:"大娘,原先您想过吃自来水吗?"或者"大娘,听说你们过去吃水好困难?"大娘心里的话就能痛快地说出来。

3. 注意话筒采录声音的自然与清晰

采录前应注意检查录音器材的状况,确保其正常工作;正确使用话筒,避免声音变形;注意选择访问环境,提醒被访者关掉手机,避免电磁波等噪音干扰。

4. 电视的话筒前采访记者应有镜头意识

如提问不应重复镜头中明显存在的信息,善于利用环境和周围的事物来组织问题等。曾经获得中国新闻奖一等奖的节目《罚要依法》中,记者在记录下 309 国道上乱收费的民警在罚款时"二十!""再来二十!""四十!"的吆喝之后,还结合国道上的"文明路段"标语牌,"有困难找交警"、"视人民为父母"的宣传牌来提问,将这些民警言行之间的强烈反差表现出来,用事实鲜明地表达了记者的态度。

此外,在话筒前采访时,记者一定要具备把握谈话内容及其走向的能力,及时处理现场状况,根据传播的需要,调控某一话题讨论的长度和深度,不失时机地转换话题,以延伸信息的层次,兼顾到内容的方方面面,在有限的时间当中内容完整、详略得当地提问出传播所需的信息内容。这就要求记者善于把握好提问的节奏,既不跑题,也不放任;既不冷场,也不重复啰嗦;既不匆忙,也不拖沓。特别是要注意结束的时间,事先要有所提醒、要防止出现话没说完而采访结束时间已到的情况。

5. 话筒前采访的一次最佳原则

争取一次完成,否则重复多次后采访对象容易产生厌倦感,影响采访效果。另外话筒前采访不宜过长,一般应控制在两小时以内,时间太长容易疲倦,影响采访的效果。

六、访问中的新闻伦理问题

1. 诚实

尽可能不要对你的身份、你的工作单位和采访目的说谎。有人认为,欺骗是就威胁到公众利益的事获得信息的唯一方式,但更多人认为,这是一个有着巨大的道德问题的领域,新闻机构要衡量对社会的潜在危害和使用欺骗对其信誉造成的损害之间的轻重。

如果你发现自己处在必须使用欺骗手段才能获得真实信息的形势中,如前面所提到的央视记者以打工者的身份进入工厂体验劳动保护不力的现象,一定要确认没有法律的风险才能进行。

2. 避免做出承诺

不要做你无法履行的承诺。不要在采访时就告诉采访对象报道什么时候会发表,因为时间安排很可能会改变。一般情况下,不要同意让被采访者在报道发表前读报道,这会造成他们可能要求你改动报道,而这些改动会破坏你对报道的理解并改变采访对象在报道中的形象。一种办法是,记者可以同意给采访对象打电话,但只向他们读出所引用的他们的话,或涉及采访对象所提供的背景性的信息,以核实报道中所写的是准确的。

同时,对于承诺采访对象以匿名的方式出现要很小心。一旦你保证了匿名,你要注意在报道中采访对象不能露出关于自己身份的蛛丝马迹,否则对方可能会起诉你。

同样的,对同意使某些信息保持在"记录外"要很小心。如果你承诺某些信息只是私下谈谈,不见报,就必须做到。在做记录时,当采访对象开始提供"记录外"的信息时,你就把笔放下。这样一来,如果你无法在记录中找到某些信息,你就知道那是"记录外"的,是不能在报道中使用的。

第二节 观察采访法

一、观察及观察的特点

观察是指记者根据一定的调查目的,凭借自身的感觉器官和其他辅助工具,从社会生活现场直接搜集资料的调查方法。通过观察,记者在新闻事件发生的现场、新闻人物活动的现场进行的目击采访,是对客观事实进行由表及里的察看与思考活动,借以印证线索,搜集素材,获得第一手材料。观察与访谈、文献收集一道构成新闻采访的三种基本方式。

作为新闻采访方法的观察有以下特点:

1. 观察的直接性

俗话说,耳听为虚,眼见为实。广播电视记者的观察非常重视亲眼所见,并把所见所闻摄录下来,这就要求记者直接深入到新闻发生的现场,直面事实,进行直接的观察。

对于电视采访而言,可以直接将所观察到的内容记录下来,用在节目当中;对于广播记者而言,视觉的观察需要转换为解说词,而听觉的观察则能直接进入节目;而对于印刷媒体的记者来说,观察的内容虽然要转化成文字,但通过直观的描述也能让读者感觉到。

如中央人民广播电台《新闻纵横》的记者曾经到沈阳采访非法药材市场,记者将所看到的内容写成了这样的解说词:"1 月 12 号上午 10 点半,记者驱车前往南五市场,在通往市场的公路上,几辆满载着成箱药品的货车从我们的车边穿梭而过,离市场还有几百米喧嚣之声已扑面而来。一些人正忙着把药箱往车上搬。进了二楼营业厅,只见 4000 平方米的大厅人挨人人挤人,摩肩接踵,450 个营业摊位座无虚席。"这段解说的环境声正是当时记者采访时记录下来的声音,有汽车声、装卸声、人声、讨价还价声……这些记者观察的内容通过解说与音响的配合让听众如临其境。

又如中国新闻周刊的记者在 5·12 汶川大地震后前去采访,在映秀小学观察到了这样的场景:

> "婷婷,我的娃儿!"34 岁的刘顺秋冲破成都武警指挥学院指战员在现场设立的警戒线,跑到一个从校舍废墟中刚刚被救出、用黑布蒙着双眼的女孩身边。女孩是 10 岁的映秀小学四年级 2 班学生尚婷。……
>
> 48 岁的映秀小学校长谭国强,满身干涸的血迹,双手虎口和掌纹都泛起了白皮——他用双手协助救援已经 100 小时。"尚婷是映秀小学

473 名学生中,第 212 名存活的学生。"①

2. 观察的综合性

观察主要是通过眼睛对客观事物进行细致的审视。在这里,视觉器官的作用是非常重要的,除了眼睛看之外,记者的观察还应该在大脑的支配下,调动起眼、耳、口、鼻、舌、身体等各种器官,对客观事物进行多方面的审视、考察。只有这样,才能收集到足够的细节来进行展示和讲述。

如中央电视台《焦点访谈》的记者 2002 年 3 月推出了一个节目,报道的是河北省白沟镇一些皮包作坊违规使用含苯量很高的胶水导致一些打工者长期受化学品污染而患了再生障碍性贫血,甚至有六人已经因此死亡。记者对这些黑作坊进行了暗访,除了看到这些小作坊车间与宿舍合二为一、没有排风扇和通风口外,还用自己的嗅觉进行"观察",向观众报道自己闻到浓烈刺鼻的味道,闻过之后有头晕感,加深了观众对苯的危害的印象。

3. 观察的客观性

事实是客观存在的,其发展的状态和性质,都是由事物内在的矛盾所决定的,是不依人们的主观意志为转移的,记者不应该依照自己的一厢情愿,戴着有色眼镜进行观察,而应该用客观的视点观察。

记者报道他在现场观察的场景、声音和气味,这些属于客观存在,是任何人在现场都可以观察到的。在写作的时候,也要注意在报道中尽量排除自己的个人感受,用第三人称把观察到的内容描述出来。

4. 观察的敏感性

在现场观察中,记者要有一双机警、灵敏、锐利的眼睛,既能纵观万物巨变,又能明察秋毫,对于新闻事实,一眼就能看准,很快就能抓住。记者通过敏锐地观察能给报道增添色彩和细节使之人性化。观察能力的强弱,标志着一个记者业务能力的高低。

如果你到达了事发现场,应该先花点时间四周看看、听听,甚至闻一闻。利用你的观察能力和好奇心,判断一下什么事物看起来像本来就在那儿的? 什么事物看起来不正常、混乱或不适当? 谁在现场? 他们在干什么? 谁看起来像是在负责? 你听到了什么声音? 什么东西发出了这样的声音? 你闻到了什么? 哪里发出这种气味?

把你注意到的东西详细地写到笔记上。在你报道的某个地方它们也许能充当背景细节。此外,还要注意人,如采访对象的手势、表情、音调或清喉咙、敲指头、踱步等表示紧张的习惯。

---

① 杨龙、刘向晖:《大拯救》,《中国新闻周刊》2008 年 5 月 26 日。

二、观察的重点

1. 观察捕捉事物变动的态势,把握新闻事件的进程

在采访中,要注意观察事物变化的关键态势,从开始到发展,再到高潮、结局,这些关键点往往有具体生动的情节,对这样的情节应该完整记录。

在《焦点访谈》的获奖节目《罚要依法》中,记者报道的是 309 国道上乱收费、乱设卡、乱罚款的情况突出,有一段记者的观察式采访让人印象深刻。当车开到山西黎城境内时,一位戴墨镜的交警老远就伸手挡住了记者随行的车辆。这时记者就开启了暗访设备,开始进行旁观式的观察采访,只见这位交警二话没说就撕下一张罚款单递了过来,"20 块";司机开始讨价还价:"给 10 块算了,这是什么钱啊?"这时交警说:"你下来,你下来我告诉你。""照顾一下算了,"司机继续求情。"再来20!"这时交警又撕下一张罚单甩进驾驶室。

这段内容原封不动地出现在了节目当中,记者通过把事物的变化完整地记录下来,有说服力地说明了这条路上的罚款根本没有法律依据,表现了个别交警的蛮霸作风。记者在总结这段采访时认为遇到这样的场景时,"记者必须保持耐心且不露声色沉得住气,给被采访对象以充分的表现机会",把这样的情节完成观察并记录下来,对完成报道任务是十分必要的。

有些重大新闻事件具有突然性,记者赶赴现场时,事件本身已经过去,但仍然有变可循,有像可察,记者可以对现场残余的细节进行观察和记录,并从中推断出问题来。

2. 观察捕捉新闻事件发生现场的环境和气氛

捕捉典型的场景、细节和现场气氛信息,是体现新闻报道生动感人的关键环节。对于广播电视而言,对新闻事实感性的传达正是其传播优势所在,记者要注意发现和捕捉这种瞬间印象。

中央人民广播电台的《新闻纵横》节目曾经播出浙江某县的文化馆变成城隍庙的报道,其中有一段记者的现场观察:"爆竹声声,纸屑遍地,记者看到,文化馆展览厅的门前空地上,已经建起了蜡烛台、烧香炉、烧纸炉,烛光摇曳,香烟缭绕。再向后看,展览厅 100 多平方米的门厅已经全部被占,门口高挂着城隍庙的横匾,门内帐缦垂挂,功德箱、香炉、蒲垫一应俱全;高处供着城隍老爷夫妇的神像,不时有善男信女进门来,磕头、跪拜。眼前的一切真难以让人相信这里就是缙云县群众文化活动中心。"

记者把所见到的场景通过影像或通过自己的声音、文字传达出来,表现新闻发生的环境和气氛,能让人加深对新闻的理解。

3. 观察捕捉最能表现事物特征的细节人物的外表特征、动作以及情绪变化等

这些特征和细节往往包含着富有传播价值的信息。在现场捕捉这一事物区别于其他事物的标志、特点及其个性,这是新闻报道成功的重要技巧。有特点,才会有新意,有生命力和吸引力。

如观察人物时,主要抓什么是这个人物的与众不同处。包括这个人的着装怎么样? 新衣服? 破衣服? 最新的时装? 长相如何? 布满皱纹的脸? 伤疤? 浓眉? 络腮胡? 浓妆? 金牙? 他的言谈举止是怎样的? 紧张得发抖? 不断地眨眼? 从不微笑? 办公室的装饰如何? 西式的还是中式的? 画作? 海报? 他的脸、头发、嘴、眼睛、耳朵有什么特别之处。受众能"看到"记者通过观察得来的信息。

三、常用的观察方法

1. 选择恰当的观察位置

恰当的位置有利于观察的清晰、准确和全面,对广播电视记者而言,关系到记者能否准确清晰地采录到需要的音响与影像,获取细节信息。因此,在关键的瞬间到来的时候,是否能抢占有利的观察位置这对记者而言具有决定性的意义。另外,在可能的情况下,可变换观察位置,多角度、全方位地把握对象及其变化的准确信息;如果报道主体与环境的互动性强,或其整体场面宏大、运动范围广阔,则首先需要选择有较宽阔视野的观察位置,寻找不易受到遮挡和干扰的观察角度;如果报道对象的细节具有重大的新闻价值,如其讲话、演示、表情等,则需要选择相对近些的位置。

2. 开拓观察的视野,灵活调动注意力

在进行观察式时,避免按照固有的思维和观察模式进行。观察是受注意力引导的,而注意力又受到主体心智的制约。观察绝不是被动的,而是伴随着思维的信息获取与处理交互作用的认知过程。这一过程受到观察者既往观念的引导,也受到观察者知识储备和思维能力的限定,并受观察目的性的控制。在观察的现场,记者要充分调动自己的知识积累,发挥自己的思维能力,积极、主动、多角度、灵活机动地调动自己的注意力,而不能"一根筋"。

如中国入世成功时很多记者都在现场进行观察,但几乎所有记者都把观察的重点放在如何宣布结果、现场反应怎样上,只有上海电视台的记者把观察的角度放在中国代表团座位的变化上,观察视角一变,新闻的角度也就不一样了。就像大多数人切苹果都是从上到下切,但有人把苹果横着切开,就会发现它的横断面是一个五角星的图案。有时,一个记者直觉想象的过程也正是他不断扩大新闻线索的过程,可以说他直觉想象越广阔,他发现问题的可能性就越大,理出新闻线索的头绪就越多。但这种广阔性并不是漫无边际的遐想,必须遵守真实性的原则,不能是离开事实的凭空"想象"。

精于业务的记者,他们都积累了许许多多有关的人物、事件、政策、观点和其他各种各样的事实。在新闻现场,每当观察到一个新情况的发生,记者就会把他过去储存在脑海中的事实联系起来进行分析、思考、比较,将要报道的新闻事件置于同类事件中,进行权衡、比较和鉴别,以发现事物之间的优劣异同,从而遴选和凸现所

要报道的新闻事件新、活、特等新闻特性。当新闻事件呈现在面前时,记者不可胡子眉毛一把抓,必须把握其中的"闪光点",即其中哪一点最具新闻特性的,进行重点挖掘和实现。

3. 确定恰当的角色定位

一般情况下,记者以新闻事件的目击者和记录者的身份进行观察和采录,某些情况下,记者也可以用参与者的角色介入新闻现场,获得和传播体验性信息。新闻事件现场,记者以什么样的角色定位进行观察,效果大不一样。这既决定了观察的主观视角,也决定了记者与采访环境之间的互动关系。

在一般情况下,记者多采用客观视角,以新闻事件的目击者和记录者的身份,在现场进行采访报道。中立的旁观者身份有利于报道的客观性,消减与被报道者之间可能出现的对立关系,因而适于大多数的采访场合,是较常见的角色定位。

在某种情形下,记者也可以采取参与者的角色定位。这种角色定位,有利于获得和传播体验性信息,补充仅靠视觉所不能获得的信息内容,但一定要注意分寸,绝不可喧宾夺主。

4. 把握好观察的时机

把握好观察的时机要有一定的预见性,只有这样,才能把握事件发展的脉络,观察到关键的内容。广播电视的带机采访需要追踪事态的发展,记录事件最新发生、发展和变化的过程,因而必须抓住事物变化的先兆,预见事态发展的可能性和方向,以便及时做好准备,在事态变化的同时加以记录和报道。观察时要注意观察过程,强调过程性和动态性,展现事件发展的情节或记者采访调查的经过。

一般来说,观察应该有一定的提前量。记者要细心观察事态的发展状况,及时抓住先兆性的信息。这是采访成功的重要保证,有时甚至是成败的关键。

5. 将观察与思考结合

记者在现场观察的同时,要迅速通过思考分析和判断信息内容和传播价值。有时,观察所涉及的仅仅是事物的表象,通过深入的思考才能认识事物的本质。思考能让记者发现新线索、新问题,便于记者能不失时机的追问,以获得更多的发现。

四、制定观察计划

观察的对象确定以后,我们可以着手制定一个初步的观察计划。一般来说,观察计划应该包括如下几个方面。

1. 观察的内容、对象、范围:我计划观察什么?我想对什么人进行观察?我打算对什么现象进行观察?观察的具体内容是什么?内容的范围有多大?为什么这些人、现象、内容值得观察?通过观察这些事情我可以回答什么问题?

2. 地点:我打算在什么地方进行观察?观察的地理范围有多大?这些地方有什么特点?为什么这些地方对我的研究很重要?我自己将在什么地方进行观察?我与被观察的对象之间是否有(或有多远的)距离?这个距离对观察的结果有什

么影响?

3. 观察的时间长度、次数:我打算在什么时间进行观察? 一次观察多长时间? 我准备对每一个人(群)或地点进行多少次观察? 我为什么选择这个时间、长度和次数?

4. 观察方式、手段:我打算用什么方式进行观察? 是隐蔽式还是公开式? 是参与式还是非参与式? 观察时是否打算使用录像机、录音机等设备? 使用(或不使用)这些设备有何利弊? 是否准备现场进行笔录? 如果不能进行笔录怎么办?

5. 效度:观察中可能出现哪些影响效度的问题? 我打算如何处理这些问题? 我计划采取什么措施获得比较准确的观察资料?

6. 伦理道德问题:观察中可能出现什么伦理道德问题? 我打算如何处理这些问题? 如何使自己的研究尽量不影响被观察者的生活? 如果需要的话,我可以如何帮助他们解决生活中的困难? 这么做对我的报道会有什么影响?

五、观察的局限性及减少观察误差的方法

1. 观察的局限性

俗话说眼见为实,但事实上,观察这种"眼见"也存在不少局限性。

第一,观察法受时空条件的限制。任何社会现象的发生,都有一定的空间条件,超越了一定的地域范围,超越了观察者的感觉器官及其延伸物所能观察到的范围,观察者便无法观察。

第二,观察法受观察者自身的限制。一方面,人的感官,超过一定的限度,看见的、听到的,就不清晰,使观察的精度受到局限;另一方面,观察者往往容易受到个人的感情色彩和"先入为主"成见的影响,且对所获材料的结果和解释,也往往容易受观察水平的局限。如 1960 年初,非洲刚果发生内战,当时的联合国秘书长哈马舍尔德前去调停。在哈马舍尔德将要到达的黄昏,记者等候在机场,站在警戒线 100 码以外的地方。突然记者们看到一架飞机着了陆,并发现一个酷似哈马舍尔德的男子露面,于是记者们忙跑去发稿,发出哈马舍尔德到达非洲并将同刚果总统进行会谈的消息。第二天,许多报纸刊登了这一消息。但实际上,当时哈马舍尔德的飞机因遭遇空难坠毁,哈马舍尔德及机上人员全部遇难。记者在机场看到的只是一位和哈马舍尔德长得很像的英国外交官。为什么会出现这样的假新闻? 主观上说,记者想当然,并急于发稿抢新闻;客观上说当时已经是黄昏,光线不好,距离较远,看不清楚[1]。可见,直接观察常常难以摆脱这两方面的影响。

第三,观察法受观察过程的限制。观察法不能直接深入到事物的内部以分辨是偶然的事实还是有规律性的事实,所获得的资料具有一定的表面性和偶然性。如记者观察到某污水处理厂处理后的污水中有鸭子在游,但仅凭这一点得出处理

---

① 转引自艾丰:《新闻采访方法论》,人民日报出版社 1996 年版,第 52 页。

后的污水已经达标是不行的,必须结合其他的采访才能弄清这污水的性质。

2. 减少观察误差的方法

(1)努力提高观察者的自身素质

提高观察者的思想素质、知识水平和观察能力、观察技巧,是提高观察质量,避免观察误差的根本途径。观察者必须具备求实精神,增强与观察内容相关的知识,同时还应加强观察能力、观察技巧的培养和培训。

(2)设法减少观察活动对观察对象的影响

观察,只有自然状态下,才能观察到真实客观的情况。因而必要时,可以采取隐蔽观察、伪装观察、突击观察等形式,减少观察活动对观察对象的影响。但使用这些方法时,应十分慎重,注意场合,把握分寸。

(3)力求进行深入细致的观察

深入细致的观察是避免观察误差的有效措施。唯有深入细致地观察,才能看清观察对象的全貌和实质,弄清事情的真相。特别是对人为的假象,持续与持久的深入细致的观察尤为重要。

(4)采用多人多组多点重复对比观察。

对同一现象进行多人或多组同时观察,并采用观察对象的横向对比观察、观察时间的先后对比观察、观察位置的多点对比观察、观察内容的重复对比观察等形式,以便相互印证,纠正偏差。

此外,提高观察设计、观察工具的科学性,注意观察记录的核查,学会利用现代化的观察仪器,都是减少观察误差的有效方法

六、有关广播电视摄录的问题

1. 广播录音的基本要求

总的来说,广播与电视采访的共性较多,但两个媒体之间也有一些个性差异。

对于广播新闻的采访而言,面对新闻题材,是否运用录音采访、如何运用是一个重要问题。广播新闻如果不用音响,可以完全采用脱机采访,记者只需将观察和访谈来的内容整理后写成报道,然后配音播出即可;但如果需要用音响,就必须要涉及带机采访,把各种音响包括新闻环境声、记者现场的报道与解说、记者与采访对象的访谈等录下来,在写作报道时使用。

在广播采访时,应从题材的需要出发考虑是否使用音响,用于所当用的是成功运用音响、运用录音采访方式的重要前提之一;另外,要从新闻题材提供的可能性出发,这里包括考虑新闻题材是否蕴含音响、新闻题材所蕴含的音响能否采录到、此音响是否宜于公开播出等。如果判断需要使用音响,那就要注意对音响的采录。

广播采访对音响的采录有以下基本要求:

(1)注重音响的素质

绝对真实、力求自然、捕捉特点、尽量清晰是体现音响素质的重要方面,采录时要尽最大努力实现这些要求,获取高质量的音响。

● 音响绝对真实

这意味着所采录的音响,必须是所报道的事物或人物,以及与报道内容确有关联的事物或人物本身发出的声音。也就是说,无论主体音响、环境音响还是背景音响,都不能人工模拟,也不能互相替换。首先要求本体真实——所采录的音响,必须是所报道的事物或人物,以及与报道内容确有关联的事物或人物本身发出的声音。也就是说,无论主体音响、环境音响还是背景音响,都不能人工模拟,也不能互相替换。采录真实——坚持采的同步性,严格按音响本来的面目和实际发生过程采录音响。也就是说,记者在采录音响时,不能按照自己的主观意图,对采访对象进行"导演"和摆布,干涉音响实际发生的状况和过程。音响之可贵,在于它能够比文字更真切地再现新闻事实。而经过导演摆布以后所采录的音响,无论如何都是对事实原貌的篡改。

● 力求自然

所谓自然,就是所录的音响不勉强、不局促、不呆板、不造作。采录新闻现场实况音响要自然,采用人物讲话尤其要注意自然。在这方面,录音采访和文字采访不大相同。文字采访的目的是为了获取所需的材料,即使采访对象讲话不自然,只要能挖掘到真实而又充分的材料,仍然能写出令人满意的报道。而录音采访如果遇到同样的情形,录下来的音响则会把不自然的状态如实地暴露在听众的面前,从而大大削弱报道的吸引力和感染力。因此,记者在采访时要注意让采访对象放松,用平常心、平常话来对待采访,在讲话中传真情、达真意。

● 捕捉特点

有特点的音响用到报道里去,能使人产生新鲜感,具有更大的吸引力。有特点的音响,就是能够反映事物或人物个性的音响。捕捉和恰当运用这种音响,就能更好地表现人物或事物的个性;反之,则可能因音响的一般化而给人以雷同的感觉。有特点的音响用到报道里去,能使人产生新鲜感,具有更大的吸引力。有特点的音响,就是能够反映事物或人物个性的音响。捕捉和恰当运用这种音响,就能更好地表现人物或事物的个性;反之,则可能因音响的一般化而给人以雷同的感觉。如中央人民广播电台曾经报道过我国人工喉研制成功的新闻,就采录了安装人工喉的患者重新开口说话的音响,这样的声音就能体现新闻的特点

● 尽量清晰

音响是否清晰,直接关系到新闻报道的效果。新闻现场的音响,它清晰度不是采录者能够完全控制的。因此只能在正视它的同时,采取适当的弥补措施,要注意防止任意干预,谨防弄虚作假。有些伴随事物发展变化而发生的声音,往往说话

声、环境声混在一起,对于这类音响一般只能力求主体音响基本清晰;至于访问录音,由于采访对象和时间,记者可以选择和控制,则应该力求全部音响清晰,尽最大努力防止和消除来自周围环境的噪音,增强采录和驾驭音响的能力。影响音响清晰度的还有不少来自主观方面的原因。忽视访问环境的选择和检查,结果往往因室内有墙体回声、细微或存在着其他电磁波而造成噪音干扰;采录前没有对录音器材作细致检查,就可能因设备故障而影响音响的清晰度;使用录音器材不当,如话筒离采访对象过近,录下的声音会发"纰",过远则声音模糊,等等。

(2)采录时掌握采访的主动权和控制采访节奏

因为音响稍纵即逝,多数情况下只有一次采录机会,因此记者更需要控制采访的主动权,时刻注意现场的变化,捕捉音响。掌握采访节奏是要注意在采访中突出重点,创造良好的采访氛围,为后期剪接、合成创造条件。

请看下面这个例子:

苏州河上最后一个摆渡口关闭

上海人民广播电台

(鸣……再会……实况声)

(记者现场)各位听众,苏州河上最后一个摆渡口,本世纪 30 年代由一个姓强的农民创办的强家角站今天上午 9 点 35 分把二十多名乘客从北岸送到南岸后正式停舱关闭,取而代之的是一座长 50 米、宽 5 米多的钢结构拱桥。

(解说)在苏州河上做了三十几年摆渡工,共渡过三千多万人次的刘筛扣今天下午下班后将和几位同事一起走向新的岗位。

(同期)"做一个轮渡职工,我当然希望渡船能开下去,但做为一个市民,应该说以桥代渡是上海滩发展的需要。"

(解说)刘师傅上一辈的船工吉林发 1949 年就在河上做摆渡工,当时苏州河上有 19 个渡口,没几座桥,而今天苏州河市区段就有 23 座桥,但这些桥在住在渡口边上的 9 岁男孩薛超眼里只是小桥。

(同期)"这个桥还不算太大,我见过的桥有南浦大桥,杨浦大桥,还有立交桥。"

(解说)家住渡口棚户区的大学生杨坤欣喜之余还有更高的期盼:

(同期)"我们这儿还有一片棚户区,我们也希望尽早改造,在苏州河地图上让这片棚户区从此消失。"

粗听这则社会新闻,我们感觉到的也许只是个非常寻常的故事——上海苏州河上最后一个摆渡口关闭了。但是,只要稍一品味,就会发现这一寻常故事的内涵非同寻常;这个渡口为何关闭? 摆渡工有何感想和期盼……其实,新闻作者从一个很小的角度切入,反映的是上海城市建设日新月异的大变化。这条新闻的音响采录也非常到位,最后的汽笛声和告别声,真实让人感受到最后的轮渡渐行渐远,选取了有三十多年工作经验的摆渡工、9岁男孩和大学生进行采访,采录的内容都很符合他们的身份特点,摆渡工说,"做一个轮渡职工,我当然希望渡船能开下去,但做为一个市民,应该说以桥代渡是上海滩发展的需要,"没有说大话和空话,实实在在地体现了他们的想法;而9岁孩子的话却充满童真,真实地表现了上海的发展和变化;大学生则从自己的角度提出愿望。这几段采访都非常自然、清晰,并且很有典型性。看得出,记者在采访前就做了精心的设计与准备,从一个独特的角度切入,用和风细雨式的手法娓娓道来,以小见大,独具匠心。

2. 电视摄录的基本要求与原则

电视采访中带机采访和脱机采访都会存在,其中带机采访是更为重要的采访形式。通过带机采访,记者不但能将所观察到的有典型性的场景捕捉下来,还能将与采访对象访谈的内容记录下来。因此,电视摄录的基本要求主要是为保证画面和同期声质量的技术要求。

(1)电视摄录的基本要求

●恰当地运用景别

景别指被拍摄的物体在画面中呈现的范围,是电视画面的重要造型元素之一。不同的景别有不同的表现功能,摄录时要灵活运用景别,强化画面的表现力。调整、转换景别主要有两种方法:改变被摄物与摄像机之间的距离;机位不变时,改变焦镜头的焦距。

在一个表现大学生生活状态的节目中,记者用以下画面介绍一位家境比较好的同学。他在报到那天,带着数码照相机,一边走,一边欣赏校园的风景,看到一处好景,将相机放在石头上自拍,其中一个画面是以石头上的相机为前景,看到这位同学潇洒地摆着姿势的全景。画面把数码相机这一形象充分地运用和突出。给观众留下某种深刻的印象,使观众对他的家境、气质有所了解。当他来到宿舍后,角度是从他的背面拍过去,他在前景位置一面和进来的人们打招呼,一面漫不经心地从包里往外掏东西,手机、MP3、小巧的笔记本电脑等,由于他在前景,这些东西放在桌上,观众能清楚地辨认,并从这些物品,清晰地辨认出他优越的生活条件。这一角度和景别很有分寸,用全景看不出景物,用特写过于做作。景别恰到好处的运用使形象素材的组合有了内在逻辑联系,从而迅速激起观众的联想。对人物或事件作出准确的认识和评价。

●精心选择拍摄角度

拍摄角度有两层含义:一是摄像机同与被摄对象空间位置的角度;这种角度,又分为垂直平面角度(摄像高度,包括平视、仰角、俯角)和水平平面角度(摄像方向,包括正面、侧面、背面)两类。角度不同,屏幕效果千差万别,要主动地、有预见的选择最佳角度拍摄。

比如,在电视中我们看到的湖景往往很美,但实际上并不一定美,如岸边有许多破旧房屋,垃圾和土堆。拍摄时就可以用仰角和俯角,用早晚的雾气,用逆光,尽可能把那些东西排除在画面之外,或者掩藏在大雾霭的阴影之中。这样从画面上看去,湖是那样宁静优美。摄影记者在拍摄时需要做一番整理和净化的工作。

- 巧妙运用光线

光线是电视新闻摄像的又一重要造型元素。恰当运用和处理光线,能够生动、逼真地再现被摄对象的形象、轮廓线条、质感和空间感,赋予画面不同的环境氛围,也能激发观众的情绪和联想。注意要确保画面的基本亮度。当室内自然光亮度不够或不均匀时,需要用人工照明来补光或平衡室内亮度。

比如拍摄儿童时,就要注意画面的清新优美,可以用柔和的光线和长焦镜头拍孩子,背景选择要干净利落,室内、室外光调、色温平衡好,这样质感细腻。

- 恰当运用长镜头

长镜头拍摄的画面完整、连贯、对动作、场景和情节的介绍和表现有一气呵成的特点,适合报道动态性强、持续时间短的新闻。长镜头,又称多构图镜头,指在一个持续时间较长的镜头内,用推、拉、摇、移等方法多层次多景别地对一个事件、一个场景进行拍摄。用长镜头不间断地表现一个事件的过程或一个段落,通过连续的时空运动把真实的新闻场景自然地呈现在屏幕上,形成一种独特的纪实风格。

美国人罗伯特·弗拉哈迪是第一个把长镜头使用到极致的人。他的纪录片《北方的纳努克》力图用长镜头给人一种朴素、真实、自然的感觉。例如猎取海豹的场面,从纳努克接近海豹到把它从冰洞里拖出来,全过程记录,不间断拍摄,成为长镜头最早的范例。

2001年中秋节前,中央电视台推出了一个让人震惊的报道,说的是个别月饼厂家将上一年月饼的陈馅回炉制作新月饼。

　　去年中秋节过后,南京冠生园食品厂没有卖完的月饼被陆续从各地回收了回来,运进了蒙着窗纸的车间。据知情人透露,被回收的月饼主要有豆沙、凤梨和莲蓉三大类。它们首先要被工人去皮取馅,这是加工这些回收月饼的第一道工序,一些人负责剥去月饼的塑料外包装,另外一些人用小铲刮掉月饼皮剥出里边的馅料,被剥出来的月饼馅接着被送到半成品车间,经过重新搅拌炒制,它们由一个个独立的月饼馅融成了一个整体;当这一切都完成了以后,近百箱熬好的豆沙馅被入库冷藏。记者偷拍了这个场景的全过程,拍摄时间是2000年10月24日。

　　今年7月2日,距中秋节还有整整3个月,南京冠生园食品厂正式开工赶制新月饼了。记者发现,冷库的门被打开了,那些保存了近一年的馅料被悄悄地派上了用场。

　　7月3日上午,4箱莲蓉馅从冷库直接拖进了生产车间。7月23日下午,20 箱凤梨馅被从冷库中拖出。在以后的几天里,记者又拍到了月饼馅出库并投入生产的镜头。

据保守估计,总共有几十吨的陈年月饼馅被冷藏在这个冷库里。有时拖出来的月饼馅料因为冻得太硬无法直接使用,就会被放在隔壁的一间小屋子里存放一夜以便化冻回软,然后再用。记者拍摄到 2 人用手在馅料里搅拌试着馅料的软硬。在这些馅料中有不少已经发霉变质,有些甚至已经长满了霉菌。在这箱馅料上居然还摆放着一张说明标签,标明它的生产日期是 2000 年 9 月 9 日。

2001 年 7 月 18 日,记者偷拍到一些桶装的豆沙馅被送进了半成品车间接受二次回炉。之后,这些馅料都被送上生产线用来加工做成新月饼。据知情人介绍,在这样的车间里,月饼以大约每天 9 万只的生产量被源源不断生产出来,如今,它们已经奔走在了销往各地的路上。

在这条新闻中,运用了一个具有说服力的长镜头,记者不间断地一直拍摄陈馅被从冷库中拖出,直接拉到生产车间并投入生产的全过程,中间没有停顿,没有剪辑,一气呵成,显示了不可辩驳的实证性。正是因为这个镜头,被批评的厂家心服口服。如果不用长镜头,被批评者可能会说我回收了陈馅,但我没有用在新月饼的生产上,虽然你看到我把陈馅拖出来了,但是送到生产车间上生产线的不是陈馅,因为你的镜头切换过了,这样就可能给被批评者可乘之机。

由此可见,长镜头拍摄的画面完整、连贯,对动作、场景和情节的介绍和表现有一气呵成的特点,适合报道动态性强、持续时间短的新闻。同时由于加大了单一镜头的表现容量,可以把被摄人物、环境以及人和人、人和物的关系等新闻形象融为一体。通过对这些影像的连续记录,既能充分地显示其空间的统一性,又保持情节、动作、事件发展的时间连续性,可以收到使画面信息更真实、更客观的表现效果。

(2)进行电视摄录应遵循的基本原则

• 真实性原则:把真实性放在首位,不导演,不摆布,让新闻事件自然发生和演变;同时,在采用摄录技巧时,都应以不破坏真实性为原则;

• 时机原则:对于电视新闻摄录而言,时机意味着一切,对构图、用光、角度选择等表现要素的考虑不能以牺牲记录新闻信息的时机为代价,采录到关键的镜头和音响时形式要素的不完美是可以原谅的。

中央电视台拍摄《中国天鹅》的记者为了记录下了天鹅生活的几个瞬间,付出了不少艰辛和执著。经常凌晨 3 点钟就起床,冒着零下 20 度的严寒,搬上机器,猫到观察点。因为对于摄影记者来说,清晨和傍晚的光线最美,是最佳拍摄时机,记者常常这样等待着天鹅出现在镜头里,有时一等就是一天。拍野生鸟类是不能惊扰它们的,有一次,为了拍天鹅孵化育雏,记者用一只废轮胎浮在水上,轮胎当中嵌一只脸盆,脸盆上再架摄像机。他穿一件渔人的胶皮裤,下到齐腰深的水里,不一会儿下肢就冻透了,他咬着牙坚持着,悄悄地推着轮胎上的摄像机接近天鹅,一次又一次重复着,终于拍到天鹅从筑巢到孵蛋、护雏整个过程。在真实记录的基础上抓住有利时机,是拍摄成功的关键。

(3)进行电视摄录的基本方法

挑,就是在深入采访的基础上,根据对事物的现场分析、判断、概括和提炼,挑选拍摄最能说明事件本质的形象——动作、神态或事件发生过程中的关键场面。

等,当新闻事件突然发生或等待拍摄的目标出现时,当机立断、毫不迟疑地启动摄像机,把稍纵即逝的画面和同期声记录下来。

抢,是体现摄像记者工力最重要的一环。许多意想不到的新闻事件,往往出现时,不惜任何代价,不计个人的荣辱得失,不管能否播出,首先把事件完整地记录下来,应是摄像记者终身恪守的信条。

第三节 文献研究法

一、文献研究的特点与局限

事物的发生、发展除了有现在进行时的信息之外,在时间和空间的坐标体系中,总是会有过去时、完成时的信息,而这些信息记者是无法目击或参与的,只能通过文献的搜集来弥补。

在采访中,文献研究是根据一定的调查目的来搜集和分析文献,以此获得所需资料的方法。一般来说,文献研究常用于采访的准备阶段,一部分文献内容经过访问或观察或本身核实后,能够成为可供写作的材料使用。

文献研究法具有如下比较突出的特点:

第一,时空性。运用文献研究法,可超越时空条件的限制,研究那些不可能亲自接近的采访对象。如通过对历史文献的收集及使用,让采访在时间维度上扩展,从而更有深度,像"青藏铁路通车"的报道(见第一章),就使用了"文成公主进藏"、"美国旅行家保罗·泰鲁的断言"、"孙中山的梦想"等多处文献资料,让报道更加深刻。

第二,间接性。运用文献法,不直接接触被访者,在调查过程中不存在与被调查者的人际关系问题,不会受到采访对象的反应性心理或行为的干扰。如在采访准备之时,通过文献研究可以获得采访对象的背景资料,使记者与采访对象相识于采访前,正式采访时记者能有备而来,有的放矢。

第三,效率高。文献资料的信息量非常大,在很短的时间内就能掌握大量的信息;同时,随着电子检索、网络搜索的功能强大,收集文献资料越来越简单,只需轻点鼠标,海量的信息就源源而来。

文献研究的局限性:

第一是文献资料缺乏生动直观性。文献研究所获得的主要是书面信息,是纸上的东西,第二手资料甚至是第三手、第四手资料,这些材料很多都经过了高度概括与抽象,具体信息较少。对于新闻传播而言,生动具体的内容往往容易被受众接受,文献研究所得到的信息往往比较枯燥,不利于传播效果的发挥。

第二是文献资料并非能随意获得。由于许多文献都不是公开的,记者往往很难收集到其中所刊载的信息,如一些调查数据虽然很有价值,但由于种种原因不能公开获得,或公开使用,给记者的采访带来难处。

第三是文献资料的真实性难以鉴别。任何文献的内容,都受到一定时代、一定社会条件的局限,受到撰写者个人素质的制约,因此,文献资料并不都是可靠的。

第四是文献资料往往落后于客观现实。因为任何文献都是对过去社会现象的记载,而社会生活是不断发展变化的,当前最新的正在进行时的内容,通过文献难以反映出来。

因此,文献研究不能取代访问与观察,只能作为访问与观察的补充。当今一些记者热衷于从网上获得新闻线索,经过一阵狂搜后,弄来很多材料,不去核实、调查,然后就拷贝、粘贴,形成一篇报道。这样做的结果就是导致虚假新闻的泛滥,媒介公信力的下降。

二、文献的收集与整理

1. 文献的收集

为了使报道有较高的质量,记者应该抱着对受众负责的态度,做好资料的收集工作,绝不能掉以轻心。否则,完成的报道将会错漏百出,成为废品、次品,浪费人力、物力、财力和时间。一般的采访,所收集的文献包括地方志、报纸、期刊、档案文件、党政机关简报(快报)、内部出版物、年鉴以及学术界的科研成果等,有时还需要收集人物传记、回忆录等。

常见的文献资料搜集方法有以下几种:

(1) 检索法

检索法即利用已有的检索工具找文献资料的方法,有电子检索和手工检索两大类。在我国,过去记者调研往往以手工检索为主,而今天电子检索的功能越来越强大。它是一种先利用检索工具书确定所需文献的具体篇目,然后再予以查找的方法,此法适合搜集存于图书馆系统的文献。如记者所需人物传记、地方志、图书期刊,可去图书馆以主题关键词的方式检索。在图书馆收集资料时,要充分利用图书资料的内容提要、目录、全宗介绍、案卷目录、卷内目录、专题目录等检索工具,必要时应向图书馆有关工作人员咨询,以免盲目搜索。

(2) 追溯法

追溯法也称参考文件查找法,即利用某一文章、专著末尾列出的参考文献目录,或者是文章、专著中提到的文献目录,追踪查找有关文献资料的方法。

(3)专家咨询法

专家咨询法指向熟悉有关文献或文献检索工具书的人说明自己所需文献的类别范围,请他们指点门径并告之进行查找的方法。如在一些图书馆就有这样的服务,你提出你需要的材料主题,请专家帮助查找。

(4)上网查找法

上网搜集资料方便、快捷,且内容广泛,只要调查者输入自己想要查找的内容,马上就能查到相应的资料,但是网上搜集到的资料难以系统、全面,质量也难以保证。

2. 文献的整理

文献查到之后,为便于整理和分析,一般需要进行整理并积累下来。整理资料的时候要注意,必须注明出处。如果是著作,则要注明作者、书名、出版单位、发行年月;如果是报纸,则要注明作者、篇名、版次、报纸名称、发行年月日;如果是杂志,则要注明作者、篇名、杂志名称、卷(期)号、页码等,以便核对;同时,如果其内容需要直接进入写作,通过写明出处,能够解释记者所用事实的来源。注明出处的工作不能省,不能怕麻烦,否则将来修改、审稿需要核对事实时造成困难和重复劳动。而重新查找资料补注出处的工作相当麻烦,工作量很大,延误工作时间,欲速则不达。

(1)做卡片

使用卡片搜集资料,易于分类、保存、查找,并且可分可合,可随时另行组合。卡片可以自己做,也可以到文化用品商店去购买。一个问题通常写在一张卡片上,内容太多时也可以写在几张卡片上,当然,在搜集资料的过程中,要不要做卡片,可根据各人习惯,不必有死板规定。

(2)做笔记

做笔记这是任何一个记者收集文献后都必要的,好记性不如烂笔头,找到自己需要的文献后,在阅读时要随身带笔和纸,随时记下所需资料的内容,或有关的感想体会,理论观点等。在做笔记时,最好空出纸面面积的三分之一,以供写对有关摘录内容的理解、评价和体会。

(3)剪贴报刊

将有用的资料从报纸、刊物上剪下来,或用复印机复印下来,再进行剪贴。把应剪贴的资料分类贴在笔记本、活页纸或卡片上,这种方法的优点是可以节省抄写的时间。

(4)电子保存

从网上收集下来的资料可以制作电子文档进行保存。制作电子文档时,可以将收集来的资料认真阅读后仔细加以分类,进行研究。如按观点进行分类,把资料编成组,这"一定的观点",可以是综合而成的观点,也可以是自己拟定的观点,比如记者在收集关于三峡工程的资料,就可分为赞成派、中立派、反对派三大类,分别存在不同的文档中,方便查阅。也可以按项目来分类,即按照一定的属性,把收集的资料分项归类。如三峡工程的资料,可以分为历史、争议、建设、运营等几个项目,相关资料分别整合。

三、文献的使用

1. 搜集文献资料应紧密围绕采访主题

文献资料浩如烟海,若不紧紧围绕采访主题,漫无目的地查阅,会花费大量的时间而收效甚微,应紧紧围绕调查采访内容搜集文献资料,以提高搜集的效率。

2. 搜集的文献资料应尽可能丰富

采访主题确定之后,搜集文献资料要不遗余力,尽量运用各种方法将采访所需的文献资料全部搜集到手。包括从图书馆查找书籍、期刊和报纸、从网上查找网页等。

3. 应注意尽量搜集原始的文献资料

一般来说,原始文献资料比加工过的资料可靠,可以成为分析研究的重要依据和比较研究、动态研究的重要资料来源,故文献调查中应注意尽量查找出文献资料的最初出处,以提高文献资料的权威性与可靠性。

4. 注重对搜集的文献资料的鉴别

资料不等于事实,对资料不可不信,不可全信,选用资料应该谨慎。文献内容的真伪及可靠程度的判定直接影响报道的可信度,必要的鉴别是不可缺少的一环。有些事实,有时各家报纸之间,或报纸与档案,或图书与报纸、地方文献与档案有不同记载与报道,记者都应收集起来,进行比较分析,对记载、报道不同之处及可疑不清楚之处,务必调查了解清楚,不能主观武断。若发现可疑之处,一般可通过对同类、同年代文献的相互比较,对文献作出鉴别。

如 1987 年 5 月 23 日,广州市郊区暴雨成灾造成损失,其中死亡人数《广州日报》报道为 19 人。但记者收集资料时又发现另一个资料记载为死亡 24 人。到底哪个数字准确呢? 后来,记者向市防汛防旱防风总指挥部和市政府办公厅档案室了解,又出来两个不同的数字,这样,死亡人数就有四种说法。由于市政府办公厅档案室提供的是向省政府报告的数字,材料有权威性,材料形成时间又最晚,统计数字应是准确的。最终记者采用了市政府办公厅档案室提供的数据。

一般来说,图书、报纸和档案资料有不同说法,应以档案为准;内部资料与对外宣传资料有不同说法,应以内部资料为准;距事件发生时间早的资料与距事件发生晚的资料有矛盾,应以距事件发生时间晚的资料为准;距事件发生地近的资料与距事件发生地远的资料有矛盾,应以距事件发生地近的资料为准。至于统计数字,凡是国民经济及社会发展的完成情况,应以政府统计部门的为准。未纳入政府统计部门统计的一些数字,应以政府办公厅(室)或有关主管部门的统计数字为准。

练习

1. 假设你把自己的汽车借给一位朋友,结果这位朋友在开车时发生了交通事故。请写下你脑海里浮现的问题,接下来请把这些问题再完善化,列出你所需要的消息源,写成一个采访提纲。

2. 假设你所在城市的博物馆里,一幅名贵的油画失窃了,但第二天,这幅画又被人在附近的垃圾箱里发现了。假如你是记者到现场去(可任意找一个垃圾箱),观察并记下相关的信息,最后凭这些信息,请画一张油画被发现地点的示意图。

3. 请在网上或用录像机播放任意一条电视新闻,在看节目的同时记下一些同期声,你可以时不时地看一下屏幕,就像你在同被采访者进行目光交流一样。然后重放一遍节目,检测一下你记录的准确程度。

4. 就你不明白的技术性问题(如什么是 Web2.0)对一位采访对象进行采访,从计算机系的学生到网络公司的技术人员都可以作为采访对象。请他们要尽量把一些术语和你不明白的信息阐释清楚,然后把你的采访结果写成简短的报道或者几句话,来向读者解释清楚这些技术性信息。

5. 运用本章所学的采访方法进行一些实地采访,如报道学校或你所在社区的某一事件,并写成一篇完整的报道。

第6章
新闻采访的特殊方法

第一节　隐性采访

一、隐性采访的涵义

隐性采访,也称暗访,指新闻记者由于某种原因而不公开身份或采访目的的采访,它与显性(公开的)采访相对。在隐性采访中,记者为完成某一特定的采访任务,以完全或部分不公开身份、不显示采访工具或设备,或者隐藏真正的采访意图,在采访对象不知情的情况下,通过偷拍、偷录、体验等,不公开获取已经发生或正在发生而未披露的新闻素材。

隐性采访是显性采访即公开采访的重要补充,记者通过隐性采访,可以获取其他采访手段难以获取的新闻事实,从而更好地进行新闻舆论监督。隐性采访的优点在于不会因记者的采访而改变采访对象的原来面貌,获得的新闻真实、鲜活,这不仅可以避开采访中的障碍,还可以掌握批评报道中的证据,既为应对批评对象的诉讼做准备,也为执法部门处理问题提供帮助;另外,记者在对方不知情的情况下,获得第一手材料后,迅速推出报道,也可以回避说情对新闻舆论监督的干扰。但由于隐性采访对于被采访对象是一种欺骗,隐性采访的使用一直有比较大的争议,同时在现实生活中,隐性采访也容易触及法律的雷区,因此,对于隐性采访的使用原则应该是能不用尽量不用。如央视新闻调查对于隐性采访的原则是:"第一我们正在调查的是严重侵犯公众利益的行为。第二,没有其他途径收集材料。第三暴露我们的身份就难以了解到真实的情况。第四经制片人同意"。同时符合这四个条件的时候,才可以使用。

二、隐性采访方式的适用范围

1. 把隐性采访作为记者日常观察、了解情况的辅助手段

记者在日常活动中,并不需要处处都表明自己的身份,在有些场合不表明记者身份还有利于对客观事物的观察和了解。如,在市场中,就可以用顾客的身份,在旅行中,以旅客的身份。这样会让采访对象比较自然,便于互相接近,在无障碍的交谈中了解到真实的情况。

2002 年 4 月 13 日《新晚报》发表的一篇题为《买卖器官,非法!》就是一篇比较成功的暗访报道。对于肾脏的买卖世人早有耳闻,各大医院里随处乱贴的"野广告"牵动了记者神经,但是要"零"距离接触这一个特殊的群体,从中获得"卖肾"内幕和真相,就必须有个身份——买肾人。为了扮"内行",记者先行采访了肾病专家,了解到需要"换肾"的疾病的特点、症状,翻看了大量尿毒症患者的病例,与患者及其家属接触,了解他们治疗及与疾病抗争的过程,甚至连生僻的医学名词、术语、参数都了然于胸。同时还仔细考虑了可能会发生的情况,精心设计了一些专业性较强的问题。虽然准备的这些内容在报道中只字未提,但没有近两周时间的明访,暗访绝不可能成功。

"装备"过后,记者以尿毒症家属的身份与"卖肾"者取得联系,在对方高度警觉的眼神下,记者"买肾"的"急切"心情和满口的专业术语取得了对方的信任,记者请对方吃饭,邀对方喝茶,在话家常中时不时地抛出几个"擦边球",但最终正是这些"擦边球"击中了要点,又不留痕迹。

在暗访过程中,要注意采访组织的严密性,选择好时机和把握好度,适时地切入采访主题,提问不留痕迹,才能收到最佳的效果。

2. 某些批评、揭露式报道可以使用隐性采访

有的舆论监督的对象害怕把自己的问题暴露到社会上,记者如果采用显性采访,对方往往会掩盖自己的问题,而用隐性采访就比较容易搞到真实的情况。

如隐瞒自己的采访目的。像 1994 年 9 月 12 日,中央电视台《东方时空》播出的《"天之骄子"上大学》中,记者采访用公车送孩子上大学的情况。在采访现场,被采访者不了解记者的采访目的,所以当记者问"车是不是来送学生","车是哪个单位的"等问题时,被采访者都作了如实回答,这些真凭实据在整条报道中起了"靶子"效果,如果没有这些"靶子",后面的批评就完全没有力度。

又如隐匿自己的记录手段。如一位记者在采访一起"三胞胎"车牌事件中发现,假车牌竟是某交警所为。但在采访该交警所在单位的领导时,吃了闭门羹。记者经过两天的穷追不舍终于逮住机会堵住了他,果不出所料这位领导不许记者拍摄,但记者把机器开着放在茶几上,镜头对着他,而把话筒放在记者的腿上,方向对着这位领导。结果,把这位领导庇护、纵容属下违法的事实全都一一记录。

3. 某些正面报道也适合用隐性采访

与批评性的报道相反,某些表扬性的正面报道如果公开采访可能会有自卖自

夸之嫌,但如果采用隐性采访,就会使报道更为客观。如要报道某个服务业的典型人物,记者可以以普通的被服务者的身份介入,实地考察、感受,再把从多方面了解到的情况,加以汇集、综合,这样的报道就会更加真实、生动。

三、隐性采访滥用的表现

在竞争日益激烈的市场环境下,为了赢得读者,占领市场,各种媒体不惜"带着镣铐跳舞",不断加大隐性采访的使用力度,从而导致当前很多隐性采访被滥用。滥用隐性采访一般包括以下几种形式。

1. 诱导式采访

记者可以在普通公众可以自由出入的公共场所进行隐性采访,如公路、商场、车站、公园等,也可以假冒身份,秘密"进入"他认为需要进入的公众场所进行隐性采访。但不能秘密设置一个"陷阱"欺骗被采访者进入后再采访,或者根据自己的主观想象和判断,主动假装去为其提供犯罪客体,这样的话倒有诱发犯罪的嫌疑。例如,为了获得有关被采访对象做假的情况,记者冒充订货者、采购者深入"虎穴"采访新闻,或者记者以欲接受黄色服务的人的身份,对舞厅、茶楼进行偷拍,使被采访对象在不知不觉中中了圈套。例如,记者为了获取某软件公司盗版销售其他知名软件公司软件的确凿证据,假扮成一般用户咨询该软件公司要求购买,并给出购买的可观数额和总报价。此种做法可能会得到对方的肯定答复,但是却陷入了"陷阱取证"的模式中;或许该软件公司之前根本就没有销售过该盗版软件,而正是由于此次"买主"的主动上门要货,且有暴利可图,才会诱发犯罪而开始实施盗版行为。

许多人误以为,只要对方从事的是违法或者犯罪活动,那么新闻媒体运用隐性采访的方式进行偷拍偷录就无可厚非,而且以这种方式进行的舆论监督有深度、有力度,但是法律常识的欠缺导致新闻媒体忽略了一个法律上的严重问题:"诱导犯罪"可能涉及刑事责任。

2. 过度介入式采访

一般认为,在隐性采访中,记者依法选择以一般民事主体的身份介入事件比较适宜,如扮演消费者、公司雇员。而记者如果在采访中扮演了国家机关工作人员(立法、司法、军队工作人员等),就属于越权而成为过度介入。对于记者来说,诸如人大代表、公务员、军人、警察等其他执法人员等,这类职务都是依照相关的法律规定专门授予的,其身份和职务具有法定性和特定性。假扮不但有"招摇撞骗"之嫌,还要承担相应的法律责任,而且会干扰正常的工作秩序,也有损于法纪、政纪的严肃性。这些职务记者是不能假扮的,这就是替代身份的法律限制。在这类隐性采访中,记者应与公安、工商等相关执法部门配合。

有时过度介入的结果甚至演变成了共同犯罪。如2001年央视播出暗访节目《亲历盗墓》。两名央视记者在西安假扮成文物贩子与盗墓贼接触后,亲历盗墓的全过程并购买挖出的文物。第二天,记者报案,盗墓贼被抓。暗访节目播出后,有关专家指出那两名记者的行为涉嫌触犯我国刑法第 328 条"盗掘古文化遗址、古墓罪"和第 326 条规定的"盗卖文物罪",故两名记者也陷入尴尬境地。

3. 干扰秩序式采访

《羊城晚报》曾经刊登一篇隐性采访的报道,该报记者为了测试上海警方的快速反应能力,在得到有关部门的特许后,冒充遭抢劫的外地游客,向上海 110 报警。报案后仅 2 分零 10 秒,先后便有 4 辆警车呼啸而至。同样的事例也时有出现,山西阳泉的新闻媒体在有关部门的配合下,几家媒体同时拨打几家医院的急救中心电话,声称某处有危重病人需急救,请派救护车。不明真相的几家医院的救护车先后赶到。此种"隐性采访"严重干扰 110 报警台、医院急救中心等社会关键公共服务部门的工作。这种报假案以考验公安机关、消防队等公共应急服务机关的事故处理能力的行为,可能涉嫌《刑法》第 291 条之一规定的编造、故意传播虚假恐怖信息罪等。

四、规避法律禁区

由于隐性采访方式的特殊性,在采访以及报道过程中极易出现一些法律问题,特别当被采访的对象是自然人时,易造成对其人格权,如名誉权、隐私权、肖像权的侵害。这就要求记者在采取隐性采访这种方式时,必须把握一定的尺度,从正常的新闻报道视角出发,尊重客观事实,针砭时弊,弘扬正气,不要故意制造矛盾。同时,要熟悉和知道运用法律保护自己,这样即使发生诉讼,也能做到证据在手,不致品尝败诉的苦果。

从我国现行的相关法律来看,有 4 种情况属于采访的禁止涉足的区域,即:涉及国家机密、涉及未成年人犯罪、涉及个人隐私以及涉及商业秘密时。作为一种特殊形式的采访活动,隐性采访通常应具备以下几个条件:第一,有新闻机构的批准(一些特殊的报道场合)。对隐性采访,记者并没有权利自己随意采取,因为采访活动是一种履行职务的行为,职责的要求是首要因素。第二,恪守法律法规的规定。特别是法律法规已有的明确的禁止性规定的情况,如涉及未成年人的案件就不能进行报道。最后,尊重被采访对象的人格权。

第二节　体验式采访

一、体验式采访的涵义

体验式采访,是指记者以采访者和当事人的双重身份,直接从事某种行业活动,或亲自参加某一事件的全部过程,并在体验的过程中进行采访的一种方法。体验式采访不仅用自己耳闻目睹、亲身体验的素材写出报道,而且有时还把自己写进报道,使自己的采访和参与也成为新闻的组成部分。换而言之,在一般情况下记者所扮演的是"你做我写",而体验式采访记者扮演的则是"我做我写"的角色。

从这种角色的转变中不难发现,体验式采访要求记者在某一行业和某一事件中扮演或充当其中的一个角色,以参与的形式获得所参与行业或事件的真实感受和真实经验,获得对生活切实而深刻的认识。它强调的是与被采访者完全一体化,深入到他人生活中,去感受,去体验他人的思想和工作生活的方法。

体验式采访能提高采访材料的可信度和说服力,更真切地了解事物的真相。假设你想报道一个饭馆服务质量的好坏,进门就找服务员开座谈会听他们介绍好呢,还是先当一名顾客在餐厅里吃顿饭,亲身体验一下好呢? 恐怕是后者。使用这样的采访方法,如果该单位是徒有虚名或假报成绩,就比较容易发现;如果是名不虚传,那么这样的方法本身就在了解中带有检验的成分,原原本本地写出来,读者就会破除为宣传而做作的怀疑,提高了报道内容的可信度和说服力。

体验式采访还能增强报道的感染力。如 2007 年 4 月 27 日的《人民日报》海外版刊登了一篇报道——《微观中国:我住进了东北棚户区》,正是记者体验式采访的佳作。在采访中,记者作为一名东北棚户区居民,同那位低保户李志刚及其老妈妈同吃、同住、同生活。辽源市建设局长曾担心"这个白白净净的京城女记者能够住土炕、烧柴火,男女老少挤一屋吗?"然而,记者真的成为了李志刚一家的"编外"成员,住进他们老少三代 4 口人不到 30 平方米的房子里。"我的棚户区生活,就从这个新家开始。"夜晚,记者的脸冻得发麻,厚厚的棉被散发出浓重的潮湿气味。这是记者"一生中感觉最冷的夜晚"。早晨,几百户人家共用一个露天厕所,记者也去排长队,但实在等不及,"我只好返回来,用门边那个丑陋的黑塑料马桶解决了问题"。在这个报道中,体验式采访既是新闻记者采访方式的转换,又是新闻记者作为社会一员的人生积累。从单纯的我问你答、你说我记的采访方式,到入住棚户区;从同李志刚一起学点炉子生火取暖,到白净净的脸抹上了片片煤黑,记者很快就与报道中的主人公产生了共鸣:为居住棚户人家的忧而忧,记者的感情完全融入于棚户人家,写得非常动人。作家魏巍在谈《谁是最可爱的人》这篇著名的通讯时说:深入感受,对写作的人是多么重要! 你感受得深了,写出来也就必然有那么一股劲,人家读了也就感受得深;你感受得浅,人家从你这里感受的也就浅了。在体验式采访中,记者以参加者的身份参加到工作中或事件中,获得有关题材的第一手具有真情实感的材料,将不了解的事物变成对事物的深刻认识,将自己陌生的东西变成熟悉的东西,这样写出的报道才更加生动。

二、体验式采访的方法

1. 角色转换

记者要有尝试角色转换的意识,这是记者成功进行体验式采访的重要方法。在一般情况下,记者扮演的是"你做我写"的角色,而体验式采访记者扮演的是"我做我写"的角色。从这个意义上说,体验式采访要求记者能暂时放下记者的身份和优越感,选择一种新的角色,并尝试成为这种角色里的一员,在这个角色中尽心尽力。同时,既然记者的角色转换了,就要站在所扮演的角色中进行换位思考,站在所扮演角色的立场上想问题,感同身受地体验扮演角色的酸甜苦辣,通过经历扮演角色的特色、性质,认识这类角色人员的行动、思想、心理等。

如 2005 年,《鹤岗晚报》曾推出体验采访系列报道,让记者体验服务业从业人员的工作,如当一天钟点工,当一天饭店服务员等等。记者孙长琴体验了饭店服务员的工作,从应聘开始,到开始干活;从点菜上菜,到洗碗收拾,记者都不敢怠慢,累得腰酸背疼,还不时被老板娘训斥、责骂,也看尽了客人的脸色①。记者在体验时,全身心的参与其中,和真正的服务员一样工作,这样获得的信息才能深刻。

2. 分类行事

体验式采访有两种类型,即:明访和暗访。明访是指记者为了完成一项采访任务而亮出自己的身份,说明自己的采访意图,以争取得到被访者的支持与合作的一种方式;暗访是指记者隐瞒自己的职业身份和真实的采访意图,参与到对象主题活动中去的采访方法。

如果是明访式体验式采访,如上文提到的《微观中国:我住进了东北棚户区》这一报道,报道者是以"记者"的身份入住的,被访者知道其采访目的,这类体验式采访就应该淡化这一点,不要让采访对象对自己"另眼相看",从而无法真实体验。

如果是暗访式体验式采访,如上文的当一天餐厅服务员,则要注意尽力"入戏",举止自然,不要让对方看出问题,甚至败露行迹。还有一些批评性、揭露性的体验式报道采访暗访形式,这意味着记者在采访中可能会有一定的危险性,记者在采访中既要学会见机行事,又要学会自我保护。

3. 避免进入法律、道德的雷区

进行体验式采访要注意规避法律和道德的风险,并不是所有的行业和事件都能体验的。一位记者在新婚后不久就发现妻子在从事贩毒勾当,但他一不制止,二不报告,忽发奇想,要利用这个关系"深入"贩毒的"虎穴"去作一次"体验式采访"。在妻子的安排下,他两次往返中缅边境,"亲历"了贩毒的全过程,其中一次就带回毒品两公斤。虽然他事先想好毒品是要送交公安机关的,但别人早已把"货"提走了。他终于意识到自己已成为一个事实上的贩毒者。经过一段时间的痛苦抉择,他走进了公安局。之后,他的妻子被捕,他自己也被收押候审。

因为大多数的犯罪构成并不取决于行为人的动机和目的。比如涉及毒品的犯罪,我国刑法有严厉的规定,列有走私、贩卖、运输以至非法持有等多项罪名,只要你明知是毒品,逃避边关检查带进国(境)内,就是走私;从甲地运送到乙地,就是运输;甚至只是把毒品放在身上、藏在家里,达到一定数量也会构成非法持有毒品

---

① 孙长琴:《一言难尽洗碗工,我们在民间——2005 年度中国晚报优秀新闻作品集》,文汇出版社 2006 年版,第 85 页。

罪。至于为了什么目的实施这些行为,则同罪名成立无关。

三、体验式采访中的主观性与客观性问题

记者在进行体验式采访时,必然涉及记者在扮演角色中的自我定位问题。在很多情况下,记者在进行体验式采访时,虽然身体已经进入新的角色,但思想上仍然有我是一名记者的想法,没有做到身体和思想一同进入角色。于是,在体验式采访中,记者往往会将自己摆在一个很高的位置,难以对自己做一个很正确的定位。而将自己摆在什么样的位置会直接关系到记者的采访质量。

一种比较好的做法是钻进去采访,跳出来写稿。体验式采访要深入到采访对象的生活中去,与采访对象打成一片,了解到更多更深入的情况。在与他们相处的过程中,捕捉不为人知的故事和细节,在这个过程中,甚至和部分采访对象建立友谊或产生怨气都是可能的。但是在写作过程中,这些庞杂的素材和带有感情色彩的人和事,总会让人眼花缭乱难以取舍。这时必须及时"跳出三界外",站回记者位置,从感性认识上升到理性认识,合理取材,以另一种高度运笔写稿。

第三节　基于社会科学研究法的采访

一、问卷法

1. 问卷法的定义及局限

问卷法是调查者运用统一设计好的问卷,向被调查者了解情况的一种采访方法。问卷法与其他采访方法相比,有着其自身非常突出的特点:不受地域空间限制;具有很好的匿名性;便于资料定量分析;能够排除人为干扰。

问卷法的局限性主要表现在:

● 回收率有时难以保证

问卷发放给被调查者后,调查对象是否配合调查,无法控制。而问卷的回收率则会影响信息收集的代表性和准确性。因此,一个问卷调查应尽力保证问卷的回收。

● 要求被调查者具有一定的文化水平

由于问卷调查使用的是书面问卷,这在客观上要求被调查者必须具备一定的知识水平,一定的阅读能力和表达能力。对一些需要有更广泛的调查对象(如需要有文化程度较低的人参与)的采访项目就不太适合。

● 调查弹性小,深度有限

问卷的设计是统一的,调查的问题和问题的答案都是固定的,没有伸缩的余地,因而调查弹性小,资料的深度十分有限。

· 调查资料质量难以保证

问卷调查过程中,记者与被调查者不直接见面,记者无法控制被调查者填答问卷的环境,被调查者既可能和其他人共同完成,甚至还可能完全交给别人代填。另一方面,当被调查者对问卷中的某些问题不清楚时,无法向记者询问,容易产生误答。

2. 问卷的基本类型及结构

从问卷中问题的形式加以区分,可以将问卷分为开放型问卷、封闭型问卷与混合型问卷。开放型问卷又称非结构型问卷,它是由开放性问题组成的问卷。所谓开放式问题是调查者不对问题提供任何具体答案,允许回答者充分自由地发表自己的意见,因此它有很强的灵活性和适应性。封闭型问卷也称结构型问卷,它是由封闭式问题组成的问卷。所谓封闭式问题是将问题可能的答案或者主要答案全部列出,供被调查者选择的一种提问方式。这种问题有利于调查者整理资料、做统计分析,也有利于被调查者填答,省时省力。混合型问卷又称半封闭型问卷,它是对答卷者的回答作部分限制,还有一部分让其自由回答,或者对答案的数量作出限制,内容不作限制的一种问卷。

在实际的调查活动中使用的问卷各不相同,但是它们往往都包含以下几个部分:封面信、指导语、问题、答案、编码等。

封面信即一封致被调查者的短信。它的作用在于向被调查者介绍和说明调查的目的、调查的主办单位或调查者的身份、调查的大概内容、调查对象的选取方法和对结果保密的措施等。

指导语是用来指导被调查者填答问卷的一组解释和说明,其作用是对填表的方法、要求、注意事项等作一个总的说明。

问题和答案是每一份问卷必不可少的核心组成部分。它包括了所有的调查问题和回答的方式。

编码就是赋予每一个问题及其答案一个数字作为它的代码。编码既可以在设计问卷的时候就设计好,也可以在调查完成后再进行。前者称为预编码,后者称为后编码。

3. 问卷设计的步骤

问卷设计要本着服从调查目的需要,适应被调查者的心理,以简明扼要的问题设计出符合不同对象的问卷。

一般情况下,问卷设计要经过如下几个步骤:

· 摸底探索

指在问卷设计之前,要先熟悉、了解一些有关的基本情况,以便对问卷中各种问题的提法和可能的回答有一个初步的总体考虑。问卷设计的探索性工作的常见方式,是进行初步的访问。

• 设计初稿

经过摸底探索,对有关问题有了初步印象,便可动手进行问卷初稿设计。实际工作中,有两种具体设计方法:或从具体问题着手,然后归纳同类性质的问题,最后形成问卷整体;或者先着眼于整体结构,然后考虑各个部分,再形成每一个具体问题。两种设计方法各有其优缺点,设计者可将两种方法结合使用。

• 试用修改

任何一份好的问卷,不可能一次设计成功,必须经过试用和多次修改,才能用于正式调查。问卷初稿试用修改的方法有两种:主观评价法和客观检验法。主观评价法,就是将设计好的问卷分别送给有关专家、研究人员、有代表性的被调查者审阅、分析,并根据他们的主观评价、指出的问题和提出的改进意见,着手修改。客观检验法的具体作法是,在正式调查总体中随机或不随机抽取一个小样本,然后用问卷初稿向他们调查,对所获资料进行检查和分析。

• 正式定稿

问卷的问题和答案经试用修改定稿之后,再在问卷的前后加上封面信和结束语,就形成了一份完整的定稿问卷。

一般来说,在问卷中的提问方法与访问类似,但要注意的是,问卷设计时问题不宜太多,问卷不宜太长。一般应限制在被调查者 20 分钟以内能顺利完成为宜,最多不超过 30 分钟。问卷太长往往引起回答者心理上的厌倦情绪或畏难心理,影响填答的质量和回收率。

此外,问卷中问题之间的相互次序会影响到调查的顺利进行、问卷资料的准确性和问卷的回收率等。一般而言,问题次序应按照如下一般原则来安排:

时间顺序。问题的排列应有时间连续性,或由近及远,或由远及近地排列问题,切忌远近交叉,前后跳跃,如此容易打乱被调查者的思路。

内容顺序。这是将行为事实问题放在前面,观念态度问题放在后面;将调查个人和家庭的基本情况作为背景问题编排在问卷的前面,与调查主题和理论准备相联系的问题,作为问卷的主干问题,编排在问卷的背景问题之后。

难易顺序。问题编排先易后难,由浅入深,可增强被调查者回答全部问题的自信心,产生对某些复杂难答的问题不答不甘心的心理,从而顺利答完全部问题。

类别顺序。同类型问题编排在一起,可使回答者思路清晰地对问题做出逐项的回答。

结构顺序。这是将回答比较简单的封闭式问题编排在先,回答比较复杂的开放性问题在后。

敏感顺序。这是将不容易引起回答者情绪反应的非敏感性的一般问题放在前,而将特殊的、敏感性问题放在后;能够引起被调查者兴趣的问题放在前,而将容易引起紧张的、困惑的问题放在后。

此外,用以相互检验的问题应当分开,否则就起不到相互检验和印证的作用。

总之,问卷中问题的次序不管如何安排,目的都在于保证问卷调查的顺利进行,保证问卷资料的准确性和问卷的回收率。

4. 问卷的发放与回收

问卷发放与回收常用的方式有以下几种:

● 报刊问卷方式

这是将问卷刊载在报刊上,然后随报刊的发行传递到读者的手中,被调查者收到后将其剪下、填写好再寄回报刊编辑部。

● 邮寄问卷方式

邮寄问卷方式通常是把打印好的问卷通过邮局寄给选定的被访者,请他们按一定的要求自行填答问卷,并在规定的时间内将填答完的问卷寄回。

● 发送问卷方式

发送问卷是由调查员或其他人员将问卷送到被调查者手中,回答者填完后,再由调查员逐一收回。发送问卷方式又有如下两种形式:个别分送方式和集中填答方式。

● 网络问卷方式

通过将问卷刊载在网上,请被调查者在线填写并返回。

一般来说,当回收率达到70%-75%以上时,方可作为调查研究结论的依据。因此,问卷的回收率一般不应少于70%。

要提高问卷回收率,需要了解影响问卷回收率的因素。其主要因素有:发送和回收问卷的方式;调查组织工作的严密程度;调查人员的工作态度;调查课题的吸引力;问卷填写的难易程度;问卷回收的可控制程度。根据上述影响问卷回收率的主要因素可以看出,提高问卷回收率,必须做到:调查组织工作要十分严密;调查人员要有科学精神,认真负责的工作态度;要根据不同时期、不同地域、不同对象的实际情况,选择具有吸引力的调查课题;要提高问卷的设计质量,增强问卷的适应性、针对性和简明性。

另外,要尽量采用回收率较高的问卷发送和回收方式。据统计,报刊问卷的回收率约为10%-20%,邮寄问卷的回收率约为30%-60%,而当面发送问卷的回收率可达到80%-90%,且当面发送并回收,可以检查问卷是否有空填、漏填和明显的错误,以便及时更正,保证问卷较高的有效性。

二、实验法

在社会科学研究方法中,实验法就是在控制的情境下系统地操纵某种变量的变化,来研究此种变量的变化对其他变量所产生的影响。由实验者操纵变化的变量称为自变量或实验变量(通常是用刺激变量);由实验变量而引起的某种特定反应称为因变量。实验需在控制的情境下进行,其目的在于排除实验变量以外一切可能影响实验结果的因素(无关变量)。在实验中,实验者系统地控制和变更自变量、客观地观测因变量,然后考察因变量受自变量影响的情况。因此,实验法不但能揭明问题的"是什么",而且能进一步探求问题的根源"为什么"。

实验法运用于采访中是近几年刚刚兴起的。如《姑苏晚报》设计了一个"送福到百家"的实验,让小学生上门向被调查的住户居民赠送"福"字门贴,观察其反应和接受程度。在这次活动中,同学们共送出"福"字 300 份。记者发现,热情接受同学们送出"福"字的主要是老年人和小孩,他们不但欣然接受同学们的祝福,有的还邀请他们进屋喝水。有一些人则对同学们采取高度警惕的态度,经说明才勉强接受。其中不少人以为同学们是推销"福"字的,拒绝开门;有人开门后只见宠物,不见人影;有人诧异中透着反感。而一部分年轻人对前来送福的同学则是态度冷漠,断然拒绝。实验结果是最后"福"字被粘贴在门上的占 70% 左右。这次实验的目的主要是调查小区中人际关系的现状,实验结果也颇能说明一些问题。在这个实验中,小学生相当于自变量,而住户相当于因变量,面对小学生送"福"字的行为,人们的不同反应能看出人际关系的状态。

记者根据一定的调查目的,在人为控制或模拟的特定条件下,通过实验的设计来实现对采访对象的观察,是实验法最大的特点。

如北京电视台《现在行动》栏目几乎每一期都设计一个与文明礼仪相关的实验。如请一位外来务工人员在一条街上找商店要白开水喝,看有多少店家愿意帮忙;让一位两手拿东西的人在商场的推拉门前进出多次,看有多少人会帮他开一下门;让两个小朋友去河边劝说非法垂钓者收起钓竿,看有多少人会听从他们的劝告……在实验中,记者只是一个旁观者、记录者,观察着实验对象的反应,并试图分析其原因。

实验法与观察相比,不同之处也是明显的。观察是在不干预采访对象的前提下去认识采访对象,发现其中的问题。而实验却要求主动操纵实验条件,人为地改变对象的存在方式、变化过程,使他服从于调查研究的需要。但从本质上来说,实验也是一种观察,只不过是一种有控制的观察,即有计划地控制各种条件,在各种条件中,特别引起或改变某一条件,来研究被采访对象的变化。

随着采访实践的深入,实验法将会更加完善、进步。

三、统计分析法

统计分析法是指运用统计技术,考察事物的规定性,从而把握事物性质的一种分析方法。这种方法通过对研究对象的规模、速度、范围、程度等数量关系的分析研究,认识和揭示事物间的相互关系、变化规律和发展趋势,借以达到对事物的正确解释和预测。

世间任何事物都有质和量两个方面,认识事物的本质时必须掌握事物的量的规律。目前,数学已渗透到一切科技领域,使科技日趋量化,电子计算的推广和应用,量度设计和计算技术的改进和发展,已形成数量研究法,这已成为自然科学和社会科学研究中不可缺少的研究法。

统计分析法运用于采访中也日益频繁,统计分析法可以与问卷法结合,也可以单独发挥作用。

近年来,精确新闻在报道领域的兴起,就与统计分析法的大量运用有关。

所谓统计分析,就是用足够多的数据来确定调查研究中变量的动态范围,这里输入的数据一方面要有一定的数量,另一方面必须尽可能地涉及各种情况。只有这样,统计出来的结果才能具有典型性。

当然,统计分析毕竟不可能涉及所有可能发生的情况,因此,对统计得出的结果在写作时要有一定的说明,即这个统计分析达到什么样的信度。

一般说来,科学研究方法可分为两大类:即人文科学所使用的定性分析研究方法和行为科学所使用的定量分析研究方法。定性分析方法是根据事物或现象所特有的属性及其运动变化中的矛盾性,以大量的历史事实和普遍的认识规律为前提,来研究和考察社会现象的一种最基本的分析方法。如历史求证、哲学思辨、法规判断、文化研究等都是常见的定性分析方法。定量分析方法是科学研究所使用的另一种重要研究方法,它是从 20 世纪兴起的行为科学方法中引进和移植而来的。定量分析是从事物或现象所表现出来的数量特征和数量关系,及其运动发展过程中的数量变化等方面来考察事物或现象的分析方法。由于这种方法是通过对具体数量的测定去研究分析问题,使用了统计数字,因此使研究报告更精确、直观,可比性更强,更有说服力。它可以用来研究很多传统的定性方法无法解决的问题,是科学研究中常用的重要方法。

随着新闻报道领域的扩大和报道深度的提升,同时随着计算机技术的引入,我们看到定性方法和定量方法之间的距离正在逐步缩小,新闻中量化的方法使用也日益广泛,可以预见未来这种统计分析法还有更大的用武之地。

第四节　在线采访

在线采访是一种借助在线服务进行新闻采集或借助公共或私有的数据库进行数据的收集与分析的采访方式,国外称电脑辅助报道(Computer Aided Reporting,简称 CAR)。互联网的飞速发展和网上信息的“爆炸”,不仅给网上大量的、实时更新的新闻报道提供了平台,也为网络新闻的采访提供了一个新的有力的工具。在线采访已经成为网络记者以至于传统媒体记者的一种重要的采访方式。在线采访表现在以下几个方面:

一、网上寻找新闻线索

互联网络是一个全开放交互式的传播工具,在网上传播信息的有多个媒体、多种声音。不管是在线聊天(Chatting)、网上论坛(BBS)、网上浏览(WWW),还是电子邮件(e-mail)、文件传输(FTP)、远程登录(Telnet)、数据库分析都可能成为记者寻找和发现新闻报道的人物或事件线索的新闻源。

二、网上进行新闻访谈

访问,是新闻采访中最常见的方法,记者与被采访对象面对面的交谈,能够"察言观色",具有现场感、真实感和亲和力,但缺点是采访所花的时间、人力、费用较多,采访的范围有限,还可能影响新闻报道的时效。而在网上通过 e-mail 或即时通讯工具如 MSN、QQ 等与采访对象"交谈",缩短了与采访对象的空间距离,节省了采访时间,相应的扩大了记者的活动范围,提高了记者的工作效率。如美国华裔科学家杨向中博士克隆出五头牛犊的消息见报后,《文汇报》记者想就此写一篇人物专访。于是,通过互联网记者很快进入了美国康涅狄格大学的网址,并在该校转基因动物中心找到杨向中的 e-mail 地址。记者通过 e-mail 向杨向中表明自己的身份和采访意图并列出详细的采访提纲。两天后,杨向中从荷兰参加国际会议后一回到办公室,便用 e-mail 回答了采访提纲所提出的问题,还发来了在实验室工作的照片。网上采访不仅可以用 e-mail 对人物(特别是新闻人物)进行专访,而且还可以通过新闻组(Newsgroup)等对众多的采访对象进行采访。一位名叫 Michael O Reilly 的记者曾经写了一篇有关电脑光盘的商业性应用的文章,他在新闻组里贴了几个问题,一小时以后答复便陆续返回,并有人给他介绍了一些更为理想的采访对象。随着视频技术和数字技术的发展,通过视频在地球上任何地方向任何人进行面对面的采访将成为轻而易举的事情。

三、网上查证新闻事实

互联网的特性决定了它是一个几乎没有管制的信息通道。因此,互联网在给记者提供丰富海量的原生信息的同时也难免有大量失实的,甚至虚假的信息。因此,记者在网上采访中必须善于辨别网上信息的真伪,对网上得到的信息进行认真的查证和核实,保证其真实性和准确性。怎么来辨别网上信息的真伪呢?首先要调查信源的可信度。记者可以通过域名来了解谁是该信息的发布者或网页、网站的所有者。第一,如果信息来自有权威性的机关团体或国内外有知名度的网站,其信息的真实性较为可靠;如果信息来自一些无名的个人网站或网页,就需要对事实进行认真的核实。第二,要注重信息的准确性。要从多方面了解信息发布者发布信息的宗旨和目的;所发布的信息是否做到客观公正?是否带有政治上或意识形态上的偏见?是否带有商业炒作的成分?提供的信息是第一手材料还是道听途说?第三,要注意信息的时效性。新闻姓"新",网上信息丰富多彩、包罗万象,但也有许多是已经过时的旧闻。因此,在网上搜索新闻线索的同时也要注意网页的更新频率和更新时间,内容是否已被刷新。俗话说"货比三家",有比较才有鉴别。网络上一条原生信息往往有多个出处,我们在采访中尽量从多个新闻源中进行比较和过滤,去伪存真,去粗取精,保证为公众提供完全真实可靠的新闻。

四、使用数据库

假设你想找到大学生毕业后不同的职业薪酬是多少,点击几下鼠标,这类支持你报道的数据就会展现在你面前了。如果数据库是 HMTL 形式,或者是纯文本 ASCII 码形式,你可以把它直接下载到你电脑上的数据库软件程序上,如 Excel 或 Access,你几乎不需要键入任何一个数据。

互联网上的数据库信息可能有些过时,比如网页公布的统计人口普查数据和其他统计数据可能都不是当年的,但这些信息可以用做比较研究的材料,并提供了非常好的背景信息。

每年都有更多的数据在网上公布,但还有很多数据是网上查不到的,还需要动用传统的方法,如到图书馆找相关的统计年鉴、到政府部门去调查。

拿到数据后并对其进行分析后,不要把所有的数据都一股脑写进你的报道中。数字是枯燥的,你的报道应该包含一些数字,但要注意应该把大部分数字列在一个数字表里或者图表中。分析这些数字包含的意义,哪些更重要,写在报道中比用数字单列出来会更让读者感兴趣。如果你使用了统计数据,不要把它们都塞在一个段落中,用约数的方法简化数字,不要忘记在你的报道中要写进与人物的交流谈话。只选择那些对表现主题至关重要的数据是一条比较有用的技巧。

一般情况下,你可以用 Excel 制表程序来分析你所收到的数据,掌握这个软件对进行数据分析是非常有用的。对一些比较复杂的数据,则需要采用专门的数据统计软件来分析。

五、谨慎对待互联网信息

作为一名记者,你要学会对获得的信息采取合理的怀疑态度,不管信息是来自新闻发布会、数据库还是采访对象透露的情况。同样的,谨慎对待互联网的信息也非常重要。有一幅著名的漫画,一只猎狗坐在一台计算机前,告诉另一只宠物:"在互联网上,没有人知道你是一条狗"。因此,对网络的信息来源有所保留是必要的。

网上消息来源的质量可以由以下几方面判断,如果对这些问题的回答更多的是"是",那么消息来源的质量就可能更高些,也更值得信赖些。标准有以下这些。

(1)权威性

·清楚是哪个组织主办的网页吗?

·是否可以链接到描述该组织的目标网页?

·有没有办法确认这个组织的合法性?即有没有电话号码或邮政地址可以进行联系,以获得更多信息?(只有电子邮件地址是不够的)

·有没有声明称该网页的内容获得该组织的正式认可?

·有没有声明指定该组织为版权所有者?

（2）准确性

·是否清楚地列出了事实信息的消息来源,以便可以在另一个消息来源处得到证实?

·信息有没有语法、错别字和排印错误?（这些错误不仅表示缺乏质量保证,而且会造成信息的不准确）

（3）客观性

·该组织是否清晰地陈述了其思想倾向?

·如果网页上有广告,广告内容是否与信息内容完全无关?

（4）时效性

·网页上是否有日期表明网页是何时撰写的,第一次放在网上以及最后一次更新是什么时候?

·是否有其他标志表明材料是有时效的?

（5）覆盖范围

·是否有迹象表明网页已经全部完成而不在制作之中?

·是否清楚该网页讨论的主题是什么?

·该网页是否成功地讨论了这些主题,还是漏掉了一些重要的内容?

·该组织是否以清晰的方式,充分的论证表述了自己的观点?

评估互联网上信息的质量真正的秘诀是记得互联网只不过是另一种交流媒介,其可信度等同于声音、印刷页面或电视屏幕的可信度。其信息的来源者才是更重要的。

练习

1. 请写一篇因醉酒驾车而引起的交通事故的报道,在这起事故中,有一名大学生死亡。在这篇报道中,你需要关于酒精对驾车的影响到底有多严重的数据,请在网上找出这些信息。

2. 同样这篇报道,如果你需要人们对酒后驾车的看法的数据,请设计一份调查问卷,通过这种方式来收集信息。

3. 请设计一个实验,看看驾车者在面临"酒精考验"时的各种状态。

4. 请分析媒体最近比较有影响的一次隐性采访的得与失。

5. 请分析媒体最近比较有影响的一次体验式采访的得与失。

第 *7* 章

采访素材的整理与分析

《人民日报》记者杨健一直跑科技口,在氢能燃料电池车方面有长期的关注和积累。近两年内,他曾采访过这一领域的数名首席科学家和政府科技主管部门的负责人,前后做了 9 个多小时的录音和 1 万多字的笔记。当他得知国际氢能论坛将举行一个氢能燃料电池车车队穿过长安街的活动后,迅速和有关方面取得联系并获得特许——可以上车进行采访。杨健在采访后,结合自己多年来的积累,写了一篇近 5000 字的通讯。但经过仔细思考,他意识到大块头的报道效果可能会打折扣,于是在上版前两小时内将这个报道改成为一条 700 字左右的消息《中德氢燃料电池车比肩驶过天安门 十里长街摆开擂台赛》,让“一出五幕话剧变成一幕 3 分钟短剧”。这则报道一炮打响,据不完全统计,见报后共有 30 多家中外网站进行转载,科技部有关负责同志还打来电话称:“很新鲜,很精彩”,并一举获得 2004 年度中国新闻奖二等奖①。从采访的一万多字笔记、9 个多小时录音,到写后的 5000 字通讯,再到见报的 700 字消息,随着字数的减少,采访的素材也日益沙里淘金,越来越精干,最终留下的都是最重要的事实、最精彩的瞬间、最动人的细节和最能说明问题的背景。

如何整理与分析采访素材、将其中的闪光点找出来供写作使用呢？本章就将着力解决这一问题。

第一节　采访素材整理与分析的意义及程序

记者经过采访之后,掌握了大量的事实材料。一般来说,记者会有一个对采访素材进行整理、分析的过程,只不过这一过程有时是显性的,即记者不急于立刻写

---

① 《中德氢燃料电池车比肩驶过天安门　十里长街摆开擂台赛》申报资料实录,中国新闻奖作品选(2004 年度·第十五届),新华出版社 2005 年版。

作,而是分析自己采访到的内容,胸有成竹后再动笔;有时是隐性,即记者边采访边思考已经打好腹稿,等采访一结束立刻投入写作阶段。

一、整理分析采访素材的意义

1. 防止新闻报道的失实

对采访到的新闻素材进行整理、分析,其重要作用之一就是防止新闻报道的失实。很多报道由于题材比较重大,所涉及的内容,牵连的关系也很复杂,加上记者自身认知能力的有限和采访环节上可能出现的失误,导致对新闻事实的误认。强化对采访素材的整理与分析则能有效地避免这个致命错误的发生。

在采访中对素材的真实性方面的分析可分为三个层次:一是对新闻事实和新闻线索的主体做真实性的验证;二是对新闻素材的重要细节进行推敲考证;三是通过考察新闻来源(采访对象)的可信度,辨别新闻事实的真伪和可靠程度。

如《南方人物周刊》记者高任飞采访 2006 年颇有争议的人物——"大学生总裁"吴莹莹,这位 21 岁、还没有从北京师范大学毕业的女孩当时因为"北师大在校女生获聘美国名企副总裁"的新闻而众说纷纭。是炒作还是确有其事? 记者进行了深入的采访。除了采访吴莹莹本人外,记者还采访了聘用吴莹莹的美国公司 Topcoder 公共关系部主任吉姆·麦克柯恩、吴莹莹初中时的班主任赖老师、中学时代的同学小 Z、好友游芳等人。经过对采访素材的分析,一些重要事实的真相开始显露出来。如先前媒体报道的聘用吴莹莹的是一家"名企"是不够真实的,这家公司是一家成立仅 6 年的小公司;又如有媒体报道"吴莹莹的脑电波和常人不一样,有两条线比一般人长很多,因此她才能睡很少却能工作很长时间",这其实是学心理学的吴莹莹对自己为什么总能精力充沛的解释,并没有得到过其他专业人士的证实[①]。这种分析建立在自己采访的内容和先前掌握的情况的对照上,发现其中的疑点或不一致时,就应更进一步的分析并做出判断。

2. 有助于形成对事实性质的初步判断

对采访素材进行整理与分析的过程,也是对材料进行思考、核实、归纳等过程,通过对所采访到的事实的梳理,记者能够做出某些判断和推理,有助于记者掌握事实的性质。

在新闻采访中,搜集了一大堆材料,但收集材料不是目的,而是要实现对材料的认知和评价。对采访素材的整理与分析,正是实现头脑从"材料箱"到"冶炼厂"跨越的重要一步。

炼钢、制盐、淘金,首先需要大量的矿石、海水、金砂等原材料,分别经过冶炼、提炼、淘漉,去粗取精,取得本质的有用之材。在新闻采访中,也必须首先搜集和占有丰富的材料。可以这样说,一般的采访,好比收集原材料,则要把"材料箱"装

---

① 高任飞:《吴莹莹——竞赛人生》,《南方人物周刊》2007 年第 14 期。

满,而且是多多益善。一次比较完整的采访,记者需要掌握的新闻材料,包括概括材料、骨干材料、细节材料、背景材料等,尤其要取得丰富、形象、生动的现场材料。记者既要力争找到材料的本源,直接取得第一手材料,有效地保证新闻事实的真实性,又要尽量获得间接材料即第二、第三手材料等,并认真核实。为了尽量多掌握新闻素材,记者要把采访的路子拓得更宽一些、更广一些,尽最大努力把应该访问的人都访问到,把应该观察的现场都观察到,尽可能地多掌握一些"立体化"的、活蹦乱跳的新闻素材的"活鱼"。

然而,采访中获得的大量新闻素材还只是感性认识,是对新闻事实的具体、生动、形象、直接的反映,还有待于上升到理性认识。为此,不能把头脑当作新闻素材的"材料箱",而应当做新闻素材的"冶炼厂",象炼钢、晒盐、淘金那样,进行"精加工"。作为记者的头脑要"开足发条",转个不停,要在整理、分析材料的时候思考问题,从真实的、典型的材料中得出科学的结论,置新闻素材于科学观点的统率下,寓新闻观点于丰富新闻素材的分析之中。

3. 有助于为新闻写作提供"预制构件"

"预制构件"原本是建筑用语,是指混凝土构件、钢构件及其他结构构件,其特点是已经预制完成,使用时只需按要求进行拼接即可,使用预制构件可以提高建设速度、降低劳动强度。

将"预制构件"引入到新闻写作领域,是指同类或相近的事实材料可以组织在一起,形成"事实模块"作为写作素材,写作时随时可以根据报道的需要进行拼接与组装,能够让报道成稿更快,并且一事一段的拼接有助于让报道"跳"起来,行文更灵活。

有关记忆研究的早期成果之一,就是发现了人的记忆中保留有大量的预制的语言单位,后来的研究证明了这些预制的语言单位可能就是信息语块。这些语块是由几个词项构成的,但比几个分散的单词含有更多的信息,这就是预制语块。预制语块普遍存在于人脑的记忆中,而且随着我们对所记忆材料的熟悉程度的增加,预制语块的数量也在相应的增加,从而使我们的大脑可以存储和回忆起更多的信息。如婴幼儿在学习母语时,往往把一些简单的句子作为一个整体来记忆,在反复和成功地使用了某些相同的模式后,就从中概括出来一些语块的构造规则,从而形成了语言能力中的语法能力,而作为语块的那部分,则作为整体存储在心理词库中。

基于人类这样对信息组块的本能的心理基础,在受众接收新闻时,那些模块化的信息比分散的信息要更容易被理解并接受。因此,采访后对素材的分析和整理的一个重要作用就是将采访时零散的、杂乱的信息重新组织,使之模块化,形成写作的"预制构件",在写作时,一旦涉及某一模块的信息,就能信手拈来,拼接组合。

素材在分析和整理时,要将信息按不同的功能、范畴、类别集合在一起,如关于事件本身的信息,可以按开始、发展、高潮、结局分类,关于事件背景的信息可以按解释说明性背景、历史背景、人物背景等分类,到写作时,记者根据报道的需要,整体提取使用,并将这些预制构件串联起来。

如《南方周末》的记者袁蕾一次得到采访韩国明星裴勇俊的专访机会,但是采访时间只有 40 分钟,扣除韩语翻译的时间之后,实际采访时间只有 20 分钟左右。为了更好地了解裴勇俊,记者花了很多时间在采访"杂人"身上,包括裴的助手、承办裴来华宣传活动的中国公司的相关人员、韩国文化促进会的工作人员、追踪报道裴勇俊的韩国记者、北京大学研究韩国影视问题的学者、从日本远道追随裴勇俊来中国的日本女追星族、从国内很多地方赶来的中国"裴迷"……当然,还有对裴的专访。采访完成后,记者分析了一下手头的材料,大致可以分为几个模块:韩流现象在中国和亚洲的基本情况、日本妇女追星族的心态、韩方人员介绍的他们国内推广影视的情况、学者了解的韩国推广影视的政策、裴勇俊的访问以及他在华的一些表现①。

而在每一个大模块中,有的还有更细致的小模块。如韩流现象在中国和亚洲的基本情况中,又可以分为几个小模块:在中国、在日本、在其他国家。而在日本的这一部分模块中,记者请会日语的朋友在多家日本权威媒体上找到日本首相小泉纯一郎喜欢裴勇俊、还希望与裴见面却被婉言谢绝等消息,关于小泉追星即可成为一个预制构件。记者最后成稿《8 个裴勇俊>韩国对日出口总额》的开头,就写了小泉追星的事实,很吸引读者的眼球。

二、整理分析采访素材的程序

1. 总体分类

一般而言,通过采访所获得的信息可以分为三类:事物以往的存在方式和运动状态——史态信息;目前的存在方式与运动状态——现态信息;事物将来的存在方式与运动状态——趋态信息。这三类信息中,现态信息与趋态信息构成了新闻报道最直接的源泉,而史态信息则离新闻稍远,其可能为报道所用,也可能不为所用。

记者在采访后,往往会对所获得的信息材料进行分类,将包含着现态信息的内容放在"新闻事实模块",最直接的新闻事实一般就在其中;将史态信息放入"新闻背景模块",视其与新闻核心事实的紧密程度使用;将趋态信息放入"新闻意义模块",这其中最可能包含可以进行分析与诠释的内容。如记者通过采访获得了以下信息:

> 云南地处中国西南边陲,通过贵昆(内昆)、成昆和南昆铁路与四川、贵州、广西等周边省区相连。
>
> 2005 年 1 月 2 日,云南省发展和改革委员会宣布,云南省计划投资

---

① 风端:《"肉感"写作》,《南方周末:后台》,南方日报出版社 2006 年版。

800 亿元,建设超过 2500 公里的铁路,以大幅度提高云南铁路网覆盖密度及铁路运输能力。

据云南省发改委副主任王敏正介绍,云南省争取在未来数年内开工建设 8 大铁路工程项目,其中新加坡至昆明铁路东线玉溪至蒙自段,沪昆通道重要组成部分贵昆铁路六盘水至沾益复线,昆明至广通复线,新昆明铁路客站南广场,环滇池铁路环线等项目计划在 2005 年开工。另外,云南省还将争取在 2009 年开工建设大理经丽江至香格里拉铁路,这条铁路定位为旅游专线铁路,将把云南省三个著名的旅游风景区联成一体,对开发滇西北丰富的旅游资源和自然资源具有重要意义。新加坡至昆明铁路西线由大理经保山至瑞丽铁路将争取在 2006 年开工,建设这条铁路有利于构筑中国通往印度洋最便捷的出海通道。而新加坡至昆明铁路东线蒙自至河口段计划在 2007 年开工;中线玉溪经思茅、景洪至中老边境磨憨铁路计划在 2008 年开工,这是中国通往东南亚腹地最便捷的通道之一。

据王敏正介绍,2004 年云南铁路建设力度之大、项目数量之多是云南历史上从未有过的。2004 年 4 月 15 日,作为中国铁路"八纵八横"主骨架中上海至昆明通道重要组成部分的贵昆铁路西端沾益至昆明段增建二线工程开工建设。7 月 20 日,昆明铁路集装箱中心站正式开工建设,这是中国第一个开工建设的集装箱物流中心站。12 月 28 日新昆明铁路客运站竣工,新客运站每天始发终到的旅客列车可达 50 对,可接待旅客11.5 万人次。

目前云南铁路营业里程仅 2340 公里,位居全国第 26 位,三大干线均为单线铁路,通过能力严重不足。铁路运输已成为制约云南经济社会发展的"瓶颈"。

在这些材料中,我们很容易就分为三大模块:
新闻事实模块(现态信息):

2005 年 1 月 2 日,云南省发展和改革委员会宣布,云南省计划投资800 亿元,建设超过 2500 公里的铁路,以大幅度提高云南铁路网覆盖密度及铁路运输能力。

云南省争取在未来数年内开工建设 8 大铁路工程项目,其中新加坡至昆明铁路东线玉溪至蒙自段,沪昆通道重要组成部分贵昆铁路六盘水至沾益复线,昆明至广通复线,新昆明铁路客站南广场,环滇池铁路环线等项目计划在 2005 年开工。

新闻背景模块(史态信息):

云南地处中国西南边陲,通过贵昆(内昆)、成昆和南昆铁路与四川、贵州、广西等周边省区相连。

目前云南铁路营业里程仅 2340 公里,位居全国第 26 位,三大干线均为单线铁路,通过能力严重不足。铁路运输已成为制约云南经济社会发展的"瓶颈"。

据王敏正介绍,2004 年云南铁路建设力度之大、项目数量之多是云南历史上从未有过的。2004 年 4 月 15 日,作为中国铁路"八纵八横"主骨架中上海至昆明通道重要组成部分的贵昆铁路西端沾益至昆明段增建二线工程开工建设。7 月 20 日,昆明铁路集装箱中心站正式开工建设,这是中国第一个开工建设的集装箱物流中心站。12 月 28 日新昆明铁路客运站竣工,新客运站每天始发终到的旅客列车可达 50 对,可接待旅客 11.5 万人次。

新闻意义模块(趋态信息):

云南省还将争取在 2009 年开工建设大理经丽江至香格里拉铁路,这条铁路定位为旅游专线铁路,将把云南省三个著名的旅游风景区联成一体,对开发滇西北丰富的旅游资源和自然资源具有重要意义。新加坡至昆明铁路西线由大理经保山至瑞丽铁路将争取在 2006 年开工,建设这条铁路有利于构筑中国通往印度洋最便捷的出海通道。而新加坡至昆明铁路东线蒙自至河口段计划在 2007 年开工;中线玉溪经思茅、景洪至中老边境磨憨铁路计划在 2008 年开工,这是中国通往东南亚腹地最便捷的通道之一。

通过这样分类,我们对所获得的信息有一个整体把握,相当于下厨之前知道自己采购了些什么菜,好对今天的菜单有一个底。

2. 个体分析

经过总体分类后,记者应该把重点放在现态信息和趋态信息上,对单个材料,起码是较为重要的材料,进行分析。

还以上文的材料为例,通过个体分析,材料分类还可以再细化。

新闻事实模块(现态信息):

2005 年 1 月 2 日,云南省发展和改革委员会宣布,云南省计划投资 800 亿元,开工建设 8 大铁路工程项目,建设超过 2500 公里的铁路,以大幅度提高云南铁路网覆盖密度及铁路运输能力。

2005 年重点项目:新加坡至昆明铁路东线玉溪至蒙自段,沪昆通道重要组成部分贵昆铁路六盘水至沾益复线,昆明至广通复线,新昆明铁路客站南广场,环滇池铁路环线。

新闻意义模块(趋态信息):

2009 年重点项目:大理经丽江至香格里拉铁路
意义:定位为旅游专线铁路,将把云南省三个著名的旅游风景区联成一体,对开发滇西北丰富的旅游资源和自然资源具有重要意义。
2006 年重点项目:新加坡至昆明铁路西线由大理经保山至瑞丽铁路
意义:建设这条铁路有利于构筑中国通往印度洋最便捷的出海通道。
2007 年重点项目:新加坡至昆明铁路东线蒙自至河口段
2008 年重点项目:新加坡至昆明铁路中线玉溪经思茅、景洪至中老边境磨憨铁路
意义:这是中国通往东南亚腹地最便捷的通道之一。

新闻背景模块(史态信息):

云南铁路现状:目前云南铁路营业里程仅 2340 公里,位居全国第 26 位,贵昆(内昆)、成昆和南昆铁路三大干线均为单线铁路,通过能力严重不足。铁路运输已成为制约云南经济社会发展的"瓶颈"。
2004 年的成绩:2004 年云南铁路建设力度之大、项目数量之多是云南历史上从未有过的。
重要工程(1):2004 年 4 月 15 日,作为中国铁路"八纵八横"主骨架中上海至昆明通道重要组成部分的贵昆铁路西端沾益至昆明段增建二线工程开工建设。
重要工程(2):2004 年 7 月 20 日,昆明铁路集装箱中心站正式开工建设,这是中国第一个开工建设的集装箱物流中心站。
重要工程(3):2004 年 12 月 28 日新昆明铁路客运站竣工,新客运站每天始发终到的旅客列车可达 50 对,可接待旅客 11.5 万人次。

材料分析到这一步骤,我们已经能发现报道的重点初步显现:反复出现的关键词——昆明到新加坡的铁路,另外还有一条连接三个很著名的地方的铁路——大理经丽江至香格里拉铁路,也可以是报道的重要内容。

个体分析时要求新闻记者把那些材料集中起来,全面阅读,综合分析,彼此顾及,不断深入新闻事实的本质。同时,分门别类,分清主要的、次要的、一般的、个别的,这一方面的、那一方面的……把同类的放在一起,把各类的特性和各类之间的

关系找出来。

3. 加工整理

根据分类、分析的结果,记者可以把一些材料彼此联系、综合,形成报道的预制构件。

这是一个"去粗取精、去伪存真、由此及彼、由表及里"的过程。"去粗取精、去伪存真",就是要我们的记者对新闻素材进行认真的选择与鉴别,去掉其中粗糙的、虚假的,保留精华的、真实的、反映事物本质的材料。"由此及彼、由表及里",就是把其中起决定作用的一类分出来,并以此为主线,也把其余部分连贯起来。

上文的材料经过这一步,可以再做整合,报道几乎就呼之欲出了。

2005 年 1 月 2 日,云南省发展和改革委员会宣布,云南省计划投资 800 亿元,在未来数年内开工建设 8 大铁路工程项目,建设超过 2500 公里的铁路,以大幅度提高云南铁路网覆盖密度及铁路运输能力。

重点项目(1):新加坡至昆明铁路东、中、西三线,将陆续在三年内开工。

重点项目(1)的意义:有利于构筑中国通往印度洋最便捷的出海通道,也是中国通往东南亚腹地最便捷的通道之一。

重点项目(2):大理经丽江至香格里拉铁路,2009 年开工。

重点项目(2)的意义:定位为旅游专线铁路,将把云南省三个著名的旅游风景区联成一体,对开发滇西北丰富的旅游资源和自然资源具有重要意义。

新闻背景(1):目前云南铁路营业里程仅 2340 公里,位居全国第 26 位,贵昆(内昆)、成昆和南昆铁路三大干线均为单线铁路,通过能力严重不足。铁路运输已成为制约云南经济社会发展的"瓶颈"。

新闻背景(2):包括中国第一个开工建设的集装箱物流中心站在内的几大工程开建使得 2004 年云南铁路建设力度之大、项目数量之多是云南历史上从未有过的。

经过这一步,可以将一些过于琐碎的地名去除,并将一些不太重要的工程省略,对一些繁复的内容进行概括,如新加坡到昆明的铁路可以概括为"东、中、西三线"等。写作时,就可以根据需要组合这些事实。

这一步其实是有选择地、精准地、代表性地挑选素材,将不重要的信息挡在门外,接下来,如何编制这些素材使之成为端得出去的报道就是新闻写作的工作了,至此,采访素材的分析与整理就基本结束了。

第二节　采访素材整理与分析的方法

采访素材的整理与分析实际上是要达到两个目标:一是充分消化材料,做到对材料了然于胸;二是实现从新闻采访到新闻写作的衔接,即从事实材料到新闻素材的转化。

在这个环节上,记者在新闻理念的指导下,运用新闻价值标准对采访到的新闻事实材料进行条分缕析的分析和整理。目前,使用比较多的有三种分析材料的方法。

一、新闻要素分析法

一个完整的新闻报道通常是由何人(Who)、何事(What)、何时(When)、何地(Where)、为何(Why)及如何(How),即5W要素加一个H要素组成的。这种认识为记者分析和整理材料提供了支持。在分析材料这一环节,"5W1H"要素分析法有三个具体的用途。

1. 检验材料是否完整

如果发现要素不全,则要做具体分析。一般来说,如果漏掉的要素很重要,就得作补充采访。而有些情况下,新闻报道并不要求要素必须齐全。如一则火灾报道,在发稿时可能无法了解到失火的原因以及最终的损失情况,那么在争取时效的消息报道中,就可以不用交代,只需提一笔"火灾原因和具体损失情况目前还在调查之中"即可。但如果发稿时,原因和损失情况已经查明,缺了这两个事实就说明材料不完整,记者应该再进一步采访,把这两个事实问清楚。

2. 查验材料间的对应关系

对于一些比较复杂的事件,尤其一个事件由多个事件组成时,其事实要素之间的关系也比较复杂,采访后会发现头绪较多,容易眉毛胡子一把抓。这时我们可以采用新闻要素分析方法来分析这些材料,将其一一对应,这样就容易理顺事实之间的关系。

如记者采访后获得如下素材:

> 星期一下午三点,一位名叫王虎的司机在霞光街以北二十里处驾车撞在护路栏杆上,驶出马路,轿车翻了三个过,着了火。王虎从车内爬出来。另一名驾车者救了他。王虎一只胳膊摔断了,轻微脑震荡,烧伤面积为50%,并被送进了医院接受治疗。在安康医院,他情况尚好。
>
> 王虎三十三岁,东北吉林市人,他的未婚妻叫李玲,三十岁,是杭州人。她说,车坏了她并不心疼。"只要王虎还活着就好。我们还可以再买一辆车。"

　　王虎的车是一辆崭新的富康轿车。下周末他将举行婚礼。为了得到两星期的假期,半个月来他每天都工作十六个小时,因此他困极了。

　　他的这辆新轿车是刚刚从商场里买回的,为了使未婚妻尽快看到这辆轿车,他下班后,不睡觉就动身了。本打算使未婚妻看到轿车后大为惊讶,结果却出了事。王虎说他当时困极了,就想睡觉。"我甚至还没有到保险公司进行保险登记,"王虎说:"这真是太危险了。"

　　警察说王虎撞坏了工地附近马路上的二十四个护路栏杆。他的轿车从扎坏第一个栏杆算起前进了三十米才停下来。由于他的粗鲁行驶,他将被传讯。

　　这里面涉及了好几个原因,有车祸的原因,有造成车祸的原因的原因;也有好几个时间概念。新闻事实模块(现态信息):

　　时间:星期一下午三点
　　地点:霞光街以北二十里处
　　人物:王虎,三十三岁,东北吉林市人,司机
　　事件:驾车撞在护路栏杆上,车着了火
　　事件如何发生:轿车驶出马路,翻了三个过;警察说,他的轿车从扎坏第一个栏杆算起前进了三十米才停下来。王虎从车内爬出来。另一名驾车者救了他。
　　原因:王虎说他当时困极了,就想睡觉。
　　为什么想睡觉:下周末他将举行婚礼。为了得到两星期的假期,半个月来他每天都工作十六个小时,因此他困极了。为了使未婚妻尽快看到这辆轿车,他下班后,不睡觉就动身了。
　　结果:王虎一只胳膊摔断了,轻微脑震荡,烧伤面积为 50%,并被送进了医院接受治疗。在安康医院,他情况尚好。撞坏了工地附近马路上的二十四个护路栏杆。

新闻意义模块(趋态信息):

　　结果(1):由于他的粗鲁行驶,他将被传讯。
　　结果(2):他的未婚妻叫李玲,三十岁,是杭州人。她说,车坏了她并不心疼。"只要王虎还活着就好。我们还可以再买一辆车。"

新闻背景模块(史态信息):

　　　　王虎的车是一辆崭新的富康轿车。

　　　　"我甚至还没有到保险公司进行保险登记,"王虎说:"这真是太危险了。"

　　通过新闻要素分析,对于素材中的事实关系理得更为清楚,报道的重点也就一目了然,不会出现思路混乱的问题。

　　3. 界定各要素中新闻价值的含量

　　在构成新闻事实的这些要素中,各个要素对新闻价值的贡献是不均衡的,通常一个事物的新闻价值含量与受众对该事物的兴趣有不可分割的关系。而受众的兴趣通常较多地集中于那些有个性特征的事物上。记者在分析新闻要素时,也要评估其新闻价值。

　　如上面的例子,最有价值的是其造成车祸的原因,以及这个原因的原因,因为这个元素比较有反常性同时还有一定的人情味,在报道中应予以突出。而车祸如何发生的,可以更简化些。

　　4. 要素分析法的内容

　　(1)谁?(有谁在场?他们是什么人?他们的角色、地位和身份是什么?有多少人在场?这是一个什么样的群体?在场的这些人在群体中各自扮演的是什么角色?谁是群体的负责人?谁是追随者?)

　　(2)什么?(发生了什么事情?在场的人有什么行为表现?他们说/做了什么?他们说话做事时使用了什么样的语调和形体动作?他们相互之间的互动是怎么开始的?哪些行为是日常生活中的常规?哪些是特殊表现?不同参与者在行为上有什么差异?他们行动的类型、性质\细节、产生与发展的过程是什么?在观察期间他们的行为是否有所变化?)

　　(3)何时?(有关的行为或事件是什么时候发生的?这些行为或事件持续了多久?事件或行为出现的频率是多少?)

　　(4)何地?(这个行为或事件是在哪里发生的?这个地点有什么特色?其他地方是否也发生过类似的行为或事件?这个行为或事件与其他地方发生的行为或事件有什么不同?)

　　(5)如何?(这件事是如何发生的?事情的各个方面相互之间存在什么样的关系?有什么明显的规范或规则?这个事件是否与其他事件有所不同?)

　　(6)为什么?(为什么这些事情会发生?促使这些事情发生的原因是什么?对于发生的事情人们有什么不同的看法?人们行为的目的、动机和态度是什么?)

　　要素分析法其实也是一种采访的方法,在确立采访的问题时,可以用要素要件法中的分解问题来设计。

二、角色转换分析法

　　这种方法是记者通过转换自身角色,以不同的视角审视新闻素材,从而加深对新闻素材中蕴含着的传播价值的认识。

记者的工作性质很明确,就是将从信源获得的新闻事实信息传达给大众,在这个过程中,记者的角色其实是在变化的:首先记者作为受者从信源那里接受信息;然后作为传者将所获得的信息传到更广大的受众那里去。

表面上看,记者作为传者的作用更大:记者需要在最合适的时间以最合适的方式将最合适的信息传达给最需要了解它的人们。但要实现这一作用,记者必须是一个有心的受者,只有这样,记者才能获得真实、生动的新闻素材,否则就传不出来;同时,记者必须知道自己的受众是谁、在哪里,否则就没有传的场合和机会;记者还要知道自己的受众心里在想什么,否则就容易对牛弹琴,传不好。

因此,在分析采访所得到的材料的时候,一种方法就是记者将自己的角色转换为目标受众,这样,从受众的角度出发来考虑素材的取舍则更有针对性。

一般情况下,记者会选择一个与本媒体的性质相关的受众群体,深入剖析他们的心理需求,按他们的口味来"调制"材料。

以第一节所用材料为例,假如是晚报类的记者来分析的话,大理、丽江到香格里拉的铁路可能会是一个重点,因为晚报的服务性比较强,受众对象也比较市民化,他们可能会对与旅游相关的资讯感兴趣,同时将与百姓关系不是很大的信息如铁路的起止地点、集装箱中心站等等略去。假如是综合性日报,则可能会更关注新加坡到昆明的铁路;如果是交通类的专业媒体,则铁路的很多细节都会被关注到。

在用这种办法分析材料时,记者就不断地问自己这样的问题:

假如我是……我会最关心什么?

假如我是……这件事情跟我有什么关系?

假如我是……这件事对我的影响会表现在哪?

通过这样的角色互换,记者对手头的材料会有更进一步的认识。

三、任务分解法

我们在第一章谈到了采访的任务是掌握几种类型的事实材料,在采访结束之后,分析采访素材时,也可以按照这种方法,将已经采访到的内容进行分类,看是否完成了采访任务。

仍以第一节所用材料为例:

全面情况:2005 年 1 月 2 日,云南省发展和改革委员会宣布,云南省计划投资 800 亿元,开工建设 8 大铁路工程项目,建设超过 2500 公里的铁路,以大幅度提高云南铁路网覆盖密度及铁路运输能力。

主要事实:

● 新加坡至昆明铁路东线玉溪至蒙自段

● 沪昆通道重要组成部分贵昆铁路六盘水至沾益复线、昆明至广通

复线

- 新昆明铁路客站南广场
- 环滇池铁路环线
- 大理经丽江至香格里拉铁路(有更具体的内容)
- 新加坡至昆明铁路西线由大理经保山至瑞丽铁路
- 新加坡至昆明铁路东线蒙自至河口段
- 新加坡至昆明铁路中线玉溪经思茅、景洪至中老边境磨憨铁路

相关背景:

- 目前云南铁路营业里程仅 2340 公里,位居全国第 26 位,贵昆(内昆)、成昆和南昆铁路三大干线均为单线铁路,通过能力严重不足。铁路运输已成为制约云南经济社会发展的"瓶颈"。
- 2004 年云南铁路建设力度之大、项目数量之多是云南历史上从未有过的。

重要工程(1):2004 年 4 月 15 日,作为中国铁路"八纵八横"主骨架中上海至昆明通道重要组成部分的贵昆铁路西端沾益至昆明段增建二线工程开工建设。

重要工程(2):7 月 20 日,昆明铁路集装箱中心站正式开工建设,这是中国第一个开工建设的集装箱物流中心站。

重要工程(3):12 月 28 日新昆明铁路客运站竣工。

典型事例与细节:

- 大理经丽江至香格里拉铁路定位为旅游专线铁路,将把云南省三个著名的旅游风景区联成一体,对开发滇西北丰富的旅游资源和自然资源具有重要意义。
- 新加坡到昆明铁路的东中西三线将在三年内开工,有利于构筑中国通往印度洋最便捷的出海通道,也是中国通往东南亚腹地最便捷的通道之一。
- 昆明铁路集装箱中心站是中国第一个开工建设的集装箱物流中心站。
- 新昆明客运站每天始发终到的旅客列车可达 50 对,可接待旅客 11.5 万人次。

通过这种分析,记者对采访而来的事实能做到心中有底。如上例我们分析后可以看出,记者在典型事例与细节方面的采访不够充分,最终报道的可读性会受到一定的影响。

应该说,对采访的素材进行分析与整理的方法有多种多样,以上三种是比较常用的。这三种方法可以单独使用,也可以综合起来使用,其目的都是一致的,即:消

化素材,为新闻写作打下基础。

练习

1. 假如你采访获得了以下材料,请用本章中所提到的采访素材分析与整理的程序和方法进行分析与整理。

改革开放以来,国人对出国留学始终保持着高涨的热情。借出国摇身变为"海归人才"衣锦还乡成为不少人留学梦的终极目标。出国深造是大学毕业生在就业以外的重要出路,也是没把握考国内大学但具备经济实力的高中生的出路。此外,越来越多有工作经验的白领冀望于出国充电,为个人的职业发展赢得新起点。

来自教育部的数据显示,2005 年,各类出国留学人员总数达到 11.85 万人,其中 90% 是自费出国;年留学回国人员 3.5 万人,其中 78% 为自费留学人员。

2007 年 1 月发布的调查报道显示,可锐职业调研中心对 1500 人进行的抽样调查发现,2006 年,北京自认为能找到自己满意的好工作的"海归"只有 52%,"海归"回国就业"搁浅"率比上年增加了 8 个百分点。"连一些外资企业也不再看重镀金经历,更强调本土化。"一位人力资源专家如是说。

海归职场受挫的问题有多严重? 国务院发展研究中心对随机抽取的 1500 多个"海归"样本统计的结果显示,有 35% 以上"海归"存在就业问题,40%"海归"感觉自己的职业方向出错。此外,由于计算留学成本使海归心理期望过高,也使他们很难找到满意的工作。

为出国留学而辞职的张先生是个典型的失意"海归"。他辞职后不仅留了洋,又在国内攻读了 MBA 的学位。再入职场时,他顺利地被一家企业招揽到市场部工作,但此后的"重用"却让他最终丢了这份工作。由于经历特殊,张先生一度调任总经理助理,但因为不适应,又重回市场部工作。此后,他再次成为董事长"钦定"的助理。但由于与国内市场长期脱节,工作反而不如以前顺手。当他再次申请回市场部工作时,却没人愿意接收。

"有本地经验的人更容易得到市场的认可。"可锐首席职业顾问卞秉彬表示,由于外资企业的本地化进程的加快,海归素质的参差不齐,企业越来越倾向于网罗对当地市场更加了解的员工。在这方面,海归的优势被弱化了。

"仅为'镀金'而出国,肯定是行不通的了。"国务院发展研究中心人力资源培训中心副主任林泽炎表示,在目前的就业市场上,重点是要找到工作,作为用人单位,员工的留学经历不是最重要的。现在,企业的人力资源管理者已经越来越理性,他们在选才时不能单看学历、身份的"标签",更要求应聘者具备企业需要的才能。海归在求职的时候要考虑自己是否能满足企业的需要,找到自己的长处。

2. 假如你采访获得了以下材料,请用本章中所提到的采访素材分析与整理的程序和方法进行分析与整理。

2002 年 11 月份的《科学》杂志刊登的一项研究结果表明,如果把热带植物包括在内,全球濒临灭种植物的比例将高达 47%。

中国作为世界上生物多样性最丰富的国家之一,不仅生物物种数量多,而且特有程度高,起源古老。

中国有 3.1 万种高等植物,约占世界总数的 10%。

中国的生物多样性也正遭受着历史上最严重的威胁。高等植物中,有 4000~5000 种受到威胁,占濒危植物总种数的 15% ~20%。近几十年来,中国已经有大约 200 种植物灭绝。

在自然条件下,植物物种面临退化和灭绝威胁,迫使人们采取迁地保护的措施。植物园是迁地保护的重要基地。

我国实施大规模植物保护计划,将建世界最大植物园。

广泛的物种灭绝将对人类和生态系统产生严重的影响。据估计,世界上有一半以上的药物模仿天然植物合成,1/4 的药物直接从植物中提取或以植物为原料制成。农业也会由于生态系统活力的消失而受到威胁。

"一个物种可以关系到一个民族的兴衰,比如野生稻本就是一根草,袁隆平院士发现了它并开发出了杂交稻,这根草也就直接影响到了中国人的吃饭问题。"中科院植物所所长韩兴国说。一个物种还能影响到一个国家的经济命脉,如荷兰的郁金香;一个生态系统可以改变一个地区的经济面貌,如西双版纳植物园每年可以为当地带来 20 亿元的效益。

中科院武汉植物研究所所长黄宏文博士在 2002 年 8 月 9 日出版的《科学》杂志上透露,中国科学院计划在 15 年内,将所属 12 个植物园保护的植物种类从 13000 种增加到 21000 种。

目前,一场大规模的植物保护计划正在全国范围内实施。在全国拥有 12 个植物园的中国科学院在这一行动中扮演领头人的角色。中科院将和全国各地其他 140 多个植物园一起,共同保护中国本土的 3 万多种高等植物资源。

中科院生命科学与生物技术局局长朱祯介绍,中科院的植物园建设计划将以华南、武汉、西双版纳、北京等几个地方为中心,以保护本土植物资源为主。武汉将以亚热带的水生植物为主,西双版纳以热带雨林为主,北京则将立足温带,大量引种防治沙尘暴、荒漠化的植物。

今天,秦岭植物园园长、兼任中国科学院西安分院副院长的沈茂才,向记者介绍了建设中的秦岭植物园的最新进展。

沈茂才说:"秦岭地区的生物多样性保护项目已经启动了。在最近的普查中,我们就发现了 20 多种在《秦岭植物志》上没有记录的新植物。秦岭植物园主要有四大功能:生物多样性保护、科学研究、科学普及教育和生态旅游。秦岭植物园的植物保护项目是中国科学院整个植物园建设计划的一部分。"

秦岭是中国亚热带和暖温带的交汇区,天然划分中国内地南北气候。这里的植物分布和生物多样性在全国首屈一指,具有建立植物种质资源基因库的良好条件。

秦岭植物园位于陕西省西安市周至县境内,规划总面积将达 458 平方公里,比目前世界上最大植物园大 4 倍。

秦岭植物园内,将迁地保护的温带植物有 900 种;将迁地保护的热带和亚热带植物有 2000 多种。

秦岭植物园内,将就地保护秦岭地区的 3200 多种植物。

目前,秦岭植物园正在建设 10 个迁地保护基地,选择关键地区,收集重要珍稀濒危动植物的种质和基因资源。对植物进行移栽天然苗、收集种源,通过组织培养、扦插、播种等手段,解决其快速繁殖技术。

第 8 章
形成报道思路

2008 年 8 月 24 日,著名作家魏巍去世。而他的名字,是和他的代表作《谁是最可爱的人》联系在一起的。

1951 年 4 月 11 日《人民日报》第一版头条发表了魏巍的报道《谁是最可爱的人》。

毛泽东阅后批示:"印发全军"。

朱德读后连声称赞:"写得好!很好!"

周恩来在 1953 年第二次文代会上讲话时,竟推开了讲稿,对着话筒大声地说:"在座的谁是魏巍同志,今天来了没有?请站起来,我要认识一下这位朋友。"这时,全场都望着从座位上站立起来的魏巍,热烈鼓掌。周恩来说:"我感谢你为我们子弟兵取了个'最可爱的人'这样一个称号。"

《谁是最可爱的人》这篇作品,被选入全国中学语文课本,鼓舞、教育了几代人。

1951 年 2 月,魏巍完成了 3 个月的朝鲜采访,回国后便抓紧时间写出在朝鲜的见闻和感受。在写作中,他放弃了原来要写诗歌的打算,从 20 多个最为生动的故事中,几经推敲、删减,最后选定了 3 个最能表现英雄本色的典型事例,选择"通讯"(现多称为深度报道)来讲述他心中的"最可爱的人"。由于感受深刻,下笔如有神,一气呵成,一天多时间就完成了。

《谁是最可爱的人》的创作过程对今天的记者仍然有意义。那就是每次采访归来,面对新的素材,记者都需要认真想一想:我选择什么样的体裁才能把我的信息传达得最准确、最容易接受?

是什么原因在影响着报道体裁的确定?如何能选择一个最吸引人的角度?这将是本章要重点探讨的。

第一节　确定报道体裁

记者在对采访到的素材进行分析后,就要考虑这些事实材料适用于怎样的新闻体裁,并根据明确的体裁特点去衡量和选取材料,甚至作一些补充采访。

在实际操作中,确定报道体裁有时是在采访前和采访时就已经确定了。记者根据选题的特点和版面的需要决定一个线索是按什么体裁采访,如果决定写消息,则采访可以不必追求深入,更重在时效和主要事实清楚;如果决定写深度报道,则采访必须层层挖掘,表现其来龙去脉和意义、影响;如果决定写特写,则采访主要抓瞬间印象,力争由一斑窥全豹。

但在很多时候,采访时也许并不清楚自己要写成一个什么体裁的报道,或者采访后分析材料时决定改弦易张,由于材料充分从原来准备写的消息改成要写深度报道,或者从深度报道要改成消息,都是非常自然的。因此,从这个角度来说,真正能确定用什么样的报道体裁只有在采访之后。

在新闻报道领域,尽管消息、特写、深度报道、广播稿、谈话、访问传记等多种体裁并存,但最常用的只有消息、特写和深度报道几种。

一、适宜写作消息的素材特点

消息是一种简明扼要、迅速及时地报道新闻事实的体裁,广泛传播各个领域新近发生或正在发生的事实,是各种新闻媒介运用最多、最经常的新闻报道形式。

一般来说,采访素材时效性比较强、内容精干时比较适合写成消息。消息被称为媒体的主角,在记者确定采用什么样的体裁时,应该最优先考虑使用消息发稿。消息时效性强,篇幅短小,结构上强调"重心前置",即重要的内容尽量放在前面,最重要的事实可以放在导语中、叙事强调客观冷静,是一种"短平快"的传播体裁。

1. 事件消息

以报道刚刚发生或仍在发展变化的新闻事件为主的消息体裁。它与非事件消息相对应,要求迅速及时地反映事件的发生、发展和变化,有很强的时效性和动态性。

新闻事件分为可预知事件、突发事件和还处于发展变化之中的事件等不同类型。一般根据具体情况,可以分别采用动态消息或现场报道、连续报道等形式。

采写预知事件的消息,虽然可以预先采访基本事实,但仍应坚持现场观察和采访,准确掌握现场的实际活动和结果,仔细核实预先获得的材料;报道突发性事件,则要在了解事件全貌的基础上,把握并突出事件本质特点,防止停留于表面现象或无根据地主观推测。某些持续时间长或空间范围广的事件,则可用消息的形式分别做突出事件阶段性特点的连续报道,或点面结合的综合报道。

如北京奥运会开幕的消息就是一个典型的事件消息,报道以时间顺序将开幕的全过程进行了"扫描",比较全面地表现了奥运会开幕的盛况。

第二十九届奥运会开幕

新华社北京8月8日电(记者　孙承斌　汪涌　高鹏)　百年奥运梦,今夜终成真。2008年8月8日晚,举世瞩目的北京第二十九届奥林匹克运动会开幕式在国家体育场隆重举行。国家主席胡锦涛出席开幕式并宣布本届奥运会开幕。具有两千多年历史的奥林匹克运动与五千多年传承的灿烂中华文化交相辉映,共同谱写人类文明气势恢弘的新篇章。

江泽民、吴邦国、温家宝、贾庆林、李长春、习近平、李克强、贺国强、周永康等党和国家领导人,国际奥委会主席罗格、终身名誉主席萨马兰奇,以及来自世界各地的领导人和贵宾出席开幕式,同全场观众共同见证这一激动人心的历史时刻。

夜幕下,"鸟巢"造型的国家体育场华灯灿烂,流光溢彩。可容纳9万余人的体育场内座无虚席,群情激动。开幕式正式开始前,来自一些省、自治区、直辖市和香港特别行政区、澳门特别行政区、台湾地区的表演团队,献上精彩纷呈的民族歌舞,把现场气氛渲染得十分热烈。

19时51分,在欢快的乐曲声中,胡锦涛、江泽民和罗格等走上主席台,向观众挥手致意。全场响起长时间的热烈掌声。

一道耀眼的光环,照亮古老的日晷。体育场中央,随着一声声强劲有力的击打,2008尊中国古代打击乐器缶发出动人心魄的声音,缶上白色灯光依次闪亮,组合出倒计时数字。在雷鸣般的击缶声中,全场观众随着数字的变换一起大声呼喊:10、9、8、7、6、5、4、3、2、1……在一片欢呼声中,迎来了开幕式正式开始的时刻:20时整。

2008名演员击缶而歌,吟诵着"有朋自远方来,不亦乐乎",表达对世界各地奥运健儿和嘉宾的欢迎。五彩的焰火沿北京南北中轴线次第绽放,呈现出象征第二十九届奥运会的29个巨大脚印。一个个燃烧的脚印穿过夜空,一路向北,在国家体育场上空幻化成飞泻而下的繁星,在地面汇聚成闪闪发光的奥运五环,被空中轻盈起舞的"飞天"仙子缓缓提起……充满浪漫情调和独特创意的奥运五环展现方式,让现场观众深受感染和震撼。

"五星红旗迎风飘扬,胜利歌声多么响亮。歌唱我们亲爱的祖国,从今走向繁荣富强……"在清脆的女童歌声中,身着中国各民族服装的56名少年儿童,簇拥着鲜艳的五星红旗进入体育场。

20时12分,全体起立,军乐队奏响中华人民共和国国歌,中华人民共和国国旗冉冉升起。现场观众放声高唱,嘹亮的国歌声在体育场内回荡。

灯光转暗,古琴声起,巨幅画轴缓缓展开,以"美丽的奥林匹克"为主题的大型文艺表演拉开帷幕……艺术家们历经3年多精心准备的这台演出,以新颖的创意、浓郁的中国风情、富有感染力的表现手法,向世界奉献了一部奥林匹克与中华文明交融交汇的华丽乐章。

清雅、悠远的古琴声中,黑色的身影在白纸上飞舞,如同一只无形的大手在挥毫泼墨,一幅中国水墨画随后在体育场中央缓缓升起;手持竹简的810名士子,齐诵"四海之内皆兄弟也""三人行必有我师焉",897块活字印刷字盘变换出不同字体的"和"字与蜿蜒耸立的长城……"画卷""文字"等节目含蓄隽永、意境悠远,形象地表现了中国文化的源远流长和印刷术等古代"四大发明"的不朽魅力。移动的戏台上,在京胡、锣鼓伴奏下,4个京剧木偶和800名演员表演喜悦的凯旋场面;辽远无边的沙漠、波涛汹涌的海洋,陆上、海上"丝绸之路"的开拓者艰苦跋涉、破浪前行;优美的昆曲声远远飘来,5幅中国长卷画一一展开,身披彩衣的仙子婆婆起舞,32座龙柱缓缓升起……"戏曲""丝路""礼乐"等节目热烈奔放、辉煌壮观,生动展现了中华文化的博大精深。钢琴声清亮、欢快,1000名演员扮成群星在舞台上欢舞,如同浩瀚的银河在流动,搭建起星光闪闪的"鸟巢",红衣少女放飞起美丽的风筝;太极表演刚柔相济、气势磅礴,天圆地方的太极阵里,天真烂漫的孩子唱着童谣,手持彩笔在水墨画上描绘出青山绿水和笑吟吟的太阳,五彩斑斓的鸟群展翅翱翔……这些空灵简约、韵味深长的艺术表现,深刻体现了中国人民喜迎奥运的激动之情和对和平、和谐的真诚追求。

宏大的音乐骤然响起,浩渺的宇宙中,群星闪耀,蓝色的地球缓缓旋转,58名演员在地球上奔跑、翻跃。"我和你,心连心,同住地球村。为梦想,千里行,相会在北京……"英国女歌手莎拉·布莱曼和中国歌手刘欢深情地唱起北京第二十九届奥林匹克运动会主题歌《我和你》。体育场上展现出2008张世界各地儿童的笑脸,体育场上方的投影屏上也呈现出孩子们笑盈盈的脸庞。情真意切的主题歌和不同肤色儿童的笑脸,生动诠释了北京奥运会"同一个世界、同一个梦想"的主题。

21时10分,运动员入场式开始。反映世界五大洲风格的乐队轮番奏响不同大陆的经典乐曲。来自奥林匹克运动发源地的希腊代表团首先入场,其他国家和地区代表团按简化汉字笔画顺序先后进场。共有204个国家和地区的代表团参加本届奥运会。今后16天里,来自世界各地的1万多名运动员将在五环旗下同场竞技。陆续入场的运动员个个朝气蓬勃、精神抖擞,不时微笑着向观众挥手致意。现场观众用热烈的掌声和欢呼,欢迎他们的到来。

23时09分,东道主中国代表团最后入场。中国体育代表团共1099人,其中参赛选手639人,创中国历届奥运会参赛人数之最,也是本届奥运会参赛运动员最多的代表团。

中国队持旗手、著名篮球运动员姚明拉着四川省汶川县映秀镇渔子溪小学二年级学生林浩的手,走在队伍最前列。在汶川特大地震发生的那一刻,9 岁的小林浩临危不惧,冲进废墟营救同学,被评为抗震救灾英雄少年。中国人民面对灾难展现出的坚忍不拔、顽强不屈,让全场中外观众备受感动。观众席上掌声雷动、欢呼不断,"中国加油"的呐喊声响彻体育场上空。

入场过程中,每个运动员都在体育场中央的画面上留下了彩色足迹。五颜六色的足迹与文艺表演留下的图画,共同构成一幅"人类家园"的美丽景象。

北京奥运会组委会主席刘淇在开幕式上致辞,他代表北京奥组委,向来自世界各个国家和地区的运动员、教练员、来宾表示热烈的欢迎;向国际奥林匹克委员会、各国际单项体育组织,向参与北京奥运会筹办的建设者和工作者,向所有关心、支持北京奥运会的朋友们表示衷心的感谢。刘淇说,北京奥运会的重要使命在于促进世界各国文化的交流。我们真诚地希望,中华民族悠久的历史文化、热情好客的人民,能给朋友们留下美好的记忆。

国际奥委会主席罗格在开幕式上致辞。他感谢北京奥组委和成千上万志愿者不辞辛劳的工作。罗格表示,我们处在同一个世界,我们拥有同一个梦想,希望本届奥运会带给大家欢乐、希望和自豪。

23 时 36 分,一个万众期盼的时刻到来了。国家主席胡锦涛用洪亮的声音宣布:北京第二十九届奥林匹克运动会开幕!

顿时,璀璨的焰火绽放夜空,激昂的旋律响彻全场,彩旗挥动,欢呼声经久不息……

8 位执旗手手持奥林匹克会旗入场。他们是我国不同时期优秀运动员的代表——创造我国田径史上第一个世界纪录的女子跳高运动员郑凤荣,3 次打破百米蛙泳世界纪录的泳坛健将穆祥雄,多次获乒乓球世界冠军的张燮林,首次登顶珠穆朗玛峰的女运动员潘多,获得过 13 个世界冠军的羽毛球运动员李玲蔚,曾刷新 10 米移动靶项目奥运会纪录的射击运动员杨凌,连续在 4 届奥运会上摘金夺银的跳水运动员熊倪,实现我国冬奥会上金牌"零的突破"的短道速滑运动员杨扬。80 名身着民族服装的儿童,唱起奥林匹克会歌。奥林匹克会旗缓缓升起,和五星红旗一道,在体育场上空高高飘扬。

在五环旗前,中国运动员张怡宁、中国裁判员黄力平分别代表全体参赛运动员、裁判员宣誓。

"我们在这里相逢,语言不同一样的笑容……"优美的歌声中,100 名白衣少女和着节拍,交叉双臂、挥动双手,如同洁白的和平鸽振翅高飞。运动员和观众也和少女们一同舞起双臂,场内呈现万鸽齐飞的壮观场景,表达了人们对和平的殷殷期盼。

23 时 54 分,取自奥林匹亚的奥运圣火抵达国家体育场,激动人心的奥运圣火点燃仪式即将开始。全场观众挥动彩色手电,宛如万点繁星,熠熠闪烁。在过去 4 个多月里,奥运圣火穿越五大洲,传遍中华大地,首次登上世界最高峰珠穆朗玛峰,在 2 万多名中外火炬手的接力传递中,一路点燃激情,一路传递梦想。

8 名火炬手高擎火炬,在体育场内进行最后的传递。摘取中国奥运史上第一枚金牌的许海峰、中国第一位奥运会跳板跳水金牌获得者高敏、第一位夺得体操世锦赛个人全能金牌的中国选手李小双、中国举重史上唯一得过两枚奥运金牌的占旭刚、中国奥运史上第一枚羽毛球混双金牌获得者张军、中国首枚 67 公斤以上级跆拳道奥运冠军获得者陈中……曾经创造一个个辉煌的著名运动员,手举圣火在体育场内慢跑,受到全场观众热烈欢迎。

9 日 0 时整,第七名火炬手、曾为中国女排夺得"三连冠"立下汗马功劳的中国女排前队长孙晋芳举着火炬,来到体育场上的一个高台,等候在这里的著名体操运动员李宁将手中的火炬点燃。高举火炬的李宁腾空飞翔,在体育场上空一幅徐徐展开的中国式画卷上矫健奔跑,画卷上同时呈现出北京奥运圣火全球传递的动态影像。

0 时 04 分,在空中奔跑的李宁来到火炬塔旁,点燃引线,巨大的火炬顿时燃起喷薄的火焰,熊熊燃烧的奥林匹克圣火把体育场上空映照得一片辉煌。

圣火点燃,全场沸腾。绚丽的焰火腾空而起,在体育场上空辉映成七色彩虹。奔放的音乐、热烈的欢呼震耳欲聋,现场气氛达到了高潮。同一时间,北京各地 4 万余发焰火齐放。从灯火辉煌的奥运村,到古色古香的永定门;从巍然雄踞的居庸关长城,到花团锦簇的天安门广场,万紫千红的焰火如星空下的一条彩带,与国家体育场上空的焰火遥相呼应……

欢歌劲舞庆盛事,火树银花不夜天。这是 13 亿中国人民永难忘怀的时刻,这是现代奥林匹克运动又一辉煌的瞬间。历经 7 年的精心筹备,中国向世界奉献一个共叙友情、同享和平的盛大庆典。

今夜,北京不眠!

今宵,世界同庆!

2. 非事件消息

与事件消息相对应的消息类型。这类消息着重反映客观事物的现象或趋势,一般没有很明确的时间始、终点,报道的是其发展变化的阶段性特点或基本面貌,反映特定事物蕴含的经验或典型意义。非事件消息不仅报道已经发生的新闻事实,而且要综合运用各种事实表现新闻主题,提示其内在本质和社会意义。

这类消息的题材,通常时间跨度较大,空间范围较广,尤其要注意选择和发掘那些显著的、富有特点的典型材料,善于用典型事实说话,恰当运用点面结合的表现方法。

一般来说,非事件的新闻对时效性的要求不如事件性新闻那么高,报道时一般要求要把握好时机,要善于利用新闻根据(由头),以增强消息的新鲜感。因此,要在所采访的素材中寻找最近的切入点,如果没有这类素材,则需要等待发稿时机。

如一位记者接到报道甘肃省科技战线 40 周年成就的任务,他跑了甘肃省、兰州市五六个部门,采访到了很多材料。但是,分析完所有材料,却发现最近发生的事实都是“去年首届技术出口交易会”。这些材料要写成一篇消息可以说是“万事俱备,只欠由头”。于是记者又进一步通过文献阅读寻找可以发稿的“最新事实”。终于记者在新近的《人民日报》上找到一则消息:甘肃金川公司“金川资源综合利用”项目荣获国家科技进步特等奖。有了这个甘肃科技界的最新斩获,其他的事实也就能带动出来了。记者写下了这样的消息开头①:

> 本报讯　国庆前夕,“金川资源综合利用”项目荣获国家科技进步特等奖的消息,使我国科技界又一次对甘肃的实力刮目相看。

记者在确定手头的材料可以写作消息后,一旦写出“本报讯”或者“新华社/中新社电”字样的电头或消息头,就意味着进入一种特定的文体语境。记者的素材都会在这个电头的导引下,按着消息文体的既定逻辑和惯用句法前进。

二、适宜写作深度报道的素材特点

如果采访素材在内容上能对某一主题作较为全面、详尽、深入的反映,在形式上可以有多种表现手法,那么,这些素材写成深度报道比较适宜。深度报道通常运用解释、分析、预测等方法,从历史渊源、因果关系、矛盾演变、影响作用、发展趋势等多角度报道新闻,并不满足于向受众提供简单的新闻事实,而是对新闻要素作深入挖掘,一方面剖析新闻事实的内部,另一方面展示新闻事实的宏观背景,从总体联系上把握其真实性。

2006 年 8 月,《南方周末》推出报道《大学生为何频现救助站》,将大学生就业难的大背景投射到救助站里出现大学生身影这一现象上,很耐人寻味。这一报道不仅有大学生进入救助站的具体、鲜活的故事,还有其心路历程,另外,结合一些调

---

① 孔祥军:《新闻传播精品导读新闻(消息)卷——范式与典例》,复旦大学出版社 2004 年版。

查数据来透视这一现象,并对背后的原因有所分析。采访比较充分,因此,素材写成深度报道游刃有余。

三、适宜写作特写的采访素材的特点

特写原本是电影术语,指突出地拍摄人或物的局部,以造成强烈的视觉冲击效果。新闻特写正是借鉴了这种手法,以描写为主要表现手段,截取新闻事实中某个最能反映其特点或本质的片段、剖面或细节,做形象化的再现与放大的一种新闻体裁。

如果所采访的内容现场比较充分,如再现事物、现场的瞬间状态和情境时有富有情节和画面感的信息,或者记者在当时、当地,目睹事件、人物本身时对其所见、所听、所嗅……有比较深刻的感受,那么可以考虑使用特写这种体裁。在构思时,应着重于攫取新闻流程的片段,抓住瞬间着力描写,不必拘泥于过程的完整性。

如北京奥运会开幕除了有常规的消息报道外,还有一些属于特写报道,如下面一篇报道,读者可以与上文的消息进行对照,分析其采访的素材有怎样的差异。

特写:中国长卷 世界惊艳

新华社北京 8 月 8 日奥运专电 记者肖春飞 汪涌 刘丹

今夜,世界聚焦点,是一幅铺陈在中国国家体育场中心的中国写意长卷。

水墨洇开,日月山川,或汪洋恣肆,或灵动轻盈……世界,看到了一个充满文化自信的中国。

历届奥运会开幕式文艺表演,无不淋漓尽致地展现主办国深厚的文化积累。面对有着五千年辉煌灿烂文明的中国,张艺谋和他的团队将如何驾驭?——这一直是全世界的疑问。

依然有长城,依然有兵俑,还有"飞天"、京剧、昆曲、太极……但是,北京奥运会开幕式文艺表演,并不是单纯地堆积中国元素,张艺谋和他的团队,选择了一张巨大的"纸",向世界呈现一幅中国的长卷、历史的长卷、文明的长卷。

4 年前雅典奥运会上,希腊人别出心裁,在主体育场用 2800 吨水造出了一个蔚蓝的"爱琴海",带给世界一个梦幻之夜;现在,这张承载着中国文化精髓的"纸",成为北京奥运会开幕式最具匠心的构思。

纸,是文明传承的重要载体。中国人造出了世界上的第一张纸。中国人在纸上,传承蕴含东方哲理的《论语》《周易》,描画深具东方意趣的水墨山水,创作独有东方韵味的唐诗宋词……

北京奥运会开幕式文艺表演的"纸",是由 LED 组成的 147 米长、27 米宽的中心舞台,核心表演都在上面进行,这是历届奥运会科技含量最高的中心舞台,可升降、可平移,中国的高科技,与中国传统文化一样,令世界惊艳。

《义勇军进行曲》犹自回荡耳畔,古筝悠扬之声响彻全场,一幅巨大纸轴徐徐打开,北京奥运会开幕式文艺表演此时正式开始。画卷流动着历史进程的符号,演员形体仿佛中国的水墨,在白纸上留下优美的图画,墨韵酣畅,洒脱写意。

在这个长卷上,中国文化从历史深处尽情流淌出来,让世界度过一个目眩神迷的夜晚:无论是活字印刷的表演,还是孔子三千弟子的吟诵;无论是木偶京剧的喜悦之声,还是丝绸之路的艰辛之旅;无论是簪花仕女的优雅,还是击缶而歌的朴拙;无论是《清明上河图》的恢宏大气,还是"春江花月夜"的轻盈动人……包括四大发明在内的古代中国的灿烂文明,以如此方式展现,让国人骄傲,让世界动容。

钢琴家郎朗和一个 5 岁女孩的钢琴演奏,将人们从文艺表演上篇《灿烂文明》带出,进入下篇《辉煌时代》。古老的画卷在无垠的星光中延展,寓意中国的今天道路更加美丽宽广。

演员们搭成一个"鸟巢",放飞一只美丽的风筝。寓意天圆地方的太极表演,向世界展示着东方人的哲学理念——人和自然和谐共生。此刻,正在画画的来自五大洲的儿童,将黑白画染成了彩色。

地下的舞台里升起一个巨大的立体"地球","鸟巢"碗边屏上,上万张儿童的笑容可亲可爱。场内 2008 柄小伞上,展露出孩子们的微笑。"同一个世界、同一个梦想",在此得到完美的展示。

"我和你,心连心,同住地球村。为梦想,千里行,相会在北京。来吧,朋友! 伸出你的手,我和你,心连心,永远是一家人!"站在"地球"之巅,刘欢和莎拉·布莱曼放声高歌,北京奥运会主题歌《我和你》响起来。

演出并未到此结束。当来自奥林匹克运动的发源地希腊的奥运代表团入场时,世界惊奇地发现:运动员把彩色的足迹留在了"纸"上!

在北京奥运会上,无数运动员把自己的足迹留在中国的长卷上。随着越来越多的运动员入场,长卷变成了色彩斑斓的大地。

来自全球的运动员和现场的艺术家以及儿童们共同完成的这幅画,超越了绘画、超越了体育,成为 2008 年最盛大最感人的行为艺术!

烟花漫天,欢声鼎沸。在这个不眠之夜,中国文化,面向世界完成了五千年来最自信的一次展示!

第二节　设计报道结构

一、要点提炼

记者在经过对采访素材的分析之后,应该对这些材料最能说明的问题有一个提炼,使自己对事物的认知达到一个比较高级的全面和深入的阶段。要点提炼能够阐明这篇报道最重要的内容,简要地提示新闻中的核心信息。

当记者将某个事件纳入自己的报道视野之后,经过对各式各样、有时甚至是杂乱无章的采访素材的分析与整理,就可以运用要点提炼来对其进行梳理与剪辑。记者在对情况有基本了解之前,要对新闻事实进行要点提炼是非常困难的,而有了对新闻素材的深入研究,记者就应该能做到这一点。

要点提炼的主要方法是归纳,即对采访到的素材性质进行概述和共性归类。在不同的行为人或局势具有相似的特性并相互关联的时候,或者当某一特性适用于某一群体或系列的不同成员时,就可以使用归纳法。如"暴乱分子抢劫了许多商店",将具有打砸抢烧这类行为的人都称为"暴乱分子";又如"美国约两万名反战人士在纽约举行了声势浩大的示威游行,呼吁美国政府从伊拉克撤军。"这些人尽管有各种各样的表现,但记者以一个"反战人士"的称呼将其归纳起来。

又如上一章使用的材料中提到"新加坡至昆明铁路东线玉溪至蒙自段 2005 年开工,新加坡至昆明铁路西线由大理经保山至瑞丽铁路 2006 年开工、新加坡至昆明铁路东线蒙自至河口段 2007 年开工、新加坡至昆明铁路中线玉溪经思茅、景洪至中老边境磨憨铁路 2008 年开工。"可以归纳为"新加坡至昆明铁路东、中、西三线将在 2005 年至 2008 年间陆续开工"。

应该说,要点提炼是新闻构思过程中进行有效的思路控制、对庞杂的信息资料作删繁就简的主要方法和策略。在分析完采访素材后,可以试着用一句话来提炼这些素材所能说明的问题。

有两种能够帮助你提炼报道的要点:

●标题法。尝试为你写的报道做一个标题。如果你只能用几个词来表达清楚主要意思的话,那几个词是什么?

●向朋友讲述法。如果你正准备向某人讲述你的报道,你会怎样来描述? 你会怎样回答"这篇报道是关于什么内容的"这种问题? 用一两句话解释清楚你写的报道。

二、结构顺序

写作前思考报道的结构其实就像旅行中需要一张地图一样,这一步将指引着你在写作时材料使用的位置和方向。如果没有对结构顺序进行思考,写作时思路容易在大量材料的干扰下变得混乱。

在分析和整理完采访素材后,可以另外用一张纸或在电脑上写出你想用的信息的关键词,然后按照你打算在报道中使用它们的顺序进行排列。可以尝试几种排列方式,看哪种方式更自然、顺畅。

一些人需要拟定一个非常完整的写作提纲,而另一些人只需要用几个词来规划他们的结构顺序。采用哪种模式取决于哪一种你更喜欢。

如上一章采访素材分析的那个材料,我们可以提炼几个关键词:云南大举建铁路、新加坡至昆明铁路、大理、丽江至香格里拉铁路、云南铁路现状、2004 年建设力度大。然后我们就可以排列这几个关键词,看如何排列顺序更合理,如果是都市报的话,可能这样排更好些:"大理、丽江至香格里拉铁路、云南大举建铁路、新加坡至昆明铁路、2004 年建设力度大、云南铁路现状"。到写作时,就可以按照这个顺序展开报道。

以下有五种方法帮助你决定结构顺序:

●话题法。列出所有你想报道的信息点,判断哪些是最重要的信息点,以及各点之间的排序更自然,然后按照这个顺序排列各点。把信息从最重要到最不重要的顺序进行排列,然后按具体信息点或话题对所有信息进行归类,包括引语和起支持作用的事实。

●图表法。可以为报道结构顺序列出一个示意图,将示意图作为组织报道的线索。

●结尾法。可以先思考报道的结尾,看看你想怎样结束报道。能找到一句引语来总结主要观点吗？有没有预测未来发展趋势的信息？在你写出结尾后,想想在开头和结尾之间你还需要哪些信息。

●时间顺序法。报道如果有明显的时间要素,可以考虑用时间顺序来安排报道。你可以从正在发生的事情写起,然后转到描述背景(过去的事情),随后再返回当前,最后以未来结尾。

●讲述法。向朋友讲述的技巧也可能向你提示一种写作时的结构顺序。

三、对采访素材取舍

报道要点提炼出来之后,就是整篇报道关键的统筹工具,一旦找到就要抓住不放。报道中的所有信息都应该和报道要点相关,与报道要点不相关的信息可以舍去。如图示:

新闻素材 { 无效素材(不符合报道要点)
有效素材(能说明报道要点) { 一般素材
典型素材

对采访素材取舍的过程是沙里淘金的过程,正如唐朝诗人刘禹锡所写:"千淘万漉虽辛苦,吹尽狂沙始得金",很多时候,记者会舍不得放下自己辛辛苦苦采访到的内容,但即使如此,也不得不忍痛割爱。如笔者2006年采访前外交学院院长、原中国驻法大使吴建民先生时,了解到了很多非常有意思的内容,如他大学毕业到外交部工作的一波三折、他与夫人施燕华女士(曾任邓小平的英语翻译)是外交部少有的大使夫妻、吴建民先生与法国前总统希拉克交朋友的故事等,但由于所服务的栏目是北京电视台《奥林匹克人物访》,讲述的是他与奥运会的故事,这些内容虽然很好但由于和主题不符也只能删去。

第三节 选择新闻角度

一、事关成败的切入点

角度,即看事物的出发点,又称作"视点"、"观点"、"观察点"等。新闻角度的选择是新闻采访与写作衔接中的重要一环。它把握得如何,是直接关系一篇报道能否成功的关键。因此,在新闻报道活动中,新闻传播者对采集的新闻素材,总是要进行分析比较,找准最佳视点,选取最佳材料,择其最佳表现手法,来向受众传递新闻信息。

选角度和提炼要点不同,提炼要点,就是确定一篇报道的主旨,主旨是主,角度是从。同一个主题,可以从不同角度,写出许多各具特色的新闻来。一篇新闻,如果说,主旨是它的灵魂,内容是它的躯体,标题是它的眼睛,那么,"最佳新闻角度"则是作者向读者展示这则报道的窗口。

表现主题可以选择不同的切入角度。可以从正面反映,也可以从侧面反映;可以鸟瞰,也可以管窥,正所谓"横看成岭侧成峰,远近高低各不同"。但是在特定形势下,最佳角度、最佳主题只有一个,只有这个角度才能使新闻的含义深刻丰富,有针对性,一箭数雕地反映最新鲜、最贴近群众、最能回答迫切问题的新闻事实。

新闻角度是报道的出发点,是记者对客观事物新闻价值的一种特殊的认知形式,可以引导受众认识事物的新闻价值所在。选择新闻角度不仅是记者挖掘事物新闻价值的途径,也是受众了解事物新闻价值的途径。报道角度的新旧与传播效果紧密相关,若能弃旧图新,自然能使新闻事实由抽象变得具体形象,由死板变得生动活泼。

选择合适的报道角度至关重要,也很有讲究,关键要抓住两点。

(1)只有深入细致地采访,才能从客观事实中发现和选择出好的角度,如果记者走马观花,好的素材失之交臂,自然抓不住好的角度。

新的角度存在于深入细致的采访之中。深入细致的采访,是选择好新闻角度的必要前提。能否选择到新鲜脱俗的新闻角度,也是衡量新闻采访成功与否的主要标志。人们要准确地反映客观事物,必然会碰到一个观察和反映事物角度的问题。仅就事物的角度而言,一般事物都有正面、反面、侧面、前面、后面、左面、右面、里面、外面等多种多样的角度。在这些角度中,有的能反映事物的本质和主流,有的只能反映那些非本质和非主流的东西。而能反映事物本质和主流的角度也不是单一的,他们有的是显著的,有的则是隐蔽的,有的是人们所熟知的,有的则是陌生和生疏的,有的是平庸的,有的则是新奇的。这就需要我们去认识、把握和比较,从中选择那些为受众所欢迎的新鲜脱俗的角度。而要达到这一点,新闻采访就必须花大力气、下大工夫,对客观存在的新闻事物进行全方位、立体化的深入采访,从各个不同的角度掌握来自各个不同方面的大量的新闻素材,为选择新鲜的角度打下广泛而坚实的基础。

(2)对已出现的好角度要分析研究,力避重复,追求创新,让读者有耳目一新之感,就能引起读者的高度关注。这样,就能使新闻事实价值增值。

全国获奖新闻《羊城千余青年做"不掌印的市长"》,报道广州在东方宾馆举行"假如我是市长"提建议活动颁奖大会,15 人获奖,市长出席大会并讲话。这是一则会议报道,根据采访所得的材料和一般化的构思,按时间、地点、会议名称、会议参加者、会议内容、领导讲话等程式写下来,就可完事。当然,其一般化的宣传效果也是完全可以预料的。所以,记者没有困于会议报道的老框架,而是在掌握了来自各个不同方面的大量的新闻素材后,在构思和写作过程中大胆运用开创性思维,刻意求新,最后确定了青年人踊跃参政议政、争当主人翁的新鲜角度。此角度一改会议报道的平稳、呆板和老套,犹如扑面春风,给读者送来一股清新的气息。导语写道:"谁说人微言轻? 千名青年以'不掌印市长'身份,为广州的城市建设和管理出谋献策"。简洁的提问,有力的回答,一下子就突出了主题,抓住了读者,确实不同凡响。全篇行文流畅,生动活泼,使人读后很受鼓舞。这种理想宣传效果的获得,与深入采访、认真思考和精心写作是密不可分的。

二、选择新闻角度的方法

1. 新闻价值法

同一新闻事实,新闻角度常常面临着多种选择。如何从繁杂的事实中选出最有价值的报道角度,是对记者功力的考验。有的人能慧眼识珠,选择独特的角度把一篇报道的新闻价值点体现出来,令人耳目一新,通过充分的铺垫渲染,就能引起读者对新闻事实的期盼和高度注意,而有的人却因选择的角度不当就会浪费宝贵的信息资源。

一位记者在山西省第一养羊大县岢岚县采访时了解到,为了发展和壮大这一支柱产业,进一步调整畜群结构,县里花 40 万元买回 20 只波尔羊。对这则新闻,可以有下列几个角度:报道岢岚县重视发展养羊业、或者报道县里大力优化品种的做法、或者单纯就重金买回 20 只波尔羊予以报道。经过认真分析,记者发现,第一个角度比较平淡,反映不出有特点的东西;第二个角度有新闻价值,但只有这一个事例,显得单薄;第三个角度就事论事,分量不足。于是记者选择了继续深入采访,以获得更充分的内容。于是记者深入到几个乡镇,详细了解了该县的养羊现状,掌握了大量的事实;采访了县长王立伟,他谈到准备实施调整畜群结构大战略,这次筹措了 40 万元、专门派人前往烟台联系购买回祖籍南非的 20 只波尔种山羊只是一个开始。经过补充采访,记者连夜赶写了《岢岚县长重金礼聘波尔羊》的报道,发表在山西日报的显著位置,并获得山西省好新闻三等奖。

2. 全局法

从全局视角来判断新闻事物的意义和价值。从社会角度来讲,记者在分析事物时应该有一定的特殊性,不能把自己完全等同于普通受众和当事人,不能目光狭窄地就事论事,应站在比较高的起点上进行社会思辨,以一种全局的目光进行分析,选择角度。

如原新疆军区副政委王玮珍少将退休还乡后,穿普通衣,吃农家饭,戴大草帽,拣柴拾粪掏河炭,并写小说、吟诗歌,为家乡父老出力尽心。记者了解这一情况后,曾多次回到将军所住的原平市南阳村,与他促膝交谈,为将军的人格魅力深深折服。记者结合当时媒体重点宣传"三个代表"重要思想的契机,选择了"作为一名戎马生涯 42 载的老将军在忠实地实践着'三个代表'重要思想"这一角度,撰写了《将军不言当年勇,解甲归田诗意浓》的通讯。由于选择了具有鲜明时代特征的角度,稿件在当地报纸发表后,迅速引起强烈反响。山西省委宣传部把王玮珍将军作为实践"三个代表"重要思想的典型向全省推广,并派出山西日报、山西电视台等六七家媒体的记者,组成"三个代表"重要思想采访团,对王玮珍将军的事迹进行了全方位、多角度的报道。

又如写北极光的报道,恐怕不下百余篇,角度几乎都在天上观"光",而《一道北极光 万两雪花银》作者却站在高起点上俯视,看看北极村人是怎样借"光"生财的,透过一个清清贫贫的北极村发展旅游经济,提醒整个漠河县的经济增长点在旅游。

有全局感的记者就像在天空中飞翔的鹰,从空中的一点向四面八方扩散,视野广大,能找出更多、更新、更有价值的新闻线索,看出好角度。

3. 受众法

一篇新闻报道能不能引起读者兴趣,首先取决于新闻选题自身的价值,新鲜的、重要的、有趣的事物,读者自然会有了解的兴趣。如果报道的角度能够刺激受众的兴奋点,则会使重要信息顺利地被受众接受。

新闻媒体是办给受众看的,想要写读者爱看的文章,就得经常想想他们正在想什么、需要什么,也就是说,要抓住受众最关心的、最感兴趣的问题,这样写出的东西才能给人以启发。如《新华每日电讯》的一则报道《霜打的"花儿"喜逢春》一稿,写的是日照市滩井小学一等伤残军人辛作梅带领"红领巾助残小组"多年如一日帮助残疾儿童完成学业的事。残疾老师、残疾学生,本身就构成了很好的新闻,时逢助残日到来之际,也比较有时宜性。这个报道可以从老师关心帮助残疾学生写起,也可以专门写"红领巾助残小组"。然而,作为残疾学生来说,最关心的则是通过学习,他们用自立自强树起了做人的尊严,能够在人前抬头挺胸,骄傲地说,你们正常人做到的,我们也能做到,有时还比你们做得更好。文中作者选取几个令人欷歔不已的事例,让人在不知不觉中走进报道,其成功就在于切合了受众日益崇尚自信、自主,日益追求个人价值实现的心理,拨动了人们的心弦。

4. 逆向法

逆向思维,是指遇到有些事,可以倒过来想一想,在这种类似"反思"的过程中寻找新闻角度。长期以来,中国新闻界习惯了顺向思维,其结果是把复杂的立体事实写得简单、平面了。逆向思维可以帮助我们摆脱困境,突破老一套的模式。如《解放军报》登了一篇《酒干倘卖无》,就是从一个收酒瓶的老汉三次到某师招待所收空酒瓶空手而归这个角度,表现了某师党委令行禁止不开酒戒的新闻事实,令人耳目一新。

《光明日报》2000 年 3 月 9 日刊发的一篇报道,也是运用逆向思维找的角度。记者在三八妇女节这一天专门到全国政协妇女组的讨论会上采访,他认为这个组一定会谈到妇女问题,但结果与他的设想完全不同,妇女委员们并没有谈妇女问题。如果按直线思维,这个题目就没有新闻可做了,但反过来想一想,妇女组不谈妇女问题,不是一条角度更新颖,意义更深刻的报道吗?原文如下:

三八节妇女组不谈妇女问题

本报记者　张玉玲

"妇女组不谈妇女问题"。这是 3 月 8 日下午,记者听完全国政协妇联 14 组的讨论时得到的印象。

与记者有同感的是今天会议主持人——中国科协副主席胡启衡委员。她说,妇女委员们现在很少谈妇女问题,而是结合自己的工作和生活,对国家面临的一些重大问题进行深入探讨,提出建议。妇女委员们的参政议政能力大大提高,实实在在地在履行自己的权力。

中国交响乐团演员罗天蝉委员首先说,她要对如何办好文化娱乐市场提出点建议;河北省监察厅副厅长赵桂英委员对一些干部随便批条子,口头许愿提出意见。

中国轻工业总会群星集团总裁段存华委员说,官员的权力不加约束,极易滋生腐败,"一定要将政府机构改革进行到底,加强监督"。当听说原江西省副省长胡长清被处死的消息后,有的委员竟拍起了手,兴奋地说:"太好了。"

两个多小时的讨论中,15 位妇女委员还对西部开发问题、教育问题等提出了一些建设性的意见。

胡启衡委员说,从前妇女委员开会总是呼吁要提高妇女地位,让妇女参政议政。而现在妇女不再空谈,而是融入到社会生活中,提出建议,为国家的发展尽自己的一份力量,把妇女的参政议政落到了实处,这才真正地提高了妇女的地位。

这篇稿件跳出了三八妇女节传统表态性报道的框架,记者报道了政协妇女组委员们的踊跃发言,她们的话题涉及众多国家大事,从文化市场的管理、反腐败、政府机构改革到西部开发等,并没有仅仅从妇女的角度谈自身的问题,应该说这是妇女在参政议政方面历史性的进步。因此这篇稿件在逆向思维的引领下,挖出了更有价值的新闻信息。

5. 滴水见日法

一个重大的报道主题,或很有价值的重大事件,记者直接报道,可能不易把握其内涵,如果选择一些有说服力的具体事实,通过细小的、却很典型的事实反映重大事件或问题,就像一滴水能映出太阳的光芒一样,新闻报道会变得生动、深刻,且有说服力。

如乌鲁木齐电视台的一则报道《大瓷盘为何走俏》,说的是党中央为端正党风,制止公款吃喝,规定各级党政部门工作用餐一律实行"四菜一汤"。规定出台后,乌鲁木齐市许多瓷器商店的大瓷盘一下子脱销了。记者调查发现,大瓷盘主要是被一些机关食堂买走了,原因是这些单位仍想打中央政策的"擦边球",继续大吃大喝。这件很细小的事,反映了一个很重大的主题,即端正党风和廉政建设是一项艰巨任务。这篇报道,生动、直观,新闻价值大,是典型的以小见大角度。

三、新闻角度与媒介定位

不同的媒体定位就决定了新闻建构的不同角度。党报和市场化报纸,如《人民日报》和《南方周末》对同一新闻的报道是不同的;即使同是党报,行政级别和行政区划的不同其新闻的角度建构也是有差异的,如《北京日报》和《昆明日报》;同是市场化报纸其目标受众不同,新闻角度的选择也会千差万别,如《楚天都市报》和《21世纪经济报道》。

不同的媒介定位在根本上就制约着或者规定着同一新闻在不同的媒介会千差万别。尽管同一个新闻源,受众不同需求不同新闻角度的建构就自然有别,不同的媒介对同一新闻源会按照自己的价值和市场定位取其能满足自己形象或者社会期待的信息进行选择和建构,从而实现自己的办报构想和理念。即按照自己的办报模式去建构自己的新闻角度,使新闻在质上体现自己的办报风格和社会定位。读者也会因此形成对这种角度的常规辨认,一看就知道是什么类型的报而不是其他。

如对云南大学马加爵杀人事件的报道,一般的媒介就把马加爵当成一个"校园屠夫","变态杀手",详尽报道他杀人手段的残忍和畸形的人格,但《南方周末》的《还原马加爵》却从马加爵边缘化的人格分析他是如何从一个农村贫困大学生一步步沦为杀人魔头的①。在这样的报道中就体现出《南方周末》的另类视角——不跟风、不脸谱化、不渲染、不制造卖点而是从一个常人的生命历程还原新闻人物的本身,显示深度人文关怀和对整个新闻事件的理性。

练习

1. 请分析《平果铝业旅行社正式挂牌开业》这一新闻中包含哪些新闻角度,尽可能多的一一列出。

基本材料:2000 年 2 月 6 日,平果铝业旅行社正式挂牌开业。这是在这个位于百色革命老区、曾经的全国特困县境内诞生的第一家旅行社。这家旅行社开办了平果至桂林、北海、东南五省等多条国内旅游线路和平果至越南、新马泰、港澳等境外旅游线路,还开设了平果铝现代工业与现代农业观光游等项目。从开业 10 天业务情况来看,平果铝现代工业与现代农业观光游和越南境外游最为火爆。

2. 请分析报道《风雪中,伫立着四位“厚道”的农民工》的角度选择的特点。

打工数月却没拿到一分钱工资,每人每顿饭只吃两个馍,但望着欠薪老板留下的物资,他们却说:这里的任何东西我们都不会损坏,也不会卖掉,这是做人的原则!

打了两三个月的工,却没拿到一分钱工资。没有油了,蜂窝煤也快烧完了,四位农民工每人每顿饭只能吃两个馍。

更要命的是,王营村那家馍店向他们赊了 25 元钱的馍后,告诉他们:不清账,就不能再赊馍吃了。现在,掏遍四人所有的口袋,摆到桌子上一数,只有 6 元 1 分钱。看着案板上仅剩的一棵大白菜,望着窗外纷纷扬扬的鹅毛大雪,接下来的日子他们不知道还能撑多久?

老板欠工资不见踪影

1 月 17 日,来自湖南岳阳的刘先仿到河南省南阳市卧龙区劳动保障监察大队投诉,称他们 4 人在一家铸造厂打工,但老板拖欠他们共计 5780 元工资后不见了踪影。1 月 18 日上午,执法人员来到这家工厂。厂内停着几辆自卸车,四名衣着单薄的工人伫立在风雪中,瑟瑟发抖。

据介绍,刘先仿等 4 人分别于去年的 10 月 5 日、11 月 8 日和 11 月 25 日到该厂打工,可自去年 12 月 5 日起,老板就未发过工资。“要了不知多少次了,一分钱也没要到。”这位老板 1 月 16 日中午曾信誓旦旦地对工人承诺第二天发工资,可自那以后就再也找不到人了,连电话也不接。

因找不到该老板,劳动监察大队执法人员无法送达法律文书,执法手段无从施展。目前,执法人员正在积极寻求有关部门帮助,以期尽快解决此事。

农民工坚守做人原则

“这个老板,太不地道!”刘先仿说。刘先仿本来在卧龙乡十二里河街的一家钢厂烧“中瓶炉”(把铁屑熔化成铁水),一个月能拿 2700 元工资。有一天,这位老板找到刘先仿,求他帮助渡过难关。原来这位老板在车站南路办了一家铸造厂,当时厂内的烧炉工回家收麦子了,又请不到其他的炉工,工厂因此停了产。讲义气的刘先仿听说老板有难,二话没说就投奔了过来。

“我放弃那么高的工资去帮他,结果却被搞得走投无路!”刘先仿气愤地说。

其实,只要刘先仿他们“动一动脑筋”,也不是无路可走——原来,厂区仍有一些化铁水用的铁屑,大概能卖两三千元;半成品的汽车压盘整齐地码在那儿,若当废品可卖 9000 元,若当半成

---

① 黄光明:《还原马加爵》,《南方周末》2004 年 3 月 25 日。

品可卖 20000 元。另外还有 8 辆"解放"牌自卸车存放在院内。

但刘先仿说,虽然未拿到一分钱工资,也要照看好这些物资。

今年 47 岁的刘先仿是湖南岳阳人,家里生活很困难,因此,他的儿子刘敏也在这里打工。刘先仿的妻子早几年得了白血病,总共花了 6 万元,花掉家中所有积蓄还欠了 3000 多元债。

四人中最年轻的是 30 岁的张海龙,河南南阳邓县元庄乡张井村人。张海龙患中风的父亲 76 岁,无劳动能力,有一个小女儿 11 个月大了,一家人靠他打工挣钱糊口。可从去年 10 月 5 日到这儿打工,至今一分钱也没拿到,张海龙因此不敢给家里打电话,"也不知道他们过得咋样。"张海龙低着头说。

50 岁的李三海,是看门的,湖北襄阳黄集镇人,从去年 11 月 25 日来厂里干到现在,不但未拿到一分钱工资,一次老板招待客人时还向他借了 200 元。

尽管身无分文,但这四位农民工却认真看管着厂区存放的物资。他们说:"这里的任何东西我们都不会损坏,做人要厚道,这是原则!"

3. 请将第七章"采访素材整理与分析的程序"中所用的材料进行再思考,提炼出三个以上不同角度的新闻导语。

参考写法:

(1)投资 800 亿、建设 2500 公里铁路,1 月 2 日,云南省发改委宣布将在未来几年内织密本省的铁路网。

(2)铁路营业里程位居全国第 26 的云南省决心改变现状,未来数年内,计划投资 800 亿建设 8 大铁路工程项目,打造云南铁路交通的新形象。

(3)新年到昆明旅游的游客们一下火车见到的是一个全新的车站,这个每天可发车 50 对、接待近 12 万人的客运站只是规模庞大的云南铁路工程计划中的一项。

(4)云南直通新加坡的铁路建设将从明年提速,1 月 2 日云南省发改委透露,此铁路的东中西线将在三年内全面展开。

(5)铁路运输将成为云南经济发展的"枢纽"而不是"瓶颈"——据云南省发改委 1 月 2 日介绍,云南将投资 800 亿建设 8 大铁路工程。

(6)云南将拥有通向印度洋的出海口,随着昆明到新加坡线的各段铁路陆续开工,此梦想将在未来几年成为现实。

(7)云南省计划投资 800 亿元,建设超过 2500 公里的铁路,以大幅度提高云南铁路网覆盖密度及铁路运输能力。这是 1 月 2 日记者从云南省发改委了解到的。

(8)"云南十八怪"之一——"坐着火车通国外"的情景有望再现,1 月 2 日,云南省发改委透露,明年起,昆明到新加坡的铁路将进入全面建设阶段。

第*9*章
新闻写作的基本规律

如何报道网络虚拟社区对人们社交的影响？有的记者可能会用很专业的术语开头，而《21 世纪经济报道》关于这个内容的开头却是这样的：

> 最近，Linda 把一声响亮的"我靠"拍到了老板脸上，为此，她怀疑自己得了抑郁症。接下来的时间，她感到悲惨和孤独。与上海淮海路写字楼里那些白领一样，Linda 在网上忧郁地打着字："工作压力使我没时间找朋友倾诉；电子社会也没建起什么来。"①

如果你是读者，你更爱看哪一种呢？应该说，记者要写出好看的报道应该有两点：既要有丰富的细节，又要有严谨的逻辑，缺一不可。实际上，按细节与逻辑可分出四等报道：一等报道既有细节又有逻辑，二等报道有一堆细节但逻辑不清，三等报道有逻辑但干巴巴无细节，四等报道既无细节又逻辑混乱。

如何能写出一等报道？新闻写作的基本规律是什么？本章将试图分析出新闻写作要遵循的规律，掌握了这些规律，初学者便可初窥新闻写作的门道。

第一节　价值律——通过新闻写作显现新闻价值

新闻写作与新闻采访在对新闻价值的处理上是不同的。新闻采访更多的是"挖掘"新闻价值，即通过大量收集信息，被采访对象有选择、有侧重地复述"事实"，从而"发现"新闻所蕴含的新闻价值。而新闻写作则是通过记者对采访后的信息的再选择与组合"表现"新闻所蕴含的新闻价值。

---

① 《探寻中国网络社交背后的现实社交模式：这么近，那么远》，《21 世纪经济报道》2007 年 4 月 9 日。

一、新闻写作与新闻价值

在对新闻价值进行"表现"时要注意,新闻价值的有无和高低,是由事实本身的因素决定的,而不是由记者、编辑一厢情愿认定的,也并不是可以人为添加的。人们可以发现、挖掘事实的新闻价值,但不能改变事实所固有的新闻价值。另外,新闻价值与受众的关注密切相关,报道以后无人关注的事实,就无新闻价值可言,因此,在新闻写作时要在一定程度上考虑为引起受众的关注而"表现"。

在实际操作中,记者会发现,事实新闻价值的存在状态有显在或潜在之分。有些事实所具有的新闻价值,呈显在状态。这时,它就比较容易被发现和认识。有些事实所具有的新闻价值,是以潜在状态存在的,隐藏得比较深,以常人的一般的眼光难以捕捉到它。因此,对于新闻工作者来说,在报道具有显在性新闻价值的事实的时候,应当努力地凸现其新闻价值,而不能舍却体现事实的新闻价值的部分,而去突出事实的不具备新闻价值的部分;在报道具有潜在性新闻价值的事实的过程中,应当花大力气去做发现、捕捉并展示新闻价值的工作,其中"发现"、"捕捉"主要在采访阶段完成,是记者对事实的新闻价值先有所认识,"展示"主要在写作阶段完成,它要求记者能将事实的新闻价值示于人。

在新闻写作中,记者应着力选择最有新闻价值的新闻事实,同时在有新闻价值的新闻事实中,选择最有新闻价值的部分来进行报道。

然而在实际操作时,有的记者,对隐含着很高新闻价值的事实缺乏敏感和应有的体悟。当年穆青在采写著名通讯《抢"财神"》之前,并非没有人接触过通讯中所记述的事实。但是,许多记者由于目力和认识水平所限,却并没有意识到事实所包含的极高的新闻价值。虽然他们与此事实离得很近,但最终只能是与好新闻失之交臂。

另外一个容易出现的问题是记者在对确有新闻价值的事实作了让人感到缺乏新闻价值的报道,或者在写作中罗列了许多一般的新闻事实,而把最有新闻价值的事实埋没了。

比如,1979 年春天,中共北京市委召开扩大会议的时候,中央批准了北京市委为"天安门事件"平反的决定,这一事件是 1976 年清明节,人们到天安门广场悼念周总理的活动当时被"四人帮"定为"反革命事件"。这是一件具有非常重大意义的事情,是最有新闻价值的新闻事实。但一开始,北京本地的媒体报道时,把"平反"的内容和市委扩大会议的其他内容写在了一起,因而也就被"淹没"了,并没有引起人们太多的注意。后来,《人民日报》和新华社重写了报道,删掉了其他的内容,把"天安门事件"平反单独突出出来。这几百字的消息立刻在全国乃至全世界引起巨大反响和震动,远远超过了先前几千字的报道的影响。

二、新闻写作与时效性

新闻写作要处理的一个重要关系是事实与时间的关系,即事实的时新性。不

"新"之"闻",是没有资格被叫做新闻的。事实的新闻价值再高,也总是有时限的。超过一定时限,事实的新闻价值就会消失殆尽。在当代社会,人们获取信息的渠道很多,事实的新闻价值的保留时限要比在非信息社会的保留时限短得多。新闻作品的价值,与所报道事实的新闻价值正相关,而和新闻作品与所报道的事实两者的时间差负相关。

为了实现新闻的时效性,新闻写作首先要快。因为事实之所以成为新闻,很大程度上是因为事实的新近发生和及时传播。作为记者,应该在新闻写作上讲究"文贵神速",以快制胜。近年来,我国"新闻迟缓"的问题已经基本上得到克服,不少日报、晚报当地新闻版所报道的几乎全是当天或昨日的消息,中央和地方电台、电视台中"刚刚收到的消息"比重也在增加,新华社在与国际上几家大通讯社的时效竞争中也经常名列前茅。随着网络媒体的影响力日渐扩大,截稿时间的概念会有颠覆性的变化,即不再有截稿时间而实现实时传播,新闻写作对快的要求会更高。

在处理一些由于种种原因没有及时报道的新闻时,要注意从新近发生的事实的变动着眼,尽可能取材于新事,突出时间新的特点。即在写作上进行一番加工——进行新闻根据和挖掘,从中找出事实发生的"新近点"。

如一位记者在三峡工程展览馆看到了一个特殊的展览——三峡工程质量缺陷警示展,这种"自我曝光"式的展览正表现出三峡工程正视不足,向更高标准看齐的决心,新闻有一定的新闻价值,遗憾的是,当记者看到时,已经开展一段时间了。怎么写作呢? 肯定不能写"一个月前,三峡工程质量缺陷警示展开始展览",这样一来时效性就太差了,读者看了开头就不愿看后面。记者选择了以"由头"来带出新闻的方式写:

　　　　本报讯　今天,记者在三峡工程展览馆看到,馆内增加了一个令人瞩目的新展区:三峡工程质量缺陷警示展①。

以"今天"记者的所见来入手,直接切入展览,而将展览的举办过程作为背景交代,使得一条已经发生多时的新闻有了新的生命。

三、新闻写作与新鲜性

受众接触媒体是为了从媒体上获取新闻信息,因此记者必须把最新鲜的内容用最明显的形式亮出来。受众浏览时时间较短又比较仓促,必须让他一看就能找到自己需要的东西。在新闻界,对这个要求有一个通俗的说法:"不要把肉埋在饭里。"

新闻写作要突显内容上的新鲜性,首先要学会取舍。在内容选择上用"拎"起

---

① 金长江等:《三峡工程"自我曝光"》,《三峡工程报》1999 年 12 月 28 日。

来的办法,而不是"兜"起来。如果每一件采访得来的内容都不舍得放弃,写作的时候全都用上,即使这些材料梳理得条分缕析,从本质上来讲也只是"分类排队"而已。这样的写法内容必然繁杂,而新鲜的内容则会被冲淡。

其次,在写作时记者要注意报道的形式感,应该把最有新意的事实放在最醒目的位置或段落。如有一则稿件是这样写的:

中国外科大夫采用新的接骨方法来治疗良性和恶性骨瘤。

这个新办法是山东医学院附属医院内科采用的……

这个医院把死人的骨组织接到患者的关节上,以代替长骨瘤的骨组织……

这条新闻中最新鲜的内容就是"把死人的骨组织接到患者的关节上",这一内容应该放在最醒目的位置如导语中交代,这样新闻就不会淹没有新闻价值的信息,更能引起受众的兴趣。

在新闻写作中,事实本身以及对事实的真实报道,是新闻安身立命的根基;事实的新闻价值的含量,对事实所作报道的新鲜度,这两元结构决定了新闻作品的档次和质量。而新鲜度则对事实的新闻价值的被发掘、发挥的程度构成了直接的影响。

四、新闻写作与重要性

新闻价值中另一个重要的元素就是新闻事实的重要性,即新闻的影响面与影响力。在采访时,记者就应搜集表现新闻影响的事实,在写作时,要将其重要性彰显出来。

如要报道"美国《财富》杂志公布的全球 500 家最大的跨国公司中,除了某些公司由于我国限制外企进入该行业不能在中国投资外,绝大部分已经在中国投资"这一事实,该如何体现其重要性?有的报道可能只是列举一些数据,说明目前引进外资的形势大好。而《中国经营报》2001 年 4 月 3 日刊登的 篇题为《跨国公司二次布局中国》的报道,则站在全球的高度,以全球化的眼光,对此经济现象进行全面剖析。这个报道总结了外资企业在中国投资的三大趋势:1. 从合资走向独资,如日本索尼公司;2. 在华大建研发机构;3. 加紧部署加入 WTO 后的发展步骤,与中方合资办厂(多在东部沿海)——设立地区总部——设立投资性公司或合资银行。报道还深入比较中外的海外投资战略:外国跨国集团投资以生产为基础,强化研发中心的力量,不断进行技术升级,保持竞争优势,而我国企业在海外投资,往往是贸易型企业,商品卖完后企业将无法发展,提出如何借鉴外国经验、学习外方经营管理精髓的办法。

这个报道没有就事论事,而是透过"投资"的现象,看到其"本质",并将这一现象与中国企业走向海外联系起来,突显了这一事实对目前中国企业经管的重要性。否则只谈外资企业纷纷抢滩中国、不谈对中国企业的影响,就不能让受众理解这件事情前后的重要价值。

第二节　真实律——新闻真实性对写作实践的要求

新闻写作的另一条基本规律是必须真实,以事实为根据,尊重事实,忠于事实,反映出事实的原貌,写什么、怎么写必须从事实出发,受事实制约。这是新闻真实性原则对新闻写作的内在要求。

新闻写作要真实的这一条基本规律可以归结到一点,就是新闻写作必须确保它的结果、也就是同受众见面的新闻,同新闻事实要保持一致。这个基本规律决定了记者在写作过程当中必须坚持客观、公正和实事求是的态度。

然而,在实际操作中,要做到这一点并不容易,记者常常出现的问题有以下几方面。

一、对事实的不当叙述

叙述是新闻写作最基本的表达方式。在对事实进行报道的时候,叙述应当有真意、去粉饰,应当是恰如其分的,这样的叙述方能让人感到真实可信。

毛泽东撰写的新闻佳作《我三十万大军胜利南渡长江》,对解放军的值得大书特书的战果采用冷静恰当的叙述方式进行了报道。该消息的导语定下了叙述的基调:"英勇的人民解放军二十一日已有大约三十万人渡过长江。"也许有人会认为这样的叙述不带劲,但实际上消息因题材重大,看似平淡的叙述其实极具冲击力。对实有的事加以浮夸的叙述,或者对子虚乌有的事进行虚夸式的叙述,都只会将新闻带进死胡同。

"大跃进"时期,新闻曾出现的浮夸风结果导致受众对新闻媒体的信任崩塌,今天,这类新闻当然不再有它的市场。然而,值得注意的是,在新闻写作过程中,不当叙述依然存在。例如,叙述背景,每每往大的方面说;叙述事件的影响,每每往好的方面说;叙述新闻的意义,每每往深的方面说;叙述事实所产生的效果,每每往火爆的方面说;在叙述的过程中,每每不乏夸大的成分。

如报道好军嫂韩素云的事迹,一些新闻媒体用上了这样的事实:

这年冬天的一个晚上,隔壁传来婆婆一声接一声的呻吟。素云跑过去一看,原来婆婆的胃病又犯了,四肢抽搐,大滴大滴的汗珠布满额头。她连夜把婆婆送到医院,并一直陪护着。

就在这期间,素云娘家捎来口信,说爹的肺癌到了晚期,要她赶紧回去。素云伤心地躲在墙旮旯淌眼泪,哭过了,仍装作没事一样,去给婆婆送吃的。见她眼红红的,婆婆说:"写封信让效武回来帮帮你吧!"素云说:"他在部队正忙,家里的事有我呢。"可是,就在婆婆出院那天,她爹却病故了……

看了这样的报道,受众有可能会问:一边是婆婆突发胃病,需要她陪护;另一边是自己的亲爹身患绝症,危在旦夕,要做出将弥留之际的亲爹置于一旁、却寸步不离病中的婆婆这样的选择,其内在驱动力是什么? 而且,回去看上一眼亲爹、和支持丈夫在部队安心工作以及陪护尚无生命危险的婆婆,三者之间其实并没有不可克服的矛盾。这样报道,似有夸大之嫌,如果没有夸大,那么也没能回答读者的疑问,让人感觉到并不真实。

二、对事实的不当过滤

记者和编辑在形成新闻作品的过程中,对采访到来的事实,理当加以整理、提炼,而不能将采访到的内容无论好坏都塞到新闻作品中去。整理、提炼的目的,是为了更好地揭示事实的本质,更准确地体现其本身所蕴含的意义。然而,有时有些新闻作品所作的提炼实际上是一种过滤,导致了新闻失实。

如在人物报道中,将人物的非自觉行动说成是自觉行动,将原本并不闪光的语言加工成闪光的、动听的语言;人物事实上存在的思想矛盾、思想冲突的过程被滤去了,人物在关键时刻的某些消极心理因素和作用力被滤去了,人物的某些带有个性特征的细节被认为有损形象也被滤去了。这样过滤的结果是很多人物报道"言语乏味、面目模糊、形象高大全",让受众觉得离现实生活太远,并不真实。

三、事实的不当概括

在新闻写作时,离不开在叙述之中对事实进行概括,如果对事实所作的叙述是合乎实际的,依据事实所作的概括也是准确到位的,那么报道可以说是真实的。然而,也有一些新闻作品,对事实所作的叙述是合乎实际的,但根据事实所作的概括却未必准确精当,这就会影响新闻的真实性。

例如,武汉女大学生卖淫事件报道,记者只是看到个别女大学生在从事卖淫活动,并引用了采访对象未经核实的话,便写就题为《武汉女大学生卖淫现象调查:近10%已堕"红尘"?》的报道,并得出"湖北高校女生8-10%存在卖淫现象,25%从事陪侍活动"的结论,这严重伤害了湖北省高校女大学生的感情,损害了大学生形象,报社对此也表示了歉意。

应该说,记者所报道的个别性事实可能是真实的,但这篇报道所传递的结论性信息却是绝对的不真实。一两位女大学生的不良行为又怎么能作为整个城市的全体女大学生的概括呢? 由于概括不当,报道最后造成了一种假象,或者说给受众提供了一种虚假信息。

这类事实,主要体现在报道中所涉及的事实,就它自身而言都是真实的;但如果推而广之,论定它们具有代表整体和全局的意义,让它们去承载过于沉重的负荷,这就必然导致谬误。因此,记者在试图以一两个事例撑起整体性结论、撑起宏观走势报道的时候,一定要慎之又慎。

第三节　效果律——基于传播目标的写作

新闻写作是一种意在传播的写作,要全面把握新闻的传播需要,以事实为本的同时,力求新意、争取时效,并考虑公开传播的效果,讲究事实的反映艺术,善于表现事实的社会价值,把新闻写得更有吸引力和说服力。

新闻传播可以分为三种类型。第一类,属于有效传播。传播渠道畅通,受众对新闻信息乐于接受,即所谓"通而乐受"。传"通"是因为既不存在传者和媒介方面所设置的障碍,又不存在受者所设置的障碍;"乐受"是因为新闻信息从内容到形式都受到受众欢迎。第二、三类,均属于无效传播。第二类,传播渠道畅通,但受众对新闻信息并不认同和接受,即所谓"通而不受"。应当说,在传播的通道上并不存在什么障碍。受众对新闻信息不认同、不接受,原因较为复杂,但概括起来不外乎两个方面:一是受众的是非判断和价值判断与传者存在着很大差异;二是新闻信息的表现形式与受众乐于接受的方式之间存在着不小的差距。第三类,传播渠道不畅通,当然接受的问题就无从谈起,此所谓传而不通。

不少人常常将第二种类型误认为有效传播。于是,在我们的媒体中经常能看到高高在上的报道、假模假式的报道、满篇术语的报道等报道形式。

记者和编辑所提供的新闻作品,是新闻传播的基础。而新闻写作,是新闻素材到新闻作品的最后环节,它受到媒介的制约,又受到受众的制约。

不同的媒体有着各自的个性特点,这就决定了不同媒体对新闻作品有着不同的要求。当然,从大方面来说,报纸、广播、电视有着诸多的共性,存在着诸多共同规律;但同时,每一种媒介又有着自己的特殊规律。小而言之,即使属同一种媒体,不同的报纸、不同的电台、不同的电视台,由于面对的对象不同,办报、办台的宗旨有别,所负具体使命各异,因而,这一种报纸和那一种报纸,此台(频道)与彼台(频道)的个性特点也是各不一样的。对于记者来说,报道同样的事实,为不同的媒体撰稿、为同类媒体中的不同新闻机构撰稿,应该体现出差异性。如果以同一模式为不同的新闻媒体撰稿,终会因抹煞媒体个性而影响传播的效果。如报纸的报道不能直接拿到广播、电视中播出,需要经过改写后才能适合广播电视的媒体特点。

记者在新闻写作时所受的另一种制约来自受众方面。受众对记者的制约方式主要表现为接受与否,乐意接受与否。我们说,受众的接受是新闻作品价值实现的最重要环节,也是新闻传播过程的最后完成。其实,新闻作品的价值,并不是在记者手里实现的,虽然记者在发现和表现新闻价值方面做出了很多努力,也不是媒介加以传播以后就一定能实现的。只有在受众接受了新闻所传递的信息,并且认同了新闻作品所蕴含的价值观和导向以后,新闻作品的价值才最终得到了实现。相反,新闻作品在传播以后无人问津,或者它所包含的价值观和导向受到受众的抵制,那么它的价值最终并没有实现。

目前,媒体和新闻工作者对受众接受问题的重视程度比过去已经有了很大提高,但很多时候,不少记者在采、写的阶段,为受众设身处地的去考虑其需要还并不充分。为此,在新闻采写环节,记者有必要提倡换位思考,将自己设想成受众,去体味他们的心理,体悟他们的需要。通过这种方法,去捕捉受众的兴奋点,以获取新闻传播的最佳效果。

具体到新闻写作中,记者应该增加信息的价值含量,删除冗余信息和重复信息;在有限的篇幅内加大信息量,满足受众的多元信息需求;切实保证新闻的时效性,增强其新鲜感,及时满足受众对重大事件的知情欲望;采用受众乐于接受的方式传播新闻,努力贴近受众的生活。

当然,在写作中也要注意到,受众的需要是多方面的,有的是非常合理的,但有的却未必合理;有档次很高的需要,也难免会有档次不高的需要;有切合实际的成分,也会有不切实际的成分。作为记者,在写作中要承担起对其消极性方面需要的引导责任。如不追逐低俗、煽情的信息,以高质量的报道吸引人。

第四节　客观律

在新闻写作中,记者不应该跳出来“说话”,而是要将自己隐藏在事实背后,不要直接表达自己的判断和推论。新闻采访不是一个简单的感知活动,必须依赖记者本人的理性思考和推断,才可能进行采访。也就是说,采访到的信息其实都经过了采访者的思考,经过记者推论的过滤。但在新闻写作中,记者需要有意识地对自己的推论进行反省,尽量将自己所做的推论与自己采集到的事实分开。虽然这么做十分困难,但是新闻写作的规律却要求记者中立、客观,不把自己的“私货”偷偷地塞入“事实”里面。

在新闻写作中,客观律要求记者作尊重客观事实原貌的报道,即根据事实进行报道,使报道符合客观事实。即使是报道自己并不愿意看到的事实,也应当体现一种公正和客观的态度,不要因为是不愿意看到的事实而改编原貌,进行失实的甚至歪曲的报道。

从本质上来说,在客观报道中也会程度不等地包含着倾向。但倾向并不是偏见,与真理相吻合的倾向,它会表现出对于事实的尊重;与真理相背离的倾向,往往从主观意志出发表现出对于事实的漠视以至曲解。在对新闻事实的客观报道中,允许包含与真理相吻合的正确的倾向,但对自己的倾向不直白表露,而是将倾向隐含在对事实的客观叙述之中。客观报道的原则要求新闻工作者严格按照事实展开准确的叙述,说合乎事实和有充分事实根据的话,不改变或歪曲事实,不在报道中夹带个人偏见,不夸大成绩和掩饰缺点。倾向在一般情况下只是潜藏在文字的背后。

另外,在新闻报道中,情感性的因素与客观化的要求是一对矛盾。如果在报道中绝对摒斥情感,新闻作品就会显得很刻板、乏味,甚至令人难以卒读。但是,如果一任情感倾泻那么新闻作品客观性的基石又会被动摇。情感因素介入新闻作品应该做到以不影响对于事实的真实、客观的报道为前提。同时,根据不同的新闻文体,情感拿捏的尺度也不尽相同,通讯所包含和流露的情感可以是强烈的、丰沛的,而消息则应对"情"加以严格控制,在并不涉及重大是非问题的情况下,往往可以采用中性的语言陈述事实,以体现客观报道的要求。

例如,在表现课堂上学生就坐的行为模式时,有人这样写:"同学们一走进教室就开始选择座位,大部分人都选择坐在熟人旁边。"这样写除了对同学们的行为进行了描述以外,还夹杂了记者本人对同学们行为意图的推论。新闻写作更多的应该是展示记者是如何得出这个推论的过程,最终让受众自己得出这一结论。以上内容可以这样写:"同学们一走进教室就左顾右盼,眼光从一个座位移向另外一个座位;在五十名学生中,有三十六人坐下来以前或者以后与他们旁边的人说话、微笑或握手"。

为了使报道客观,记者在新闻写作时应该使用具体的语言,不要用抽象的、概括性的或总结性的词语。比如,记者在观察一个商店的经营情况时,不要写成:"商店里十分萧条,营业员人浮于事,工作没有效率",而要写成"在这个面积二百平方米的商店里有十名顾客、二十名营业员"。

记者写作时的叙述角度也十分重要,一般认为,报道中记者应该以一种第三人称的角度,对"客观"事实进行如实的记载。比如,下面这句话便表现出记录者对视角的混淆:"从我的对面来了一个五十多岁的女教师,手里拿着两个饭盒,令人奇怪的是两个盒里全是菜"。首先,这个妇女的年龄和工作性质是很难直接观察到的,需要提供一定的细节(如她的眼角有一些细微的皱纹,头发有点灰白,带着一副金丝眼镜,胳膊底下夹着一个讲义夹,身上有一些粉笔灰等);其次,如果她手里拿着两盒菜令记者感到"奇怪",记者不应该将其放到报道里,即使要报道也要通过事实说明为什么自己感到"奇怪"。

记者的视角混淆还有可能在如下情况下发生:记者对采访对象来说是一个局内人,对采访到的一些事情有自己先入为主的理解,因此不自觉地将自己的理解与看到的"事实"混杂在一起进行记录。比如,"今天工厂的宿舍里人很少,因为是星期天大家不上班,都出去玩去了"。这种写法就是记者在利用自己个人的知识和经验对看到的现象进行解释,而实际上如果记者是从外部对事物进行观察,就不应该在报道中使用局内人叙述角度。否则,角度的混淆很难使受众明白。

练习

1. 请用本章学过的新闻写作的几个基本规律来分析以下作品,看其写作是否符合这些规律。

地学科研愁的是"没人花钱"
"出多进少"导致我国传统地质学人才严重断层

本报讯(记者 赵凤华)记者日前从中国地质大学(北京)举办的"地学人才培养座谈会"上获悉,我国目前出现传统地质学人才严重断层现象。

调查数据显示,地学人才断层最为严重的专业是:资源勘察工程、水文与水资源工程、地质学、勘察技术与工程和测绘工程。5 年内,这五个专业岗位需求 3 万大学生。

座谈会上,内蒙古地勘局副局长陈峰讲述的一件事引起大家的共鸣。内蒙古地区矿产丰富,在人类已发现的 135 种元素中,探明 92 种在内蒙古地区。2005 年,内蒙古自治区为了加快找矿步伐(包括找铁、金、铅、锌、煤等矿),投入 6 个亿的项目费。而地勘局总共在职人员 7900人,从事地质学专业的 1100 人,纯搞地质的仅 300 多人。局里把所有离退休地质科技人员基本上都返聘回来,即使这样人还是不够用。不得已,2005 年地勘局只干了 2 个多亿的地学项目。

"2006 年自治区又投了 10 个亿项目费,眼瞧着一个个大项目,缺人啊!"陈峰不无感慨,"我们局科技人员最年轻的也近 40 岁了,1995 年后再没招到本科毕业生,每年地质学专业缺 200人,地大(北京)的毕业生全部去,我都能接受。"

河南省地勘局人事劳动处处长董富强颇有同感:"局里一开会,嚷嚷最多的是活多没人干,我们每年只能到专科、技校招聘。到大学去招聘,一是很难招到,即便招到了,也留不住,一两年后就走了。"河南省地勘局的待遇还可以,工资总额在郑州市排第三位,2000 年后,技术人员年收入达到五六万,还是没有本科生愿意去。他希望,高校在招生时,地质专业更多的要"考虑农村孩子"。

要把"待遇提高到能有人愿去做地质工作"。中国地质大学(北京)校长吴淦国呼吁。他分析说,地质行业是个艰苦行业,常出野外,待遇又不高,再加上子女上学困难等,地质队伍人才外流现象严重。上个世纪 90 年代出现了负增长,人才缺失,造成了钻探工作量下降。还有一个重要原因是,"地质"为名的大学向多学科发展,同时也是为了吸引生源,纷纷改名,8 所地质院校,至今还力挺"地质"名称的只有中国地质大学一所了。

记者了解到,地大(北京)在今年的招生计划中,加大了地学人才的培养力度,新增加了招收地学专业定向生。定向生招生考虑在各省市二本线上录取,计划招收 100 名。

2. 请分析以下材料中最具新闻价值的内容是什么? 如果你是记者,在 2008 年 6 月采访到这些材料,尝试着写一篇 600 字左右的报道。

市长热线电话,既是人民政府为民排忧解难的重要平台,也是广大市民参政议政的重要渠道。1983 年,武汉市和沈阳市政府率先开通热线,截至目前,全国已有 600 多个城市开通。

热线的号码有一个嬗变的过程。早期都是普通号码。1999 年,信息产业部规定各地可将热线号码更换为 12345,目前许多城市都这样做了。

2006 年 9 月 7 日 9 时,四川达州市长罗强开始值守市长热线电话。由于事先公布了这一消息,市民参与空前火爆,平均每秒就有一个电话打入,市长及话务员应接不暇,电话排队最高达40 个,系统几乎瘫痪。

2007 年高考、中考前,湖南常德市的建筑工地、娱乐场所发出的噪音严重影响学生复习功课。热线接到市民的反映后,市长召集有关部门负责人研究,下发了《关于加强高考、中考期间环境噪声管理的通知》，要求市建设局、环保局、文化局在5月24日至6月21日期间负责巡视检查。

安徽蚌埠市政府《市长热线电话动态》第21期简报，记载了今年5月8日至13日受理情况：一周内，热线共受理投诉、举报、建议、咨询、求助等问题180余件次，其中有效问题139件次，主要集中在城市管理、环境保护、城市建设等方面。

政府设立热线的目的是："为群众提供咨询解答服务，帮助群众排忧解难"。但市民的所有诉求热线难以全部做到。

市长工作忙，不可能每天接电话。但有市民认为，市长接电话解决问题才有力度，其他人接电话力度要大打折扣。市长偶然才露面的热线有些名不符实，群众视为"作秀"。有的热线是收费电话，拨通后先播放一段音乐，被市民指为变相收费。有的热线只有预设的语音提示，没有人工接听，显得生硬，缺少人情味。

市长热线虽深得民心，却也饱受骚扰之苦。安徽亳州市4年多来"12345"接到的电话中有80%是各类无效或骚扰电话，一些市民连孩子放学没回家、喝醉酒、查话费、两口子吵架、家里养的小狗丢了都打热线要求解决。工作人员说，恶意骚扰电话非常多。有些年轻人在一起玩闹，动不动就给热线打电话。南宁市长热线的一位工作人员称，经常有人因失眠、失恋而苦恼，不断打电话要求值班人员与其聊天。还有人打山西忻州市长热线，要求帮助推销书籍……

不少城市除12345外，还有12315（工商）、12358（物价）、12369（环保）、12366（税务）等诸多行业热线电话，有的城市热线电话超过100个。这么多服务类热线，市民难以记住。目前，北京、南宁、厦门、济南、大庆市已不同程度地整合了市内的热线资源，广州、哈尔滨正在酝酿之中。为缓解热线电话的压力，杭州市相继开通了12345电子信箱和12345短信平台。从多数城市的反映看，整合服务热线资源已是大势所趋。

热线20多年的风雨历程，使其知名度大为提高，也获得了群众的赞誉，但有些方面还不尽如人意。比如，部分城市的设备、人员有限，市民经常打不进电话。接线人员对政策不熟悉，不能及时解答市民的问题，只能告知来电人相关的服务电话，热线变成了查号台。接线人员只负责记录、反映问题，不负责向来电人反馈处理情况，等等。因此，提高热线的服务质量和工作效率是群众的最大愿望。

2008年6月，记者拨打了4个直辖市、27个省会城市、9个地级市共40个城市的电话，以检验市长热线是否通畅。总的来说，大多数城市的市长热线比较容易打通，接听热线的工作人员服务态度很好，但也存在一些不尽如人意的现象。

6月6日上午10时，记者拨通022—12345，电话中传来"这里是天津市政府专线电话，如果你反映问题请拨100"的录音提示，拨了100后，告知"分机占线，请稍候再拨"。连续拨了3次，都是占线。10时45分再打，电话通了。话务员说，因电话较多，所以不好打，要多打几次。

6日下午3时20分，记者拨打023—12345，这是重庆市的市长公开电话，语音提示让选择功能键向相关单位反映问题，功能键共有8个，最后回答是"话务员繁忙，继续等待请按1，否则请挂机"。记者想知道重庆市最低生活保障金是多少，根据录音提示按6号键后，接着又是4个功能键，按"民政救济和低保请按2号键"的录音提示，按了2号键，但是总占线。在随后的几天时间里，记者多次拨打这个2号键，从来没有打通过。

7日上午8时50分，记者拨打上海021—12345电话，被告知是空号。114查号台话务员说市长热线没有登记，告诉了上海市政府总机的电话63212810。总机话务员说上海没有市长热线，有一个信访办的电话63281234。打通后，信访办的工作人员说，9时之前这个电话是电脑值班,9 时之后是人工服务,有什么问题可以向他们反映。

省会城市中,除了南京市外,其他 26 个城市都开通了市长热线(或叫政府公开电话)。但并不都是 12345 这个号码。

在 26 个省会城市和其他几个地级市中,比较容易打通的热线占一半左右,如太原、郑州、武汉、南昌、沈阳、福州、大连等市,一般 1 至 3 次就打通了。而像济南、广州等市的热线比较难打通。济南市的热线话务员说,他们只有一部电话,所以比较难打进来。

8 日上午、下午和 11 日上午,记者数次拨打石家庄 0311—12345 电话,听到的都是"请稍后"这样的录音提示。除石家庄外,南宁、兰州、贵阳、哈尔滨等城市的热线也一直未打通。

通过拨打市长热线,记者了解到,虽然以上大部分城市的热线号码是统一的 12345,但并不都叫市长热线,如北京叫非紧急救助服务中心,石家庄叫市民服务中心,福州叫便民呼叫中心,大连叫市政府行政投诉中心等。大部分市长热线的工作程序是,工作人员听完你的问题后,告诉你相关部门的电话,由相关部门去解答或处理。有的市长热线只受理投诉类的案件,不受理政策咨询类的问题;有的只受理政府行政投诉,不受理司法案件投诉;有的给反映人反馈意见,有的不反馈。

记者感到,各地热线话务员的服务态度都比较好,但业务水平参差不齐。对"你市的低保是多少"或"下岗失业人员做小生意是否有税收优惠"这样的问题,大部分工作人员都回答不上来。对"低保"要找哪个部门也回答不清楚,低保属民政局管,但大多数热线工作人员告诉的是劳动保障局的电话。

当前,给市长热线打电话的已不仅限于社会底层,专家、学者、国家干部、企业家、外商等也拨打市长电话,反映的问题从菜篮子、米袋子扩展到城建、环保、公民维权等领域,甚至投诉政府某个职能部门存在的问题。

各地在实践中探索出了各具特色的工作经验。热线服务得好不好,工作人员的素质是关键。长沙市将那些服务态度好、政策水平高、协调处理问题能力强的干部优先安排在热线岗位。广州市从今年 1 月开始,市政府各工作部门新提拔的处长、副处长,需先在信访岗位进行为期半年的锻炼,期间他们将从事接听市长热线电话等密切联系群众的工作。

第10章
新闻写作的基本方法

第一节 用事实说话

"用事实说话"是新闻写作的基本方法,即通过叙述事实发表无形的意见。新闻写作要用事实说话,这是因为事实是新闻的本源,新闻是新近发生或发现的事实的报道,没有事实就没有新闻。事实是新闻的实体,也是新闻的存在形式,因此新闻中要用事实;事实胜于雄辩,新闻报道坚持用事实说话,因为事实本身具有强大的说服力。人们认识某种事物,懂得某个道理,总是从具体的事实开始的,从具体到抽象,从感性上升到理性。要让受众接受你的观点,最便捷的办法就是带他们回到具体和感性中去,即回到事实中去。同时,事实最符合受众的需要,接触媒体的受众是为了获得更多的事实,用事实说话,是受众对新闻媒体的要求。

一、用事实说话的基本原则

用事实说话,简单讲就是新闻报道中体现客观中立的立场和新闻报道中注意消息来源的多样性,确保报道的客观准确。

新闻写作要用事实说话,其主旨在于戒"空"求"实"。这里的"说话",是寓理于事,通过事实的逻辑说明问题,通过事实之间的联系表达倾向。不是所谓的"观点加例子",而是把观念隐藏在对事实的报道之中,使人们在接受事实的同时接受记者的意见。

具体而言,包括以下几条基本原则:

1. 直接陈述事实,切忌"大帽子底下开小差"

在新闻写作时,减少套话,如"在什么的指导下"、"为了什么什么"等,直接进入到事实中去。

不要这样写:在科技是第一生产力的论断的指引下,某厂到高等学府和科研机构寻找合作项目,先后同20多家科研部门建立了共同开发新产品的合作关系。

应该这样写:某厂先后同20多家高等学府和科研机构建立了共同开发新产品的合作关系。

2. 不以抽象的概念和议论代替事实的报道

有的新闻除了地名、时间和几个数字外,几乎全是空洞的概括;还有的新闻事实少,议论多,生怕受众看不懂新闻的意义,大加议论。这两种方式都不符合用事实说话的新闻写作的手法。

不要这样写:作为飞行员,多少年来,他总是兢兢业业地工作,一心扑在工作上。

应该这样写:工作十五年来,他只有一年的春节是在家里过的,其他十四个春节都在飞机上度过。

不要这样写:这个节目极其精彩,看过之后大家都觉得很兴奋。

应该这样写:节目结束后,现场的掌声长达1分钟,观众某某说:"太精彩了,这个节目把我原先的睡意全赶跑了。"

3. 实事求是,按事实本身的逻辑展开新闻

在新闻写作中,不要"拔高"、"强扭",不能把记者企图说明的问题硬加上去,而是应该按客观事实本身的内在逻辑展开新闻。现在有的报道经常出现"万能典型",差不多的内容和事情,看到有什么新的精神就说它体现了什么精神。比如某个学校带领学生到革命老区去体验生活,在宣传科学发展观时,就说这一举措体现了"科学发展观";在宣传"八荣八耻"时,就说这一举措践行了"社会主义荣辱观"……这些显然与事实的内在逻辑不相符合。

4. 采用第三人称和注明消息来源

在新闻写作中,一般采用第三人称写作,这样叙述事实显得比较客观,也比较方便;当然,在一些目击新闻、个人经历性报道中,第一人称的出现可能会增加真实感,而在一些服务性报道中用第二人称则会显得更为亲切。

对那些阐明事件原因、说明内容联系或者预示发展趋势的事实,通常应该注明消息来源,否则受众会误以为是记者的看法。一些在来源上不言而喻的事实,如时间、地点、人物、事件等新闻要素,只要交代清楚,也不必每一个都点出消息来源;另外,目击性报道也不用处处加上"记者看到"的字样。

不要这样写:这个案件的判决是不公平的。

应该这样写:原告的律师认为,这个案件的判决是不公平的。

二、"用事实说话"的手法

先来看一个例子:

"造林"还是"造字"①

主持人:听众朋友,您平生见过的最大的标语字有多大? 最近,记者在湖北省郧西县算是大开了眼界。今天的《焦点时刻》请听湖北台记者杨宏斌、通讯员胡成采制的录音报道:《"造林"还是"造字"》。

(解说)今年 11 月 28 号,记者乘车经过郧西县店子镇太平寨时,突然发现,公路旁陡峭的高山上,一个巨大的水泥字扑面而来。因为离得较近,记者无法看到它的全部,只有跑到 500 米开外的地方抬头仰望,才看清这原来是一个硕大的"禁止"的"禁"字,而它只是一幅巨型标语的四分之一。记者驱车十几分钟,才终于将山体上用石头砌成的这四个大字看清:"封禁治理"。四个大字连成一排,挺立在群山之间,十分壮观。"封——禁——治——理——",这四个大字是什么意思呢?

(音响)记者:"封"就是封山,那"禁"呢?

郑直:"禁"就是禁止砍伐、禁止放牧——放牧牛羊,"治"就是治理荒山,"理"就是管理的意思。

(解说)说话的人是原店子镇林业站职工郑直。他曾参加过这幅巨型标语的设计、建造。他告诉记者:这幅巨型标语是店子镇政府 1999 年组织 5 个村的 2000 多劳力,大干一个半月建成的。

(解说)这每个字究竟有多大? 郑直说,每个字是严格按照 840 平方米来建造的,一个字大约是 29 米长、29 米宽,足有 9 层楼那么高,比两个篮球场还要大! "封禁治理"的"封"字,就右边"寸"字里的那一"、",就有 9 米宽、4 米高,能坐下 40 多个人。

(解说)是谁想起在山上造字的呢? 郑直介绍说,当时,县里号召退耕还林、封山植树,周边乡镇都在山体上做巨型标语,显示抓这项工作的气魄和决心。店子镇的领导见别的乡镇的山体标语很气派,受到上级表扬了,不甘示弱,决定也要做几个大字,字的大小一定要超过周边乡镇。镇里安排郑直和文化站站长桂千奇对标语字进行设计,刚开始,领导对他们的设计还不太满意。

(音响)郑直:"开始就是按照领导意图,一个字做一亩那么大。结果做那么大,他们下来一看,小了,最后又重搞,重搞就是按 840 平方米这样设计的。"

(解说)设计的字体大小超过了周边乡镇,领导满意了,才开始施工。郑直说,这山体大字的做工很讲究:

(音响)郑直:"先挖槽子,先开这个字的笔画;再用石头一个一个给它往上排。槽子好像是 40 公分深吧。石头砌好了以后,就和砂浆,和这

---

① 《"造林"还是"造字"》,转载于湖北人民广播电台《焦点时刻》,2002 年 12 月 9 日。

个水泥,再灌;灌了后再抹平;抹平之后上涂料、刷白,石灰的不行,石灰的水一冲就没得了。"

(解说)太平寨山高坡陡,做字的地方坡度达45度到50度,农民们从河里运砂石,挑水上山,行路艰难。造字时正是高温酷热的夏天,2000劳力每天从早上六点半开始干,一直干到下午七点才收工。

(音响)郑直:"太热了! 就说我们,我们作为干部上去还没干啥子哩,整天脸上的汗都没干过,身上的衣裳都汗湿完了。(如果)扛沙、扛石头、扛水泥,那更辛苦啊。"

(解说)造这几个标语字共花了多少钱? 郑直告诉记者,每个字至少6000元,4个字总共就是2万4千元,这还不包括群众投工在内。农民给记者算了这样一笔账:如果花2万4千元买树苗的话,可以买松杉苗16万株,按常规每亩栽127棵的话,可以栽1259亩,能把这座山绿化12遍!

(解说)为了显示退耕还林工作的力度,郧西县很多乡镇都像店子镇这样,把"造林"变成了"造字"。据县林业局有关人士介绍,全县造的300多平方米以上规模的大字近100个!

(音乐混播)

(解说)夹河乡建有两处大型标语:一处在金銮山,"封禁治理、美化汉江"这八个大字,共投入2500个劳力,做了三个月,每个字667平方米,八个字全长两公里,跨越三座山;另一处标语在腰滩河,"做好水土文章,绿化湖北山川"十二个大字,每个字667平方米,2500个劳力,做了四个月,标语全长五公里!

(解说)在羊皮滩建的"泥沟乡退耕还林示范区"十个大字,全部先用水泥浇注,然后用白火石砌表面,两个村1300个劳力做了三个半月才建成。建这些字的白火石,是乡政府要农民自己掏钱买的。为了买白火石,农民最远的跑到12公里外的陕西月儿潭;没钱买,就下河捡或上山找。

(解说)羊皮滩的这十个大字的脚下,就是景阳乡官亭村。当年建字时,官亭村村民就说,与其花这么多钱造字,不如给官亭村修一条村民们盼了18年的断头路。

(解说)在各乡镇竞相开展的"造字竞赛"中,店子镇终于后来居上,拔得头筹,凭借"封禁治理"这四个大字创下了字体最大的纪录!

(解说)郧西县一些乡镇1999年开始"造字",一晃三四年时间过去了,巨型标语字任凭风吹雨打,依然坚不可摧。相形之下,这些地方的退耕还林状况却不容乐观。

(解说)原店子镇林业站职工郑直说,建了大字之后,店子镇政府搞了几次植树造林"大会战",还请来县电视台记者摄像。可一阵热闹过后,剩下的是一片冷清。站在"封禁治理"四个大字前,郑直说:

（音响）郑直："你看那山上,现在还不是那个样子! （无奈地笑）年年植树不见树,岁岁造林等于零。"

（解说）说是"封、禁",可是记者在店子镇看到,造了字的山上,树木稀稀拉拉,零零星星地种着黄姜和小麦;牛、羊在随意地吃着草,没有人来管。

（解说）羊皮滩的"泥沟乡退耕还林示范区"十个大字中,"退耕还林"的"还"字里面还种了农作物;红岩寨"封禁治理"四个字中的"封"字,从远处看去,隐约有几个黑点,爬到字上一看,原来不知是谁种了两分地的黄姜!

（解说）红岩寨的大字标语下有两个村,因山高坡陡,水土流失严重,泥石流经常冲毁农民的房屋。从造绿化标语的那一年起,两个村的村民就强烈要求实施退耕还林。去年他们还挖好了树窝,等上级发树苗栽植,可至今没人理这个茬儿!

（解说）个别乡镇为了造字,竟然不惜毁林。夹河镇金銮山大型标语字,跨越三座山,其中有一座山的天然林比较好,但镇里为了造"封禁治理"的"封"字和"禁"字,砍掉了不少天然林木。

（解说）谈到这几年造字的经验,郧西县林业局的干部们很是得意,他们特别向记者说明,郧西的造字声势已经影响到了与郧西相邻的陕西6 个县。

（音响）干部甲："对陕西有震动、有促进。"

干部乙："我们这个郧西呢和陕西6 个县交界,他们看到这个声势以后呢,就你追我赶,湖北人了不起嘛! （笑）哼哼……"

（解说）可是,在汉江南岸的陕西省白河县和旬阳县的两个乡镇,记者驱车20 多公里,沿途只见树木,不见字。郧西县的关防乡和湖北口乡,没有造一个大字,却造出了成片成片的树林。看来,"造林"还是"造字",效果大不相同。

主持人:好,感谢收听《焦点时刻》。

1. 学会用典型事实说话

在新闻报道中常有这样的情况,一个事实选择得好,它可能有以一当十的作用,反之,如果选择得不准,哪怕列举出不少事实,记者想说的话或希望表达的观点,仍然模糊不清,甚至引起歧义。在大量的事实中,要经过层层集中,选取新闻事实,在新闻事实中还要选取它的精华,即典型事实。典型事实必须是鲜活的受众所未知事实、必须具有重要性而且是具体的事实、接近性可以强化典型事实、有的放矢也是选择典型事实的一个标准。

在湖北广播电台的节目《"造林"还是"造字"》中,集中于一个典型事实,那就是店子镇造出的超大字,"每个字是严格按照840平方米来建造的,一个字大约是29米长、29米宽,足有9层楼那么高,比两个篮球场还要大!'封禁治理'的'封'字,就右边'寸'字里的那一'点',就有9米宽、4米高,能坐下40多个人"。通过这一典型事例的做深做透的报道,把其他乡镇普遍存在的问题也连带出来,不需要记者评论,就能看出形式主义流毒之广。

2. 通过再现场景说话

新闻中的人和事,一般都是有形可感、有物可托的。他们通过采录或摄录逼真地再现,使新闻报道做到有神、有形,使观众仿佛亲历其境、亲眼所见,这种方法自然恰当,会加强可信性和说服力。

《"造林"还是"造字"》这则报道中,通过同期音响和解说把当时造字的场景进行了再现。

> 开始就是按照领导意图,一个字做一亩那么大。结果做那么大,他们下来一看,小了,最后又重搞,重搞就是按840个平方这样设计的。
>
> (造字时)先挖槽子,先开这个字的笔画;再用石头一个一个给它往上排。槽子好像是40公分深吧。石头砌好了以后,就和砂浆,和这个水泥,再灌;灌了后再抹平;抹平之后上涂料、刷白,石灰的不行,石灰的水一冲就没得了。
>
> (解说)太平寨山高坡陡,做字的地方坡度达45度到50度,农民们从河里运砂石,挑水上山,行路艰难。造字时正是高温酷热的夏天,2000劳力每天从早上六点半开始干,一直干到下午七点才收工。
>
> 太热了!就说我们,我们作为干部上去还没干啥子哩,整天脸上的汗都没干过,身上的衣裳都汗湿完了。(如果)扛沙、扛石头、扛水泥,那更辛苦啊。

通过这些场景的再见,听众可以想象造字的艰苦,自然而然就能得出"真是劳民伤财"这一结论。记者只需要把事实讲清楚、不需要发任何意见就能让受众在不知不觉中接受记者的看法。

3. 运用背景材料说话

新闻报道中的背景材料,常被称为"新闻背后的新闻"。对它所下的最简单的定义是"用来说明新事实的旧事实"。背景材料在新闻报道中有许多作用,其中一个不可忽视的作用,就是通过灵活地使用背景材料,巧妙地表达记者的观点。

在《"造林"还是"造字"》揭露了造字的过程和危害后,在节目的最后使用了一段背景材料:"在汉江南岸的陕西省白河县和旬阳县的两个乡镇,记者驱车20多公里,沿途只见树木,不见字。郧西县的关防乡和湖北口乡,没有造一个大字,却造出了成片成片的树林。"插入别的镇造林的情况正是为了与"造字"镇的情况形成对比,虽然记者没有一句议论,但一褒一贬的含义体现得却更为鲜明。

4. 借用直接引语说话

直接引语是被采访者的原话,在广播电视中,又叫同期声。在报道中用同期声或直接引用原话已经成为新闻写作不可或缺的手法,直接引语是新闻报道中不同身份、不同个性人物所说的话,不拘一格地引用它们,可以使报道具有现场感,富有变化和人情味,有助于克服新闻写作中容易出现的单调乏味与概念化。另外,直接引语一般都有出处,即消息来源,有助于提高新闻的真实性。如果直接引语来自重要人物或重要机构,还有助于提高新闻权威性。记者可以利用新闻报道中的人物之口,讲出自己希望说出又不便直接出面说的话。这样的报道看起来更客观,因而加强了说服力。

在《"造林"还是"造字"》这篇报道中,采访多位干部群众,使用了大量的同期声,通过他们的语言,深刻地揭露了造字的过程和危害,让听众自然而然地接受新闻传递出的"无形的意见"。

借助消息源来进行议论的手法,实际上就是借口说话,被引用的评价与议论,在一定程度上往往也代表记者所认同的看法,代表了记者的观点。但记者是以传播他人观点的形式来体现记者本人的价值取向,给受众的感觉仍然是比较客观的。

第二节　新闻跳笔

笔法是行文叙述的方法,新闻写作在笔法上最大的特点是在写稿时不必过分注意文字上的连贯和上下文的衔接,在句子与句子之间、段落与段落之间可以有较大的跳跃,我们把这种笔法叫新闻跳笔。

新闻跳笔在文体结构上的特点是"短段落,多段体",每一段讲清楚一件事实,每个段落是一个阅读兴奋点,对读者来说,可以在段之段之间停顿,也可以随时接续上。这样的笔法对于记者而言也有很大的好处,记者不必为文章的"起承转合"费心,只需要集中那些最有新闻价值的事实,一段一段地按某种顺序写来,无需过渡与连接,能够快速成稿;另外,运用跳笔也可以加大新闻信息量,每写一个段落就提供了一个新的事实,事实不断变化组合,使得信息更为丰富、多元。

应该注意的是,新闻跳笔仅仅是从文字上看不连贯,但是报道的内在含义与内在逻辑是很集中的。

我们可以看一个实例:

SARS·谣言·网络①

谣言止于智者,而网名"爱MONEY"的陈小姐显然不是个智者。

⟳ **从陈跳到其被捕的过程**

4月24日傍晚6时左右,当广东省佛山市禅城区公安分局的干警到她家抓人时,她仍对自己的违法行为毫无知觉,甚至以为是公安走错了门。这个雨夜,她因通过网络散布"非典"谣言,在公安局接受讯问直到深夜。

⟳ **从陈被捕跳到其被捕的背景**

这天也是公安部向全国公安机关发出紧急通知的日子,通知要求严密防范、严厉打击造谣惑众、借机捣乱的违法犯罪活动,全力维护正常的生产、生活秩序。

⟳ **从背景跳回陈小姐的被捕**

公安干警帮陈小姐回忆起了4月21日在网上"斗气"的全过程。

⟳ **过渡之后引出陈的背景**

"爱MONEY"年方25,是"两千沙龙时尚版"的版主,在网上颇有名气,并以善于斗嘴著称。

⟳ **从陈的背景跳到网友评价**

网友对她的评价是"不像25岁的人,过分幼稚。"

⟳ **无需起承转合,直接连接多位网友的评价**

"少年张狂,但很热情","上蹿下跳的演员性格。"

⟳

"有时偏激,倒也是坦荡荡快人快语"。

⟳ **从网友评价跳回其网上"斗气"的经过**

21日,她在网聊时,将盛传于佛山的小道消息发布在"两千沙龙话说佛山"论坛上,帖子说,"佛山百花广场3楼有'非典'个案,整个楼层已被查封。"

⟳ **从发帖内容跳到其发帖动机、方式及帖子的状况**

这个帖子被版主删了,好斗的她心想"你想瞒着可不行",继而声称自己发布的信息绝对是真实的,不会有假,并公布了自己的手机号

（引出陈被捕）

（网上斗气经过）

---

① 文晔:《SARS·谣言·网络》,《中国新闻周刊》2003年6月。

码供别人查询,总共有 200 多人浏览了该帖。

⤶跳回陈的事后解释与感受

"我当时只觉得是跟一个很熟的朋友赌气,没想到改变了我的后半生",陈小姐的声音哽咽了。"我敢公布手机号,是因为觉得这个由亲戚传的消息绝对可信。"

⤶从陈小姐跳到律师的说法

就连百花物业的代理律师陈贤敏都不得不承认,"在此之前的一段时间,百花广场上班的公司员工就在密传这个消息,并且说得有声有色。数千名员工为之色变,有的认为通过电梯会传染,有的员工根本不敢到百花广场 3 楼。还一些在百花广场上班的人员,为了避开'非典'甚至请假。"

⤶从律师的说法跳到此传言的影响

这个消息通过手机和口口相传散布开来,在 4 月 15 日左右就已经令百花的商家大伤脑筋。俗话说众口铄金,百花的客流量为此下降了 50%。

⤶从影响跳到商家的看法

百花楼内的一商家说:"我们好像打了一场仗,不敢公开辟谣,怕是此地无银的效果,加深大家的疑虑;又不能不理,因为商铺已经开始退租了,损失实在太大。直到查到了陈小姐,公安介入调查,才松一口气。"

⤶从商家的看法跳到真相

公安部门最后证实:该商业广场根本没有发生"非典"个案,只不过是 3 楼有间铺位上周曾进行装修(21 日前已重新开业),却被人以讹传讹。

⤶跳回陈以及对陈本人的影响

接下来的事件让这个 25 岁的女孩应接不暇。4 月 25 日早上,她出现在佛山市的"早间新闻"中,《佛山日报》编后语的评价是:"有人心怀不轨,跳出来散布谣言,扰乱视听,致使不明真相的群众惶恐不安,严重干扰了正常的生产秩序和生活秩序"。随后,公安机关对她作出了"拘留 15 天,罚款 200 元"的行政处罚。5 月 6 日,百花物业又对她提起了侵犯名誉权的民事诉讼,要求赔偿 10 万元。

网上斗气经过

传言的影响及真相

事件对陈的影响及网民的看法

⤵从对陈的影响跳到陈的感受

"听了社论的内容,我差点想寻死",陈小姐告诉记者,"出事以后她担任版主的时尚版被撤掉了,公司又要她自动离职,打官司连请律师的钱都出不起,整个人差点崩溃。"

⤵从陈跳到其他"两千沙龙"的网民

消沉的不单是陈小姐,"两千沙龙"中的其他网民也都吓了一跳。在针对此事的数百条评论中,很多人表示"不敢在论坛发言了,发短信要小心"。在4月20日之前,佛山一直没有通报过病例数,很多人想起自己曾经传过这条谣言都觉得后怕。

事件对陈的影响及网民的看法

⤵从陈这一个案跳到全国的情况

犯错的不止是陈小姐一个,4月以来,北京、广东、河北等17个省市公安机关依法查处借非典问题利用互联网、手机短信制造传播非典谣言案件107起,依法刑事拘留12人,治安拘留33人,罚款20人,行政警告25人,批评教育24人。公安部有关负责人表示,这些涉案人员多为青少年。

⤵从全国的总体情况跳到北京的情况

在4月23日到27日间,各种来源不明的信息通过邮件、手机在北京人之间互相传递,不过"神婴传话"这类谣言在大城市没市场。

⤵从北京的情况跳到另一个个案及其定性

4月22日,一个受过高等教育的高层管理人员看到手机上的短信——北京万人得非典,他皱了皱眉还是将短信转发了,"虽然离谱,也算给朋友提个醒吧"。5月14日,《最高人民法院、最高人民检察院关于办理妨害预防、控制突发传染病疫情等灾害的刑事案件具体应用法律若干问题的解释》公布后,他突然发现自己"传播恐怖信息"已经触犯了刑法,最高可判5年刑,而他从事法律的朋友竟说不上"一般谣言"和"恐怖信息"的区别。5月17日,高法研究室副主任胡腾云在接受采访时提出,"非典期间为提醒亲朋好友而转发的不实信息,不算传播恐怖信息"这才给他吃了定心丸。

全国及北京的情况

跳到专家之一杜骏飞的分析

网络注定是谣言的摇篮吗？为此记者访问了南京大学新闻系广电与网络教研室主任杜骏飞,他说:"对于5000多万人口的中国网民来说,如果正常的信息渠道不畅通,那么,不产生网络流言是不可能的;不发生混乱的流言和引发舆论的谣言也是不可能的。一方面,我们不能对这种完全可以避免的危害社会安全和稳定的传播危机坐视不管。另一方面,我们也必须尊重基于基本人性的传播学规律。"

跳到专家之二刘建民

清华大学的舆论学专家刘建明教授详细向记者介绍了"基于基本人性的传播学规律"。

跳到刘建民分析产生谣言的原因

他认为谣言的产生有很多原因,包括"危机下的恐慌"、"愚昧"等等,但是最主要的原因是"大道不通,小道乱窜"。在全局和上层信息不透明的社会,人们渴望了解真相的社会心理得不到满足,就会制造出谣言。

跳到实际情况从而佐证专家的观点

广东移动的短信息流量数据统计:4月8日,4000万条;4月9日,4100万条;4月10日,4500万条;与此相伴的是市民的抢购潮。4月11日、12日两天广州各大报纷纷开始大篇幅详细报道非典,对板蓝根、白醋、口罩的抢购也于11日至12日基本平息,与此同时,民间的和网络上的有关流言也逐渐归于平息。但令专家惋惜的是,同样的情景在4月23日到27日间的北京又被重演了。

跳回专家分析

"不是所有的谣言都有创造者",刘建明针对公安部门着力打击谣言犯罪提出警示。"北京封城"、"百花有非典个案"至今找不到谣言的始作俑者,显然这是"集体创作"的结果,说明舆论张力已经超出了社会框架。当务之急应该是如何保证言路畅通,及时消除影响。

跳到一个正面的典型例子,即网络不一定产生谣言

SARS,流言,网络的关系在北方交大果园站得到了最淋漓尽致的表现。记者发现,隔离期间学生们心态平和,果园BBS功不可没。在SARS专区,由于信息的充分公开,谣言受到了无情的驳斥,骇人听闻的消息,如某宿舍出了SARS,不到半小时就被种种事实戳穿。

跳到专家的分析,以分析结尾

"道理就是这样:在网络时代,如果缺乏绝对意义上的智者,那么,流言只能止于新闻的公开,"刘建明说。

专家分析网络谣言的产生及原因

正面案例及其分析

　　从这个报道我们可以看出新闻跳笔的运用特点：多分自然段，并且每段都不长，用段落群来区分层次。通过这样打碎段落，方便读者接受与消化。同时，报道的逻辑也很清楚，上面这个报道是从个案入手，写出全面的情况，再让专家分析，最后举出一个正面的案例来形成对照，从表面上看，全文是"散"的，但新闻事实依据内在逻辑联系着，连贯的思想穿起零散的材料，其神并不散。另外，每个大层次之间并不一定都需要起承转合，往往直接把两部分相连即可，或者通过关键字重复法来进行跳跃。如上一段谈到"基于基本人性的传播学规律"，下一段就说"向记者介绍了'基于基本人性的传播学规律'"，让内容的衔接更自然。

　　值得注意的是，新闻跳笔除了在段落间使用外，在句与句之间也是适用的。新闻报道的同一个段落中，经常是一句一个信息，一句一个事实，通过加大句子之间的跨度来灵活地、多侧面地提供丰富的信息。如上文的其中一段，用跳笔的地方笔者用"Λ"标出，请读者体会。

　　　　4 月 22 日，一个受过高等教育的高层管理人员看到手机上的短信——北京万人得非典，他皱了皱眉还是将短信转发了，Λ"虽然离谱，也算给朋友提个醒吧"。Λ5 月 14 日，《最高人民法院、最高人民检察院关于办理妨害预防、控制突发传染病疫情等灾害的刑事案件具体应用法律若干问题的解释》公布后，Λ 他突然发现自己"传播恐怖信息"已经触犯了刑法，Λ 最高可判 5 年刑，Λ 而他从事法律的朋友竟说不上"一般谣言"和"恐怖信息"的区别。Λ5 月 17 日，高法研究室副主任胡腾云在接受采访时提出，"非典期间为提醒亲朋好友而转发的不实信息，不算传播恐怖信息"，Λ 这才给他吃了定心丸。

　　在这段文字中，既有事实主体的跳跃，也有神态与心理的跳跃；既有背景与事实的跳跃，也有描述与议论的跳跃。可以说，跳笔在新闻写作中的运用最为广泛，是代表新闻写作基本特点的主要笔法。

第三节　白描语言

　　"白描"原指中国绘画中的一种传统技法，在作画时它纯用墨线勾描物象，线条简练而传神逼真，不用颜色渲染，有的只是略施淡墨。它不像工笔那么浓丽精细，也不像写意那样粗犷简约，介于两者之间，能达到遗貌取神的艺术效果。

　　将这个词"移植"到新闻写作领域，是指一种文字描述的具体方法，即不尚修饰，不用或少用形容渲染，以质朴的文笔，简练而直接地勾勒出事物的特征，达到"清水出芙蓉，天然去雕饰"的效果。

　　采用这种语言来写新闻，有利于把复杂的问题用简单的方法来处理，进而突出事物的特征,即突出新闻价值,便于受众在快速阅读中接受。也可以说,白描语言是新闻语言中最重要的一种表达方式。

一、白描语言的特点

1. 修饰语的限定性多于形容性

白描语言直接地陈述或描写新闻事实,诸如事实状态的指称、时间、处所、方位、范围、程度、过程、数量,以及事实相互关系的因果等。这些事实的要素在描述时要注意用限制性的词语或词组,尽可能地减少描绘、表情作用的形容词或形容词组来作修饰语。

如美国记者对印度民族英雄甘地的葬礼的情况有一段描写:

> 德里今天万人空巷,男女老幼聚集在这火葬柴堆旁向甘地致意。送葬者的队伍既有患麻风病的乞丐,也有货真价实的大富翁——他们头裹着用羽毛装饰起来的头巾,上面像鸽子蛋那样大的红宝石光彩夺目。①

在这段描写中,涉及对"乞丐"、"大富翁"、"头巾"、"红宝石"这几个词的修饰。我们可以看到,记者大都使用限定性的词语来作定语,而比较少用形容词。如乞丐,没有用"脏兮兮的"、"穷困潦倒"等形容词,而是限定为"患麻风病的"乞丐;又如头巾,没有用"华丽的"、"昂贵的"字样,而是限定为"用羽毛装饰起来的"头巾;再如红宝石,没有用"昂贵的"、"巨大的"来形容,而是具体地比拟为"鸽子蛋那样大的"红宝石。

限制性的词语可以使新闻作品准确、鲜明、质朴地表述新闻事实,如果不恰当地多用形容词渲染,追求词藻华丽,就难以保持客观事物的本来面目,会损害新闻的真实性;同时,形容词的形容其实是不够具体的,"华丽的头巾"就不如"用羽毛装饰起来的头巾"具体,让受众的更直观地想象现场的情况。

2. 语言的信息含量较高

由于新闻要传播受众应知、欲知而不知的事实,属于信息传播的范畴,因此其语言应有较大的信息量,不应有朦胧、含混、夸张的描写,而应注意语言的准确、贴切,力求将语言的含混性降到最低。

比如同样写暴雨,文学语言可能会极尽比喻、夸张之能事,为读者绘出一幅"雨景图",但可能并没有什么信息量;而新闻的白描语言写雨,就会是这样写的:

> 5 月 25 日夜间至 27 日凌晨,贵州省 17 个县市出现大范围降雨,个别县市降雨中还夹有冰雹。据有关部门统计,截至 27 日 17 时,这次灾害已

① 转引自汤世英:《火葬——甘地永存》,《中国新闻作品研究》,武汉大学出版社 2000 年版,第 284 页。

经造成这 17 个县市 799 间房屋倒塌,5902 间房屋损坏,53.8 万余人受灾。……①

新闻语言不一定要注意大雨成涝的形象画面,但需要有暴雨大到什么程度、成涝损失到什么程度等精确的信息。为体现新闻语言的信息量,新闻语言在选词标准上,应多用精确语言,少用模糊语言,并使两者搭配适当。

3. 语言朴实

新闻语言讲究朴素,质朴无华,贵在浅显通俗,不必刻意地讲究修辞手法,不需运用旁敲侧击、转弯抹角的叙述,只要把新闻事实简练而直截了当地表达出来。

在众多的文字作品中,新闻拥有最广泛的受众,受众不论职位高低、文化程度、年龄大小,每天都要和新闻打交道。因此,要让新闻有效地传播,就必须使广大受众能懂。要做到这一点,语言表达就得通俗,要把通过深入采访的新闻事实与平实浅显的语言表达结合起来,以期产生最大的效应。能用大众化语言的,就不要用生疏语言或冷僻字词表达,尽量不用半文不白的词语。

如以下这篇报道其实核心内容是农业科技人员培养瘦肉型禽畜,但读起来却非常地通俗。

中国家禽家畜出现"减肥热"②

中新社上海 2 月 24 日电 随着健美运动在中国各大城市走红,家禽家畜也兴起了"减肥热"。

最先动作的是五畜之首——猪,据悉,从今年起,中国开始在 150 个县建设商品瘦肉猪生产基地。

过去农村最爱养厚膘肥猪,可现在肥肉成了挂在菜场里的滞销货,人们情愿多掏腰包去买精瘦肉。北京、上海、江苏、浙江、湖北、黑龙江等六省市均已培育成功瘦肉率在 60% 左右的新猪种。

上海的瘦肉猪不仅瘦肉率高,肉质鲜美,而且生长快,日增重 600 克,一胎产仔数相当于国外瘦肉猪的两胎。在不少农村,用"肥猪满圈"来形容五畜兴旺已不恰当了。

以肥美著称的北京烤鸭为迎合人们怕肥的心理,也在采用瘦肉率高的鸭。

今年春节,上海市场上推出一种芙蓉瘦肉鸭,即刻售罄。这种瘦肉鸭是上海农业科学院育成的新鸭种,它体大而不肥,肉厚而不油,味鲜而质嫩,且生长迅速,孵化后 8 周,体重即可达 3 千克。江苏、浙江、广东、广

---

① 《贵州洪涝风雹灾害 18 人死亡》,《京华时报》2008 年 5 月 28 日,A17 版。
② 转引自刘明华、张征:《新闻作品选读》,中国人民大学出版社 2003 年版,第 29 页。

西、安徽、江西、吉林等地,纷纷向上海购买此鸭种。

这篇报道美中不足的是在最后一段使用了"即刻售罄"一词,此词文言味较浓,不够通俗,如果改为"一上市就销售一空"就更好一些。

新闻语言的平实表达,还表现在对专业性术语,技术含量较强的名词要尽可能作些解释与说明,不要照搬照抄进新闻报道中去。可以辅之以"新闻纵深、新闻链接、新闻相关"等助读方式,用受众听得懂的话来表达。这样,既报道了新闻事实,又普及了专业知识,可谓一举两得。

二、白描语言的使用技巧

1. 多用有动感的动词

"白描"语言要简练而准确地勾勒写事状物,最有效的办法是依靠有动感的动词。在新闻写作中,多用有动感的动词,既能把人物和事件写"活",也能把环境和景象写"活"。值得注意的是,一些动词是没有动感的,如"有"、"是"、"存在"等,在写作中要善于将这些动词换成有动感的动词,"有台风"就不如"台风登陆"显得动感十足,"云南省计划大幅度提高云南铁路网覆盖密度"就不如"云南省计划织密本省的铁路网"生动。

请看下面一篇新闻特写的开头,非常讲究动词的运用,而且用得很准确。

姚明不知自己有多少钱①

一年多以前。

姚明坐在康柏中心球馆更衣室的衣橱前,手里捏着一张刚从纽约 NBA 总部寄来的支票。面额上写着 20000 美元,这是他第一次参加 NBA 全明星赛,那是作为获胜西部明星队员才有的奖赏。姚明往支票上面瞥了一眼,立刻扔到了站在边上的翻译潘克伦手里。"柯林,"他随口说,"帮我到银行给存了。"

三年多以前。

姚明骑着辆二八的黑色飞鸽自行车,从老沪闵路上的上海梅陇体院里冲出来。他穿着宽大的白色 T 恤,后襟在风里面飘着,远看好像一艘冲刺的帆船。姚明的兜里揣了张稿费单子,当时他在《体坛周报》上开设叫做《姚指冠军》的专栏,每期报酬是 1000 元人民币,扣税后是 960 多块。姚明往离驻地最近的邮局蹬着车,来回路上要 15 分钟的时间。

流水一样的光阴,转瞬到了眼前。八年前把兜里的纸票数了又数的姚明,如今已经讲不清楚自己银行账户里的数字究竟是多少。

---

① 《姚明不知自己有多少钱》,《体坛周报》2004 年 5 月 24 日。

在表现姚明对金钱漫不经心的态度时,一个"瞥"和一个"扔"就比"看"和"递"传神;而在表现当年姚明还没有钱时的状态,一个"掖"和一个"蹬"就比"装"和"骑"生动。正如沃尔特·福克斯在《新闻写作》一书中强调的:"在任何句子里,动词都是让句子的其余所有部分流动起来的关键。"

2. 多用具体的内容

在新闻写作中,白描语言需要以具象化的内容来支撑,所选用的内容越具体,给受众的感觉才越具体。如"水果"没有"苹果"生动,"苹果"又不如"红富士"生动,具体的名词不但能让受众感知新闻的内涵,而且能引起受众的真实感应,达到无障碍快速交流的传播效果。

请对比一下几个例子。

例一:

> 他显得非常紧张。
> 在40分钟的飞行中间,他嚼了21根口香糖,洗了一副牌,数了数,又洗了一遍。他看了看头上和脚下的云彩,系紧安全带,又把它松开了。

例二:

> 瑞典队欣喜若狂。
> 瑞典队的教练员和运动员们都得意忘形了,他们跳离了座位,冲向了赛场上的佩尔森,将他按倒在地,还踢他的腿。

例三:

> 天气异常寒冷。
> 在纽约的阿尔巴尼,原定纪念马丁·路德·金的游行被迫取消,而那些硬撑着到场的人也不得不跑到帝国大厦的地下层暖和一下。

通过具体的描述,少用或不用相对抽象的母概念,能将抽象的内容进一步具体化,让受众可感可知。

3. 多用大众口语

白描语言不仅要简洁、准确、具体,而且要生动、传神、出彩,而大众口语生活气息浓厚,大都具有通俗明白、平易近人、生动形象的特点。一方面,报道可以大量使用采访对象有特点的直接引语,将大众口语直接引入报道;另一方面,记者的叙述与描写等也应该用大众口语写作,这不但能让受众更容易接受所传播的内容,更能使新闻具有独特的风格。尤其是广播电视新闻在写作时更要如此,以适应广播电视线性传播的特点。

例如下文：

省长热线电话在泰来被封锁①

黑龙江电台 2002 年 3 月 18 日播出

（录音）我的孙子都十三啦，到现在也没落上户口，找哪哪不管！想给省长打个热线电话吧，黑天白天地拨拉也拨拉不通。

（解说）讲以上这番话的是泰来县胜利乡三合村村民王永富。据王永富介绍，一段时间以来，省长热线电话在他们这里怎么也打不通了。在王永富家，记者拿起他家的电话，拨打省长热线 0451-12345。

（录音）拨打电话的声音

（解说）在泰来县，记者用几部不同的电话拨打省长热线，结果都是打不通。随后记者来到泰来县电信局。一位工作人员说：

（录音）这个省长热线，你还打它干啥呀，县里早就让我们把它给封了。

（解说）为了查清来自当地电信部门的情况是否属实，记者又拨通了泰来县信访办主副主任周文发的电话。

（录音）省长热线哪？那你挂不上那就对了，这你放心，我就告诉你的。你就说你啥事非得找省长？省长热线你知道是哪儿不？你有事省里能给你解决吗？那不是明摆着的事吗？我说的你听明白没有？

（解说）听众朋友，省政府开通省长热线电话，是为了加强与人民群众的密切联系，可泰来县人民政府为什么要封锁这条人民群众与省长联系的热线呢？我们将继续关注此事。

这篇消息报道是一个非事件性消息，这一现象持续了一段时间，是刚刚被记者新发现的。记者在调查中采录了大量生动、典型的语言，通过采访对象自己说的话，真实地再现了知情者的无意泄露、群众的气愤、某些政府官员对上访群众的冷漠和蛮横等，从而深刻地揭露了某些干部为了追求政绩，欺上瞒下，阻塞言路的错误行为。如三合村村民王永富无奈的声音："我的孙子都 13 啦，到现在也没落上户口，找哪哪不管！想给省长打个热线电话吧，黑天白天地拨拉也拨拉不通"。又如县信访办副主任蛮横无理的声音："省长热线哪？那你挂不上那就对了，这你放心，我就告诉你的。你就说你啥事你非得找省长？省长热线你知道是哪儿不？你有事省里能给你解决吗？那不是明摆着的事吗，我说的你听明白没有？"这些大白话非常生动，也深刻地揭示了作品的主题。

---

① 《省长热线电话在泰来被封锁》，转载于黑龙江电台，2002 年 3 月 18 日。

当然,报道的口语化不等于方言化,记者在写作时还是要注意语言的规范性。新闻语言必须以规范化的语言为基础,要注意语法、修辞的正确,在写作时尽量使用普通话,而不要滥用方言。

练习

请分析以下作品在用事实说话、新闻跳笔以及新闻语言方面的特点。

快餐店锱铢必较 餐巾纸越发越少①

最近情况变得如此之糟,以至于迪华纳·加德纳(Tijuana Gardener)已开始自己准备餐巾纸。她每周两次在 Popeye's 快餐店吃午餐,但从一年多前开始,这家快餐店里的餐巾纸就不再随处可拿了,而柜台里的员工也只提供少得可怜的餐巾纸。所以,当加德纳回到办公室时,手上总是油腻腻的,于是,她开始自己准备餐巾纸。"我的桌子上总放着餐巾纸,"35 岁的加德纳说。

爱吃汉堡包的柯克·沃尔登(Kirk Walden)是一名 51 岁的咨询顾问,住在得克萨斯州奥斯汀的他注意到这里的快餐店在发放餐巾纸时也变得十分吝啬。"现在我确信他们的口号是'你应该自己买餐巾纸',"沃尔登说。

餐巾纸正在消失。快餐店正在定量、减少发放餐巾纸,实际上就是把它们藏起来了。随着纸张成本的上升及业已饱和的快餐市场利润的缩减,对于餐巾纸的吝啬也达到了空前的高潮。

一些餐馆在自动发放机里装上过量的餐巾纸,以使顾客每次很难从中抽出一张以上的餐巾纸。另一些餐馆则精明地把发放机放在收款机附近,以便监督顾客抽取餐巾纸的情况。

芝加哥 Popeye's Chicken & Biscuits 的老板雅各布·阿斯莫(Jacob Asmall)让他的员工对顾客依次发放餐巾纸。他为自己的决定辩护说:"人们滥用(餐巾纸),他们一次就拿 20 到 25 张。"正是这家快餐店使加德纳开始自己准备餐巾纸。

与此同时,据 SCA 餐巾纸北美公司(SCA Tissue North America)称,从 Arby 到 Taco Bell 的所有快餐店都在缩小餐巾纸的尺寸。美国快餐业所使用的餐巾纸中每三张就有一张出自 SCA Tissue,该公司由位于斯德哥尔摩的 SCA 拥有。SCA 餐巾纸公司称,其许多客户所订购的餐巾纸尺寸都由标准的 13×17 英寸(未折叠)改为了 13×12 英寸,这样大约能节约 10% 到 12% 的成本。

纸巾业顾问罗杰·博格纳(Roger Bognar)估计,现在快餐店内的餐巾纸比十年前薄了 10%。芝加哥 Au Bon Pain 面包房的顾客凯瑟琳·门多萨(Catherine Mendoza)在用午餐时举着一张餐巾纸说:"我能透过它看见你。"

麦当劳(McDonald's Corp, MCD)在过去 5 年中曾三度缩小餐巾纸的尺寸。日前该公司开始试用一种小型餐巾纸,大小只有 6.5×8.4 英寸。

甚至是价值超过 10 亿美元的美国餐馆纸巾行业也已经妥协,并设计出一些能限制顾客抽取数量的餐巾纸发放机,尽管该行业确实希望卖出尽可能多的餐巾纸。根据美国最大的餐馆纸巾供应商乔治亚·太平公司(Georgia–Pacific Corp)的市场调查,至少有 43% 的人在就餐时"拿上一大叠"餐巾纸。

令餐馆备受困扰的是,许多餐巾纸还没用过便被人们扔在垃圾桶里或地上。虽然餐巾纸大约只占餐馆总成本的 1%,但是它也是支出中的一项,就像吸管和番茄酱一样。餐馆认为它们可以在这些支出项目上加以节省。

---

① 转载于《华尔街日报》,2002 年 5 月 8 日。

但是,据太平调查集团公司(Pacific Research Group Inc)称,餐巾纸对顾客满意程度的影响达到了 10% 至 20% 。太平调查(Pacific Research)为 Krispy Kreme Doughnuts Inc 等公司进行市场调查,负责为这些公司调查餐馆内有多少餐巾纸、纸屑是否被扔得满地等事项。

餐巾纸成为美国人吃饭时必备之物的传统已经保持了三代以上。斯科特纸(Scott Paper)在 1930 年代开此先河。据位于纽约海德公园的美国文化研究所(Culinary Institute of America)的研究,这个习惯的流行是由于两次世界大战期间,人们没有时间或缺乏足够的原料来制造餐布。因此,人们就开始习惯于餐巾纸带来的便捷,同时快餐业(如麦当劳)也开始腾飞。

在美国历史上,餐巾纸成了一件汇集智慧的崇高物品。有多少业务可以追溯到一张餐巾纸? 1966 年,在得克萨斯州圣安东尼俱乐部的酒吧里,罗林·金(Rollin King)为他的律师赫伯·凯勒尔(Herb Kelleher)草拟出一张飞行路线图。那张带有潦草字迹的餐巾纸正是西南航空公司(Southwest Airlines)的开端,目前该公司是美国第七大航空公司。作为西南航空公司董事,金对想要成功的人们寄语:"别去那些减少发放餐巾纸的餐馆。"

减少发放免费用品显然是一门精细的艺术。总部位于奥斯汀的三明治连锁店 Schlotzsky's Deli 拥有 700 家分店。该连锁店开始在发放机里塞满餐巾纸,以使人们无法一次取出许多张。但是,当这家连锁店检验此方法的效果时发现,在甚至只拿一张餐巾纸也得铆足劲的情况下,人们平均每人要拿 9.25 张餐巾纸。这个数字大约是 Schlotzsky 预测目标的四倍。这意味着每年每个店要多发放 50 万张餐巾纸,或者说每年每个店在餐巾纸方面增加了 2,000 美元的成本。

Schlotzsky's Inc 的首席执行官约翰·伍利(John Wooley)已经放弃了这个方法,他为每个新开张的分店订购了一些架子,以摆放足够多的餐巾纸。伍利说:"没有人会在午餐后把 200 张餐巾纸带回办公室去"。

一些餐馆认为,他们的菜单完全不允许他们少给餐巾纸。Cinnabon 的首席营运长克里斯·埃里奥特(Chris Elliott)说,他将维护这家以肉桂卷著称的餐馆的优良传统。他补充说,如果他的公司遇到预算问题,他情愿"把自动调温器调低一度",也不愿少给顾客餐巾纸。

然而,纸业巨头正在努力使用机械化方法减少餐巾纸的发放量。18 个月前,拥有斯科特纸(Scott Paper)的金佰利(Kimberly-Clark Corp)推出了"Scott Mega Cartridge"餐巾纸发放机。作为回应,乔治亚·太平公司(Georgia-Pacific)则推出了"G-P Easy Nap"发放机。这两家公司称,这些发放机模仿了"一次只抽一张"的纸毛巾发放机,将最多减少 30% 的餐巾纸使用量。

这些新型号的餐巾纸发放机使用比业界标准更小的餐巾纸。金佰利生产的餐巾纸的大小为 6.5×8.4 英寸。而 Georgia-Pacific 的餐巾纸的尺寸为 6.5×10 英寸。但是,就餐者很容易被蒙蔽:当这些较小的餐巾纸被折叠起来时,它们的尺寸似乎和标准的餐巾纸一模一样。

以上两家公司都宣称,他们缩小了餐巾纸的尺寸是因为很少再有人展开餐巾纸。乔治亚·太平公司(Georgia-Pacific)在一次调查中发现,不到 30% 的餐巾纸被部分地展开,而只有不到 10% 的餐巾纸被完全展开。

金佰利生产的这种能控制数量、使用更小型餐巾纸的发放机已经出现在 3,500 家麦当劳快餐店里,这一数量是全美麦当劳快餐店的大约四分之一。然而,一些经销商担心,使用更小的餐巾纸并不能省钱。"人们会抽取比实际需要更多的餐巾纸,"经销商迈克尔.蒙特茨(Michael Muntzel)说。在他阿肯色州小石城的店里,蒙特茨继续使用着传统的餐巾纸发放机。

第11章
消息写作(上)

1998年8月7日,正在长江抗洪第一线采访的《中国青年报》摄影记者贺延光准备去灾民安置点拍照。突然听说长江九江大堤有一处决口的消息,他立即调转车头,直奔出事的4号闸。到了现场,他站在冲锋舟上,一边抢拍决口照片,一边用手机向北京编辑部口述新闻。从当天下午4点到第二天凌晨,他连续追踪采访报道,发出了一系列的消息:

　　本报江西九江8月7日16时5分电(记者贺延光)　今天13时左右,长江九江段4号闸与5号闸之间决堤30米左右。洪水滔滔,局面一时无法控制。现在,洪水正向九江市区蔓延。市区内满街都是人。靠近决口的市民被迫向楼房转移。

　　本报江西九江8月7日16时35分电(记者贺延光)　现在洪水已漫到九瑞公路。据悉,决堤时,一些居民还在睡午觉。现在在堤坝上被洪水围困的抢险人员大约上千人。

　　本报江西九江8月7日17时5分电(记者贺延光)　国家防汛总指挥部的有关专家正在查看缺口。专家决定用装满煤炭的船沉底的办法堵缺口。

　　本报江西九江8月7日17时15分电(记者贺延光)　记者已赶到决口处。汹涌的江水正从30米宽的缺口涌向市区。南京军区两个团正在国家防总、省防总有关专家的指挥下现场抢险。现在有一条100多米长的船无法靠近缺口,抢险队正在想办法。

　　本报江西九江8月7日17时40分电(记者贺延光)　专家们拟订了三套抢险方案:1.将低洼处的市民转移到安全地带。2.市区内的军队、民兵组成一道防洪线。3.全力以赴堵住缺口。现在,一条大船装满煤,正由北向南靠近,准备堵缺口。

　　本报江西九江 8 月 7 日 22 时 5 分电(记者贺延光)　截至记者 21 时撤离时,决堤口还没有堵上。一条装满煤炭的百米长的大船已横在决堤口 20 米处,在其两侧,三条 60 米长的船已先后沉底。数千名军民正在抛石料。水势稍有缓解。

　　目前,留在决堤处的抢险人员总计有 2000 多人。防汛指挥部组织抢险人员正在市区的龙井河垒筑第二道防线。

　　据悉,市中心距决堤处的直线距离约 5 公里。市区目前还未进水。记者赶回市区时看到,一些店铺还在营业。市民的情绪较下午平稳了一些。

　　路上,出租车司机告诉记者,市政府已在电视上发现紧急通知,告诫市民,凡家住低于 24 米水位的住户,要迁到更高的楼上。

　　本报江西九江 8 月 8 日 0 时 15 分电(记者贺延光)　记者刚刚与前线指挥人员通话:现在沉船部位上端水流有所减弱,但船下漏洞水流仍很急,缺口处洪水不见缓解。抗洪军民仍在连夜奋战。

　　本报江西九江 8 月 8 日 0 时 45 分电(记者贺延光)　记者刚刚得到消息,从昨天下午 4 点开始,万余名解放军战士正在龙井河连夜奋战,构筑一道 10 公里长,5 米宽的拦水坝,作为市区的最后防线。至发稿时止,仍有大批军民赶往此地。

　　记者贺延光以"分钟电"(发稿时间具体到分钟)的方式将九江大堤决堤的最新情况快速发布出来,第二天《中国青年报》在头版头条配大幅现场照片刊出了这一系列"分钟电"(如果是现在的网络时代,这一系列"分钟电"将以最快速度在网上以快讯的形式出现,消息的时效性将大为提升)。使《中国青年报》成为独家报道灾情的中央媒体,受到读者的关注。这一系列"分钟电"当年获得了中国新闻奖的特等奖。

　　这也是消息的魅力。在众多新闻体裁中,唯有消息能够及时地、用滚动传播的方式报道突发事件、正在进展中的事件,冲在新闻的最前端,承担"第一报"的任务。

　　本章将重点分析消息的特征和写作方法,使初学者掌握这一新闻报道的"常规武器"。

第一节　消息及其基本构成元素

一、消息及其特点

　　消息是以简要的语言文字迅速传播新近发生事实的新闻体裁,它主要告诉人们发生了什么事情,往往只报道事情的概貌而不讲详细的经过和情节,是最广泛、最经常采用的新闻基本体裁。

消息的报道面之广、传播速度之快、受众之普及和运用之频繁,都是其他新闻体裁所不能相比的,也是在新闻传播中不可替代的。

消息以最直接、最简洁的方式告诉广大受众新近发生了什么新闻,它能够更迅速、及时地向人们报道客观事物的种种有意义的变动。受众之所以接触媒体,主要是为了获得各种各样的新信息,而这主要靠的是消息这种新闻体裁来满足受众的需求。

自从近代报纸产生以来,消息就在报纸上占据主要地位。长期以来,消息这种新闻体裁形成了自己的特点。

1. 简明

简短、明白地概括新闻事实,是消息有别于其他新闻体裁的本质特点。消息总是用尽可能经济的文字,简明扼要地反映新闻事实。在电子媒体兴起的背景下,网络、广播、电视往往成为第一时间发稿的媒体,其消息往往更为简短,文字干净利落,百字左右就将最新情况报道清楚;而报纸的消息往往失去了第一时间发稿的优势,出现了相对"详述"的倾向,但尽管如此,与其他新闻体裁相比,消息仍然属于概括报道,简明仍然是其重要的特征。

2. 讲求时效

消息要迅速及时地传播事物有意义的新变动的信息。消息的时效性如何,是衡量和判断其所报道新闻的新闻价值大小的一项硬指标。报道得越迅速及时,消息的时效性越强,其新闻价值就越能充分地显现出来。

消息尤其是动态消息,其时效性往往以日、以时计,重大新闻和突发性新闻事件的报道其时效性甚至以分、秒计。早一分钟,就有可能发出"第一次信息",是人们前所未闻的事实、最新鲜的信息,给受众留下深刻的印象,所谓的"先睹为快"正是如此。

而新闻机构之间竞争的一个重要方面正是消息的时效性的竞争。谁的新闻报道能最快地传递最新的事实,能迅速及时地满足受众的信息需求,谁就能在新闻竞争中赢得胜利。

3. 重心前置

消息的结构是倒叙式的,它通过导语将新闻事件的结果、新闻事实的精要首先呈现给受众。在这一点上,以反映事物最新变动为主的动态消息尤为典型。

这种"重心前置"的结构方式起源于19世纪中叶美国南北战争时期。当时,读者急于了解前线战况,而电讯技术又不够成熟稳定,电报机经常出现故障且费用昂贵,于是前方记者只好将最新的情况放在报道开头尽快发出。这就形成了消息"重心前置"的写法。

这种写法符合新闻传播规律,具有很强的生命力。试想如果一位刚刚看了乒乓球决赛直播的人向其想看这场比赛但因为种种原因没看成的朋友讲起赛况,一定会从"刚刚的比赛中国队赢了"开始说,而不会从"第一局中国队一开始很被动……"开始说,"重心前置"式的结构适合快速传播的需要。

值得注意的是,"重心前置"并不完全等于倒金字塔式结构,非倒金字塔结构的消息仍然需要将最重要的内容或最核心的内容放在导语或报道的开头。

试比较以下两篇消息,第一篇是倒金字塔结构,而第二篇不是,但它们的开头都把报道的主旨交代出来了,之后的行文方式各不相同,但"重心前置"这一特点均有体现。

伊拉克入侵科威特

新华社 1990 年 8 月 2 日电　科威特国防部发言人宣布,伊拉克军队于今天凌晨入侵科威特。

这位发言人通过科威特电台说,伊拉克军队今天凌晨两点越过边界,占领了科威特领土上的一些哨所。

这位发言人对伊拉克使用武力解决两国争端表示遗憾。他要求伊拉克停止入侵行动,立即撤出其入侵部队。

记者今天凌晨 5 时听到了枪炮声。到发稿时为止,枪炮声仍不绝于耳。

广州路面坍塌现 5 米深大坑　积水淹没小车

新快报讯(记者 陈海生 实习生 周强)昨日中午 12 时 30 分,白云区金沙洲凤岐里村前的沙凤一路突然出现地陷,一辆私家车陷入直径约 15 米、深约 5 米的大坑。随后,坑内涌出大量的水把小车淹没,所幸司机及时跳车逃出。附近村民称,地陷可能与附近一隧道工地施工有关,具体情况有待调查。

昨日下午 2 时 30 分,记者赶到现场时,多名警察正在勘查,事发路段已拉起警戒线,多名治安员在现场戒备。记者爬上附近一栋居民楼顶层看到,路面塌陷的圆形大坑直径约 15 米,坑内积满污水,一辆白色小车被淹,只剩下车顶在水面。大坑边沿的路面上有多处裂痕,几名工人正用水泵抽水,一辆吊车在旁待命。

工人用竹竿测量得知大坑约 5 米深。下午 3 时 35 分,水被抽掉一半后,车身开始呈现。下午 4 时 07 分,轿车被吊出大坑,是一辆车牌号为粤A7K5××的白色小车,车身完好,但车内的座椅已严重变形。

随后,有关方面调来一辆灌浆车,往大坑里倒灌回填,以尽快恢复路面通车。

附近村民袁女士说,她正与家人吃中饭,突然听到"砰"的一声闷响。她开窗查看,发现马路路面突然凹陷,一辆白色小车困在坑内。村民陈伯说,事发前 3 分钟刚有一辆 276 路公交车经过,"要是那时塌陷,后果就不堪设想了"。大坑里很快有水冒出,没多久坑内就积满了水。

记者随后在东方医院见到受伤的司机。正躺在病床上输液的他,右小腿、右手臂有多处擦伤。他自称姓裴,河南人,在凤岐里村经营一家修理厂。

裴先生说,昨天中午他将从家里整理出来的垃圾运往收购站卖掉,之后开车回家。"在离我家不到300米远处,我突然觉得车尾往后一沉,像是被什么东西拽住了。随后,车子开始往后溜。我回头发现路面下陷了,我的车也翘了起来。"他欲加速离开时,车突然熄火了,车身慢慢往坑里滑去。"我见势不妙,赶紧打开车门跳了下去。"裴先生跳到大坑的斜坡上,幸得附近两名村民施救才得以脱险。

据附近村民介绍,事故原因可能与附近一隧道工地施工有关。据称,该隧道工程自从2006年施工至今,因为爆破等原因使紧靠工地的凤岐里村的40余户房屋受影响,轻则墙壁出现裂缝,重则房屋出现倾斜。记者找到该工程的项目负责人严先生。据他表示,此次地陷事故并未对工程施工造成影响,他们的施工都是按照设计要求来进行的,出现路面塌陷的原因还有待调查。

据严先生介绍,隧道工程已进入隧道开挖阶段,施工点在地下30多米深处,隧道全长4公里,事发前并未出现异常情况。"当时我们的工人在隧道里进行清渣作业,差不多到尾声了,事故没有造成工人受伤。"严先生说,从目前情况来看,塌陷的地方不会再次下陷。

具体情况有待进一步调查。

4. 更为客观

消息这种报道体裁一般不提倡记者直接抒情或议论,它要求记者尽可能地减少主观色彩,更加注重用事实说话,行文相对于通讯、特写等报道体裁来说更为客观。

在消息写作中,它更突出信息的"干货",过滤掉了情感的"水分",让事实直接进入人们的视野,对受众造成很强的心理冲击。如:

中国国家主席与艾滋病人握手

新华社11月30日电(记者 周效政 刘思扬 樊曦) 在"世界艾滋病日"前夕,国家主席胡锦涛30日下午走进北京一家医院与艾滋病人握手、交谈,用实际行动推进中国抗击艾滋病魔的斗争。

胡锦涛在北京佑安医院与艾滋病人握手时说:"党、政府和全社会都会关爱和帮助你们,希望你们增强信心,积极配合治疗,争取早日康复。"

在医院的一小时里,胡锦涛胸前佩戴着象征爱心与关怀的红丝带,探访了两间艾滋病房。他一进病房,就主动伸手与病人握手,临别时又再次握手,祝他们早日康复。

患者们开始时还略显紧张。但当胡锦涛微笑着与他们聊起家常,了解他们康复情况时,患者们慢慢放开了。

一位姓卫的患者对记者表示:"胡主席与我们握手,说明艾滋病并不可怕,艾滋病感染者也能跟正常人一样生活。"40 岁的小卫是一位山西的养猪农民,7 年前被确诊为艾滋病感染者。

中国国务院总理温家宝曾在去年"世界艾滋病日"与三位北京艾滋病患者握手。仅仅过了一年,作为最高国家领导人的胡锦涛又再次与艾滋病人握手。这向世界发出了一个强烈而明确的信号:中国政府决心遏制艾滋病毒的进一步蔓延,并努力消除社会对艾滋病感染者的歧视。

……

5. 有"消息头"

消息有自己的外在标志,称为电头或"本报讯",总称为"消息头"。

电头,是表明电讯稿发出的单位、地点和时间的,加括号或用显著字体标出,置于稿件开头。新闻通讯社早期以电报、电传、电话等方式发稿,因此,通讯社总是以"××社×地×月×日电"作为消息头。

"本报讯"是报社自己的记者或通讯员采写消息的标志。如果是外地采访,往往也会标明发稿的地点、时间,写成"本报×地×月×日专讯(或专电)"。

消息头的作用在于可以表明新闻稿的发出单位,以承担本单位发表新闻作品的责任,显示消息的出处并接受社会的监督;消息头一般还注有发稿的时间、地点,可以表现消息的时效与来源地,借以传达一些基本信息,新闻写作时可以利用消息头中的信息,使得新闻导语更加简洁。

6. 一事一报

一条消息通常只集中报道一件新闻事实,即紧紧抓住最有新闻价值的核心事实,简明扼要地加以报道。一事一报的消息中,尽管它可能包含很多信息,但它往往只有一个核心事实,记者应该能用一句话概括这个核心事实,报道中的其他信息都是为了支持这一核心事实而组织的。这样,不仅能更快地争得时效,而且可以使消息更加短小精悍、易读易懂。

在写作消息时,不要贪多求全、面面俱到;同时,即使是一事一报,也要分清主次,突出重点,并注意选例少而精。

二、消息报道的基本构成元素:标题、导语、主体、结尾、信息图表

1. 标题

标题通常位于报道顶部,旨在告诉读者报道的主要内容。它往往由编辑来写,但在一些采编合一的小型媒体中,记者也可以拟写标题。消息标题的内容往往是

这篇报道的核心内容。

目前,很多报纸喜欢在主标题下面使用副标题,也叫"肩题"、"概述句"、"提要",双行题可以使读者快速地获得报道的主要内容。在很多报纸上,大多数重点报道都使用了双行的标题。下面就是一例:

残奥会下周四天坛采火①

分两条线在全国 11 个城市传递九天,9 月 6 日将点燃鸟巢主火炬。

肩题,概述句或提要

作为记者,尽管你无需自己写标题,但你可以按照标题提供的思路去写报道。如果你难以抓住报道的核心内容,不妨先给报道想出个标题,这样对写作可能会有所帮助。

2. 导语

导语位于报道开头,旨在告诉读者报道的主要内容。一条好的导语能够吸引读者继续读这篇报道。在很多报道中,导语通常只有一句话,但却涵盖了事实中最为重要的信息。

最为常见的导语是"直接式导语",它通常概括叙述所报道的事件,回答何人、何事、何时、何地、为何、如何等所有主要问题。报道的其他部分详细说明何事、为何、如何。

如果回答上述问题会使导语过长,记者往往会有所取舍,即决定哪些要素最重要,需要在第一句话中就强调。下面这则导语强调的就是何人、何事、何地。报道的其他部分会补充细节内容,如事件如何发生的、原因是什么等等。

本报讯 丰台区小屯西路一小区新建变电站紧挨小区幼儿园,许多业主担心孩子上学时会受到辐射,影响孩子身体健康②。

3. 主体

又称为"新闻躯干",是一篇消息展开新闻内容、阐述新闻主题的关键部分,新闻事实主要在主体部分交代和展开。

消息通常有导语,但有的短消息、尤其是"一句话新闻"或简讯可以不写导语;有些消息可以不交代新闻背景,很多消息都可以没有结尾段落,但无论哪一篇消

① 《新京报》2008 年 8 月 23 日 A03 版。
② 《北京娱乐信报》2006 年 11 月 9 日第 9 版。

息,都绝不能没有主体部分。

主体部分经常具有两部分内容:

一是呼应导语、展开阐述,即对导语中提到的主要新闻事实进一步用事实作具体的阐述或回答,起到支持导语的作用;

二是围绕主题,补充引申,既对导语中没有涉及的新闻内容进行补充,提供必要的背景材料,以说明新闻事实的来龙去脉、前因后果,以扩大消息的信息量。

主体部分通过引语、描写、背景等方式提供更丰富的内容和细节,让受众进一步理解新闻。

如本书第七章"采访素材整理与分析的程序"所用的材料可以写成以下消息:

　　本报讯　坐着火车到香格里拉旅游有望实现,记者 1 月 2 日从云南省发改委了解到,大理经丽江到香格里拉的铁路将在 2009 年开工。〕导语

　　这条铁路定位为旅游专线铁路,将把云南省的大理、丽江、香格里拉这三个著名的旅游风景区联成一体,对开发云南西北丰富的旅游资源和自然资源具有重要意义。

> 对导语提出的内容进一步展开。

　　除此之外,云南省还争取在未来几年内开工建设多条铁路,这其中包括新加坡到昆明铁路在内的 8 大铁路工程项目,投资 800 亿元,建设铁路线将超过 2500 公里,大幅度提高云南铁路网覆盖密度及铁路运输能力。

> 丰富新闻的信息量,补充更多的事实。

　　据了解,云南地处中国西南边陲,但目前铁路营业里程仅 2340 公里,位居全国第 26 位。

> 提供背景,便于读者理解新闻的意义。

〕主体

4. 结尾

消息结尾,是指为了深化新闻主题、强化新闻价值或扩大消息的信息容量,记者根据新闻内容,精心设计的消息的收结部分,它通常是消息的最后一段。

一般而言,消息的结尾应该包括以下内容:预测或预告未来的行动;以陈述句或引语总结全文但不重复前面的内容;补充更多的细节。消息的结尾千万要避免重复已经说过的内容,在消息中,如果你没有更新的信息告诉读者的话,就应该及时结束这篇报道。

如一篇报道北京四条新地铁年底前开工的消息,最后以副市长要求新地铁线

路的站点设计要充分考虑换乘的问题来结尾,用了副市长的直接引语来总结:

> "特别不要忽略的是另一种交通方式——步行,在站点周围500米或更大的范围,鼓励步行。"陈刚说。①

值得注意的是,消息的结尾往往提供的也是一个事实,即使是评论性的内容,也是借口评论,不要来一通套话、空话,也不要同义反复。

5. 信息图表

在现今的消息写作中,图表、照片也是报道的一部分,这样的理念已经深入人心。虽说提炼加工事实可能是编辑的事,设计图表可能是美编的事,拍照片可能是摄影记者的事,但是,报道是否有图表、照片会影响文字部分的写作,考虑这个问题可以帮助你决定哪些内容写进文字部分而哪些不必写进去,由信息图表反映。

如上面提到的报道北京四条新地铁年底前开工的消息,就使用了信息图表。图表中将开工的四条线路标识出来,并在信息框内写了每一条线路的起止点、主要站名以及进度,见图 11-1。

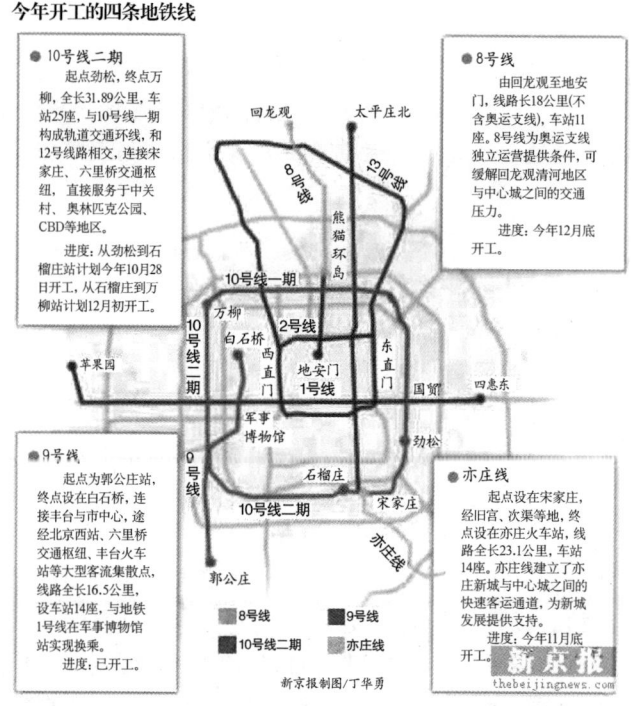

图 11-1

---

① 《四条新地铁年底前开工》,《新京报》2007 年 5 月 25 日 A08 版。

第二节　消息导语的写作

一、导语的类型

导语告诉受众报道的主要内容,它可以看做是报道的引子或者预告。导语对于消息来说至关重要,它作为报道的开端,是向读者承诺接下来要读到的内容。

对于记者而言,以导语来引起受众的注意,从而做好铺垫让读者过渡到下文这只是一个方面。更为重要的是,导语能帮助记者决定采用什么结构来组织新闻。导语写好了,稿子的其余部分就自然而然地顺理成章。通过导语,记者能给新闻定弦定调,从而与想象中的读者建立一种交流与对话的感觉。

因为有了导语新闻才成为一种特殊文体,它不仅仅是长期以来形成的一种行之有效的规范,更是一种传播思想。

眼球跟踪研究项目是监控读者在阅读报纸时移动眼睛视线的情况。这个研究显示,读者只是浏览标题,很多读者开始阅读时经常只读头几段,而不看完整个报道[1]。

导语是否有足够的吸引力使读者能继续读下去,在很大程度上取决于新闻写作。什么是优秀的导语?根据所写新闻内容和类型的不同可能答案也不一致,但有一条原则适用于所有的导语写作:一条奏效的导语应实实在在地吸引读者的注意力,并将其导向记者认为是新闻的基本点或报道角度的地方。

一般而言,导语有以下两种类型:

1. 直接式导语

直接式导语在第一句话里概括报道的主要内容,通常比较简短,只有一两句话。它直接陈述新闻的核心事实,开宗明义,在导语中就交代何人、何事、何时、何地等信息。

这类导语要求记者以概括的、直接陈述的方式写作,记者要在纷杂的材料中提炼出精华,以平实自然的语言加以概括和直接陈述。它的优点是:事实、信息的传递最为简洁明了,可谓"直线交流",极易为受众所理解。如:

> 本台消息　今天早晨 8 点 20 分,一名蒙面持枪歹徒,劫持人质和一辆日产三菱越野车,在逃至东兴区西林大道四号公路时被警方拦截。[2]

又如:

---

[1] 转引自〔美〕卡罗尔·里奇著,钟新主译:《新闻写作与报道训练教程》,中国人民大学出版社 2004 年版,第 151 页。

[2] 《警方拦截蒙面持枪歹徒》,转载于四川内江电视台,2001 年 12 月 30 日。

本报讯　昨天下午,球王贝利在北京故宫午门出席活动,将亲笔签名的球衣赠给四川地震灾区儿童代表。①

这类导语开门见山,直截了当,把新闻事实和盘托出,适合事件类新闻的报道。但需要注意的是,这种写法悬念感不强,容易写成程式化的语言,将真正的新闻淹没在看似全面的概括中。如:

本报讯　5月11日15:00,国家体育馆奥运志愿者录用通知书颁发暨临时团委成立大会在我校明德堂隆重举行。北京奥组委志愿者部副部长李世新等领导出席,包括我校部分志愿者在内的1000多名奥运志愿者参加了大会。②

这个导语虽然将时间、地点、人物、事件交代得很详细,但却没有新意,让人感觉似曾相识,换一个会议、换一个时间、地点,这种写作照样能够成立。

2. 延缓式导语

延缓式导语也是一种常见的导语类型,它不直接陈述主要新闻事实,而是运用描写、气氛渲染、解释、设问等手法先写一些相关的东西,再引出新闻事实。这类导语具有可视可感的效果,生动有趣,能以形象的画面感引起受众的好奇;另外,这类导语能以情境感染受众,让受众先有感性认识,再对事实进行理性的思考,从而可以强化新闻的报道效果。如:

本报讯　人们大都因为将遗失物及时送归原主赢得赞誉,但一名出租车司机却因为没有这样做而受到表彰。今天,他荣获了三等功证和奖金。

这一导语没有开门见山,而是用一个反常的现象切入,引起受众兴趣后再展开正文。这则消息如果要写成直接式导语的话,应该是这样的:

本报讯　今天,一位出租车司机由于将窃贼忘带走的赃物交给警方,帮助破获了一起大案而荣获三等功。

而这样的导语可能就显得比较死板,吸引力不够。又如:

---

① 《木偶"主持"抢走球王风头》,《法制晚报》2008年8月24日A03版。
② 《千名志愿者现场填写奥运志愿服务承诺书》,《青年人大》2008年5月18日A9版。

　　　　美联社(1990 年)报道　在津巴布韦东北偏远山村的小河边,16 岁的穆昆比正在洗衣服。正当她拧干衣服的时候,一道雷电打到她脚下的砂石上,使她成为雨季里遭遇雷击身亡的第 93 个人。

　　下面一段就不再说穆昆比的故事了,而引出了核心新闻事实:专家们说这是世界上雷击致死人数最多的地方。

　　延缓式导语暂不告诉读者报道的主要内容,而采用描写或讲故事的方法挑起受众的兴趣,甚至可能需要用好几个段落才逐渐进入正题。但当今的读者快速阅读的倾向仍然存在,最好有报道要点的段落能够早些出现,而不要花费太长的篇幅才涉及报道要点。

二、影响导语写作的因素

　　怎样决定采用直接式导语还是延续式导语? 选择导语类型一般取决于以下几个因素。

1. 新闻事实的性质

　　我们可以把新闻分为事件性新闻(event news)与非事件性新闻(non-event news)。

　　事件性新闻是指以一个独立的新闻事件为核心而展开的新闻报道;它十分强调新闻的时效,是对新闻事件的发生、发展的迅速反映。而非事件性新闻与事件性新闻相区别的新闻报道,即对一段时间内或若干空间里发生的诸多事实、情况、事件的综合反映,提示带有分析性、启发性的总体性情况、倾向和经验等,主要反映的是事物发展变化中的阶段性、概貌性、倾向性、经验性或典型性,对时效的要求较为宽松。如果用比较通俗的话来说,就是事件性新闻可以概括为发生了什么事情,而非事件性新闻可以理解为出现了什么现象。

　　事件性与非事件性之间并不是完全割裂的,因为事件积累发展到一定程度就会成为一种现象,而现象本身也是由若干的事件组成的,之所以这样划分是为了操作上能够简单一些,明了一些。事件与非事件区分的标志就是时空的集中程度,事件性新闻时空相对集中,而非事件性新闻发生的时空是相对分散的。

　　此外,根据新闻价值的显著程度还可以将新闻事实分为价值外显型新闻和价值内含型新闻。

　　价值外显型新闻受其他因素的影响较小,它本身就能充分说明自己的价值,如地震、火灾、战争、洪水、空难、气候异常等,无须多做什么解释,它的意义一目了然。我们就把这类新闻叫做价值外显型新闻。

　　而另一些新闻只有其事实本身很难把它的价值表达出来,需要借助其他的一些事实或对比、或解释、或分析、或评论才能把它充分展现。我们就说这类新闻事实是价值内含型新闻。

根据以上两个指标,我们可以将新闻分为以下四类:

(1)价值外显型事件新闻

这类新闻事实的时间和空间都相对集中,事实本身很有冲击力,能说明自身的重要性和价值所在。一般指反常的、突发的、首发的事件。这类新闻事实本身就是最具吸引力的看点,导语中一定要加以强调和突出,用最简洁、最直观、最具快速的方式直击新闻事件本身,因此,采用直接式导语最适合。如:

> 路透社北京 1964 年 10 月 16 日电　今天格林威治时间七时,中国爆炸了一枚原子弹,从而闯进了核俱乐部。
>
> 新华社上海 4 月 12 日电　一架泰国航空公司的 MD—11 客机今天下午在飞抵虹桥国际机场时冲出跑道。机上旅客无一伤亡。
>
> 新华社华盛顿 3 月 14 日电　白宫发言人鲁宾 14 日在华盛顿说,美国政府已经决定不再在日内瓦联合国人权会议上提出针对中国人权的议案。

这样的处理方式比较平和朴实,但切中要害,让读者在第一时间获得了信息满足。如果对价值外显型事件新闻不用开门见山的方式写导语的话,新闻的冲击力将大为削弱。

比如《北京青年报》在 1998 年 7 月 23 日刊登了这样一则消息,导语如下:

> 本报记者黎宛冰 7 日 22 时 30 分自江西九江报道　今天九江长江大堤的耐力终于到了极限。下午 2 时左右,大堤 4、5 号闸口七里湖地段出现险情。到了 3 点钟,大堤冲开一个 30 米的口子,长江蓄势已久的威力爆发了,以 7 米的落差扑向九江市。在距决口处东面约 10 公里的龙开河地段,在决堤不到一小时之内,约一万人聚集于此修建九江第二道防线,4、5 号闸口如不能堵住,那么整个九江将失陷于水中。

这条导语没有直奔主题,而是绕圈子,把太多的事实罗列了上去,最重要的事实却反而不明显了,最后的结果必然是把读者的兴趣给绕没了。

反观本章一开头给出的《中国青年报》同一天做的同样的内容的报道,大家就能看出优劣。

总的来说,价值外显型事件新闻的导语重在抓住核心事实,开门见山,切忌胡乱绕圈子。语言上以平实准确为佳,简洁有力。

(2)价值内含型事件新闻

有一类新闻事件本身处于渐变过程中,还未完全明朗,或者是事件本身背景较为复杂,光有单纯的新闻事实并不能完全说明它的意义和价值。那么在导语中我们就应该在把事件叙述清楚的基础上,加入一些背景性事实,或借用事件发生时当事人的引语等把它的新闻价值点亮出来。在处理这类新闻时,延缓式导语将有比较大的空间。如:

> 本报讯(记者张艳)　被称为上海市最大最老的一个"煤球炉"开始熄火! 昨天拥有 65 年历史的杨浦煤气厂关闭了日制气 7 万立方米的 2 号碳化炉,这标志着伴随东海天然气在浦东登陆,本市人工煤气将逐渐引退。

煤气厂关闭一个老碳化炉,这个事件的主干并不吸引人,也不能把它的意义表达出来,需要记者在导语中提示意义,才能让读者有进一步阅读的可能。

(3)价值外显型非事件新闻

非事件新闻是在一段时间内或若干空间里发生的诸多事实情况事件的综合反映,价值外显的特点在于这个综合的事实本身就能说明问题,让人一目了然。这类新闻在导语提炼主要事实时并不会有太多困难,困难的是如何把它表达得更生动。

在报道价值外显型非事件新闻时,直接式导语与延缓式导语大有平分秋色之势,两种导语所强调的侧重点有所不同,报道的风格也会不一样。

直接式导语:

> 《洛杉矶时报》加州雷德伍德市讯 在致力于减少每年杀死多余宠物数量的行动中,圣马特奥县管理委员会周二通过国内的首例法律,要求猫狗的主人购买宠物繁殖执照或使他们的宠物绝育。

延缓式导语:

> 《纽约时报》加州圣马特奥讯　狗在她的怀抱中瑟瑟发抖,它潮湿的眼睛睁得大大的,充满了恐惧。
> "放松,甜心,就好了,"半岛人道协会动物收容所经理克里斯·鲍威尔轻声地说。该协会每年要给 10000 个没人要的宠物实施无痛死亡。
> 在旧金山湾区圣马特县半岛人道协会的官员已经厌倦了这种日复一日的死亡执行工作。他们提出一个新颖的建议来解决宠物过剩的问题:圣马特奥县管理委员会将于 11 月 13 日考虑他们提出的一项繁殖猫和狗的解决方案。

(4)价值内含型非事件新闻

这类新闻是我们平常遇到最多的也是最难做的新闻。

在事实的选择上,这类新闻头绪较多,新闻核心往往需要多次提炼才能显现。在写这类新闻的导语时记者必须向两个方面努力:一方面是要求记者把价值内含的事实用尽可能明确、生动的方式说清楚,展现其新闻价值;另一方面要求记者把非事件的事实用尽可能动态的、有时效的方式表达出来。

在这类新闻的导语写作中,延缓式导语使用得更多一些。如:

> 本报天津 2 月 16 日电 今天回到天津南开大学学习的许多外国留学生发现,该校的住宿费已经由每天七美元降到五美元。一位美国留学生说:"这是东南亚金融危机带来的'好处',看来我沾了不少光"。

这个报道其核心内容是东南亚金融危机的影响。又如:

> 本报讯 "达芙妮""斯堪的纳""蓝得威尔"您知道是哪里产的吗?前两天记者在店里随意问了十多人,几乎众口一词:"洋货"。可问及"舒肤佳""玉兰油""健儿乐"等商品时,十有八九的人脱口而出"国货"。然而事实恰好相反。"国味"十足的商标、名称竟然全是独资、中外合资企业的产品。

2. 报道的发稿时间

一般说来,时效性强的事件性新闻在第一次发稿时采用直接式导语的比较多,而如果是第二次发稿,一般采用延缓式导语的比较多。

这是因为采用直接式导语能将新闻快速传播出来,满足人们对新闻的先睹为快的需求;而第二次发稿时,考虑到很多人已经通过接触媒体获知了这条新闻,或者对这条新闻有一些印象,就需要调整导语,使其更具悬念感、吸引力。

如一则空难的报道,由于发稿时间不同,导致导语截然不同。

> 合众国际社北京 11 月 24 日电 中国一架波音 737 客机今天坠毁,141 人死亡。

而几天后,同样一件事在《广西日报》上登出消息时却使用了这样一条导语:

> 本报桂林 11 月 29 日专电 随着惊天动地的一声巨响,阳朔县杨堤乡土岭村公所白屯桥村后山腾起了五六十米高的火焰,熊熊大火烧红了半空。"不好啦,飞机撞山啦!"

又如以色列总理拉宾遇刺的新闻,虽然是一个价值外显型事件新闻,但在不同的发稿时间其导语的处理方式会有所不同。日报因为要抢时效,它的导语就会是"拉宾昨晚遇刺身亡,"开门见山,直截了当;而晚报考虑到同样的事实已经被日报报道过了,读者可能都知道了这一消息,它的导语就会变成:"'我不敢相信这是事实',一位街头妇女说。今天全城市民处于一片悲痛之中,以悼念昨晚被刺的拉宾。"

3. 信息图表存在与否

图表的不断增多让记者的导语写作更为复杂。研究表明,读者首先被图片吸引,其次是标题、简讯和其他视觉手段所吸引。因此,如果消息中有信息图表,采用直接式导语的记者比较多。

4. 媒体的介质

目前出现了一种趋势,就是随着广播电视及网络的兴盛,一些报纸的延缓式导语在增多,使报道风格更加文学化,使读者读起来更有趣味。具体的做法就是在导语中更多地使用细节和人情味的事实,使用更吸引人的写作手法,并寻找更吸引人的角度。如:

美联社北京 1 月 1 日电　邓小平副总理佩戴着美中国旗交叉在一起的小徽章,用加利福尼亚香槟酒祝贺中美开始建立外交关系。他称这种关系是以"以远的政治和战略观点"为基础的。

又如 2000 年美国总统大选结果报错的报道,各家媒介的导语就很不相同,有的采用直接式导语,有的则更文学化,还有的就采用了延缓式导语。

新华社华盛顿 11 月 8 日电　美国民主党候选人戈尔的竞选委员会主席戴利 8 日凌晨宣布,由于两位总统候选人在佛罗里达州的竞争十分激烈,大选最终结果还很难确定。电视媒体一个多小时前宣布共和党候选人布什当选总统"为时过早"。

人民日报 11 月 8 日华盛顿电　耗资三十多亿美元,历时七个多月的美国总统选举本应在选举日尘埃落定,但由于佛罗里达州需要重新计票,布什和戈尔谁能入主白宫尚在未定之天。这在美国历史上还是从未有过的事。

路透社纳什维尔 11 月 8 日电　如果把 2000 年美国总统选举日发生的事情搬上银幕也许可以取名为《荒诞不经的故事》,就连超现实主义影片最狂热的影迷都发现它的剧情过于牵强附会,离现实生活太远。

中央社华盛顿 11 月 8 日电　美国民众观看了一整晚的大选选情报道后,8 日上午带着惺忪的睡眠上班。他们只确定了一件事,就是还不能确定谁是美国下任总统。

而广播电视中,采用直接式导语的情况更多一些,但有时为了追求一种悬念感,在一些社会新闻中,使用延缓式导语的情形也不少。如:

> 昨天,本台投诉热线接到一位下岗职工的电话,得知七台河市政府的一位领导今天将在哈尔滨市五星级酒店香格里拉为儿子办婚礼。今天一早,记者赶到了结婚现场"。

这条导语中并没有把新闻的最重要的内容——"贫困地区的领导异地为儿子婚礼大操大办,并趁机收受巨额礼金"这一事实表现出来,而仅只是一个引子,引而不发,吸引听众接着收听节目,有一定的悬念感。再如:

> 中秋节就要到了,去年的这个时候,南京、成都的一些消费者反映,他们购买的月饼还没有超出保质期就发生了霉变,当时这些事情只是被地方媒体简单报道了一下就不了了之。然而我们的记者在对一家月饼生产厂家进行整整一年的跟踪调查后发现:月饼发霉的背后,隐藏着更为触目惊心的事实。①

这则导语同样没有把"触目惊心的事实"到底是什么说出来,但同样的具有很强的吸引力。

三、直接式导语的写作

1. 5W 与 1H 的顺序

在直接式导语中,一般说来导语经常需要把新闻报道完备地表述事实应具有的六个基本要素,即何时、何地、何人、何事、何故和如何交代清楚。一篇消息报道中应尽可能地把这六项内容都讲明白,但有时由于事实还没有充分显露,或采访还没有充分展开,在六要素不全的情况下就要报道。但作为记者,应该把自己所能掌握、核实的要素尽可能地报道出来。如:

北京奥运会倒计时 1000 天 吉祥物发布活动举行②

导语:昨天晚上,北京奥组委在北京工人体育馆举行北京奥运会倒计时1000天活动,中共中央政治局常委、全国政协主席贾庆林出席,并发布了由5个拟人化娃娃形象组成的北京奥运会吉祥物"福娃"。

---

① 《南京冠生园:年年新月饼,岁岁陈馅料》,转载于中央电视台《新闻三十分》,2001 年 9 月 3 日。
② 《北京奥运会倒计时 1000 天 吉祥物发布活动举行》,转载于中央电视台《新闻联播》,2005 年 11 月 12 日。

在写直接式导语时,你需要决定哪些内容要写在导语中,并按照什么顺序安排这些内容。判断哪个元素是最重要的——何时、何地、何人、何事、何故、如何,并将你认为比较重要的内容放在报道一开头的显著位置。

2. 消息源的处理

对于有争议或批评性的直接引语,它的来源应该放在导语当中。但在一般情况下,直接式导语写作中,消息源不会在导语中直接出现,以免使得导语显得累赘;即使要提,也往往是笼统地提一下消息源,而将具体消息源放在主体部分。如:

　　《今日美国》讯　一项新的研究显示,在 80 年代被批评为功利主义者的美国在校大学生,现在对于环境等公共问题表现出了比挣钱更为浓厚的兴趣。

　　由美国教育委员会和洛杉矶加利福尼亚大学联合进行的面向在校新生的第 25 次年度调查显示了这一变化。

如果这项研究的机构名称都放在导语中的话,导语也会过于冗长。

刑侦报道的导语往往包含消息源,尤其是当你的消息是通过电话采访得来或信息尚不确定时,一定要在导语中亮出消息源。如:

　　本报讯　北京市公安局昨日消息:“三里屯两酒吧吸贩毒案”已经进入司法程序,四名涉案外籍人员已被北京市检察院第二分院批捕。

3. 主动语态与被动语态

通常而言,主动语态比被动语态更为有力,更具强调性。因此直接式导语中用主动语态的情况更多。但如果行为的接受者比施行者更为重要,使用被动语态就能起强调的作用。如:

　　美联社亚利桑那州窗岩讯　纳瓦霍部落前首领彼特昨天被判处 450 天监禁,因为他在该部落购买一座大农场的交易中,有贿赂、欺诈、阴谋以及道德败坏等行为。

这样处理把受者突出出来,而施行者往往也是显而易见的,其信息就能省略。

四、延缓式导语的写作

延缓式导语有类型比较多,常见的有以下几种:

1. 描述式导语

这类导语的特点是消息的开头出现画面、出现镜头,通过一段描述来引入报道的核心内容。

描述式导语能以形象的画面引起受众的好奇,并以情境感染读者,让读者先有感性认识,再对事实进行理性的思考,从而强化报道效果。如:

> 昨天下午,当南京市红十字献血中心的医务人员从聂红绫的胳膊上轻轻抽出针头时,她作为首批最后一位南大献血的同学坦然地笑了。血站的负责人说:"上千名大学生主动献血,一次采血 5 百多人,在全国也是少见的。"

写作描述式导语要求记者在采访中要注意捕捉有形的画面,或者让采访对象间接地为你提供一些情景;同时,导语所描写的画面必须与所报道的事实有内在联系,有助于提示主题,不要游离于主题之外 ,不要为描写而描写。如:

> 猕猴住进了三星级宾馆,白兔呼吸着航天级的新鲜空气,鼠小弟每天聆听轻柔的背景音乐……在昨天举行的上海"国际实验动物科学大会"上,我国科学家发表报告指出,在过去 10 年,中国实验动物的福利状况大幅度提高,已接近国际标准。

导语开头列出的情景正是实验动物福利提高的表现,如此描述让读者能够更直观的理解新闻;如果导语大肆描写会场的情况,就与新闻的主旨不相符,描写得再生动也没有用。

2. 橱窗式导语

橱窗式导语的特点是由典型事例构成导语,像橱窗里展示样品一样,通过导语讲述"样品"的故事,读者可以推而广之想见其他,进而由感性认识转入到理性思考。

如写《中国最大的游牧民族走下马背》,报道的是一个民族走向现代文明的历史性进步。它的导语是这样的:

> 新华社呼和浩特 1998 年 11 月 3 日电 经过几个月的家庭争论,内蒙古东部阿鲁科尔沁旗牧民那顺今天终于将祖传三代的一副马鞍送到了博物馆。
>
> 一大早,这个三代当过马倌的 6 口之家,人人身着典雅的蒙古族服装,有如送女远嫁一般,全家人一个接一个,默默地用双手把嵌银的马鞍从头到尾抚摩了一遍。
>
> "我把祖传马鞍放在博物馆,既可以永久保藏,还可以让后人世代知道我们是马背民族的子孙。"那顺说。
>
> 10 年前告别养马的那顺特别解释:"不是我不喜欢马,是养马不合算

了。有了拖拉机和摩托车干活,用不上马了。"

……

这个橱窗式的延缓式导语讲了那顺一家的故事,而那家正是其他人家的一个典型代表,讲他家的情况讲清楚,大家也就能看到其他人的故事。消息的主体部分再谈面上的事实也就顺理成章了。

写作这种类型的导语,关键是注意故事的典型性、人情味和趣味性,在表现"样品"的时候,可以注意写一些细节,细节往往可以发挥用事实说话的作用。

3. 悬念式导语

这种导语用让人惊讶的元素把读者吸引到报道中,导语的第一句话成为引入不寻常事情的一个悬念。如:

《费城问询报》伯灵顿讯　这是一个不同寻常的公共图书馆。

首先,书架上只有四本书。其次你在其他图书馆或者书店找不到这些书也不会有批量新书补充到这里的书架上。

那是因为上周末在这里开业的 Brautigan 图书馆有一个独一无二的规定——它只接纳从未被发表的书籍。

4. 提问式导语

以提问的方式写作导语,有助于受众把握新闻要点,有助于调动读者的阅读兴趣。同时,也可以促进记者抓住要害,明确消息主体的写作方向。如:

美联社1991年5月23日电　一位女顾客拿着一条亮闪的红皮带问道:"这是用鱼皮制的? 那些鱼鳞是怎么处理的?"

写作提问式导语的关键在于设计好要提出的问题。导语的设问,必须扣紧主题,服务于报道主旨,同时,还必须揣摩读者的"兴趣点",即问出读者感兴趣又乐于接受的问题。

五、导语写作的技巧

1. 时效性最强的事实带动非事件新闻

一般说来,非事件性新闻的出现总是在某个时间的临界点上达到了某种质变,因此在这个时候才需要报道它。做导语时,可以把这个临界点发生的事实提出来,给读者造成一种时效感。如:

本报讯　党员六年未过组织生活;预备党员 7 年无法转正;党费短则

28 个月未交,有的 64 个月未交——这一系列严重违反党章的怪事,发生
在有着 36 名中共正式党员的万宁市港北镇英文村。记者今天从万宁市
委组织部获悉,市委已派出工作组到英文村调查处理。

这条导语先让最令人难以置信的事实亮出来,吸引读者的注意,随后突出"今
天"这一最新的时间要素,显得时效性很强。

2. 加入消息来源带出非事件新闻

价值外显型报道透露的一定阶段所取得的成绩,像什么外贸进出口增长、某种
建设达到某一指标等,新闻元素相对单一。在这时引入消息来源的信息,能增强新
闻的权威性和可信性。

> 新华社讯　国家统计局 1997 年底对全国大中城市市场经营的一百
> 种主要商品统计调查表明,目前我国大多数消费者已经开始从"商品消
> 费"进入"品牌消费"的新阶段。在消费品市场上,国产品牌已经占有绝
> 对份额的优势。

3. 利用多种方式活化非事件新闻

非事件新闻长于表现静态的结果,而弱于表现动态的过程,因此采用将其事件
化、过程化的各种方式有助于把这类新闻做活。如:

> 本报讯　喜欢在远郊开"飞车"的司机近两个月来遇到了克星——
> 被称为"电眼"的测速雷达。据统计,自测速雷达 9 月份"上岗"以来,已
> 使 7 万多名超速司机受到了处罚。

这条导语如果只有后面一句就平平无奇了,正是由于有了前面设置了一个飞
车司机测速雷达使用进行了一下类似事件的描述,才显出了精彩。

4 贴近受众表现价值

在写价值内含型导语时有一条原则比较重要:就是贴近性。把事实经过记者
的翻译再传达给读者,翻译时应该有对象感,要选择贴近读者感知的事实引入导
语。如:

> 本报讯　去年本市连锁超市每 4 元的销售额中,就有 1 元是蔬菜生
> 鲜食品创造的。这是记者昨天在"推进超市经营蔬菜生鲜食品"工作总
> 结会议上获悉的。

记者把销售额中蔬菜生鲜占四分之一这一数字变为老百姓可以理解的具体的

数据,一下子就能引起读者的关注了。

写价值内含型新闻时不要被复杂的事实迷惑,而是要站稳立场,心中有读者,才能做出相对好的一个判断。

5. 如何醒目

导语是一个句子,更是个强调性的句子,在确定了导语中要表达的事实之后应该思考的是怎么把这个事实用语言赋予一种冲击力。首先是词序,一般来说,句首最需要强调,句尾次之,而句中的位置通常是强调性的事实而保留的。如:

> 本报讯 到医院看病医院会给病人报销医药费?这是最近广医二院和中保人寿为开辟医疗保险市场而合作实施的一项特别服务。

试想如果这条导语把第一句话挪到最后,效果肯定大不相同。

放在句尾有时也能起到强调醒目的作用。如:

> 本报讯 84 岁高龄的著名相声表演艺术家马三立没有想到,在他的本命年——虎年将至之时,收到的第一份新年礼物竟来自监狱的高墙之内。

一般来说,重要的需要强调突出的新闻事实不放在导语的中间位置。

6. 如何简洁

要做到简洁一方面需要在提炼事实上做出努力,不要把太多的事实写进导语,新闻要素可以有侧重地交代而不要面面俱到;另一方面需要在语言上进行精简。

比如写进导语里的单位名称、专有名词不能太多,人名和头衔不要堆砌,不要枯燥地罗列数字,善于利用电头所含的信息等。

我们来看一下这两条导语:

> (时事社北京 5 月 4 日电) 中国的最高学府——北京大学创立一百周年庆祝大会 5 月 4 日在北京人民大会堂举行。中国国家主席江泽民出席庆祝大会并发表了讲话。
> (法新社北京 5 月 4 日电) 中国最高领导层今天全体出动,庆祝北京大学成立一百周年。

与后一条相比,前一条其实还能再精炼一些。

7. 如何生动

使得句子生动的一个要素就是句子中有力的动词,这种表达比静态的句子更具吸引力。无论怎么精心选择形容词,都不能弥补一个苍白无力或不恰当的动词引起的死板。动词能让句子获得一种流动感,让读者一口气读下去。可以说,写出生动导语的关键在于精心选用动词。

有效的新闻导语选择的动词不仅告诉读者发生了何事,而且还能告诉是"如何"发生的。如暴雨袭击、台风登陆、汽车拥堵等,都能引起读者的某种感官反应。如:

（新华社上海7月1日电） 美国总统克林顿今天穿梭于上海浦东浦西之间,继续参观访问这座中国最大的经济城市。他表示,他要努力促进在美中两国之间建立更密切的伙伴关系和更深厚的友谊,使两国人民生活得更加美好。

但是记者不能为获得动感的效果而背离新闻事实,准确性仍然是新闻的根本准则之一。

8. 消息源与指称

很多新闻,尤其是非事件新闻,如果没有一个公认的权威作为依托,光有陈述本身就无法构成新闻。如有一个人在说地球将与小行星相撞,并不会让记者产生发稿的冲动,但如果一个地球研究小组得出这个结论,就将是一个爆炸性的新闻。因此,记者的一项特殊工作就是决定哪类报道需要这种权威来源的支持从而具有报道价值,并据此来写导语。

多数情况下,泛指比指名道姓的确指更具权威性。

本报讯 国家海洋局近日对渤海进行了一次联合执法,并向外界推出了惊人消息:随意排污、违章倾废、盲目建设等已使渤海生态严重恶变,如此下去,渤海将很快变为"死海"。

但这也不是铁律,如果消息来源是非常知名的人士,就可以指名道姓。

新华社上海11月18日电 中国人民银行行长戴相龙今天在这里说,中国明年保持人民币汇率稳定有坚实的基础。

权威来源的名称一般放在导语前面交代。

指称也是涉及导语的另一个关键问题。记者应在导语中得体地指称所提到的人物、地方和组织,以便读者一望就知它与新闻的关系。指称与所提到的对象的知名度有关,知名度越高的人指称就越简单。对于过去知名而现在被遗忘的人士,应重新唤起读者的记忆,用读者最熟悉的并且与这个人相关的事实来共同指称这个人。比如陈冲拍摄《末代皇帝》一片时,一家报纸这样指称她"曾以《小花》走红全国的陈冲",就能拉近报道对象与读者的距离。

　　要在导语中指称一个具有多重身份的人就得从他最著名的活动领域中选出最有代表性的一点或几点,而将其余放在后文交代。这样有助于新闻价值的突现。如:

　　　　本报讯　十五岁的初中生倪涛越过二米零八的高度,成为我国在这个年龄组中跳得最高的小将。

　　如果是一般的新闻这样写也算可以了,但如果告诉你这个男孩是我国前跳高世界纪录创造者倪志钦的儿子的话,可能导语就得换一种写法。

　　　　本报讯　"将门出虎子",前男子跳高世界纪录创造者倪志钦之子、十五岁的倪涛,成功地越过二米零八的高度,成为我国在这个年龄组中跳得最高的小将。

　　有效的指称有助于读者与报道之间建立一种联系,更好地理解新闻。

练习

　　1. 从近期的报纸中各找出 5 条好的导语和 5 条不好的导语,请分析其优缺点。

　　2. 根据以下材料,写作两条角度不同的导语:

　　2006 年是实施"十一五"规划的开局之年,是举办"奥运"盛会的关键之年,为推动建设资源节约型、环境友好型社会,北京市人民政府于 2006 年 6 月 13 ~ 18 日,在全国农业展览馆举办 2006 北京国际节能环保展览会,集中宣传国家及北京市节能环保法规、政策;展示、采购节能环保技术、设备和产品;为中央国家机关、北京市政府节能改造工程、奥运场馆建设提供服务。

　　这次展会本着"凝聚一批国际国内节能环保知名企业,筛选一批先进适用的节能环保新技术新产品,推介一批适合百姓家居生活的节能环保新产品,打造一个有国际影响力的节能环保年度品牌展览"的目标,精心组织,使展会在规模和档次上比 2005 年北京节能技术展览会有了一个质的提高。整个展览分为综合区、国际区、环保区、可再生能源区、绿色奥运区、节能区、资源综合利用区、节水区、生活节能区和馆外大型设备区十个展区。

　　此次展览是 2006 北京节能周的重头戏之一,免费对市民开放。展区分布在一号馆、二号馆和馆外,占地面积 8000 余平方米,共有 300 多个展位,是去年展览规模的 4 倍;参展企业达到 130 多家,是去年的 2.6 倍,包括远大空调、西门子、飞利浦、松下等在内的国内外知名公司都将带来最新的节能环保技术和产品,给京城的百姓端上一道节能大餐。

展会亮点

　　1. 节能庭院向人们展示概念型零能耗住宅

　　组委会将把节能、环保的最新理念和技术融于一体,向人们展示一幢真正高舒适度、零能耗建筑。

40 多平方米面积大小的庭院种满了花草,这些花草不仅可以起到美化环境、调节小气候的作用,而且可以充分地涵养水源。工作人员介绍说,庭院道路"都是透水材制的砖,能把雨水都渗透下去"。这种透水砖是由沙子粘结而成,节省了普通砖的烧制过程,因此节约了大量的能源。

庭院中矗立着小型风力发电系统。太阳能光伏发电系统和风能发电系统可以提供整个家庭生活用电、热水、空调、采暖、通风等所需能量,由于没有采用常规能源,所以对周围环境没有任何污染。靠近小屋的时候,屋檐下能看到一排类似风箱的东西,送上来一阵阵凉风,活像安装了一排地下空调,工作人员介绍说,"这是地热制冷装置,能把 14 摄氏度地温带到地面上来"。这种"全年空调系统"利用地下浅层地热,夏季制冷、冬季制热。北京节能环保服务中心科技推广部部长周一凡介绍,地能资源的温度一年四季相对稳定,冬季比环境温度高,夏季比环境温度低。就像空调一样,可以用它来调节室温。

庭院建筑的围护结构充分体现了节能与环保的理念。墙壁的主体是由粉煤灰制成的中泡沫板,既可最大限度地阻止屋内的热(或冷)量向屋外扩散,又综合利用了粉煤灰。建筑的窗户采用新型中空 Low-E 双层窗,可以起到节能和通风的作用。"您瞅瞅这窗帘,不仅能吸热,还挡紫外线。"一位工作人员介绍说。另外,小屋的窗户也是节能设计,不仅能隔热、保温、隔声,还有水密、气密、抗风压、遮阳等性能。屋内的温度计显示只有 24 摄氏度。

屋子内部实际是一个节能、节水的小型展览会,包括各种节能灯、节能电器,各种节水器具。整个庭院的生活污水通过净化系统进行处理后,可以用作绿化用水和冲洗马桶。屋顶铺设有太阳能收集装置。小屋的东侧还立有一架 3 米多高的风车。小屋里的电视不用外来供电,仅靠小屋的太阳能和风能装置发电。路灯和草坪灯也靠太阳能照明。可以说,屋里所有的电能均来自太阳能和风能这些洁净的可再生能源,大大节约了住宅所需要的能源。周一凡说:"这是世界上最充足的两种自然能源,用它们互补供电,可以使供电系统更加安全、可靠。"

连同屋外的院落,节能小屋的投资约为 20 万元。周一凡认为"节能可以从多方面来实现。小屋只是给大家提供了一种参考或指导。其实即使只采用某一个或几个方面,节能所带来的经济收益都会是非常可观的。"

通过参观小小的节能庭院,人们可以充分了解日常生活中的节能技术和节能知识,比较出我们生活中有哪些地方在节能方面还可以改进。

2. 节能环保汽车集体亮相

馆外展会的汽车区汇聚了来自不同厂家应用最先进技术的节能型汽车。

国内几种有代表性的小排量汽车将登陆本次节能环保展。在国家要求各地取消针对节能环保型小排量汽车的各种限制后,节能型小排量汽车更受到了许多人士的欢迎。这些汽车在本次展会同时亮相,将使广大市民对节能型小排量汽车有更深入的认识,提高人们对汽车节油的重视程度。

多种新型燃料汽车也将在汽车展区亮相。包括多家公司推出的氢燃料电池汽车、电动车和混合燃料汽车等,这些汽车采用新型燃料代替传统的汽油燃料,是未来汽车发展的方向,对缓解石油危机将起到积极的作用。富康、伊兰特推出了甲醇汽车。这种汽车用一定比例的甲醇掺入汽油中,让甲醇成为石油的替代品,既环保又节能。

3. 生活节能区贴近百姓

有最新型的节能家电,还有节水型淋浴喷头、节能灯、节能插座等节能节水产品,其中一种最新式的节水洗衣机非常实用。洗衣机采用智能控制系统,安装了污水处理装置,可以将洗衣水进行处理后循环使用,从而节约了大量水资源。洗衣机还可以处理洗菜水等其他生活杂水。

4.节能新机制传输新理念

合同能源管理区向广大观众介绍了一种基于市场的、全新的节能新机制——合同能源管理,运用这种节能新机制为客户提供节能服务的专业公司称为节能服务公司。合同能源管理区向观众介绍了节能服务公司的从事的业务范围、运营方式。观众看过介绍后将刘这种全新的节能方式有一个全面而深入的认识。还开设了"节能医生"展区,展示节能诊断企业的政府机构节能和大型楼宇建筑节能中的特殊作用。同时还向广大观众介绍了中国节能协会节能服务产业委员会即将举办的"节约能源 11520 在行动"活动。

5.亮点五:奥运展区

"绿色奥运"一直是社会各界十分关注的焦点,为此,在一号馆序厅四大板块内容中,专门设计了"绿色奥运"板块,以展示北京对国际奥组委"绿色"承诺;在一号馆新能源与可再生能源区专设了奥运展区,展示奥运场馆建设模型和绿色奥运理念等。

6.废弃物品回收积分奖励箱

为了激发和唤起人们对节约资源保护环境的热情和参与意识,在展会上还特别设置了一个回收废灯泡废易拉罐积分奖励箱,人们放进一个废易拉罐和废灯泡就会打出一张纸条,当观众手中纸条累积到规定数量时可以到展会组委会领取一份小礼品,其目的主要是鼓励人们以自己的实际行动积极参与到资源节约和环境保护中来。

展会的"三多四高"。"三多":一是指参展企业多,有 130 多家节能环保方面的企业参展,是去年展览会的 2.6 倍;二是活动内容多,在展会同期还将举办四场高层论坛、信息发布会、技术推介会、企业签约活动等;三是各界观众多,将汇集政府机构、各企事业单位、科研院所、专家学者、商业、服务业、重点耗能工业、学校及社区等各个方面的观众参观。

"四高":一是指主办支持单位层面高,本次展览会得到国家发改委、科技部等九个国家部门的支持,北京市 18 个委办局联合承办,并特意安排在全国节能宣传周期间举办,是北京市政府鼎力打造的一次政府引领、企业参加、公众参与、媒体强势宣传的重要活动;二是参会领导规格高,展会开幕式将邀请国务院领导、国家部委领导、北京市领导到会,并将组织领导专场参观;三是组织保障要求高,展会组委会制定了严密的组织指挥、安全保障等方案和措施,以确保开幕式、领导专场、专业观众专场、论坛等展会期间各项活动圆满顺利;四是社会各界关注程度高,受到国内外同行的关注。政府机构节能、大型楼宇建筑节能、新能源与可再生能源利用、绿色奥运理念、百姓家庭生活节能等,既是政府倡导的热点,也是社会关注的焦点,展会从方案策划到全面筹备,始终把紧扣时代主题,贴近百姓生活作为办展宗旨,因此,从一开始就引起了社会各界的广泛关注。

展会的"新"首先体现在总体设计理念上始终贯穿"节约与发展"的主题,从展厅所需要的选材,到印制节能图书和门票,都使用的是再生材料和再生纸,在序厅中用上万册废弃的书组成一个高高的书墙,用废报纸组成的巨型人形雕塑,给观众内心强烈震撼,唤起人们对资源节约和环境保护的强烈意识。展会所用的灯都是节能型光源,展会的开幕式也将采取简洁新颖的方式,既有创新又体现出节能环保的理念。

展会的"动"体现在观众与展示内容的互动关系上。在序厅中以人机互动、平面与立体设计相结合,利用光、声控节能技术手段体现了人与自然如何共荣共生。电子互动沙盘让你感受"擦亮"北京是自己的责任,"忧患"中的电子地图通过多媒体形式向人们警示资源的短缺和宝贵;

"十五"期间建筑节能的30%、50%、65%带来希望和喜悦,更带来"十一五"目标的催人奋进。在生活节能区,人们从熟悉的冰箱、彩电、水龙头等家用电子产品中了解到什么是节能型产品,如何用"能效标识"购买家用电器,懂得了"待机能耗"有如点亮一个15瓦的长明灯,知道只有科学合理使用才能又省钱、又节能。

开幕当天,中共中央政治局委员、北京市委书记刘淇,中共中央政治局委员、国务院副总理曾培炎出席开幕式并参观了展览。

刘淇、曾培炎先后来到奥运场馆建设、可再生能源、建筑节能、资源综合利用、生活节能等展区,仔细观看图片、实物和现场演示,不时驻足询问现场工作人员,了解当前我国节能环保的最新技术和产品的发展情况。

6月13日至6月18日。展会由北京市人民政府主办,国家发展改革委、科技部、财政部、建设部、环保总局等9部委支持,北京市发展改革委等18个单位承办。

全国政协副主席李蒙也出席了开幕式并参观了展览。

参考导语

好的导语:

(1)用再生纸制作的门票;废旧图书"砌"成隔断墙;零能耗的环保小屋……在昨天开幕的2006年北京节能环保展览会上,"节能"意识体现得细致入微。

(2)整幢房子完全依靠风能和太阳能发电,门窗、灯、水龙头、马桶样样都节能,在昨天开幕的北京节能环保展览会上,市民能看到这样新鲜的节能小屋。

(3)绿色植物做成的垃圾桶,甲醇汽车环保又省油,环保小屋没有空调也四季如春……昨天,在农业展览馆开展的2006北京节能环保展览将为人们描述这样一幅未来生活。

(4)环保小屋、节能庭院、节水洗衣机……昨天是"2006北京节能环保展览会"第一天,来自海内外的130多家节能环保企业携带数千种高科技环保节能展品在农展馆与市民见面。

不好的导语:

(1)2006年是实施"十一五"规划的开局之年,是举办"奥运"盛会的关键之年,为推动建设资源节约型、环境友好型社会,北京市人民政府于2006年6月13日~18日,在全国农业展览馆举办2006北京国际节能环保展览会,集中宣传国家及北京市节能环保法规、政策;展示、采购节能环保技术、设备和产品;为中央国家机关、北京市政府节能改造工程、奥运场馆建设提供服务。

(2)昨天,北京节能环保展开展,中共中央政治局委员、北京市委书记刘淇,中共中央政治局委员、国务院副总理曾培炎出席升幕式并参观了展览。

第*12*章
消息写作(下)

第一节　主体的建构

消息导语之后的部分称为主体。如果把导语比作"头",主体便是"躯干"。消息要有一个精彩的导语,以便吸引受众;同时,还必须有一个丰满、均衡的主体,否则也不能算作是合格的消息。

导语起的作用主要是将读者的目光吸引过来,但很难让读者完全了解事件全貌,也很难回答受众关心的所有问题;对于记者而言,仅凭导语也难以提示新闻的主题、实现报道意图。因此,主体就承担起对新闻事实做进一步交代、回答受众疑问以及表现新闻主题的重任。

建构主体的过程从本质上来说是按照某种关系来组织信息材料的过程,记者需要不断地设想读者到底想要知道什么以及需求的次序。主体要帮助读者理解新闻的焦点、冲突、背景和解决方法。在长期的实践过程中,主体的建构形成了多种结构模式,记者需要根据自己掌握的材料来选择到底采用哪一种结构模式。

一、主体的结构模式

1. 倒金字塔式结构

倒金字塔式结构是最基本的报道形式,它按照重要性递减原则组织信息,即从最重要的开始到最不重要的结束。这种结构通常以直接式导语开头,导语包括基本新闻要素:何人、何事、何时、何地、何因等;不能放入导语的要素可以作为后面的支持性材料。这也是事件性新闻最常用的写作模式之一。

倒金字塔式结构还有利于编辑安排版面。如果版面空间不够,编辑只要拿掉最后一"块",并不会影响全篇报道的完整性。

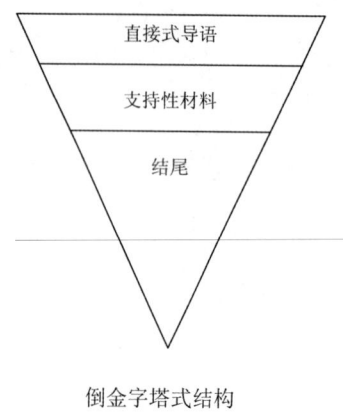

| 优点： |
| 迅速地表现关键信息。 |
| 缺点： |
| 模式化，越往后信息吸引力越低。 |
| 适用范围： |
| 适用范围广，突发性事件最常使用。 |
| 写作关键点： |
| 如何判断哪一个信息最重要，哪一个信息按照重要性递减顺序应该紧随其后？记者应该从受众角度出发，思考哪些信息会对受众造成最大影响？导语提出了什么问题需要立刻回答。 |

倒金字塔式结构

网络新闻也以倒金字塔式结构为重要形式，因为网络信息量非常大，这种结构可以帮助读者迅速判断他们是否对这则报道感兴趣。当然，网络新闻不像报纸那样受到版面限制，受众如果对某个报道感兴趣，可以通过链接阅读其他相关报道。

下面这则例文使用了标准的倒金字塔式结构：

深圳56名女工状告工厂搜身侵权

本报讯 记者苏荣才 昨天，深圳市龙岗区坑梓镇宝洋产业制品厂的56名女工不满工厂管理人员"公然强行搜身"，向龙岗区人民法院坑梓法庭递交诉状，状告工厂严重侵犯她们的人格尊严和人身权利，要求工厂公开赔礼道歉，并向她们赔偿精神损失费。

向法庭提交诉状的56名女工年龄最大的41岁，最小的才19岁，她们均在以生产假发为主业的韩资企业宝洋厂人毛部从事原毛整毛工作。

女工在诉状中提及的"搜身事件"发生于今年7月30日。据一位姓吴的原告女工称：当天下午5时50分，宝洋厂因怀疑工人偷盗原材料，6名女管理员及5名男管理员闯入车间，对原告们进行搜身，时间超过1个小时。原告女工认为，她们在雇佣期间，认真完成工作任务，遵守厂规厂纪，而宝洋厂的行为严重侵犯了她们的人格尊严，给她们造成了重大的精神损害。

对实施集体搜身行为，宝洋厂有关负责人予以否认。记者为此采访了龙岗区坑梓镇劳动站负责人，他告诉记者，经了解，宝洋厂并未对56名女工实施集体搜身行为，7月30日，宝洋厂管理人员在检查时确实"对其中三四位工人的衣服口袋进行了检查"。次日，劳动站曾就这起纠纷在工厂和工人之间进行了调解，工厂负责人也当面向工人道歉。不料矛盾进一步激化。

地处龙岗区坑梓镇龙田村的宝洋产业制品厂，是一家韩资企业，设立于 1991 年,年出口额在坑梓镇居前几名,现有工人 2000 多人。

2. 时间顺序结构

讲故事的人喜欢从故事的开头讲起,一直讲到结尾,把故事的高潮保留到最后。在一些新闻报道中也可以采用这种叙述方法,所不同的是,你需要先写出导语,告诉读者这篇报道写的是什么,然后再从头讲起。

| 优点: |
| 反映新闻事件的大致过程,表现前因后果。 |
| 缺点: |
| 报道较长,信息节奏不够快,缺乏耐心的读者可能不愿意坚持读完。 |
| 适用范围: |
| 有一定故事性的简短报道。 |
| 写作要点: |
| 像讲故事一样使用一些伏笔,把后面要叙述的吸引人的事的线索写在前面,比如"某某没想到,这还不算是最坏的"等等。 |

时间顺序结构

时间顺序结构不太适合没有太多故事性的新闻事实,如一次讲座,如果记者从头到尾报道下来给人的感觉就是记流水账;但如果事情的发展有情节,一波三折,就可以考虑使用时间顺序结构。

请看以下报道:

东方网记者张海盈、刘歆 6 月 6 日报道 "砰!"今晚 21:35 分,上海市武宁路杨柳青路肯德基店内传出一声枪响。七八秒钟后,一名特警抱着被劫持的女童从店内窜出,跨上救护车,十分钟后,绑匪被担架抬出商场,这场历时将近 7 个小时的对峙终于以警方成功解救人质画上句号。据了解,被劫持女孩经检查基本没有受伤,目前情绪较为稳定。

14:50 110 接报女童被劫持

市公安局 110 指挥中心接报,武宁路杨柳青路肯德基内有一男子持刀劫持一名 4 岁女童,该肯德基位于时代超级购物中心一楼,周围还有着众多商铺。据周围商铺的营业员介绍,被劫女童的母亲原是商场内一个手机柜台的营业员,30 岁左右,今天是来归还制服的。

15:35 绑匪边持刀边吃汉堡

事发后,周围商铺的营业员曾经到肯德基门口张望,据其中一名营业员说,当时歹徒穿着红色上衣,与女孩并排坐着,歹徒一边用刀架在女孩的脖子上,一边吃着汉堡,而女孩的母亲隔着一张桌子与他们面对面坐着。

16:55　武宁路交通几乎瘫痪

东方网记者来到现场时看到,武宁路杨柳青路路口的车辆已经排起了长龙,周围的一些居民闻讯都来到现场,购物中心对面4层楼的平房屋顶上、高楼的阳台上也站了不少群众。

17:45　绑匪要求提供车辆

东方网记者在购物中心外看到,一辆红色的法兰红出租车越过警戒线开到购物中心外的空地上,据了解这是因为绑匪提出,要警方准备一辆出租车带他离开。而记者也听到围观者议论,此前该绑匪已经要求警方给他送入玫瑰花。

18:20　纸箱堆出一道屏障

现场的购物中心的工作人员搬出十几个空的大纸箱,然后配合警方在肯德基店门口堆出一个一人高的纸箱屏障,此时围观的群众纷纷猜测此举的用意,十几分钟后,一名携带着狙击枪的特警身着防弹背心进入现场。

19:40　警方扩大封锁圈范围

晚上19:40分左右,由于时代超级购物中心一直没有停止营业,商场内围观的群众越来越多,警方将一楼商铺大厅的封锁线后移了5、6米,虽然如此,围观人群仍不断往前挤,还不时讨论着绑匪的意图。

20:10　肯德基店门一度打开

在与警方僵持了5个多小时后,20:10分左右,东方网记者注意到,肯德基店的两扇玻璃门缓缓打开,但半分钟后又再度关上,由于位置关系,记者无法看到店门是否是绑匪自己打开的。

20:55　现场"清场"准备行动

市委常委、市委政法委书记、市公安局局长吴志明再次来到现场,5分钟后,现场围观的群众、商铺的营业员被要求迅速离开,时代超级购物中心一楼大厅里只剩下准备行动的公安特警。而此时,购物中心外的杨柳青路上已经站满了围观的群众,武宁路交通再次陷入瘫痪。

21:35　枪响!被劫女孩获救

"砰"一声,21:35分,在事发购物中心围观的近千名群众同时听到了响亮的枪声,7、8秒钟后,一名穿着黑色防弹背心的特警抱着被劫女童冲出商场大门,女童身着白色连衣裙,短发,被抬上救护车后在警车的开道下,被迅速送往附近医院。

21:45 绑匪被抬出事发商场

就在枪响后大约10分钟,警方从商场中抬出一个担架,担架上的绑匪身着米黄色裤子,小腿以上都蒙着白布,担架被抬上救护车后迅速开走。警方解除封锁线后,围观的近千名群众涌向事发的肯德基餐厅,几分钟后人群开始疏散,武宁路和杨柳青路的交通也逐渐恢复正常。

3. 沙漏式结构

沙漏式结构在开始时与倒金字塔结构很相似,在报道的开头,给出最重要的信息,然后按重要程度递减的方式组织几个段落;不同的是,当核心信息报道完毕后,主体余下的部分就按时间顺序叙述。

使用沙漏式结构的时候,新闻事件一般有戏剧性的情节,并且这个情节可以按时间顺序来叙述。

沙漏式结构时间顺序结构不同的地方在于,时间顺序结构从主体一开始就按时序行文,而沙漏式结构则是在主体中部才开始按时间顺序写作。

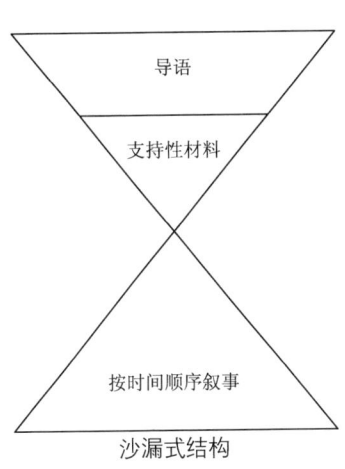

沙漏式结构

优点:
　　既有信息量大、节奏快的核心报道,又有按时间顺序写作的有故事性的内容。
缺点:
　　按时间顺序叙述的这一部分可能会重复报道开头提到的关键信息;就同一内容而言,报道篇幅容易较大。
适用范围:
　　法庭新闻常用此方式。
写作要点:
　　段落写得短一些;在开始叙述前,通常要给出一个消息来源,如"警察提供了以下事实,"之后就可以讲故事了。

请看以下报道:

　　本报讯　昨日,当拿着双胞胎弟弟的护照从首都机场出境时,哥哥因比弟弟多一个痦子而被北京边检总站民警查获。

　　当事人吉姆称,为了纪念去世的双胞胎弟弟而想永远保留这本护照,才在明知不能使用的情况下一用再用。

　　目前,吉姆所持的护照被北京边检民警依法予以没收。

　　今天上午北京边检总站民警向记者介绍了该案的相关情况。

　　据介绍,当事人吉姆系非洲某国公民,有一个相貌非常相像的孪生弟弟,一般人很难准确分辨出二人,只有跟他们很熟的朋友才能分辨出。

　　2005 年,吉姆的孪生弟弟不幸因车祸去世。吉姆持用其弟弟的护照从我国南方某口岸入境。当护照内的签证过期后,吉姆一直非法居留在广州做二手手机生意。

　　近日,吉姆的母亲患病,来电说想见吉姆。为了能够顺利回国,吉姆持已经过期的护照办理了"准予10日内离境"的签证并被限期离境。

但让他没有想到的是，当他持孪生弟弟的护照在北京边检办理出境手续时被边检民警发现。

当时，边检民警觉得证件有问题，但也说不出到底错误出在哪儿，只是凭一种直觉。

本来以为办手续应该非常顺利，但看到民警不停地询问，吉姆有些紧张，手就不由自主地摸下巴，结果民警发现吉姆的下巴上有一个小痦子，而护照照片上则没有。在北京边检总站民警的连续追问下，吉姆承认使用了弟弟的护照。

4. 列举式结构

列举式结构不受事物发展时间顺序的限制，围绕一个大主题，将同一主题下的若干个点有序地组织起来，采用平行的方法可以铺排。

列举式结构中所列举的信息通常都比较简短，可以用圆点、小方框、对勾等符号突出强调。

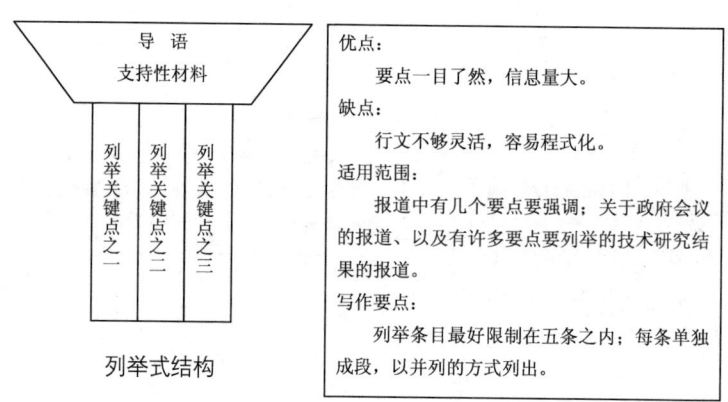

列举式结构

一般来说，处在报道末尾或中间的一个列举就是报道中最显著的部分；处于文本的列举可以比五条长一些，但也不能长太多。在会议报道中，列举的方法经常被用来逐条列出那些与导语无关的事项，列表通常用"另一方面"或类似的叙述方法来引出。

下面的例子就使用了列举的方式来结构主体：

新华社南京1982年2月18日电　记者周俊增报道 南京市的绿化工作搞得比较好，近来到这里学习绿化经验的人越来越多。怎样对待南京的绿化工作？南京市园林设计研究所一助理工程师杨万金最近对记者说："学习南京市绿化经验，要注意避免三点不足之处。"

南京市目前有大小400多条街道，有树木20多万株，为新中国成立时的

100 倍,城市绿地面积达 9 万多亩,全市已基本绿化,并以"绿色城市"而闻名中外。但是,杨万金指出,从城市建设发展的要求看,南京市在绿化建设上暴露出一些缺点。了解这些问题,对于前来参观取经的人富有教益。

第一,50 年代、60 年代绿化的街道,树干定高一般为二米五,太低了,影响交通安全。1978 年一年,光是为行道树碰坏的车辆涂漆就花了 4 万多元。公共汽车为了避免与行道树相撞,不得不在离路边三米远就停车,这不仅有碍交通安全,也降低了道路利用率。杨万金说,今后大中城市行道树定干应在四米高左右为宜,最低也不能少于三点五米。

第二,行道树在栽植时打洞普遍偏小,由于打洞小,树根扎得浅,在大风袭击下南京市发生过四次大面积倒树。行道树的倒伏又造成停电、停水、中断交通,给生产和人民生活都造成很大损失和不便。实践证明,今后打洞以长宽各两米,深一米为好。

第三,树的品种单一,悬铃木(法国梧桐)太多。全市几百条街道绝大部分种的是法国梧桐。这种树有树冠大、遮荫好的优点,但是由于新叶长出后,每半个月就脱一次绒毛,在空气中飘散,造成空气污染,形成了公害。这也是应该注意的。

5. 华尔街日报型结构

这种结构基于特殊到一般的原则,往往以一个与报道主题相关的人物或者事件开头,通常使用的是延缓式导语,然后在核心段讲述报道主题。报道的主体部分

华尔街日报型结构

优点:

从点到面,具体并且能实现一定的深度。

缺点:

容易兜圈子,报道冗长,逻辑把握难度较大。

适用范围:

现象类报道、趋势报道、特写报道等。

写作要点:

延缓式导语开头,把焦点放在一个人物、场景或事件上面,导语选用的内容是受到核心事实影响的众多人或事物之一。

报道结尾要照应开头,可以使用导语中所提到的人物的引语或故事结果,也可以使用报道前面提到过的某件事情的未来发展。

采访时就要找一个事件中的典型人物或者一则能够体现报道意图的事例。

有可能根据小标题安排,到报道结尾通常还要回到报道开头所提的人物或事件,全文就像绕了一个圈,结尾照应开头。

这种结构由于《华尔街日报》的大量使用得名,目前被广泛地应用于各种消息和特写中。以下就是一则实例:

钢铁需求旺盛 退役船舶吃香①

印度裔商人哈什·米什拉(Harsh Mishra)小心翼翼地走在一艘废弃船只起伏不平的船体上。这艘叫"太阳鸟"的海军潜艇救援船已有 50 年的船龄了。连日来米什拉手下的工人一直像开启大沙丁鱼罐头那样把船体一点点剥开,露出下面密密麻麻的舱室、管道和机器。

46 岁的米什拉冒着喧嚣的柴油机发出的浓烟和陈年船体发出的腐朽气味说,金钱并不总是来得那么轻松。

将这艘 200 英尺长的船拆解完毕共耗时 3 个月,得到了 1,200 吨废钢铁,总价值约为 30 万美元,还不包括可单独出售的引擎、锚和推进器。美国政府还另外向米什拉的公司——Bay Bridge Enterprises LLC 支付了 85,920 美元,目的只是为了尽快脱手这艘严重污染环境的船只。

"太阳鸟"是大约 129 艘"鬼影船"中的一艘,这些旧船闲置在美国的六七个港口中。由美国海军和海事管理局(Maritime Administration)保管的这部分船只已经成为拆船业垂涎的目标。

出于环保方面的考虑,拆船业上世纪 90 年代后期在美国偃旗息鼓了几年,但现在又卷土重来了。这既得益于美国政府的政策,也与全球钢铁、能源和货运行业的形势发展密不可分。

最大的推动力来自于钢铁业,中国及其他快速发展的经济体的强劲需求使得该行业一派繁荣。全球每年所产的 10 亿吨钢中只有不到三分之二是从铁矿石中新提炼出来的,其余都是从废弃的车辆、洗衣机、船舶和其他废钢铁中回收的。

全球的钢铁厂每年要购买约合 1,000 亿美元的废钢铁。废弃的船只是废钢铁的主要来源之一,占每年所回收废钢铁的 5%。

但可供拆解的旧船数量过少,无法满足钢铁业庞大的需求。由于全球商品价格的上涨,旧船服役时间也比过去长了,有更多散货和石油、煤炭等原材料以及大量废旧钢铁等待它们去运。造船厂都在扩大产能,但建造一艘新货轮一般需要三年时间。尽管对钢铁的需求巨大,但伦敦的海事行业刊物 Lloyd's List 称,2005 年前 10 个月约有 232 艘船被拆解,低于 2004 年同期的 422 艘。

---

① 《华尔街日报中文版》2006 年 1 月 13 日。

这有助于解释为何米什拉等拆船业者如此迫切地希望得到废弃的船只。这些船只全球都可以买到,但美国政府的库存量在全球居于前列,美国也有专门的计划积极推动将废弃船只用做废钢回收等用途。

美国海军和海事管理局在弗吉尼亚、得克萨斯和加州三地保管的废弃船只每年每艘船需开支数千美元,用于船体的防锈防霉等。负责联邦政府废弃船只保管工作的海事局决定何时雇佣拆船公司将船只拆解掉。或者,管理局也可以将船只沉到海里,用于军事试验或用作"人工珊瑚礁"。

拆船业有悠久的历史,但它是个危险的行业,且有污染环境的恶名。像孟加拉国、巴基斯坦、印度和中国等地已成为庞大的拆船中心。许多地方的监管比较松,允许公司直接将废旧船只拖上海滩、分解完事。这给环境带来很大污染,并危害到工人的健康。这些国家的工人们往往缺乏基本的安全设备,完全毫无防备地暴露在石棉等危险物质面前。石油和其他有害物质也常常就这样排放到海洋中。

许多年来,美国拥有废弃船只的企业和政府机构将这些船出售给国内外出价最高的收购者。在美国国内,从事拆船业的公司常常通过改变公司注册地以及变换公司名称的方式来逃避环境法规的监管。1997 年《巴尔的摩太阳报》(*Baltimore Sun*)的一系列文章揭露了这个行业的惯常做法后,拆船业在美国基本上就偃旗息鼓了。美国政府加强了对国内企业的监管力度,停止在海外分解废弃船只。政府退役船只的数量就这样越积越多。

如今,美国政府正在对海军和海事管理局施压,要求其尽快将现有废弃船只处理掉,以节省下高昂的保管成本。由于环境法规使在美国拆解船只成本增加,海军和海事管理局向愿意接受废弃船只的国内企业支付费用。

这种政策转变对于近年来的美国拆船业是个好消息。目前在得克萨斯州布朗斯维尔有四家拆船公司:International Shipbreaking Ltd.、ESCO Marine Inc.、Marine Metals Inc. 和 All Star Metals LLC。政策也要求拆船业改变通行做法和业务模式。

现年 65 岁的理查德·贾若思(Richard Jaross)是 ESCO Marine 的总裁,进入拆船业已有 35 年,他说,这个行业已从劳动密集型转变成资本密集型。ESCO 有 160 名雇员,年收入 2,500 万美元左右,需要投资数百万美元购置切割和清理废弃船只金属的设备。贾若思聘请了环境专家确保工人在分拆船只时遵照政府规定对燃油、石棉以及其他化学物品进行清理和处置。

2003 年,担心国内拆船业的处理速度不够快,美国海军和海事管理局尝试将 13 艘船送到英国一家拆船公司 Able UK Ltd.。美、英两国的环

保团体对此竭力反对。这批船只中最后的 9 艘目前仍因英国的一宗诉讼
而未交付。

美国环保团体称,他们宁可政府将废弃船只在美国国内分拆。"从环
境角度来讲,我们应为自己的废弃物负责,"Sierra Club 弗吉尼亚分会的
麦克·唐恩(Michael Town)表示,"如果我们将废弃船只送到国外,就无
法控制其对环境造成的影响。"他说,虽然人们都不愿意让拆船公司进入
自己所在的社区,但相比较而言,美国公司在环保方面更负责,而且这也
能提供几百个就业机会。

鉴于美国海军和海事管理局的大量废弃船只库存以及全球对废钢铁
的强劲需求,米什拉所在的印度大宗商品贸易公司 Adani Group 看到了成
为美国市场最大拆船业者的机会。

年收入 30 亿美元的 Adani 是印度最大的煤炭进口商,也是主要的废
旧金属进口商。拆船对于 Adani 还属于规模不大的新业务,但公司对此
有宏大的计划。Adani 希望在西海岸开设第二家拆船厂,并在东海岸购买
一个废金属堆积场,每年向印度出口 120 万吨废金属。

米什拉称,去年 6 月,Adani 以不到 1,000 万美元的价格收购了 Bay
Bridge。Bay Bridge 有两个大的泊位,可停泊正在分拆的废弃船只。有两
个 150 吨的起重机,用于清理船只上分拆下来的东西。Bay Bridge 自被收
购以来,员工人数已增加一倍多,达到 93 人。

布朗斯维尔的 International Shipbreaking 已被迫与米什拉的公司展开
了激烈竞争,米什拉的公司从美国政府拿到的船只数量已超出了前者。
"有一段时间没有人从事拆船业,"International Shipbreaking 首席运营长
鲍勃·白瑞(Bob Berry)表示,"因为你必须要面对很多环保以及安全法
规。分拆船只的支出超出了分拆所能得到的价值。"

除了得克萨斯州的四家,东海岸也有几家拆船公司,但西海岸基本上
一家都没有。如果能在旧金山湾分拆船只,无需再经过漫长的海路绕道
巴拿马运河,那就太好了。米什拉正计划在俄勒冈州建立第二家拆船厂,
他希望下月能选定厂址,每年分拆 9-12 艘政府废弃船只。

在俄勒冈州的一些小镇上,Bay Bridge 遇到了环保人士的反对,他们
担心如果停泊在旧金山湾的废旧船只在当地分拆,附着在船上的贝类和
藻类等有机物可能会污染俄勒冈州的河流和海湾。

环境还只是拆船业面临的挑战之一。"这个行业本身就具有风险。
你可能赔个精光,也可能发财,"米什拉说。他指出,拆船公司必须提前几
个月竞标,但"你并不知道 4、5 个月之后废钢铁的价格会是什么情况。"

2004 年和 2005 年,美国海军和海事管理局向全美 6 家认证回收公司
交付了 33 艘船和 3,500 万美元拆解费。而 1991 年至 1994 年间,美国海

军和海事管理局通过转让 81 艘废弃船只挣了 3,500 万美元,但此后该局终止了向第三世界国家的拆船公司出售废弃船只的行为。

美国海军和海事管理局保管的废弃船只最后的归属并非只有废金属堆场。一些船将进入博物馆。一些船只在伊拉克战争期间和卡特里娜飓风过后重新"应召"入伍。还有一些船只则被沉入大海,成为鱼类生息、嬉戏的地方。

实际上,许多消息并非采用某种单一的结构,而可能各种结构方式交叉使用。客观事物各有特点,富于变化,消息主体的结构也必须从新闻事实的实际出发,量体裁衣,灵活地组织材料。

二、主体的过渡技巧

消息提倡多段落,短段落,以新闻跳笔来写作。但即使是新闻跳笔,段落之间的转接也不应该是突兀的。要进行段落间流畅地转接,有以下常用的技巧:

1. 思维顺序法

按照思维的发展顺序组织段落,如上一段中的信息应当提出一个问题,这个问题需要在下一个段落中得以解答;或者,上一段落所表达的信息能够在下一段落用直接引语或者事实进一步补充、支持。这样,读者的思维也能够自然地顺流直下,段落之间的衔接必然是既跳跃又紧密的。而这也是新闻写作运用新闻跳笔的心理依据。

2. 引语总结法

如果需要在一个说话者后介绍一位新的说话者时,可以先将后一位说话者所说的内容进行总结并与前一位的勾连,形成矛盾或强化的关系,然后再导入新说话人的直接引语或释义性材料。例如《SARS·谣言·网络》一文中的片段:

> 网络注定是谣言的摇篮吗? 为此记者访问了南京大学新闻系广电与网络教研室主任杜骏飞,他说:"对于 5000 多万人口的中国网民来说,如果正常的信息渠道不畅通,那么,不产生网络流言是不可能的;不发生混乱的流言和引发舆论的谣言也是不可能的。一方面,我们不能对这种完全可以避免的危害社会安全和稳定的传播危机坐视不管,另一方面,我们也必须尊重基于基本人性的传播学规律。"

从杜的直接引语中总结出"基于基本人性的传播学规律"引出与刘建明的勾连来

清华大学的舆论学专家刘建明教授详细向记者介绍了"基于人性的传播学规律"。

他认为谣言的产生有很多原因,包括"危机下的恐慌"、"愚昧"等,但是最主要的原因是"大道不通,小道乱窜"。在全局和上层信息不透明的社会,人们渴望了解真相的社会心理得不到满足,就会制造出谣言。

3. 关键词重复法

写作时以上一个自然段末句中的某个能导出下一个自然段的关键词作为思维桥梁,将两个段落"缝合"在一起。

这个关键词也许能够触发下一段需要回答的问题,或者可以作为衔接下一个观点的纽带。在实际应用中,你可以在下一段的第一个句子中重复这个关键词,并把这句话作为过渡句;你也可以顺着关键词所表达的意思进入下一个段落。但要注意的是不要过程原封不动地重复关键词,会使报道显得枯燥。

如《华尔街日报》曾报道北京奥运场馆在奥运结束后的经营问题,其中片段如下。

北京奥运会的举办费用及相关基础设施支出将近四百亿美元,数额之大超过了以往历届奥运会,据中国一些经济学家估计,这笔费用相当于1976年蒙特利尔奥运会以来历届奥运会总支出的43%。

北京奥运会的所有相关设施似乎造得都比往届大。北京的奥林匹克公园面积比雅典奥林匹克中心大五倍,是纽约中央公园的三倍。它在故宫正北大约四十分钟车程的地方,位于北京的南北中轴线上,这条地带被认为是一块风水宝地,明、清两代皇帝的宝座、天安门广场以及毛主席纪念堂等中国最具象征意义的标志物都坐落在这条轴线上。

据知情人士说,由于奥林匹克公园面积铺得太大,奥运会观众届时从一个场馆转到另一个场馆可能要花上半个小时。奥林匹克公园内的国家游泳中心是一座设计新颖的建筑,看上去就像一个被气泡衬垫覆盖的立方体,它的面积是悉尼奥运会游泳馆的两倍,比奥运会组织者要求的要大。北京甚至还在扩建机场,到2015年,其年接待能力可达到六千万人次,几乎相当于法国全国的人口数量。

悉尼奥林匹克公园管理局(Sydney Olympic Park Authority)的首席执行长布赖恩·纽曼(Brian Newman)说,北京奥运会有可能成为历史上规模最宏大的奥运会。

但北京奥运会的宏大和辉煌也让人不禁担心,奥运会结束后这座城市将如何有效管理那些场馆和设施。所有举办过奥运会的城市都曾遇到过这个问题,但问题的难度都不及北京的大。

4. 过渡短语法

一般来说,新闻跳笔不太提倡使用过多的关联词、过渡语或过渡段,但如果段落之间的组接比较突兀,又没有更好的方法过渡,那么也得根据需要使用过渡短语或过渡句、过渡段落。

如需要插入背景时,你可以使用过渡词"过去"、"两个月前",或过渡短句"事情是这样开始的"等。这样,从现在的新闻事实跳到过去的新闻背景就比较自然。

如果要从一个观点转到另一个观点,尤其在关于讨论一些问题的会议报道中,你也可以使用过渡短语,"关于另一个问题"、"关于相关问题"、"所讨论的问题还包括"等来引出你下一段要报道的内容。

三、维持阅读兴趣的技巧

对于很多记者来说,没有什么比让读者记得自己的报道更让人开心的事儿了。为了让读者能从头读到尾,主体部分需要精心写作和构建。有许多方法来维持读者对主体部分的阅读,以下就是一些。

1. 消息源各自集中

一篇报道中某个采访对象的姓名第二次被提及时,读者还会记得吗? 实际上,仅仅过了一两分钟,读者就很可能已经忘记了他是谁。遇到这样的阅读障碍,很多读者会感到混乱并放弃阅读。为了避免这种情况,消息源各自集中的技巧是比较有效的。这种技巧是把同一个消息源集中在同一版块使用,而不是把消息源零星地散布于全篇报道当中。

报纸通常的做法是第一次提到某人时用全名,第二次提到时,就只需要写出消息源的姓便可。如果报道只涉及一两个消息源,这么做并无不可,但如果报道需要涉及三个以上的消息源,就需要使用消息源各自集中的技巧了。

当报道中有三个或三个以上消息源时,你可以对每个消息源只使用一次或者把同一个消息源放在连续的段落中,把他的所有评论都集中于一个版块中,然后告别这位消息源,不要让消息源一会儿出现在前面,一会儿又出现在后面,除非消息源少于三人。

如果你必须在报道中的另一个位置再次使用某个消息源,你应该再次介绍此人的头衔或者相关资料以便读者能记住此人的身份。当然也有一种例外的情况,那就是众所周知的人物,如总统、市长、某位名人或者报道的中心人物。这类消息源的名字可以放在报道的任何位置而不会使读者混淆。

2. 增添细节

在消息的主体中,如果全是高度概括的事实,那么受众读起来一定是兴味索然的。如果在报道中加入记者采访到的细节,一个有趣的小故事或经历就可以使主体有血有肉,富有生气和特色,也更能吸引受众读完全篇报道。请看这篇报道:

《危困地区领导异地在五星级酒店为儿子办婚礼》
黑龙江电台 2001 年 8 月 1 日首播

导语：

昨天，本台投诉热线接到一位下岗职工的电话，得知七台河市政府一位领导今天将在哈尔滨市五星级酒店香格里拉为儿子办婚礼。今天一早，记者赶到了结婚现场。

正文：

〔现场音乐声起，压混〕

（解说）上午 10 点 28 分，周奇先生、韩玲玲小姐结婚典礼在《没有共产党就没有新中国》的乐曲声中正式开始。

（同期）司仪

尊敬的女士们，各位先生们，各位嘉宾，各位朋友，大家好！今天莅临婚礼的有：台河市委副书记王贵忠，市长滕喜魁、张景孺，还有七台河市委、市政府、组织部、人事局、工商局、公安局的领导……〔压混〕

（解说）婚礼上，七台河市委副书记王贵忠代表来宾致辞。

（同期）王贵忠

无论老朋友，还是新朋友，但愿我们永远是朋友，朋友就是财富。让我们以今天这个喜庆的日子为契机，以江泽民"七一"重要讲话为指导，开拓创新，扎实工作，在各自的平凡工作岗位上做出不平凡的新业绩。

（解说）据了解，新郎、新娘都在哈尔滨工作，新郎的父亲是七台河市政府副市长周喜成。这时，周喜成正一面招呼客人，一面接听电话。

（同期）周喜成

啊，你好你好。啊是，没在七台河，这不，正学习吗，那边不方便。（停顿）来二百多人，该来的都来了，（笑声）大伙儿捧场。

（解说）在酒店的停车场里，记者发现 60 多辆"黑 K"打头的小轿车，其中有"黑 K00015"，"黑 K00032"、"黑 K00037"等号小车，K 字头的车都是七台河市的。

（解说）七台河市距离哈尔滨市 450 公里，一位从婚宴上提前退席的来宾说，为参加婚礼，多数人昨天就来到了哈尔滨。

（同期）来宾

领导让来的，礼钱也是以单位名义送的，都一万两万的。像我这小单位拿个两千块钱，人家正眼瞅都不瞅。

（解说）这场婚宴每桌不管酒水是 2600 元，相当于七台河市一个职工大半年的收入，婚宴摆了 28 桌。七台河市是我省经济形势严峻的地区，全市 42000 多名工人中，下岗职工达 22000 多人。有的人已经 7 个月没有开出工资。

这篇消息从标题、导语、主体到结尾,都是记者依据听知规律精心构思的。标题运用鲜明的对比,即把"危困地区"与"五星级酒店"组合在一起,使听众震惊,激发人们听下去。导语开门见山点题,交代提供新闻线索者的情况,迅速明确凸现主体信息,给人们留下清晰的印象。接着,从参加婚礼的来宾层次之高、从小轿车之多、从礼金之重、从婚宴之规模等,多侧面、多角度地报道这个婚礼的不寻常。等到听消息结尾时,消息出其不意地来了个一百八十度的急转弯——从豪华的婚礼,转到危困的七台河市"全市 42000 多名工人中,下岗职工达 22000 多人,有的人已经 7 个月没有开出工资了"。强烈的对比再次把听众的心紧紧抓住。

音响是体现广播传媒优势的主要手段,这篇消息捕捉大量鲜活的典型音响,突出了节目的广播魅力。这篇报道主体事实全是由现场音响传递的,原汁原味。由于采用隐性采访,记者不能提问和交谈,全靠在现场抓取富有表现力的音响细节,让听众如临其境,如见其人。如婚礼上来宾致辞不是常规讲的祝福新婚夫妇的吉祥话,而是大讲以江泽民"七·一"重要讲话为指导,如何开拓创新抓工作;婚礼上播出的不是《婚礼进行曲》,而是革命歌曲《没有共产党就没有新中国》,这两个典型音响细节有力地表现了这些领导"很讲政治"、"很革命"。可他们的实际行动却与此形成反差。消息对他们表里不一、言行不一的恶劣作风进行了讽刺。

这篇消息多处介绍引人思索的新闻事件的现实背景,其是运用了充分有力的对比性背景材料。如:江泽民同志"七一"重要讲话刚发表一个月,这场婚礼就隆重举办了;又如提供新闻线索的是一位下岗职工等;再如七台河市的基本情况的背景。这些背景充分地展示了婚礼事件的来龙去脉,大大增加了新闻的纵深度,起到深化主题,提升新闻价值的作用。

3. 使用直接引语和对话

在可能并且适当的时候,可以把直接引语和对话用于报道当中。它们可以让报道有戏剧的感觉,能增强现场感,让读者读起来觉得颇有兴趣。

4. 恰当处理枯燥但重要的材料

许多报道需要解释或背景,而这些解释或背景可能会很枯燥。在写作中,不要把所有的枯燥信息都放在很长的一个大段中,把它们分解到各个小段落中并放在合适的地方是一个比较好的选择。

5. 使用信息图表

逐条列举信息,尤其是研究成果或者是政府报告的要点,是保持阅读流畅的一个好方法。你也可以考虑把图表作为表达统计数据和可能引起读者抗读性的其他信息的一种途径。

6. 制造悬念并解开

消息的悬念通常是由导语来制造的,而主体部分往往是来解开悬念的;但如果所报道的事件具有一波三折的过程,在主体中仍然可以继续制造悬念,吸引读者往下阅读,直到最后报道再打开包袱。

四、消息的结尾

消息的结尾有其特殊性,即以事实结尾,事实该讲到哪里,消息就在哪里结尾,无需再添加议论或抒情的文字。但这并不意味着写消息可以不注意结尾,如果结尾能选择一个合适的事实,可以使消息的主题更鲜明,使报道有回味的余地,甚至也能给报道带来审美价值。以下介绍几种结尾方式:

1. 循环式结尾

如果使用华尔街日报结构报道的话,结尾一般又回到导语,将导语中提到的人物或场景进行进一步补充,以取得首尾呼应的效果。

2. 用引语结尾

消息报道最普遍的结尾方式是用引语结尾,寻找一条能够总结报道基调或者主要观点的引语放在最后,能让受众对报道的主旨进一步加深理解。当使用引语作为结尾时,一般把消息来源放在引语之前;如果用两句引语作为结尾,消息来源就放在第一句引语后面。不要让"他说"成为读者记住的最后一句话。

3. 用未来行动结尾

许多报道以一个事件的下一步发展情况来结尾,如果报道本身具备未来元素,这种方法是一种很有效的结尾方式。它可以采用陈述的形式,也可以采用引语的形式。

如《新京报》报道汶川地震后产生的唐家山堰塞湖挖槽泄洪,在消息的结尾是这样的:

> 武警水电部队一总队三支队支队长朱国良告诉记者,唐家山堰塞湖泄流槽原计划施工时间是 10 天,如果天气良好,设备及时调运到位,有可能 5 至 7 天就完工。

4. 用高潮结尾

这种结尾更适合故事性比较强的报道,它往往采用的是时间顺序结构,让读者把悬念一直带到结尾。如前面举过的沙漏式结构消息,最后才把民警如何识破冒用者的原因写出来:

> 本来以为办手续应该非常顺利,但看到民警不停地询问,吉姆有些紧张,手就不由自主地摸下巴,结果民警发现吉姆的下巴上有一个小痦子,而护照照片上则没有。在北京边检总站民警的连续追问下,吉姆承认使用了弟弟的护照。

5. 用背景事实结尾

在很多时候,尤其是倒金字塔式结构的报道,按重要程序降序排列事实的话最后很可能就是背景事实了。以背景事实结尾自然而然地收束全文,就像燃气用完一样戛然而止。有的时候,背景事实选择得好,还能给结尾带来意味深长的效果。

如 2001 年有一篇报道西藏互联网普及的消息《雪域高原互联网上拜年忙》最后以西藏通讯基础建设的背景结尾,让人感受到西藏的变化之大。

> 据自治区邮电通信部门的负责人介绍,作为祖国西部经济发展相对落后的一个省区,近年来西藏一直努力夯实基础,在邮电通信方面实施适度超前发展战略,各地区所在地相继开通了光缆,基本实现县县通电话,并进入长途自动交换网。目前仅拉萨市就有网吧 38 家。

第二节　消息的背景

一、背景及其作用

新闻不是从石头缝里自己蹦出来的孙悟空,而是有其发生、发展的环境与联系。作为记者,应该发现其产生的背景,并在写作中将其表现出来。新闻背景交代得是否充分,其安排穿插是否巧妙,将在很大程度上影响新闻报道的质量。

就事物的产生与发展而言,新闻背景是对人物和事件起作用的历史情况或现实环境。任何事物都不是突然出现、孤立存在的,它们都有一个从无到有、从小到大的渐变过程,与外在的各种相关事物都有一定的联系。抛开这些纵向与横向的联系,很难认识和反映事物的真相。所有的新闻报道、记者的一切采访写作活动,都不能不注意新闻事实产生与发展的客观背景。

狭义的新闻背景,应当说是上述大背景的有选择的反映。一般新闻写作中所说的新闻背景,是指新闻事实之外,对新闻事实或新闻事实的某一部分进行解释、补充、烘托的材料。

先来看一则报道:

中国地铁列车今天穿过天安门广场

新华社电　5 分钟前,一列银灰色的地铁列车,在仅距地面 2.8 米的地下,首次穿过世界最大的广场——天安门广场。

这是首都向她的共和国母亲 50 大寿献上的一份最珍贵的礼物。

今天通车试运营的地下铁道西起距天安门 3 公里的复兴门,东至距天安门 8 公里的八王坟,全长 13.5 公里。线路坐落在神州第一街长安街超浅埋层之下。为此,承担西单、天安门、王府井等首都心脏地段地铁施工设计重担的铁道部隧道工程局、铁道部第十六工程局和铁道部第三勘测设计院的建设者们苦苦奋斗了十个春秋。参加世界建筑师大会的各国专家参观后曾惊叹"中国又创造了一个奇迹"。

国务院副总理温家宝、日本国驻中国大使谷野作太郎等中外贵宾与地铁建设的功臣们,作为通车后的首批乘客,一起登上了国产新型电动地铁客车。从长安街东部的八王坟到天安门,列车运行刚好17分钟。

30年前的国庆节,北京建成了从苹果园到北京站全长23.6公里的地铁一号线,结束了中国无地铁的历史。

15年前的国庆节前夕,北京又开通运营了16.1公里的地铁第二环线。

早在5年前,北京地铁的年客运量就已突破5亿,而现在,平均每天乘坐地铁的旅客已达到140万。

北京地铁虽然在当今世界43个国家117有地铁的城市中,开通年代和运营里程均排在30位以后,但却创下了满载率和单车运营公里两项"世界之最"。

投资75.7亿元人民币的地铁"复八段"的今日开通,使北京地铁通车总里程由原来的41.6公里增加到55.1公里,超过了香港的43.2公里,成为中国六个城市地铁之最。同时也使中国城市地铁的总里程逼近150公里。

目前,中国除北京、天津、香港、台北、上海、广州已开通地铁外,青岛、南京、重庆、深圳、高雄等城市也正在或计划建设地铁。

自1863年伦敦建成世界上第一条地铁,到136年后的今天,全世界的地铁长度已接近6000公里。

这篇报道完全可以写成一条一句话新闻:"北京地铁'复八段'今日开通。"或者稍微增加一些内容,写成一条简单消息,交代一下地铁从哪里到哪里,全长多少公里,投资多少,建了多长时间,由哪个单位建设,有什么特点,等等。但这篇报道的记者没有满足于抄公文,而是下了苦功去钻研有关的资料,联系到许多与北京地铁、中国地铁乃至世界地铁的许多情况和数字,作为这条新闻的背景材料,使读者打开了眼界、丰富了知识,也使"复八段"开通这一新闻事实的意义得到加深和丰富。

消息主体的任务在很大程度上要由背景材料协助完成。新闻背景在阐明新闻事实、传递信息、揭示新闻主题等方面发挥着重要作用。具体来讲,有以下几个:

1. 说明、解释,令新闻通俗易懂

面对媒体报道的新闻事实,它们在理解上往往会遇到各种各样的障碍。新闻背景解释、说明的对象通常有两种。一种是新闻中的名词术语。另一种是新闻背景用来衬托或补充新闻主体来的。如上文中"线路坐落在神州第一街长安街超浅埋层之下",那么"超浅埋层"意味着什么呢? 报道一开始就指出这段地铁在"仅距地面2.8 米的地下",另外,提供了一个侧面的背景,让受众理解这种超浅埋层的施工难度。"为此,承担西单、天安门、王府井等首都心脏地段地铁施工设计重担的铁道部隧道工程局、铁道部第十六工程局和铁道部第三勘测设计院的建设者们苦苦奋斗了十个春秋。"

2. 运用背景材料揭示事物的意义,唤起社会关注

许多新闻作品要借助背景材料揭示事物的意义。面对媒体的报道,受众很想了解:为什么一定要我知道这件事? 它意味着什么? 而新闻发布者也希望通过媒体来说明自己发出的某种行为的社会价值,得到社会的理解、认同、支持。因此,记者就需要通过一些背景阐释来让某一新闻事件表现它对社会所具有的某种意义。如上篇报道中,"5 分钟前,一列银灰色的地铁列车,在仅距地面2.8 米的地下,首次穿过世界最大的广场——天安门广场。"这里"世界最大的广场"这一背景的加入,令新闻的价值显得更大,更有意义。

3. 用背景进行对比衬托,突出事物特点、显示变化程度

事物的特点是在比较中存在的。新闻需要借助背景材料,以对比和衬托的方式,反映事物的特点、发展变化的程序,显示其新闻性,引起受众的兴趣。

4. 累加同类事实,开阔读者视野

消息在所报道的新闻事实之外,顺带介绍其他一些相同类型的事例,或者给出同类事件总的情况、数字。这类背景与新闻事实关联度不十分密切,主要作用在于帮助读者举目远眺,在更广阔的背景下来观察和认识消息所报道的新闻事件。如上篇报道中北京地铁、中国地铁、世界地铁的情况就属于累加式背景,让读者更进一步理解北京目前地铁情况在世界是一个什么位置。这种写法比报道单个事件信息量更大,潜台词更多,发言更有力,也更容易激起读者的共鸣。

5. 以背景语言加以暗示,表达某种不便明言的观点

在新闻报道活动中,面对采访对象提供的情况,记者总会有自己的分析、看法,有自己的立场、态度。有洞察力的记者,有时还会发现其中隐含的疑点、预见到可能出现的后果。对此,记者往往会感到也有将其传达给受众之必要。记者不能不讲究"说话"的策略。在这种情况下用背景性事实进行暗示,便是一个行之有效的办法。这种借背景事实提出异议的做法,显然更有说服力。可见,以客观报道为基本姿态的消息写作"背景暗示"的确是一种发言的艺术。八十年代的时候,曾有谣言说朝鲜的金日成主席去世,第二天,我国的媒体就刊登了"金日成主席接见外宾"的报道,并提供了"金日成主席身体健康"的背景资料。这样一写,有关的谣言也就不攻自破了。

6. 借背景为新闻注入知识性、趣味性内涵,使其更可读

新闻媒体在报道新闻、传播信息的同时,还负有传播知识、提供欣赏和娱乐性材料的任务。记者要在新闻的选择上多下工夫,同时,还要不失时机地在新闻中加

入知识性、趣味性的背景材料,使新闻变得有滋有味。

南极古老冰川　环境变化档案①

主持人导语:三百年后地球的环境将是什么样子? 这个问题的答案就藏在南极。最近英国科学家在南极科考时对那里的古老冰川进行了深入研究,结果他们发现,形成了千万年之久的冰川完全称得上是地球环境"档案馆",借助它,预测三百年后的地球环境不是不可能的事。

解说:看上去毫无生机的南极冰川是科学家眼中的宝藏。英国南极考察处的科学家来到他们的哈利科考基地,以便对南极冰川进行深入研究。他们此行的目的有两个,一是研究南极冰层的稳定性,二是通过从冰川内部钻取样本,研究千百万年以来地球大气温度和温室气体排放量的变化。

解说:南极冰层的稳定性是人们关注的一个焦点。近些年来,由于全球变暖的影响,南极冰川大面积融化引发了人们对海平面升高的担忧,为此,科学家对覆盖南极大陆的冰层进行了全面的考察,结果发现了有趣的现象。

同期声 科学家 大卫·沃恩:我们看到南极的冰层是有的地方消融,有的地方增厚,问题是哪一边占据主导地位? 消融和增厚之间能否达到平衡。

解说:不过沃恩同时指出,冰川的增长是一个缓慢的过程,消融却快得多。虽说现在南极冰川消融对于环境的影响还不那么明显,可如果我们把时间限度放宽到几百年后,一旦南极西部的冰川全部融化,海平面将上升5米。

同期声 科学家 大卫·沃恩:海平面上升的影响不止是淹没地势低洼地区,更糟的是它可能造成灾难性天气频繁出现。

解说:南极冰层变得脆弱和全球气候变暖有着直接的关系,为了弄清历史上气候变化的规律,科学家想到了从冰川深处提取样本。

同期声 大气化学家 安娜·琼斯:你可以根据冰川样本的不同层面测量历史上降雪的温度,你也可以测量保留在冰川里的气泡,借此研究以往大气中二氧化碳、甲烷等气体的含量。这些都是温室气体,而且可以保存很长时间。

解说:冰川样本为科学家打开了三千万年以来,地球大气和环境的秘密,科学家希望借助这些珍贵的资料,能对未来气候和环境的变化走向做出准确预测。

_____

① 《南极古老冰川环境变化档案》,转载于中央电视台《国际时讯》,2006 年 12 月 18 日。

就受众的阅读心理而言,除了要获得新闻和信息,了解时事之外,还希望获得知识的、情趣上的满足,保持健康愉悦的心绪。值得注意的是,既有知识性又有趣味性的背景,客观上往往受报道题材的限制,主观上则取决于记者在采写中的服务意识、受众意识以及努力程度。

二、背景的选择

新闻背景除了某些专有名词术语的技术性解释之外,绝大部分由事实构成。它们虽然不是处于前台的新闻事实,但却是与新闻事实有关、为新闻事实服务的事实。新闻写作的基本方法是选择事实,这对于组织背景来说也是同样的。

1. 选择能说明问题的背景

通常情况下,记者之所以需要背景是因为仅有新闻事实本身无法将问题说清楚,无法让受众理解,基于此,在选择背景时应该首先选择那些能解答事实本身疑点的背景。

不少新闻作品在背景写作中出现问题,往往就是因为没有抓住新闻事实的"问题点"在哪里,不能提供有针对性的背景。

2. 选择有新闻价值的背景

新闻背景虽然不是新闻事实本身,但作为新闻作品的一个有机组成部分,记者应该尽可能地选择有新闻价值的背景,增加报道的吸引力和说服力。

3. 注意背景的广泛性和多样性

记者在选择新闻背景时,应该注意来源的多样性,应当不拘一格,旁征博引。它们可以是某人的口述、也可以是文献资料、统计数据,甚至可能是一句歌词、一则顺口溜,只要能对说明新闻事实有帮助就可以纳入选择的视野。

三、背景的使用方法

背景写作没有固定的格式,巧妙穿插是背景写作的基本特点。也就是背景写作依需要而定,它是为说明、补充、烘托新闻事实服务的,因此在消息中多呈跳跃式,哪里需要背景出场,背景就应该在哪里出现。

在实践中,记者们创造出了多种背景的使用方法。

1. 天女散花式

天女散花式是指背景写作犹如飞天仙女散出的花——五彩缤纷、飘飘洒洒,有背景定语、背景句、背景段,位置灵活,随处可见。

(1)作为定语的背景

背景材料用来修饰和限定新闻事实或人物,起到一定指称的作用,为新闻事实或人物的出场打下基础。

例如消息《再见,莫尔斯电码》的导语,就使用了背景作为定语来修饰"莫尔斯电码":

路透社伦敦2月14日电　发出泰坦尼克号遇难信号和第二次世界大战结束消息的莫尔斯电码,昨天成为科学技术无情发展的牺牲品。

（2）作为句子的背景

在段落中陈述一个背景句,让背景与新闻事实进行某种对比或对照,引起读者的注意。如:

新华社合肥5月16日电 过去安徽曾有一些地方为获得国家各种补助,出现争戴"贫困县帽"的怪现象。近年,安徽省通过改革财税体制刹住了这一怪风。全省50多个财政困难县90%消除了赤字,去年全省财政增幅名列全国前茅。

（3）作为段落的背景

作为段落的背景可以提供更多的内容,帮助受众理解新闻的内涵。

如前面的报道《中国地铁列车今天穿过天安门广场》最后就用了若干背景段,让受众看清北京地铁在全国、全世界的情况。

这些缤纷的背景穿插于报道所需要的任何一个地方,可以是导语,也可以是主体、结尾,就像天女散花一样自如。

2. 一线穿珠式

一线穿珠式背景处理法是以时间顺序作为红线,把事物发展的前因后果、来龙去脉穿起来,并集中地在报道中提供。

如《西安发现两千多枚秦代封泥》这一报道,中间有一段组织了多个背景表现这两千多枚封泥发现的过程:

这批秦代封泥1995年首次出土于西安北郊秦代宫殿章台遗址附近,为相家苍农民在田中挖肥料坑时所发现。后辗转流入北京文物市场,北京古陶文明博物馆馆长路东之慧眼识珠,多次出资搜购看来"不值钱的泥块"1000多枚。随后,西安书法艺术博物馆馆长傅嘉仪从农民处收了600多枚。西安市文物局又派出考古人员到出土之处进行科学发掘,又获得数百枚。目前总计共达2000余枚。

这些背景每一个就像一颗小珠子,通过时间线索串起来后,可以表现事物发展的过程。

3. 众星捧月式

如果把新闻事实比作月亮,那么可以围绕这一核心新闻事实,组织相关的一些背景材料起到烘托的作用。这一方法常见于累加式背景的使用。如汶川大地震发生后的第二天,北京的《京华时报》就推出了六个版的报道,其中,在汶川地震的消息后,配置了"近一年来五级以上地震"的新闻背景,通过罗列这些地震的震级、发生地点、损失等情况,让受众对汶川当时报道的 7.8 级地震有一个评估和定位。

练习

1. 根据以下材料,分别用倒金字塔式结构、时间顺序结构、沙漏式结构写作消息,并体会三种结构形式有什么样的区别和联系。

2006 年,央视《焦点访谈》曾播出了一期名为《天上掉下个"院士"来》的节目,节目披露了一个名叫关制钧的河北男子非法兜售"中国管理科学院院士"。时任国务委员的陈至立做出批示,要求北京市公安机关彻查此事。北京市公安局公交分局预审处经过仔细调查后,认定这是一起证据确凿的诈骗案,犯罪嫌疑人关制钧随后被警方逮捕。

而他操纵的"中国管理科学院"及其"院士评选"的真相也随之浮出水面。

早在 2002 年,关制钧就打起了做"高端策划"的主意。

他想在内地注册成立"中国管理科学院",他是想填补中国没有高层的民营管理科学机构的空白。

然而,我国工商部门规定,民营机构不能注册带"中国"字头的公司。但如果不带"中国"字头,"就没有权威性了,不好开展'业务'"。

于是,他通过内地的中介公司,寻求转道香港注册。可是,根据香港法律规定,关制钧只能注册"中国管理学院有限公司",而不是他期望的"中国管理科学院"。

无奈之下,关制钧只有先注册了"中国管理学院有限公司",自己出任公司法人、董事长。而这家公司的股东只有关制钧夫妇两人。之后,关制钧又在"中国管理学院有限公司"之下注册了三个分支机构:中国管理科学院、中国管理学院和中国管理学会。这些行为并不违反香港法律规定。

2003 年,关制钧在国家工商总局注册了香港中国管理学院有限公司北京代表处,开始了他在内地的"院士评选"业务。

中国管理科学研究院(关制钧的"中国管理科学院"与其相差两字)常务副院长孙钱章说,关制钧曾是该院一名工作人员,曾因在 2002 年 5 月 1 日私自跳入该院财务室下载信息,后被该院除名。关制钧所控制的"中国管理科学院"利用与他们单位名称上的相近,在社会上大搞"院士评选"等非法活动,败坏了中国管理科学研究院的名誉。

曾在关制钧公司任职的李志明(化名)称,所谓的香港中国管理学院有限公司北京办事处,员工只有他和一个前台。公司地点是位于北京市海淀区学院国际大厦的一套 160 平方米的房子,这里也是关制钧夫妇的住所。

李志明的日常工作是网站维护。他的工作就是每天把新的内容上传到服务器。而李志明同时介绍,平常单位里没什么事可做,最多时,公司里也不过十几名员工。

但关制钧没有闲着,他在忙着"甄别"院士资格。所谓的"甄别",其实就是上网搜集知名学者的资料。

收集到这些知名人士的联系方式后,关制钧给他们寄出邀请函,写明因其突出贡献,可以参评中国管理科学院院士。甚至,关制钧还直接向他们寄出了院士证书。

这些知名学者成了关制钧的"招牌"。关制钧将他们的资料放到自己的网站上,吹嘘"中国管理科学院"的权威性。其中,包括中央党校副校长李君如、著名经济学家茅于轼、徐二明、吴晓求等人。

对于自己莫名其妙地就成为院士,这些学者都表示了自己的愤怒。

中央党校工作人员胡军说,几年前的确收到过中国管理科学院的一些材料,里面有邀请李君如副校长担任院士的表格。"因为每天都会收到类似的东西,我们没有理会。"但又过了几天,他直接收到了关制钧寄来的院士证书,"也没当回事,资料和证书都不知道哪儿去了。"

中国人民大学教授吴晓求同样收到了材料:"我当时就了解到中国只有中国科学院和中国工程院两院院士,这个中国管理科学院肯定是不正规的,于是我没有理会。"

对于关制钧支付给这些专家的"顾问费",吴晓求等人也明确回应说没有收到过任何"中国管理科学院"支付的报酬。

关制钧曾对警方说,这些学者被聘为院士后,自己在2004年6月至2006年7月间都在向他们支付顾问费。"开始的时候顾问较少,每人每月支付2000元,后来顾问多了,就改为每人每月1000元。高级顾问在中国管理科学院都是兼职的,不负责具体工作,也不负责院士评审,只负责重要文件的把关。"

关制钧称,支付方式是由员工把钱装在信封里,送到顾问家。

不管这些专家学者同意与否,他们的资料都被关制钧放到了自己制作的中国管理科学院的网站上,成为关制钧诈骗敛财的"诱饵"。

接下来,关制钧就开始"钓鱼"了。

这些"鱼"主要是国有大中型企业的老总,也包括一些高校领导、教师以及私营企业主。关制钧称,这些人的信息都是从网络上搜索来的,就是在网络上搜索大中型企业的名称,这些企业都有自己的网站,在网站上有这些企业主要负责人的姓名、职称、在其领域取得的成绩还有通讯地址,这样我们就给这些单位发函。

据曾在香港中国管理学院有限公司北京代表处工作过的白瑞霞(化名)称,按华北、华东等区域划分,从网上找到各自区域内的企业家、学校教授和高管人才的地址,再发邀请函。

"邀请函的内容是先介绍我院是科研机构,然后邀请接函人成为我院院士,具体情况可来电、来信咨询。如果收函人来电咨询,我们会讲我们中国管理科学院是大陆第三家可以评选'院士'的单位,目前国内一些管理者还达不到中国科学院和中国工程院的要求,但是通过申请和我院的评审,可以成为中国管理科学院的院士,并发证书。"

院士分为两个序列,一个是正式序列,评选院士、资深院士、终身院士,另一个是非正式序列,评选荣誉院士、资深荣誉院士、终身荣誉院士。

"中国管理科学院"的评选有自己的标准,"普通院士必须学历专科以上,具有学士或硕士以上学位,但是对硕导博导并无具体要求,并不要求一定是硕导或博导。资深院士必须是本科以上学历,有硕士或博士以上学位,同时必须是硕导或博导、知名专家或管理者。终身院士的硬性指标和资深院士差不多,但是要求必须是两院院士、高级管理者或知名专家学者。"

但这仅仅是关制钧自己的说辞,记者在调查受骗者资料时发现,很多被评为院士的受骗者并不符合上述标准。

获选的唯一标准是是否缴纳了"评审费"。关制钧自称评审费标准是普通院士3至4.5万元,资深院士5至6.5万元,终身院士不收取费用。但从记者的调查中得知,受骗者缴纳的评审费最少的是280元,最多的达到了15万元,平均在3.4万元左右。包括众多著名国企高管和高校教授在内的50余人上当受骗,受骗金额达280余万元。

受骗者中,企业家成为最大群体,甚至于一些知名国有大中型企业的高管,也赫然在列。曾在中国冶金建设集团、东方航空公司、中铁十五局等大型国企任职的管理人员都被骗取了数万元不等的金额。而一些民营企业老板也不幸掉进了"陷阱"。

一些高校领导和教授也是行骗者的目标。上海商学院、邢台学院、合肥工业大学等高校的一些学者也进入了受骗者的名单。

甚至于个别政府公务人员也掉进了"陷阱"。负责侦办此案的海淀区检察院的检察官何柏松说,有些受骗者甚至很清楚这个"中国管理科学院"是个骗人的把戏。

"受骗的原因很多,有的企业老总可能根本不知道自己成为了'院士',是其手下秘书一手操办的。"也有一些人,是出于宣传自己的企业形象,"他们可能从宣传资料里看到,自己的竞争对手已经是'院士'了,为了不甘人后,结果中了圈套。"何柏松说。

当然最大多数,还是自身的虚荣心在作祟。

而这些巨额"评审费"多数是由公款"埋单",其性质在法律上该如何界定,这也是何柏松正在思考的问题。"公款是不能用于个人荣誉的支出的,是贪污、是侵占、是挪用,还是什么?值得进一步研究。"

2008 年 6 月 12 日上午,该案在北京市海淀区法院开庭审理。

开庭前,法庭门外聚集了 10 多名两被告人的亲属。因关制钧、程建馥夫妇的女儿关某因在案件侦查中做过证,按照规定不允许参加庭审,所以没有进入法庭旁听。9 时许,当剃着光头的关制钧和程建馥被带进法庭后,坐在旁听席上的一位女家属立刻哭了起来。

检方指控,2002 年 3 月,关制钧、程建馥夫妇在香港注册成立香港中国管理学院有限公司,并在北京设立代表处,自 2004 年 8 月起,夫妇二人在海淀区知春路学院国际大厦 901 室,以虚构的"中国管理科学院"的名义,通过网络和信函发布虚假信息,以评选院士收取评审费等名义,诈骗国内 50 多位著名企业家近 300 万元。

对于检方的指控,关制钧当庭辩解道:"我不承认我是犯罪了。我没有伪造、冒用什么机构,我公司的办公地址、网站都是公开的。我认为中国管理科学院可以虚拟化,这是国际通行做法……"随后,关制钧向法官说了三点自己不构成犯罪的原因。

法庭上,关制钧多次这样长篇大论地为自己的行为辩解,但当法官问他"按照你的说法,收取的 200 多万元都应该作为评审费支付给评委,你怎么用这些钱都给自己买了房呀?"时,关制钧立刻被问得哑口无言。在整个庭审中,关制钧始终不承认他在根本没有资格的情况下,以评选"中国管理科学院院士"名义骗取钱财。

庭审中,法官问"你们评选院士都通过什么渠道,由谁来评?"时,关制钧则解释说"主要是我来评。我把从网上查到的企业家信息交给业务员,由业务员通过打电话、发函和对方联系,对学者我们一般不收钱,如果是企业家我们收取 2 万到 8 万元的评审费后,我就给他们发'院士'或'终生院士'的聘书。业务员拉来一笔评审费,可以提成。"

根据记者了解,本案仍在进一步审理中,法庭将择日再次开庭。

2. 根据以下材料,以 6 月 25 日为发稿日期写作一篇消息,注意使用本书提到的主体建构的技巧和方法。

6 月 22 日 6 时 50 分,百年一遇的特大洪水开始淹没广西梧州河东城区,梧州市河东城区防洪堤在抵御了 25.40 米水位的西江洪水后,终于被继续上涨的洪水漫顶,洪水像瀑布一样冲进河东城区。据水文部门报告,22 日 20 时,西江梧州段出现 26.50 米左右的洪峰水位,超过警戒线 9.2 米。

目前,梧州市城区2万多名群众已经提前安全转移。防洪标准相对较高的城西区水位距堤顶0.42米,当地军民正在抢筑子堤,加强防守。由于水位仍在上涨,防汛形势十分严峻。

国家防总秘书长、水利部副部长鄂竟平等22日凌晨专程赶到梧州检查指导防汛抗洪工作,要求坚决保住梧州市新的城市中心河西城区不被水淹。另外,梧州市水利局局长因在抗洪抢险中工作不力,于22日下午被市委停职。

据工作人员介绍,6月23日凌晨3时,梧州还将迎来一次最高水位的洪峰。从6月22日起,军车不断抵达梧州。"解放军武警官兵将与梧州抢险突击队一起奋力在前线与洪水抗争。"

工作人员称,目前市民基本已集中转移到了较为安全的高地。据悉,受灾严重地区的市民已安全转移到28米以上的高地,转移过程中,并未因洪水造成人员伤亡。

"他们暂时住在由当地政府组织搭建的账蓬区内,每天都有专人发放盒饭以及相关的生活必需品,相关的医疗卫生用品也已经送达受灾第一线。"这名工作人员说。据悉,梧州市被淹河东城区已经大面积停电,目前梧州水位依然在不断上涨。

"水刚流到我们梧州城的时候,那个大啊,简直就像瀑布涌过来了!"广西梧州市陈先生说:"我们这里就像水上城市威尼斯!"

"一开始还抽水,但水太大了,根本没用。现在,有的地方水都没到居民楼三楼了!"陈先生告诉记者,自己家在17楼,因此没有遭遇危险,"住在低层的人家都往高处搬了,最起码也得搬到5楼以上,再危险点的地方还得搬到8楼以上。大部分工厂都停工了,学校也都停课了。"

"我现在只能乘船来来回回,上下班也乘船!青菜等一些日常生活用品啦也都在船上卖!"陈先生告诉记者,由于街头都是水,公交车根本无法行驶,除了高坡的地方还有出租车在营运外,大家都靠乘船往来各个地方。

陈先生告诉记者,从全国来讲,梧州地势较低,前几年也都有水涝发生,"所以我们的船是常备着的,平时就把船搁起来,一发水就可以拿出来用了。"

梧州市河西城区生活着15万民众,梧州市党政机关也位于河西区。1997年,梧州市斥资2.8亿元人民币,按五十年一遇标准建成了7.3公里的河西防洪堤,使河堤保护面积达9.5平方公里。设计防洪水位为25.5米,堤顶高26.5米。

到22日23:30,西江梧州站洪水水位已达26.54米,22日晚至23上午,守卫梧州市河西大堤将进入关键时刻。

来自梧州市抗洪指挥部的消息称,这次洪水来得十分突然,水势凶猛,洪水流速极快,破坏力极强,梧州市部分防洪堤坝相继受到严重破坏,河西大堤面临着严峻考验。

这次百年一遇的特大洪水,已使梧州市大部分企业停产,商店停业,学校停课。即将进行的初中升学考试也被迫推迟。据不完全统计,此次洪水已造成一百多万人受灾,转移被围困人口25万人,全市直接经济损失达17.88亿元人民币。

6月24日,洪水以每小时6厘米的速度下降。洪水每退去一点,当地居民们就开始消毒、清扫一片。在曾被水浸的河东区看到,23日还淹没在水中的路标牌,24日上午已经露出了30厘米左右。据梧州市水文部门观测,23日下午洪水首次以每小时1厘米的速度下降,到24日上午,由于上游和梧州市停止下雨,洪水下降的速度加快到每小时6厘米。被洪水阻断的彩虹桥目前仍不能通车,但根据桥面留下的水迹可以清楚地看到,这里的洪水已经消退了数十厘米。据梧州市抗洪指挥部介绍,截至24日晚8时,梧州市洪水的水位已经回落至25.46米,下降的速度进一步加快到每小时9厘米。

梧州的地理位置非常特殊,西江、浔江、桂江三条江在梧州交汇,像一个漏斗状的地形。处在漏斗口的梧州,差不多每隔几年就要经历一次洪水的冲击。特别是位于桂江东侧的城东地区,城区地面比江面低出了七到八米,往往水情较为严重。

24 日,西江的水位依然非常高,经过长时间、高水位的浸泡之后,西江大堤的防汛形势依然十分严峻。

广西梧州水利局副局长李奇佳称,当前洪峰虽然过去了,但还是危险。主要是堤里面的含水量比较多,薄弱的地方很容易引起滑坡。因此,当前不能人员撤退,还要严防死守,坚持到最后的胜利。

3. 试分析作品,《杭州楼外楼扩建一新》在背景使用方面的特点。

杭州楼外楼扩建一新

本报杭州讯　蜚声中外的百年老店杭州楼外楼菜馆扩建工程已全部竣工,本月 17 日恢复营业。

"山外青山楼外楼,西湖歌舞几时休?"一般认为"楼外楼"由南宋林升此诗而得名。另一说是,楼外楼始建于晚清,位于著名学者俞樾别墅"俞楼"的前侧。店主请俞题名,俞说:既然你的菜馆建在我"俞楼"的外侧,就称"楼外楼"吧!

现在的楼外楼地处孤山风景区,背靠孤山,面临西湖,是一座品字形的两层建筑。飞檐画栋,花窗青瓦,富有民族特色。进入门厅,辟有精致的庭园,园中紫藤高攀,冬青挺立,假山错落,盆花飘香。在一个小巧玲珑的喷水池里,一泓清泉从池底喷涌而出,尾尾金鱼嬉逐于丛丛莲荷之间。新楼外楼纵面积 3700 平方米,比旧楼增加三倍。楼上楼下共设六个餐厅,可同时接待一千多顾客。楼下东侧是大型点菜厅,西侧是快餐厅,正中是西点和冷饮小吃厅。楼上设三个餐厅。全楼装置楼地钢窗,进餐时,湖光山色尽收眼底。

1973 年 9 月 16 日,周恩来总理第九次,也是最后一次来到楼外楼用膳,听说菜馆要扩建,他说:"要照顾到西湖的风景和孤山的环境,房子不要修得太高太洋,要有民族特色,要中西结合。"新楼的建筑体现了总理的指示。

西湖醋鱼是楼外楼的传统名菜。"亏君有此调和手,识得当年宋嫂无?"据说这位宋嫂就是第一个做出西湖醋鱼的人。西湖醋鱼取料一斤多重的童子草鱼,要先把鱼放在特备的无铒水塘中净养三天,使其肉质结实而无草味。然后现抓活杀,精心烹调,端上桌来的醋鱼双眼爆出,鱼翅撑开,肉色光亮,其形态有"猛虎下山"之势,其味则胜于螃蟹。

新开业的楼外楼除突出西湖醋鱼这道名菜外,还有龙井虾仁、叫花童鸡、蜜汁火方、荷叶三鲜、干菜焖肉等 20 多种杭州地方名菜。

第13章
广播电视消息写作

许景云是中央电视台新闻中心专门跑金融口的记者。2003 年 12 月,她拿到了中国人民银行发布的当年 11 月份的金融运行数据的新闻稿,核心内容是我国金融继续健康、安全、平稳运行,人民币汇率继续保持稳定。全文如下:

> 导语:今年 11 月份,我国金融运行总体平稳。人民银行的一系列宏观金融调控措施的效应逐步显现。
>
> 正文:11 月末货币供应总量余额为 21.64 万亿元,同比增长 20.4%,其增幅高于今年前三个季度 GDP 增幅和居民消费物价指数增长之和 11.2 个百分点。金融机构各项存款继续快速增加,企业存款增幅有所回落,居民储蓄继续快速增长。11 月末,全部金融机构(含外资机构)本外币并表的居民储蓄余额为 10.94 万亿元,同比增长 17.5%。11 月金融机构人民币货款同比继续少增,少增 514 亿元。贷款增加趋势继续减缓。11 月末,人民币汇率为 1 美元兑 8.2772 人民币,人民币汇率继续保持稳定。

这样的消息报道是严格按照中国人民银行提供给新闻媒体的新闻稿写作的,但对于千千万万个观众,这样的报道太专业、太枯燥,如此多的数据太不符合电视媒体传播的特点。于是记者许景云对消息进行了电视化的改造——放大新闻点,为这条消息"变脸"。

首先她注意到了"居民储蓄余额为 10.94 万亿元"这个被淹没在一大堆数字中的数字,距 11 万亿万元大关一步之遥。于是她把这一最大的新闻点拎出来,制作了《我国居民储蓄余额首次接近 11 万亿》,全文如下:

> 中国人民银行 11 月金融运行月度统计情况显示:我国居民储蓄余额首次接近 11 万亿元大关。11 月末,居民储蓄继续快速增长,全部金融机

构居民储蓄余额达到 10.94 万亿元。金融机构各项存款也继续保持快速增加。

统计结果显示:11 月末货币供应总余额增幅比今年前三个季度 GDP 增幅和居民消费物价指数增长之和还高出 11.2 个百分点,人民币汇率继续保持稳定。

这样一改不但简洁了很多,核心信息还更突出了。因此,新闻频道《新闻 30 分》播发后,随后的《整点新闻》和《新闻联播》等栏目一路重播到第二天中午 11 点,并且众多网络和平面媒体也转载了这条消息。

正因为这条消息改后更符合电视媒体的特点才引起了更大的转载效应。那么,广播电视消息的写作与平面媒体的消息写作的区别是什么? 有什么样的特点? 如何写作广播或电视消息? 本章将重点谈谈这些问题。

第一节　适合口说耳听的写作

广播、电视语言是一种口说耳听的口头语言,最大的特点就是便于口说耳听,说起来流畅,听起来顺耳,说得明明白白,听得清清楚楚,让人一听就懂,就能理解。因此,广播电视的写作应该通俗易懂,朗朗上口。

但也要注意的是,广播电视语言不是日常的口头语言,而是经过加工提炼的、合乎语言规范的语言。这种规范首先是语音要规范,不能出现误读;词汇和语法要规范,广播、电视语言是来源于生活的规范的标准语,遣词造句既要符合口语习惯,又要像书面语那样讲究语法、修辞和行文结构。对于电视来说,电视屏幕文字的书写也要合乎规范。

一、符合媒体特点

广播电视新闻写作需要符合广播电视媒体的以下传播特点。

1. 快速及时,先声夺人

广播电视的时效性可以达到与新闻事件同步这样的极致,在当今信息爆炸的时代,很多重大新闻的首次报道都是由广播电视完成。这要求广播电视写作高度重视时效性,大量采写今日新闻,必要时甚至可以使用现场直播的方式,根据写作提纲口头成文。

2. 线性传播

广播电视都是按照一定的时间顺序播出,这样线性传播的特点要求受众的思维紧紧跟随,容不得细细揣摩,因此要给受众提供简明的信息。记者要做的最重要的决定不是考虑什么内容可以写进去,而是判断什么内容应该舍弃。在报纸中可能会提到的许多事实信息,对于广播电视来说是不重要的,因为一条广播电视消息一般只有一分半钟左右,容不下那么多内容,因此,只能聚焦在最重要的新闻事实上。

同时,广播电视写作要注意把信息中的亮点进行合理分布,尤其是较长的报道,要能吸引听众或观众持续的注意。

3. *受众广泛*

广播电视受众面广泛,不识字的人照样能听广播看电视,因此广播电视受众在文化、年龄上是多层次,与之相适应的是广播电视新闻写作的内容和语言应明白通畅,易于接收、接受。这就要求广播电视写作中要注意通俗易懂,少有专业名词。

如少用书面语,"即刻售罄"、"一语成谶"这样的词最好改为"马上就卖完了"、"不幸而言中了"这样的句子;少用书面语的关联词,如"尽管他一再解释,但是我还是不相信",最好写为"他一再解释,我还是不相信。"避免倒装句式,如"他这是明知故犯,我认为",最好改为"我认为他这是明知故犯"。

4. *具体形象,感染力强*

广播、电视可以运用声音或声音加图像,绘声绘色地再现人物的音容笑貌和事物现场的情景,给受众以"身临其境"的现场感和参与感。2008 年北京奥运会开幕式的现场直播,使得全世界都目睹了中国画卷徐徐展开的历史性场面,声音和画面的这种表现力和感染力,是文字报道所难以企及的。

这就要求记者在写作时应该适当采用现场声音或图像,使得报道有较强的再现能力,让听众或观众感同身受。

5. *转瞬即逝,不留痕迹*

不像印刷媒体那样,读者可以停止阅读然后再继续,还可以反复体会。广播电视媒体的这一劣势应在写作中努力克服。如一些信息如人名、地名、单位、事件等要适当重复,方便听众或观众记忆、理解。比如一架飞机失事了,报道一开始就要说明失事的地点,但这时听众或观众可能并没有很关注这条新闻,然后当开始详细报道这次事件时,有可能受众开始变得专心了,于是记者需要用别的方式来重复一下关键的信息。注意这种重复不是机械的重复,假如你在导语中提到飞机坠毁在四川,在报道中间你可以提一下四川警方,受众就能明白过来。

同时,广播电视新闻写作还要尽可能简明易懂,要把深刻的思想、复杂的问题等用浅显通俗的语言表达清楚。如"利用无线电波运载声音,它的传播速度每秒可以达到30 万公里"就不如写成"利用无线电波运载声音,每秒可以绕地球七圈半",后者更为通俗易懂。

二、结构线索单一

广播电视新闻的结构要适应线性传播的特点,力求线索单一,结构单纯,让受众在几分钟的时间内掌握报道要点。线索单一还包括在新闻报道结构中,往往要按照新闻事件发展的顺序结构报道,逐步切入主题;同时还可以顺着正常思维逻辑来组织新闻内容。这种逐步深入的报道方法,符合人们对客观事物的认识规律,也符合广播电视线性接收的特点。人们总是习惯按顺序收听、收看,如果几次变换角度,会让人搞不清头绪,给内容理解带来困难。而报刊为了增加情节的曲折生动,常常使用倒叙、插叙的手法,这在广播电视中,尤其在广播中不能使用。最常用的结构是时间顺序及层次单纯的逻辑顺序。广播新闻佳作《大胆讲,讲出一个奖》就是典型的代表。

　　导语:广州人讲普通话难是全国闻名的。但广州市长黎子流却因为带头讲普通话成绩显著,今天(31 日)获得了广州市语言文字工作委员会授予的"推广普通话特别奖"。
　　正文:(出黎子流普通话声音)"我的普通话说得很普通……"(压混)黎子流市长是地道的顺德人,长期在农村基层工作。他 1990 年调到广州工作后,才开始真正学习和广泛使用普通话。上任之初,他在作报告时闹过这样的笑话。(出录音)"拒绝接受人大监督是我讲的,本来应该是自觉接受人大监督……"虽然不时闹出笑话,但他仍然以身作则,多讲普通话。开大会时讲,开小会时讲,日常工作中也讲。几年的锻炼,他对自己的评价是:(出录音)"讲得很流利,但不准确。"黎子流说,要树立国际化大都市的形象,大家都要努力讲好普通话。他的体会是大胆讲,(出录音)"多学,多讲,错了要努力纠正。"
　　市长带头推广普通话,在广州产生了积极的影响,大胆地讲普通话的人是越来越多了。(出市民录音)"黎市长这么大年纪都可以把普通话讲得这么好,我们年轻人,只要肯学,一定可以讲得更好。"

　　这个报道从文字上说,总共只有三段,结构却非常紧密精巧。一开头的导语就出手不凡:"广州人讲普通话难是全国闻名的,但广州市长黎子流却因为带头讲普通话成绩显著,今天获得了广州市语言文字工作委员会授予的'推广普通话特别奖'"。巨大的反差,不但吊起了人们一般的好奇心,而且吊起了听觉上的好奇心:你黎子流市长不是因为讲普通话得奖了吗? 那你倒是说几句来听听嘛!
　　第二段就是为解决这个问题而安排的。黎子流的"说得很普通"的普通话录音,自谦里透着自信和幽默,让人听着亲切、自然、信服。但记者并没有全盘照录黎子流市长的讲话,只是在关键的几个地方出一下。其余的篇幅用来交代背景:黎子流长期在农村工作,1990 年调来广州才开始学普通话,还闹出过笑话。这样做,既真实可信,又节省篇幅。
　　第三段讲黎子流得奖所产生的反映,还有市民随机发表意见的录音。
　　整个节目线索明晰、单纯,录音与文字互相配合,相得益彰,珠联璧合。此外,标题也做得好。利用"讲""奖"同音,既好记又朗朗上口,一听就忘不掉。

三、层次清楚

在叙事繁简适宜、详略得当的基础上,做到事实之间相互照应、环环紧扣,段落之间过渡自然、步步衔接,使之成为层次清楚的有机整体。广播电视新闻的层次经常采用总分方式划分,即先总括然后再将这个内容具体化。这是符合视听的规律的。开宗明义,头绪清楚是对广播电视新闻层次的要求。

我们可以从1986年1月29日美国航天飞机"挑战者"号失事的广播新闻中看到其写作上的上述特点。

美国航天飞机"挑战者"号失事

播音员:美国航天飞机"挑战者"号在星期二上午发射后不久就爆炸。机上七名乘员,包括一名中学女教师克里斯塔·麦考利夫已全部遇难。中国国际广播电台驻华盛顿记者臧国华发回下面的报道:

记者:"挑战者"号发射时似乎正常,大约两分钟后突然爆炸,变成一团黄色的火球,显然,机上的乘员,包括一名首次以私人公民身份搭乘航天飞机的女教师克里斯塔·麦考利夫已全部遇难。

全美各地观看电视现场直播航天飞机发射的美国人民对此惨剧表示震惊和悲伤。他们默默地观看电视中对该事件的后续报道。惨剧发生时,我正在华盛顿的外国记者中心。一位美国朋友走过来一遍又一遍地对我说:"唉,这真是悲惨的一天! 这真是悲惨的一天!"每个人的脸上都凝聚着悲痛和焦虑。

由于航天飞机失事,里根总统推迟了原定星期二晚上要发表国情咨文的计划。里根总统赞扬在"挑战者"号爆炸中牺牲的七名美国人。他说,纪念这些英勇的美国人的最好办法是继续推进航天计划。

这是美国第25次发射航天飞机,也是"挑战者"号第10次上天。这次爆炸是美国航天计划史上最严重的一次事故,19前年美国阿波罗登月舱在发射架上失火时,有三名宇航员被烧死。

播音员:以上是国际电台记者发自华盛顿的报道。[1]

在篇报道中,记者的报道传递了这么一些信息:(1)现场的描述"'挑战者'号发射时似乎正常,大约两分钟后突然爆炸,变成一团黄色的火球";(2)造成的后果"机上的乘员,包括一名首次以私人公民身份搭乘航天飞机的女教师克里斯塔·麦考利夫已全部遇难";(3)人们的反映"一位美国朋友走过来一遍又一遍地对我说:'唉,这真是悲惨的一天! 这真是悲惨的一天!'"、"每个人的脸上都凝聚着悲痛和

---

[1] 臧国华:《美国航天飞机"挑战者"号失事》,转载于中国国际广播电台,1986年1月29日。

焦虑"、"里根总统推迟了原定星期二晚上要发表国情咨文的计划"……(4)事件的性质"这次爆炸是美国航天计划史上最严重的一次事故";(5)其他背景"这是美国第25次发射航天飞机,也是'挑战者'号第10次上天"、"19前年美国阿波罗登月舱在发射架上失火时,有三名宇航员被烧死"。

通过这些信息的有逻辑地排列,事件的情况也就报道完毕了。记者一开始就从现场讲起,以背景结尾,层次非常清晰,让受众一次收听就能听明白。

四、核心信息处理

广播电视新闻对核心信息要加以强调和突出,如对核心信息进行适当的重复,在主体部分巧妙强化核心信息,围绕核心信息选择材料和突出主干材料等。

夏威夷大学访沪首演京剧《凤还巢》

好戏才开锣,底下观众就已经漾开了笑脸。当那些挂上京剧龙套的高鼻子、大眼睛的演员登台亮相时,人们都忍不住笑出了声,等到那些高鼻子花脸用英文洋洋洒洒地唱起京调来,场子里一下子爆发出掌声来。

(实况:掌声……)

听众朋友,这就是记者昨天晚上在上海戏剧学院观看美国夏威夷大学戏剧系表演京剧《凤还巢》时的情景。上海观众虽然并不懂英语,可到底是本国的戏剧,一些传统阵式也大都熟悉,演员的一招一式、一笑一颦,以及角色之间的感情交流,在不时的掌声和喝彩声中被理解和接受了。

(实况:京剧选段)

大家都知道,中国京剧是以字行腔的,要把它译成英文来唱,的确不是件容易的事。这出戏的翻译兼导演魏莉莎女士可费了不少工夫,为了尽可能保持"京味",她再三斟酌、反复推敲花了一年时间才完成英文剧本的定稿。这出戏去年在檀香山演出了一个多月,场场满座,华裔观众觉得它保留了醇厚的京味,而欧美观众则认为,用英文说表、念白和演唱,给他们更好地欣赏京剧提供了方便。魏莉莎女士也因此获得夏威夷州最佳导演奖。

开场前15分钟,我在后台找到魏莉莎女士,跟她谈这次中国之行。她的汉语说得好极了。

(实况:记者与魏莉莎女士对话)

"上海是最后一站吧?""是的"。"整个访华有些什么感受?""噢,我们一直感到非常高兴,也感到很荣幸,中国人民为了我们那么热烈的欢迎,我们非常高兴,也非常感谢。""最初排这戏时想到过会到中国来演吗?""没有。""那您的目的是什么呢?""原来我们美国夏威夷大学戏剧系有东方戏剧研究所,所以演出这出戏原来打算的目的一方面是教学,给我们的学生机会,就是学京剧,中国戏曲的表演,我们很多学生将来要成为专业演员,如果他们有更丰富的经验,将来他的创造力和他的技术会好多了。另外一方面是让美国观众很直接地跟中国戏曲有联系,主要是这两个目的。"

洋人唱京戏,这不但有趣新鲜,有极大的新闻价值,而且也有极大的音响价值。报道的核心信息是"洋人用英语唱京戏",在节目前三段反复从不同侧面强调这一信息,一阵开场锣鼓很快就能把听众的注意力抓住,让人感受洋人用英语唱京戏的第一印象,接下来从上海观众的角度和翻译兼导演的角度表现用英语唱京戏的效果和创意过程。

第二节　广播电视消息的导语与主体结构

一、广播电视消息的导语

广播电视消息是运用广播电视媒体迅速及时、简单扼要地报道新闻事实的一类新闻体裁。它力求以最快速度、最简洁的语言报道新闻事实,同时需要遵循广播电视的传播规律,以便于声音或声像传播、便于口说耳听的方式方法描述事物。广播电视消息的导语同样是整篇消息的第一个单元,它以凝练简洁的语言告知最重要的新闻事实。它起到提示新闻要点与精华、引导收视的作用。与平面媒体不同的是,广播电视消息导语通常由主持人播报出来。

1. 广播电视消息导语的写作特点

（1）选材精粹

突出最具新闻价值、最有吸引力的事实,或突出最能表现最新事态的新闻要素;广播电视消息的导语,不可能也没有必要概括全部新闻要素,而只能着重强调某些最重的要素。一般来讲,事件性消息注重何时、何事,人物新闻多强调何时、何人,经验性消息更关心何因、如何;至于其他要素,如非必要,完全可以放在新闻主体中分别交代。

如广播消息"浙江省率先为贫困农民筑起最低生活保障线"的导语就以一个典型的人物开头:

> 10月初,浙江诸暨市牌头镇66岁的农民周信均,到民政部门领取了全家每月160元的最低生活保障费。从这个月开始,浙江省23万贫困农民同城市贫困居民一样,享受到了最低生活保障。

这个导语强调的是农民有最低生活保障了,导语就集中于这一点,其他要素放到正文中去交代。

（2）具体形象

广播电视导语应该尽量避免概念化、抽象化，最好使用经过提炼的典型事实、形象化的情节或者富有特点的细节，这样能使导语更生动。

广播消息"浙江省率先为贫困农民筑起最低生活保障线"的导语还有一个特点就是具体化，虽然是23万人享受到了最低生活保障，但消息开头只用了一个人作为典型代表，令听众非常亲切。

（3）简短精练

广播电视新闻导语应该明确报道主旨，抓住新闻要害，用准确洗练的语言表达出来。如"13号晚上，北京时间22点零8分，在莫斯科举行的国际奥委会第112次全会投票决定：北京获得了2008年奥运会的举办权。"[1]这条导语用简洁的语言概括新闻的主要内容，非常清晰明确。

（4）照应主体

导语是消息的开头，导语是一则消息的有机组成部分，它不管以什么形式出现，在内容及语言上，要与新闻主体协调一致，相互呼应，防止相互脱节或矛盾。

对于广播消息而言，因为没有标题，它要唤起听众的注意和收听，尤其需要精心写好导语。对于电视消息而言，标题往往是在正文播出后几秒钟才出现，导语的吸引与拉动作用也非常明显。

2. 特殊的导语模式

与平面媒体的写作一样，广播电视的导语也分为直接式导语和延缓式导语两大类，其中直接式导语用得最多，记者要在纷杂的材料中提炼出精华，以平实自然的语言加以概括和直接陈述。

如"19号，利比亚班加西刑事法院宣布，判处涉嫌故意向利比亚儿童注射艾滋病病毒的5名保加利亚护士和一名巴勒斯坦医生死刑。"[2]

延缓式导语在广播电视媒体中运用也比较多，这类导语通过把新闻要点放后说出的方式引起受众的好奇，进而积极收听收看这条新闻。

由于广播电视消息中，导语往往是由主持人播报的，在长期的实践中，还形成了一种主持人故意不提新闻的主要内容，意在渲染悬念、吸引受众收听、收看。如：

> 大白菜被许多北方家庭称作"当家菜"，今年北京的大白菜丰收了，但菜价却跌到了几分钱一斤，种菜的成本几乎都收不回来了。去年大白菜的价格还高高的，为什么今年就卖不上价了呢？不少菜农一直想知道这究竟是怎么回事。看看记者找到的答案。

---

[1] 《北京获得2008年奥运会主办权》，转载于北京人民广播电台，2001年7月14日。

[2] 《涉嫌"故意"传播艾滋病 医护人员被判死刑》，转载于中央电视台《朝闻天下》，2006年12月19日。

又如：

今天下午,有观众给我们打来热线电话,说济南市省体育中心附近的路面上自来水横流,不知道是怎么回事。接到电话后,我们的记者马上赶到了现场。

二、广播电视消息的常用结构

广播电视消息的写作在结构组织上有规律可遵,一般说来,最常用的有以下结构形式:

1. 倒金字塔式结构

导语之后,新闻主体按新闻事实的重要程度或受众的关心程度排序的一种结构。特点是头重脚轻,短小精炼,断裂行文(用段落之间的逻辑联系来行文,不用过渡段),优点是重点突出,成稿快,行文干练,有利于受众迅速把握报道重点,也有利于后期编辑控制报道时间。缺点是程式化。适合于时效性强、事件单一的动态新闻。运用这种结构,要尽量与受众的价值标准和心理需求一致起来,引导听众自然地从一个层次过渡到另一个层次;注意交代事实发生的时间,防止因重要程度与时间先后不一致而混淆事实固有的联系;在层次交替时,为受众提供必要的听觉或视觉准备,避免突然的转变。

"武汉·中国光谷"提案人获重奖①

(导语)催生"武汉·中国光谷"的提案人——13 位全国政协委员,今天上午受到武汉市委、市政府的重奖。第一提案人许其贞获奖 5 万元,其他 12 位提案人分别获得 1 万到 2 万元奖励。

> 第一段突出这一事件的意义所在。

> 导语开门见山,概括新闻的主要内容。

(解说)全国政协提案委员会副主任盛树仁在颁奖会上说,"重奖一件提案这在人民政协历史上还是第一次。"

> 第二段交待此事的来龙去脉。

(解说)去年 3 月,信息产业部 710 厂教授级高级工程师许其贞等 13 位全国政协委员,在全国政协九届三次会议上提出"大力发展光电子产业,建议在武汉建立中国光谷"的提案,得到国家有关部门的高度重视。今年 7 月,国家计委正式批准在武汉建立中国光谷——国家光电子信息

---

① 《武汉中国光谷提案要获重奖》,转载于湖北电台,2001 年 11 月 8 日。

产业基地。武汉市副市长袁善腊说,这一决策将使武汉在未来 5 年到 10 年内形成 1000 亿元的产业规模。

(解说)许其贞获奖后说:

获奖人自己的感言。

(录音)建议在武汉建立"中国光谷",是多年来武汉地区科技人员的愿望,我是在履行一位政协委员的职责。地方政府、地方党委对政协提案做出表彰是第一次。我认为这个应该鞭策我们继续前进。

这则报道是典型的倒金字塔式结构,导语开门见山,点出时间、地点、人物、事件。紧接着借权威人士之口,点明这件事的重要意义之所在。接着用简洁的笔墨介绍提案产生的背景、有关部门的态度、提案的价值,对主体信息做必要的延伸。最后,获奖的第一提案人许其贞发表自己的看法,音响画龙点睛。整个行文干净、利落,结构紧凑,充分体现了倒金字塔式结构的优势。这篇报道的不足之处在于音响使用显得单薄,如果全国政协提案委员会副主任、武汉副市长的话用音响表达,效果会更好。

倒金字塔式结构的一个特点是信息可以从后面直接被删除掉而不影响整个报道的完整性。这个报道如果把获奖者的感言删掉、甚至只保留导语和第一段都可以,大致这件事情的基本情况也是清楚的。因此,采用倒金字塔结构对编辑处理文稿是比较方便的,如果节目时间不够,编辑从后面删稿即可,一般不用对全稿进行修整。

2. 时间顺序结构

导语之后,主体根据新闻事件发生、发展直至结束的先后顺序来安排层次,展示事件的进程,这种结构保持了新闻事实原貌和进展的完整性,行文自然,线索清楚,符合受众接受信息的习惯;不足之处在于最重要的事实在报道中间或结尾,容易被淹没。

这种结构常用于现场报道和富于情节性的口播消息。它的叙事与事件的客观进程一致,便于听众了解新闻事件的来龙去脉。运用这种结构要注意突出重点,控制繁简程度,切忌平均使用笔墨,或详略失宜、主次颠倒。

检查团来了！走了

画面：	解说：
街景 1、2 　　市容人员在街上检查。 　　清洁工扫地,市容人员检查行人,小饭店收起幌子等。工作人员在一门上贴封条。 　　检查团市内街头行走所列地名在检查时一个个干净的画面。 　　检查团在街头行走,检查团在开会镜头。 　　工地乱堆放、摊区市场、公园门口混乱肮脏、车辆乱停、垃圾站垃圾遍地、广场上洗车脏水乱流。 　　整屏字幕:检查团走了城市卫生呢？	全国城市卫生检查团从 9 月 13 日起对××市城市卫生情况进行全面检查。 　　检查团到来前夕××市紧急行动起来。清理街道,清除闲杂人员,关闭有碍观瞻的小饭店,查封卫生不合格单位等。 　　9 月 13 日××市以美丽清洁的城市风貌迎来了检查团。记者到省京剧院工地、仁和食品摊区、河沟区、司徒街垃圾站、××街广场、儿童公园西门拍下了一组镜头。 　　全国城市卫生检查团在进行了为期五天的检查后,对××市卫生状况给予了充分的肯定,昨天离开××市。 　　今天当记者再次来到检查团曾经驻足、查看过、记者拍下镜头的地方时,"新貌换旧颜"。这里的一组镜头同样拍摄于省京剧院工地、仁和食品摊区、河沟区、司徒街垃圾站、××街广场、儿童公园西门。

　　这个报道按照时间顺序结构写新闻,通过检查团来前后的对比,表现形式主义的检查根本没有效果,引起观众的思考。

　　时间顺序结构是通过时间线索来组织全文的,因此不能从后面删稿,如果需要压缩必须每一部分都相应要修改,对于编辑处理稿件来说可能会略显麻烦。但时间顺序结构的故事性比较强,听众和观众比较容易接受。

　　3. 逻辑关系结构

　　导语之后,主体部分根据事物的内在逻辑或问题的逻辑性来组织材料、安排层次。主体可依据事实之间的因果关系、对比关系、并列关系、递进关系或主从关系等安排层次段落,表现事实。

四大手段确保北京 2008 年奥运会供水安全[①]

　　导语:记者今天从北京市水务局了解到,北京市正在通过实施四大手段确保 2008 年奥运会的供水安全。

　　解说:这四项措施中的第一个就是要加大水资源的优化和配置来提高水的使用效率。

　　解说:再一个就是要加大全社会的节水力度,包括工业节水、居民生

---

① 《四大手段确保北京 2008 年奥运会供水安全》,转载于中央电视台《新闻联播》,2006 年 11 月 9 日。

活节水和农业节水,通过节约用水,节约水资源来提高水的使用效果。

解说:第三个重要的手段就是北京市将加大使用再生水的力度,把更多的中水用在农业灌溉、城市园林灌溉,来替代目前使用的清水。

解说:此外,还将加大雨洪水的收集力度来替代目前的一部分水源。

解说:记者同时了解到,"南水北调"京石段的建设工程进展顺利,明年底可以基本建成,具备供水条件。

这个报道的主体部分有五段,其中四段是对四项供水措施分别进行阐释,这四段之间是并列的逻辑关系,这四部分缺一不可。在报道时,应该分析一下所要报道的内容间的逻辑关系,如果存在某种逻辑关系的话,可以采用逻辑结构来组织文稿。

4. 金字塔式结构

报道将最重要、最精彩的事实放在最后,叙事充满悬念,直到最后才抛出一个出人意料的结果。这种结构适用于趣味性或反常性较强的题材,具有悬念感。

两歹徒持械抢劫　被 6 旬老板娘空手打退[①]

导语:年关将近,岛内的盗窃、抢劫案件也多了起来。日前屏东市区就发生一起首饰店抢劫案。两名 20 多岁的年轻人,企图持械抢劫,结果却被 60 多岁的老板娘赤手空拳给击退,两名歹徒也被警方顺利逮捕。

解说:从监视器的画面清楚看到,两名歹徒冲进店里,穿着牛仔裤戴着安全帽和口罩,一个拿铁锤锤砸破柜台,另外一个拿着枪指着老板娘的头,本以为老板娘会乖乖就范,没想到 60 多岁的阿姨根本没把两个毛头小伙儿放在眼里,冲着两人一通穷追猛打,结果两个抢匪什么都没抢到,只能落荒而逃。整个过程不到一分钟。老板娘说,店里已经遇到过几次这种事了,对这些歹徒绝不能手软。

首饰店老板娘:被砸过两次被抢过一次,被偷过一次,已经三四次了,他枪向着我,我当然冲上去,和他拼输赢。

记者:你不会怕?

银楼老板娘:那个时候,只想着反抗,还不怕啦!

两名劫匪最后没跑多远就被警方擒获,他们做梦都没想到会栽在一位阿姨手里。

最有戏剧性的一幕出现在结尾,这是金字塔式结构的显著特点。需要注意的是,金字塔结构与时间顺序结构有时候会很像,但金字塔式结构的结尾应该是整个报道的最高潮,而时间顺序结构中,有可能最高潮已经在中间出现了。

---

① 《两歹徒持械抢劫　被 6 旬老板娘空手打退》,转载于中央电视台《新闻 60 分》,2006 年 12 月 20 日。

第三节 音响、解说与画面的关系及脚本写作

一、广播新闻中音响与解说的关系

广播新闻中解说词通常起到叙述事实、说明音响、补充音响，概括提示音响，连缀音响组成报道的作用。而音响起到增强报道可信性、增强报道现场感及增强报道感染力的作用。

在节目中要处理好二者的关系：写作解说词的时候要兼顾音响内容；解说要合理安排、结构音响；解说与音响要和谐统一。

如黑龙江电台播出的音响报道《总书记风尘仆仆到灾区》就有这么一个片段：

> 解说：嫩江特大洪水淹没了托力河乡，县乡两级政府专门在汤池镇大泡子岗上搭起了账篷，挖了地空窨子，安置了七百多个受灾灾民。江总书记弯腰起进地窨子，看望80岁高龄的侯德老人。
>
> 录音：侯德：江主席来了我心里挺喜欢！／江泽民：前两天，镕基同志，朱总理来了，回来他跟我说了。我最近想讲一句话，这个地方一定要防止煤气中毒。

在这个报道中，解说引出了音响，也补充音响所没有的内容；而音响生动地表现领导人与群众的亲密关系，两者非常和谐。

录音新闻要充分发挥音响的作用，用音响直接表达报道的主题。文字对音响做必要的说明和补充。凡能用音响表现的，就不要用文字，凡音响已经表达清楚的，文字就不要再重复。

二、电视新闻中画面、声音与解说的关系

负载电视新闻的三大元素——画面、同期声与解说，在电视新闻中有各自的功能，相对于电视新闻的整体而言，每一部分都是不完整的，都只是电视新闻整体的一个组成部分。

电视新闻中，画面居于核心地位，画面就有信息直观性，并能带给观众现场亲历感，是最能体现电视媒体传播优势的传播符号。因此，电视新闻的解说和同期声要紧密配合画面，坚持从画面出发，结合画面进行组织和写作。

但同时，画面信息又具有信息多义性和模糊性的缺陷，比如，画面可以显示地形、地貌，却无法确定它的方位、说明地名，需要解说或者字幕来交代。此外，画面对曾经发生、已经过去、而又未能及时捕捉拍摄到形象的内容无能为力，对复杂的人物内心世界难以直接表现等。因此，在电视新闻中，应根据新闻主题的需要，去

挖掘画面内在的含义,用同期声或文字解说交代画面无法交代而又必须传达的信息。

同期声可以让采访对象直接说话,展现其内心世界;可以让采访对象对尚未发生的事情进行展望,这样比单一的画面或单一的解说更有可信性和感染力。

解说词可以补充画面的不足,完善形象报道,用语言的抽象概括能力和准确表述意图的能力来补充对新闻要素的交代。解说还可以对画面信息进行整合,为具有多种解释可能性的画面创造一个明确的指示关系,为观众的感受理解提供一个规定渠道,使画面传递的信息更加准确明了。此外,解说也可以起到深化主题、展现、升化画面内涵的作用。

如有一组画面是交通安全口号的标志,如果是为了表现宣传交通安全的主题,这组画面就应该是从正面理解的形象,而如果配以如下解说,它们就变成了具有讽刺意味的形象:"一慢,二看,三通过,这句交通安全口号成了某些人时间观念的绝妙写照。难怪某部门引进一套设备竟用了 1234 天,某地一个拆迁征地文件竟盖了 368 个公章。"

因此,在电视新闻中,画面、声音、解说要紧密配合,形成整体,发挥合力,实现更好的报道效果。请看下面一则实例:

广州:"绿色加减法"扩容发展空间①

　　主持人:经济要增量、污染要减量,如何破解这道看似矛盾的难题,广州市做出了一份绿色的答案。

解说	画面
记者现场:这里是广州珠江电厂二期环保脱硫工程,明年正式建成后,整个珠江电厂二氧化硫的排放将减少 95%。 　　配音:珠江电厂舍得花五亿多元搞环保,与广州环保部门实施的"加减法"息息相关。减法是二氧化硫排放量实行定额监管,超标就要停产,而且排污费是过去的四倍,代价高昂;加法是上马环保设施,不仅政府补助 3500 多万元,每度电还有一分五厘的"津贴",更重要的是企业再建新的工业项目,环保评价优先考虑。	记者报道时的画面、环保脱硫工程外景 　　珠江电厂全景、电厂内部控制台、脱硫系统流程图、工作人员工作镜头、电厂外景、电厂内景、工人走路、厂房

> 此部分声音全部使用前期拍摄素材,部分画面用插画面的方式把原素材替换。

> 此部分声音配音,画面选择前期拍摄的画面,注意画面与配音的匹配。如谈到环保设施最好出现其画面。

---

① 《广州:"绿色加减法"扩容发展空间》,转载于中央电视台《新闻联播》,2006 年 12 月 5 日。

广州珠江电厂厂长郑建平：目前每度电增加五厘钱的成本，但我们觉得不亏。一方面企业也要承担社会责任，我们也要呼吸空气；另一方面，我们也有了发展的空间，可以扩容，上新机组。	厂长采访画面、厂区景观、工人工作画面	这两段同期声声音全部使用前期拍摄素材，部分画面用插画面的方式把原素材的人物采访替换。注意画面与人物谈话内容匹配，如谈到发展空间时上工人工作的镜头。
广州市环保局梁金全：就拿广州市来说，要保持好的环境，可能它最大的容量就是这么多，现在把污染降下去，就等于腾出了空间，可以容纳更多的项目。	环保局局长采访画面、电厂厂区景观	
配音：如今，一道道"绿色加减法"正推动广州经济与环境和谐发展。2000多家工业企业关停搬迁，换来了产业升级，万元生产总值能耗比五年前下降15%；生活污水集中处理超过七成、近百个排污口被封堵，换来了珠江水变清、江边土地增值。今年前三季度，全市GDP同比增长14.2%，而与之呼应的是广州被评为国家环保模范城市，市民对环保满意率超过95%。	广州街景、工厂厂房、珠江江景、测珠江水的画面、工厂内工作场面、广州城市景观	此部分声音配音，画面从原拍摄素材中选择。如谈到广州整体情况时用广州街景，谈到工厂搬迁用工厂画面；谈到排污时用珠江的画面等等。注意画面与配音同步。

三、脚本写作

1. 写作步骤

平面媒体写作的步骤也同样适用于广播电视写作。以下的写作步骤虽然重点强调的是电视写作，但大部分技巧也适用于广播。

（1）构思：不仅要设计一则报道的解说词等语言内容，记者还必须考虑它的视觉表现效果。要考虑报道是否包含同期声，是否包含现场情节，是否使用图表来加强报道效果，报道中是否有记者出镜等。

（2）采集：就像给印刷媒体写报道一样，记者需要尽可能多地收集材料并拍摄或录音。记者不需要描述将要出现在屏幕上的信息源或者地点、场景，让这些内容交给画面来完成，但你应该收集包括背景、细节在内的很多必须依靠文字表达的信息。你要确保自己所写信息源的姓名和身份是准确的，以便打字幕时使用。

（3）写作：因为只有30秒到90秒的时间来报道一条消息，要在非常有限的时间内完成报道，所以选材对于广播电视新闻来说至关重要。把采访笔记中精选出来的很少几个关键点吸收到平均90秒的报道中，更多地以电视画面和同期声来表现信息。

(4)修改:写完后大声朗读一下,看读起来是否顺口,听起来是否明白,然后再做修改。

2. 广播新闻的脚本写作

消除城乡二元结构,浦东的破题之举①

主持人:特别报道:《消除城乡二元结构,浦东的破题之举》采写:中央台记者吴善阳。(接录音)

> 此部分直接按文稿配音即可

解说:家住上海浦东郊区的刘芳女士,已经是第二次为女儿转学的事儿忙活了,上一次,是千方百计把女儿送到城区的中学,而这一次,是想方设法要把孩子转回来。刘芳说:

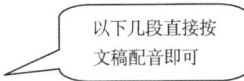

> 这段内容需要在采访素材中挑选出来,和上一段解说组接。

"本身说给孩子换个环境,现在的班级师资也加强了,孩子也觉得离家近,而且这个环境熟悉了,觉得还是这里好,还是想回来。"

> 以下几段直接按文稿配音即可

解说:刘女士的两次"折腾",其实正是浦东消除城乡差别的一个小小佐证。浦东开发开放的成就令世人瞩目,老上海"宁要浦西一张床,不要浦东一间房"的俗语,早已被人们当成了笑谈。然而对于居住在浦东新区的人们来说,城区与郊区的差别在某些方面依然明显。比如,城区学校区管区办,而郊区学校则是乡镇管乡镇办,教育水平的差距显而易见,于是才有了刘女士为孩子的第一次转学。

解说:城乡二元结构带来的现实差距,让郊区居民无法和城区居民共享改革成果。破题,浦东首先拿教育开刀。

解说:先是管理城乡并轨,一竿子到底。郊区86所中小学、幼儿园一律收归区政府管理,城乡学校统一拨款标准和硬件配备,仅去年一年,浦东新区就拿出了九千万,用于郊区学校的校舍、运动场、食堂修建和教学设备添置。

---

① 《消除城乡二元结构,浦东的破题之举》,转载于中央人民广播电台《新闻和报纸摘要》,2006 年 12 月 18日。

解说:与硬件同时提升的还有教育的内涵。浦东新区通过城郊学校结对互帮、城乡教师支援郊区、委托专业教育机构管理,让城市教育资源辐射到农村,提高郊区教育的整体水平。从城区重点中学来的校长倪瑞明带来了新的教育理念,三年摘掉了华林中学薄弱学校的帽子。他说:

> 这段内容需要在采访素材中挑选出来,并和前段解说衔接,解说与采访录音的编辑照引进行即可。

"在教师专业化发展进程之中,政府更多地倾斜于农村地区学校或者薄弱学校,教师的发展空间越来越开阔。"

解说:用同样的手法,从 2004 年起,浦东医疗卫生领域的城乡一体化也一步步扎实展开,全区 17 家乡镇卫生院统一划归区级管理,在投入上还有偏重。目前,全区乡镇卫生院全部达到了二级医院标准,近 200 个村卫生室的标准化建设也将在今年内完成。浦东新区发展局局长尹后庆说:

"我们今天把教育跟卫生城市与农村经过体制调整,实现二元并轨,提高了政府公共服务的可及性,也提高了老百姓的满意度。"

> 这段解说的同时有一段沪剧演出的现场声,将其通过压混处理和配音同时出现,能增强现场感。

解说:隆冬时节,一部以世博会动迁为背景的大型沪剧《舞龙人》正在上海火爆上演。和剧中人一样,起初怀着忐忑不安的心情,搬到偏远的浦东郊区的城里人发现,新区早为他们准备了教育、医疗、文化配套齐全的新家园。

城乡二元并轨,让新浦东呈现了和谐发展的新活力,浦东新区区委书记杜家豪说:

"如果说浦东过去主要是在扩大开放、在开发区建设上发挥了示范作用,今后浦东更要在统筹城乡发展、构建和谐社会上成为表率,走在前列。"

3. 电视新闻的脚本写作

"三高"演出的准备工作就绪①

[主持人导语] 世界三高演唱会举行演出的前一天,我们提前来到了紫禁城预演现场,到底这个号称举世无双的演出场究竟是什么样子,舞台

---

① 《"三高"演出的准备工作就绪》,转载于北京电视台,2003 年 6 月 22 日。

的搭建又是什么样子？请您跟着我们的镜头先睹为快吧。

[记者出镜] 观众朋友们，我现在所在的位置就是紫禁城端门的城楼下，从我身后的端门走进去，就是此次三大男高音演唱会的现场，现在就请随我们的镜头进去看看。

[解说 1] 从端门到午门之间的广场上，已经搭建起了能容纳 3 万人的壮观的观众席，据介绍，为了保护故宫的地面，观众席和舞台，全部都是用建筑上用的钢管作脚手架，然后再铺上木板搭建而成的。为了保证观看效果，观众席的搭建采用逐层加高的办法，最前面的贵宾席距离地面 15 厘米，往后每九排增高 15 厘米，到最后一排观众席距离地面高达 4.8 米。

[同期] 现场

记者：师傅，我看你们在用尺子测量这个座位的间距，这个有什么规定吗？

工人：每排的距离是 95 公分。

记者：所有的座位都是这个距离吗？

工人：对，除了领导的座位宽一点，其他的都是 95 公分。

记者：那座位与座位间都是这样紧邻的吗？

工人：原来想留宽一些，后来为了安全，就紧挨着了，我们会用尼龙扣把座位都固定住。

[解说 2] 据介绍，搭建这个巨大的观众席，800 多位工人只花了 10 天的时间，观众席总占地面积达 2.1 万平方米，共 260 排，能容纳 3 万人就座，可以说是国内有史以来规模最大的观众席工程。

[同期]

记者：舞台、观众席及辅助设施施工，总共成本是多少？

荆林森：我只能用耗资巨大来形容。这项工程，单就观众席来说，已经获得了吉尼斯世界纪录。

[字幕] 三高紫禁城演唱会备忘录

观众席及舞台

占地面积：21000 平方米　　共 3 万个座位

用料：木材 1000 多立方　　钢材 2000 多吨

据介绍，搭脚手架所用的钢管全部连起来长达 70 公里。

[同期]

记者：此次三高演唱会要在紫禁城内搭建舞台，对故宫的保护就成了人们关心的问题，为此，主办方也做了很多努力，比如我身边的这堵墙，上面架了很多的灯，走到后面一看，原来是假墙，泡沫塑料做的。

荆林森：这两面墙是我们特别设计的，为了营造与故宫浑然一体的效果,舞台灯光一打,观众看不出这是假的。

[同期]

记者:同样,舞台两边的这两条龙,也是为了与故宫的氛围一致,设计者特别设计的,既挡住了后边的灯架,又与故宫的环境相一致。

荆林森:这两条龙高15米,宽8米5,主要是用塑胶材料制成的。

[解说3]同样用脚手架搭建起来的演出舞台高2米,总面积约700平方米,最大跨度约38米,舞台分两层,下层是乐队及三大男高音,上层是合唱团。整个舞台涂成了与紫禁皇城同样的紫红色,在左右两头浮雕巨龙的烘托下,蔚为壮观。

[同期]

记者:我现在就站在此次三高演唱会的主舞台,从这里看下去非常壮观,我身边有三个谱架,就是三大男高音演出时站的位置,不过据主办方介绍,届时他们将分别站在哪里,目前还不知道,要看他们当天的心情和商量结果。在舞台的另一边,还有三个谱架,是为中国三位女高音歌唱家准备的,在演出返场的时候,她们会和三大男高音有一个合作。

[解说4] 在三大男高音的乐谱架下面,还有专门为他们准备的提示器,据说这是为他们演唱中国歌曲而做的准备。伴奏乐团的乐谱是由专人负责发放的,每个谱架上还都准备了放麦克风用的架子。趁着预演前的空隙,我们来到了后台,参观了三大男高音的休息室。

[同期]

荆林森:我们现在所在的就是卡雷拉斯的房间,我们为三位男高音准备了每人20平方米的一个休息室,设施齐备,冰箱、空调、电视等。

记者:每个造价是多少?

荆林森:五六万吧。

[解说5] 据介绍,因为卡雷拉斯特别喜欢木地板,所以此次主办方特意把他的休息室全部铺上了木地板。除了三大男高音分别有自己的休息室外,他们的经纪人也各自有一间同样规格的休息室,再加上额外的一间,这次演唱会共准备了7间高档次的休息室。

[同期]记者:我现在是在帕瓦罗蒂的休息室门外,由于刚刚做过清扫,门已经锁上了,不过据了解,他房间的内饰和刚才我们看到的卡雷拉斯的基本一样,除了不是木地板而是地毯外,演出当晚,帕瓦罗蒂就将从这里走上舞台。

[字幕] 三高紫禁城演唱会备忘录

伴奏乐队:中央歌剧院交响乐团

合唱团:中央歌剧院合唱队

与三大男高音同台的中国女高音歌唱家:王霞 幺红 马梅

[解说6] 晚上8点钟,预演正式开始,闻讯赶来的媒体得到的通知是,由于三大男高音正在汉城进行演出,所以此次预演将由中国的三位男高音歌唱家戴玉强、黄越峰和刘维维代劳。大家原以为会听到一版由中国歌唱家演绎的紫禁城演唱会,没想这三位中国男高音上台后并没有放声高歌,站在上面一声不吭。

[同期]

黄越峰:告诉我们的是要录一个中国歌唱家在这个舞台上演唱的录像,可来了之后给我们的都是三高的乐谱。

[解说7] 不知道是主办方真的有意欺骗,还是各方面没有沟通好,从这两位歌唱家的说法来看,他们事先似乎对自己要替三高走台毫不知情。这三位中国男高音还表示,由于每个演唱家对歌曲的处理方式不同,所以这种替别人走台的方式,根本无法达到预演的效果,也没有听说过先例。而对造成这种情况的原因,他们认为是三高的问题。

[同期]

刘维维:你知道电影里的替身吧,我们就成了替身了,还不是完全替,我觉得他们这就是一个国际大走穴,今天他们去汉城走穴去了,让我们替他们走台。那他们明天自己还要走,我们来有什么意义?

[解说8] 其实对于此次三大男高音在紫禁城演出前一天,还安排在韩国进行演出,很多人都表示出疑问。为什么三大男高音要把演出时间安排得如此紧密?他们从汉城赶回北京,中间只能休息几个小时,加上旅途的劳累,三位年事都已经不低的男高音是否吃得消?又怎么保证23号演出的质量?由此又引出诸如此次三高演唱会质量大不如前,我们花这么多钱到底值不值等等的讨论。然而如今这一切都没有人能说得清了,也许正像一些媒体所言,此次三高演唱会的商业价值远远高于其艺术价值,而我们可以安慰的也许只是这次三高在紫禁城开唱将会成为空前绝后的盛况。

这是一条比较长的电视新闻,电视新闻的脚本其实就是将解说与同期声的内容文字化,制作时就依此来编辑。

这条新闻的基本结构是"倒金字塔"式的,先说演唱会的总况,再说搭建细节,然后说其他情况,中间用三段字幕"隔"成新闻主体的三大块,从报道上看就显得十分有机、清晰。

这条电视新闻的解说词共有八段,因为有出镜记者,解说词多是说明性和补充性的。如解说(一)至(三),是说明性的,用了很多的数字。遗憾的是这些数字记者没有把它生动起来。解说(四)和(五)是补充性的,补足记者在现场没有说到、问到的内容。比如解说(四):"在三大男高音的乐谱架下面,还有专门为他们准备的提示器,据说这是为他们演唱中国歌曲做的准备",解说(五):"卡雷拉斯特别喜欢木地板""这次演唱会共准备了7间高档次的休息室"等。这些解说词都是为现场报道服务的,是对同期声的补充,是对画面的说明。解说(六)至(八)则是主导型的,解说词开始说事,同期声画成为补充、说明、证实。因为这是一条较长的电视报道,处理手法就应多变一些,这样做的效果可能会使观众感觉不那么累。如把"三高"在汉城"走穴",演出主办方让中国歌唱家做"替身"走台这些事给披露出来,可能让此时已经有些疲倦的观众精神为之一振而兴趣盎然。

电视新闻的脚本写作要注意选择平实易懂的内容,较少使用抽象、复杂的内容;另外,电视新闻可以运用声音或图像再现人物和事物现场,给受众直观的感受,脚本要把这些内容也转换成文字。

练习

1. 请阅读电视新闻《山东济南:节能合同帮助企业免费节能》①的脚本,试分析其在写作上的优点与不足。

主持人:不掏一分钱,就能搞节能。山东省济南市全面推广"节能合同",企业能耗大幅降低,节能产业蓬勃发展。

解说:在山东水泥厂的供电车间,最让车间主任孙学忠头疼的就是这台大功率风机,无论生产线需要的风量有多大,电机都会全速运转,大量的电力白白浪费。最近,一家节能投资公司找上门来,为他们免费安装了价值600多万元的变频设备,让电机转速实现了自动调节。

同期声 山水集团山东水泥厂供电车间 孙学忠:经过十月份的测算,我们这一个月节约了100多万度电,效果非常明显。

同期声 济南天成节能设备公司 夏清明:企业零投资,零风险,我们只是从每月山水(集团)节能的100多万度电中,我们只是拿出一部分(作为回报)。

解说(画面配动画图表):节能公司免费帮助企业节能,然后从此后一段时间节约的费用中分成获利,这就是目前国际上最流行的能源合同管理机制。然而就是这样一种先进机制,在济南市政府刚开始推广时却遭遇红灯,绝大多数企业根本不买账。

同期声 山水集团山东水泥厂副厂长 张信:合同能源管理作为一个新事物,我们并不理解;当时,水泥的行情也非常好,我们也没有主动节能降耗的外部压力。

解说:针对这种局面,济南市政府与全市所有的区县和重点企业都签订了节能目标责任书,作为考核党政领导政绩的重要内容,而企业如果完不成目标,超标部分将按照市场价格的两倍加收浪费能源费。

同期声 济南市经委主任 宋玉国:企业自己选择的发展方式就眼前利益来看承担的社会责任成本是最低的。作为政府,就是要改变这种外部条件,让企业在提高经济效益的同时承担起节能降耗的社会责任。

解说:围绕着水泥、钢铁、电力等高耗能行业,山东省济南市目前已经出现了一批掌握高科技节能手段的专业节能公司,节能产业成为济南市经济增长的新亮点。

---

① 《山东济南:"节能合同"帮助企业免费节能》,转载于中央电视台《新闻联播》栏目,2006年12月16日。

解说(画面配图表):随着"合同能源管理机制"的全面推广,今年前三季度,山东省济南市万元 GDP 能耗比去年同期降低了 2.76%,降幅在山东省 17 个地级市中位居第一。

2. 请将以下新闻稿修改为适合广播、电视刊登的稿件,字数在 500 字以内。注意广播电视语言的运用。

民政部:自然灾害死亡人数不必隐瞒①

新华网北京 8 月 17 日电(记者　邱红杰)民政部救灾救济司司长王振耀 17 日对记者说,自然灾害造成的人员死亡数字没有必要隐瞒,也不可能瞒得住。

王振耀介绍说,我国对灾情的数字早已解密,党中央、国务院也一再强调,对灾害死亡人数不许隐瞒。民政部和相关部门去年还专门下发了一个文件,要求将灾害死亡情况数据如实公开。

"自然灾害的死亡人数不像矿难那样要追究行政责任,公布这些数字不会给地方官员压力,所以没有必要隐瞒"。王振耀说,现在有各种制度的约束,有媒体的监督,也有死者家属和群众的监督,任何情况都能很快大白于天下。如果政府不及时报告,社会上就会产生各种各样的议论,所以不可能隐瞒得了。

王振耀说,隐瞒灾情延误救灾反而是在犯严重的错误,所以相信不会有人冒着犯错误的危险故意隐瞒灾情。

他承认,各地在公布灾情信息的方式上还有不完善的地方,有时表述得不够精确,让人们误以为初报的数字就是最终的结果。由于灾情数字的澄清是需要一定时间的,当灾害发生,交通通讯条件都会比较差,有时甚至陷入瘫痪,给灾情的统计带来困难。另外,现在流动人口数量比较大,也会增加精确统计的难度。

王振耀表示,政府部门应当根据社会的要求加强和改进灾情报告方式方法,实事求是向社会解释清楚灾情,但也呼吁人们给政府一定的核实时间。他指出,当灾害发生后,第一位的工作是要保证活着的人有饭吃,情绪稳定,要在这个前提下做好信息核实的工作。

3. 试分析以下广播新闻,看什么情况下用音响,什么情况下用解说,两者是什么关系。

第五轮六方会谈第二阶段会议在北京开幕②

主持人:第五轮北京六方会谈第二阶段会议昨天上午在钓鱼台国宾馆芳菲苑开幕。请听中央台记者赵雪花、张华杰的报道。(接录音)

记者解说:六方会谈已经陷入僵局一年多了。如今,六方再聚北京,开启第二阶段会议。一年多来,美国对朝鲜实施了金融制裁,朝鲜试射了导弹并进行核试验,联合国通过了有关对朝鲜制裁的决议,本轮六方会谈更加复杂。

记者解说:在开幕式上,本轮会谈主席、中方代表团团长武大伟说:

同期声:"此次会议具有承前启后、继往开来的重要意义。"

记者解说:武大伟说,这次会议应该重点做好两件事情,一是讨论和确定全面落实 9·19 共同声明的具体措施;二是讨论和确定落实共同声明起步阶段各方将要采取的行动。

记者解说:简短的开幕式后,全体会议开始举行。各方代表团团长做了主旨发言。下午韩美、韩日、中日举行了双边会谈。

①　《民政部:自然灾害死亡人数不必隐瞒》,http://news.sina.com.cn/c/2006-08-17/22149778129s.shtml
②　《第五轮六方会谈第二阶段会议在北京开幕》,转载于中央人民广播电台《新闻和报纸摘要》,2006 年 12 月 19 日。

记者解说:下午五点,六方会谈中国代表团发言人姜瑜向中外记者介绍了有关情况:

同期声:"在今天上午举行的全体会中,中方代表团团长武大伟做了发言。他表示,六方会谈经历了风雨和考验。只要各方保持耐心,持之以恒,以诚相待,相向而行,就一定能克服前进道路上的各种困难。"

记者解说:姜瑜说,目前各方在落实共同声明的具体途径和步骤上还存在明显分歧,有些分歧还相当尖锐。

记者解说:有关这些分歧,另有报道说,朝方在全体会议上表示,只有解除美国的金融制裁以及联合国的制裁,才能开始探讨共同声明的落实方案。

记者解说:美方则称事情已经超过"可以忍受的限度",六方会谈正处于关键的"叉路口",但美方还是希望通过外交谈判的方式来达到朝鲜半岛无核化的目的。

记者解说:日方重申要在六方会谈框架内同时解决朝鲜半岛无核化和日本人质问题。

记者解说:姜瑜在回答记者的提问中透露了一些大家关心的问题,她表示美朝双方将会就金融问题在北京进行磋商;有关是否需要成立工作组,成立哪些工作组,还需要各方深入探讨。有记者委婉地问到了本阶段的会期问题。

同期:(记者问)有没有可能各方代表在北京过圣诞节,中方是否准备尽地主之谊?

(姜瑜答):"如果他们愿意在北京过圣诞节,我们当然欢迎。我知道你想问的是会期的问题,现在没有确定本次会谈的结束日期,我们将视会议进展情况,与各方保持沟通。"

记者解说:关于今天的日程,姜瑜表示,上午还会举行全体会议,下午继续双边磋商。

第*14*章
网络消息写作

2006年 10 月 12 日,我国成功发射了"神舟六号"载人航天飞船,航天员费俊龙和聂海胜在太空飞行了 115 个小时之后,乘坐返回舱,安全返航。

这条新闻成为当时最吸引眼球的新闻之一。中央电视台投入了大量的人力、物力进行现场直播,各个报纸也用大量的版面报道这一中国航天的重大事件。然而在诸多媒体中,真正的大赢家却是网络。

据新浪网公布数字显示,在 10 月 12 日神六发射当天,该网站所制作的专题浏览量达到 4.5 亿人次,超过当天所有国内报纸读者总和。值得注意的是,在这次新闻报道过程中,新浪网综合了几乎所有大众传媒信息传播手段,文字报道、视频、音频、手机短信,而不是像以前经常采用的单纯的文字滚动报道,进而大获成功。

目前,网络已经深入到我们的媒体生活中,越来越多的人开始不读报纸、不看电视,但却离不开网络。

网民在网上是怎样读新闻的? 网络新闻应该如何写作? 与其他媒体相比,它的特点是什么呢? 这是本章要着力解决的问题。

第一节　网络新闻传播过程中受众心理与行为方式特征

美国 SUN 微电子公司的网络大师级人物杰可布·尼尔森在对网络受众的研究中发现,接受测试的网络用户中,79% 的人看到新页面时总是快速浏览而过,只有 16% 的人会仔细阅读。基于这一分析,尼尔森提出:"网页内容的写作必须有利于人们的浏览,以便受众在最短的时间内知晓一篇文章的内容要点。"①

由于网络的海量信息,网民上网的目的之一就是"冲浪",获得最多、最快的资讯。因此,这样的受众很少逐字逐句地阅读,而更习惯于快速浏览,只有当发现所

① 转引自张海鹰、滕谦:《网络传播概论》,复旦大学出版社 2001 年版,第 173 页。

需要或感兴趣的内容,才会进行深入阅读。从某种意义上说,网络新闻"扫描式阅读"的特点非常明显。

网络媒体受众的扫描式阅读与受众对印刷媒体的阅读方式完全不同。印刷媒体的新闻虽然也不指望读者每一条都逐字逐句地阅读,但总的来说,由于其信息量的有限性及版面编排的引导,读者阅读时心态相对放松,阅读速度比较均衡;而网络的阅读则不相同,电脑屏幕作为网络新闻的接收终端,受众阅读新闻的姿势比较单一,同时随着时间的流逝,上网费用将升高。也就是说,人们在享受着五彩缤纷的多媒体信息的同时,也忍受着屏幕光对眼睛的刺激;人们在享受着便携式计算机精巧的设计时,也感受着屏幕不能让人对全部版面一览无余的遗憾;人们在随时获取重大新闻事件的最新变动状况之际,又不能不为此支付昂贵的费用。在这种条件下,面对海量的信息,受众的阅读会不由自主加快,大都采用快速浏览的扫描式阅读来搜寻信息。这种阅读方式有以下几个特征。

一、快速获取最新信息

目前以计算机上网和手机新闻订阅作为主流信息接收模式的受众群体,无论从职业构成还是年龄构成上看,通过网络高速获取最新的新闻都是他们的普遍需求。这些受众对信息更加敏感,希望快速了解自己生存环境发生的最新变化。

二、主动选择有用信息

在网络新闻传播中,交互性信息传播的特性得到最充分的体现,受众因此对信息进行自主选择的欲望更加强烈,并且希望在最短的时间里以最便捷的方式获得自己最为需要的信息。

三、精确接近深度信息

随着社会生活各个领域联系的加强,一个领域、一个地区发生的新变动往往会对社会各界产生广泛的影响。处在今天"全球一体化"的趋势之下,深度新闻报道已经成为广大受众索取新闻的普遍要求。在网络新闻传播领域,由于信息的"海量"存储、数据库检索、信息发布时间的多级梯度布列等全新技术手段的采用,使得网络媒体拥有了突破时间与空间限制,向受众提供全方位深度新闻信息的特殊优势。正因为如此,在网络新闻传播过程中,受众对精确接近深度信息怀有强烈的渴望。他们不仅希望了解主体新闻本身,而且渴望了解与主体新闻相关的各种背景,主体新闻对社会生活的各个领域产生的影响,以及主体新闻事件的发展趋向。

网络新闻传播过程中受众接受信息的心理机制和行为机制发生了一系列新的变化。这些变化对传统的新闻写作方式提出了挑战。

首先是对新闻标题的"第一依赖感"形成,标题已经成为受众识别新闻内容,判断新闻价值的第一信号,成为受众决定是否索取深层新闻信息的第一选择关口。

读者每一次对于下一层网页链接结构的点击(即对深层新闻信息的选择和索取),对于读者来说,支付的不仅是时间,而且是金钱,因此,标题实际上也成为他们权衡自己获取新闻所支付成本的第一判断。标题在网络新闻传播中的重要性格外突出。

其次是扫描式阅读带有极大的跳跃性、检索性、忽略性,如果新闻中没有醒目的关键词,没有清晰的提示与标识,没有引人注意的种种细节,就难以抓住读者飞速运行的眼球。

最后是阅读过程中自由选择信息内容的几率提高,带来受众对接收新闻的过程实施全方位自由选择和调配。这就要求网络新闻写作需要在内容的写作编排上建立起更加合理的链接组合系统,以保证信息传播的丰富度、深刻度,进而使网民在报道上的阅读时间加长。

第二节　在线写作程序

目前中国网络媒体播发的消息大都来自传统媒体,各个网站对这些来自传统媒体的新闻一般是原文转发,有时可能会对标题进行一下修改,至多是对原文进行一下删节,而很少对其进行适合网络新闻传播规律的结构性编改,致使新闻的文字描述方式和内容布局结构都无大的改变。因此中国网络媒体上发布的新闻大体呈现出单一的平面媒体新闻的结构形态。

这种没有充分注意到网络受众特殊需求,没有按照网络新闻的特殊规律写作的新闻,大大影响了受众阅读的效率。适合于平面媒体刊载的新闻往往不能完全适应读者进行扫描式和跳跃式阅读的需要。当网民在网络条件下阅读印刷媒体文字新闻时经常不得不按部就班,甚至逐字逐句,这样使得阅读容易疲惫。加上印刷媒体文字的"平铺"式陈述,与网民主动选择新闻、深度索取新闻的需求往往存在冲突,从而限制了读者在网络新闻传播中应该拥有的主动权的实现。

要想写出符合网络传播特点的新闻,就必须要注意根据其叙事上的层次性、多媒体性及多结构性来设计内容。在网络新闻报道当中,受众可以用他们选择的任意顺序来访问报道中的组成要素,并可以通过点击超级链接来实现从一个组成要素到另一个组成要素的转换,因此,更需要报道者尊重受众的浏览习惯。一般而言,可以按照以下程序进行网络报道。

一、合理规划

在采写网络报道前,必须考虑好此报道是以单篇形式呈现还是分成几个层次在网络中展现? 报道中的大量背景资料是否需要链接来提供? 此报道是否可能用视频或音频来表现? 这个报道中,可以有哪些元素与受众互动,体现交互式的特征? ⋯⋯在报道者拿到新闻线索之时,就需要对网络报道作出规划,这样才能帮助报道者在采集信息和报道时更有目的性。

二、全面采集

如果在规划时,报道者就决定要提供音频、视频、图表、照片等元素,那么在信息采集时需要通过各种方式来收集这些素材。

三、精心组织

在信息采集结束后,报道者需要考虑网络报道的结构问题,这种结构与印刷媒体和广播电视媒体都不尽相同。报道者需要设想将伴随报道出现的所有元素,例如超级链接、反馈互动、视频音频组织等,还要考虑报道以何种形式呈现,是单篇还是分成几个版块散布于各个网页中。

网络新闻的发布过程是一个逐层递进的过程。读者通常是根据自己的需求,一层一层去索取新闻信息的。因此,网络新闻的写作不仅有印刷媒体常见的上下水平布局的平面结构关系,而且具有前后纵深布局的立体结构关系。

在网络新闻的写作中,记者和编辑要精确地判断新闻价值的层次结构,按照其读者的关注度、需求度,对纷繁复杂的新闻因素进行立体化的划分排列,不仅需要确定在一个页面里诸新闻要素的组合排列的关系,而且要确定在多层页面中的组合排列关系。

目前中国新闻网站发布的绝大多数新闻还没有实行这样的分层处理和展示。大多数新闻网站的"纵深链接"往往是对"相关新闻"、"背景资料"等外部相关信息的链接。这就使得主体新闻缺乏纵深度和广阔度。需要说明的是,造成这一缺陷的原因目前看来不仅是网络新闻结构处理技术上的问题,更重要的是我们的网络新闻从业者普遍缺乏对新闻进行深度挖掘的意识。

从事网络新闻写作需要建立起分层表述的概念,特别是要建立起立体分层表述的意识。在印刷媒体上,一则新闻表现为一个整体,读者看到的是信息的全部,所谓分层表述是重点的平面排列技术。而在网络媒体上,由于页面的限制、读者阅读习惯的特性等因素的制约,你可能需要把同样的信息拆分为独立的个体,制作成多重的超链接页面,因为读者不可能把一个很长的页面尽收眼底。

在进行"立体分层表述"的过程中,有两点需要注意:一是要对新闻的重点因素进行精确的分解,以确定哪些内容需要在第一页面呈现,哪些内容需要通过链接在第二、第三页面呈现。二是要保证让每个页面的内容具有相对独立的完整性,并且从一个侧面更详细、更深刻地解释主体新闻。因为在网络上,读者可以在他们选择的页面间自由移动,所以不要设想你的读者是在看过前一页后才来索取这一页面的内容,不要奢望你的读者能够按照严格的逻辑程序去点击各个链接。要让他们看到一页一页的相对完整的有着内在联系的信息群落,通过这些信息群落深刻了解网络媒体所要传达的整体信息。

通常实施链接的内容应该包括:新闻诸要素的详细描述与解释,支持结论的论据说明,直接背景资料,统计的表格与数据,问题的定义与专门机构的缩写解释以及更加广泛的参考资料等。

网络报道可以按照以下图示来组织内容,见图14-1。

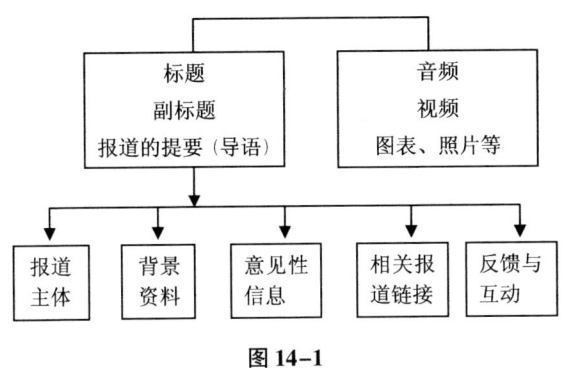

图 14-1

四、写作与信息整合

按照上面的图示组织好多媒体报道的各种元素后,就可以进入写作与信息整合阶段。写作要注意多媒体报道的层次性,在第一时间,可以只写简讯;之后,根据受众的需要写入更深的内容;最后写出报道的全文。尽量在一个页面给予受众迅速获取信息的机会,而不简单地只是标题的罗列;同时,要照顾到不同受众的需要,将信息进行梳理与整合,方便受众浏览与选择。

以下几点在为网络写作新闻时需要特别注意。

第一,注意要让关键词语突出来,非常明确地强调它们。美国一个研究机构甚至认为,强调显要之处的文字用量要比你为印刷媒体写作时增多三倍。注意强调一些携带着重要信息的字词,避免去强调整个句子或者是一个段落,因为扫描状态中的眼睛一次只能掠取两三个词。

第二,注意用一个段落描述一个主要的内容,用另一个段落去描述另一个内容。因为读者的注意力是跳跃的,甚至经常会进行超越段落的跳跃。因此他们很难在一个段落中同时注意到两个重点。

第三,要注意用最重要的实事或者是观察的结论作为这一页新闻的开始,在处理文字较长的新闻时,应该为它写一个简短的概要。

第四,要高度简洁地表述最为重要的事实。为了让读者在最短的时间内尽可能准确、尽可能完整地了解最重要的新闻因素,需要在网页的第一视觉区域内完成对重要新闻的精准概括、描述和引导。尽可能在网页的第一视觉区域完成对最重要的新闻事实的概括与描述。

第五,将最重要的新闻要素置于最前面。无论是写作一篇新闻还是处理之中的一个段落,都要遵从重要者为先的原则。网络读者绝对不喜欢在文山字海中艰难跋涉,因此在任何时候都要把最重要的信息置于最前端。

第六,要想方设法让读者感到你提供的信息对他们有用。读者往往没有足够的耐心并且充满了怀疑态度与批判精神,他们不是为了你的杰出伟大而选择你的网站,而是他们要满足自己的某种需要才去访问你的网站。因此记者和编辑永远需要以"对读者有用的"的方式去进行写作,让读者很快发现他们想要的信息。

第七,要对文本文件进行有序的组织,它的分层展示一般不要超过四层链接。如果想要传达的信息能够在一个页面上简洁而完整地呈现,就不要使用超链接。

第三节　非线性结构

线性报道的结构从开头到结尾就像一条直线,读者无法控制线性报道的文章顺序;而网络报道中,结构上的非线性特征非常突出,报道的各个部分通常用超级链接联系在一起,受众可以按照他们喜欢的顺序去选择信息。

非线性报道可以被看作是一棵大树,超级链接点就是大树的树枝。在报道时可以将背景、信息源和其他信息分别写进不同的网页,然后与核心报道链接起来,而不要把它们都包括在一篇文章当中。

一、粗壮的枝干

网络消息应该有一个核心信息,就像大树的树干一样,要更简洁有力。目前,我国网络消息几乎就是将传统媒体的报道"移植"过来,消息就是导语加主体,再加上一些相关的链接,缺少符合网络特点的加工,即网络的消息主干还可以比平面媒体的更简要,只突出最核心的信息,以适应网民快速扫描式的阅读,而将一些相对次要的信息打包制作成文中链接,让感兴趣的读者再展开阅读。

2005 年 11 月,中央电视台《新闻调查》节目推出了《天价住院费调查》,报道哈尔滨一位患者花了 550 万元,最终也未能挽救生命,而住院期间出现了大量不合常规的收费项目,院方也难以给出合理的解释。此事一经报道,引起了很大的反响,各个媒体纷纷转载。

很多网络媒体就把央视《新闻调查》节目的文稿刊登如下(片段):

> 解说:翁文辉生前是哈尔滨市一所中学的离休教师。一年前 74 岁的翁文辉被诊断患上了恶性淋巴瘤。因为化疗引起多脏器功能衰竭,今年 6 月 1 号,他被送进了哈尔滨医科大学第二附属医院的心外科重症监护室。之后的两个多月时间,他的家人在这里先后花去 139 万多元的医药费。高昂的医药费并未能挽回病人的生命。
> 患者翁文辉的爱人 富秀梅:真是,老头儿这死的真是死不瞑目,不是

说他死了以后闭不上眼睛,就是我们家属到现在为止我每想到这件事的时候我睡不着觉,我心跳马上就加快。

解说:在老伴住进医院重症监护室的两个月时间里,医院给富秀梅留下深刻印象的是两件事:买药和交钱。

富秀梅:六点钟不打电话,每天七八点钟护士长就打电话让交钱,开始6月1号、6月2号两天交了十八万块钱,三号就马上就通知交钱,当时我们为了救人根本没有想别的,从此以后就是每天交五万块钱,每天,第二天早早的又要交钱。

解说:富秀梅保留着二个月来在医院给老伴交费的每一张收据。67天住院时间,他们共向医院缴纳了139万7千多元。平均每天将近2万1千元。

富秀梅:我们从来没欠过医院一分钱,只要他提出这个药,不管是多贵,我们都是想尽办法,就是你要从他身上去割肉我都得让他割,为了给老头儿治病是不是。

解说:翁文辉夫妇以前都是中学教师,自己远没有能力拿出这么多钱看病。父亲的医疗费主要是由他们经商的大儿子翁强承担。

记者:这样每天几万块钱的花费对于中国的绝大多数家属估计都是无法承受的。

患者翁文辉的长子翁强:如果从做儿女的来讲呢,你说付出几百万我认为就是几千万它也值,它不像一个生意,所以那个时候我们肯定不会考虑它有多大的经济效益或者有多大的价值,或者有多大的意义,对我来讲一分钟,只要能挽救一分钟,我都不会放弃的。

解说:几百万元的花费没能挽回老人的生命。今年8月6日,翁文辉因抢救无效在医院病逝。在料理后事准备和医院结账时,一个意外的发现让翁家对那一摞巨额的收费单开始产生了怀疑:在住院收费的明细单上,记载着病人使用过一种叫氨茶碱的药物,但是翁文辉对氨茶碱有着严重的过敏反应。

富秀梅:不管是住哪个医院,一进去之后首先跟医生声明氨茶碱不能用、磺胺不能用、去痛片不能用,这些都是严重过敏的,都在那病例的上面给写上、注明,这个我们也是一再声明,最后就问他,他们就说这个药我们没有给你们用,那么没用的话打在这个单子上,那这说明什么问题?

解说:为什么病人应该严禁使用的过敏药物会出现在收费单上?收费单背后还有什么?几经努力,翁家8月12日从医院复印到部分病历资料,这些病历非但没有解决他们的疑惑,相反,带来的是更多的不解和震惊……

翁强:你现在看到的这份化验报告,我父亲是2005年8月6号凌晨去世的,可是8号还有化验单,比方说像这个也是,收到日期8月8号,报告日期8月8号,这是我父亲的名字温文辉,我父亲6号就去世了,这是8号的报告,胸水化验,我也不知道这个胸水是谁的,化验的菌是谁的,因为6号就已经去世了,8号还有化验单。

解说:按照医院的收费标准,胸腹水常规检查每次收费32元,在患者翁文辉去世后两天,还出现了两次检查,收化验费64元。

富秀梅:越看这里面问题越大,就拿这个输血来说,一天就各种血,血小板、白血球输了83袋,16000多毫升,这是输血。

解说:在7月31日的收费账单上,记者看到,这一天医院收了翁文辉22197元的血费。

富秀梅:还有这一天的量,你可以看看这个,这个盐水一天给用了106瓶盐水,一瓶是500毫升,106瓶是50000多毫升,再加上葡萄糖用了20瓶,这20瓶也就是10000多毫升,70000(毫升)再加上血10000(毫升)多将近100000毫升,那要装水桶装多少桶,我们想想看,何况用血管给你输进去,这人能活吗! 不能活吧。

这种报道的方法就是将电视的解说词和采访对象所说的同期声整理成文字,虽然也能基本将信息传达出来,但对于网络媒体而言,这种方式显得信息冗余度较高,最好将节目文字稿重新改写;另外,电视画面涉及的内容必要时也应该转换为文字,不能只整理电视中的声音信息,否则报道的内容就会有缺失。如果网站还有刊登这一电视视频的权限,还可以将视频内容制作成多个文件,穿插在报道中,如果有兴趣的网友可以打开在线观看。

如将以上电视新闻报道改为网络消息可以这样调整:

两个多月的住院却花了139万多元,最终也未能挽救74岁的翁文辉的生命。更让人不解和震惊的是,病人应该严禁使用的过敏药物出现了收费单上、8月6号凌晨去世的翁文辉还收到了8月8号的化验单、一天的输血量和输液量达到近十万毫升,这一切是如何发生的呢?

翁文辉生前是哈尔滨市一所中学的离休教师。一年前74岁的翁文辉被诊断患上了恶性淋巴瘤。因为化疗引起多脏器功能衰竭,今年6月1号,他被送进了哈尔滨医科大学第二附属医院的心外科重症监护室。

富秀梅保留着二个月来在医院给老伴交费的每一张收据。67天住院时间,他们共向医院缴纳了139万7千多元,平均每天将近2万1千元。但是,高昂的医药费并未能挽回病人的生命,今年8月6日,翁文辉因抢救无效在医院病逝。

翁文辉夫妇以前都是中学教师,自己远没有能力拿出这么多钱看病,医疗费主要是由他们经商的大儿子翁强承担。翁强告诉记者,从做儿女的来讲呢,付出几百万就是几千万它也值,并不会像考虑生意一样考虑它有多大的经济效益或者有多大的价值。"对我来讲,一分钟,只要能挽救一分钟,我都不会放弃,"翁强说。翁强采访视频

翁文辉老人去世后,在家人料理后事准备和医院结账时,一个意外的发现让他们对那一摞巨额的收费单开始产生了怀疑:在住院收费的明细单上,记载着病人使用过一种叫氨茶碱(此链接可以提供关于氨茶碱的背景资料)的药物,但是翁文辉对氨茶碱有着严重的过敏反应。面对家属对收费明细单上的"氨茶碱"的质疑,富秀梅说医院是这样回答的:"他们就说这个药我们没有给你们用,那么没用的话打在这个单子上,那这说明什么问题?"

为什么病人应该严禁使用的过敏药物会出现在收费单上? 收费单背后还有什么? 几经努力,翁家 8 月 12 日从医院复印到部分病历资料,这些病历非但没有解决他们的疑惑,相反,带来的是更多的不解和震惊……

据翁强提供的化验报告上显示,翁文辉老人是 2005 年 8 月 6 号凌晨去世的,可是 8 号还有化验单,而这些"过了期"的化验单涉及了胸水化验、胸腹水常规检查等项目。

此外,家属还对血液及药品的用量提出质疑。在 7 月 31 日的收费账单上,记者看到,这一天医院收了翁文辉 22197 元的血费,包括各种血、血小板、白血球输是 83 袋,16000 多毫升;还有一天收费账单上显示,输盐水 106 瓶,同时用了 20 瓶葡萄糖。

富秀梅气愤地对记者说:"一瓶是 500 毫升,106 瓶是 50000 多毫升,再加上葡萄糖用了 20 瓶,这 20 瓶也就是 10000 多毫升,70000(毫升)再加上血 10000(毫升)多将近 100000 毫升,那要装水桶装多少桶,我们想想看,何况用血管给你输进去,这人能活吗! 不能活吧。"富秀梅采访视频。

这样改写之后,篇幅压缩了,而信息量却没有减少,同时,将一些背景和采访的内容通过链接的方式组织进报道当中;同时,网络媒体还可以利用视频截图等方式,将电视的画面选取出来,作为图片的方式穿插在自己的页面中,能起到活跃页面、加强现场感、实证感的作用。

二、茂密的枝叶

非线性结构最大的特点就是开放性,可以将新闻事实进行添加,使得报道在核心清晰的条件下,能加入更多的报道内容和信息点供受众选择。就像一棵大树一样,能长出更多的枝条与叶子。

如所罗门群岛发生强烈地震后,新浪网做了一个报道,如图所示,编辑把最关

键的信息放在最上部,其他信息按重要程度罗列出链接①。不足之处在于,除了最关键的信息有所展开外,次重要信息只列出了标题,没有简单展开,使得受众必须打开链接才能了解更多的情况。此外,视频的内容没有给予突出,多媒体的动态特点未能充分展示,见图14-2。

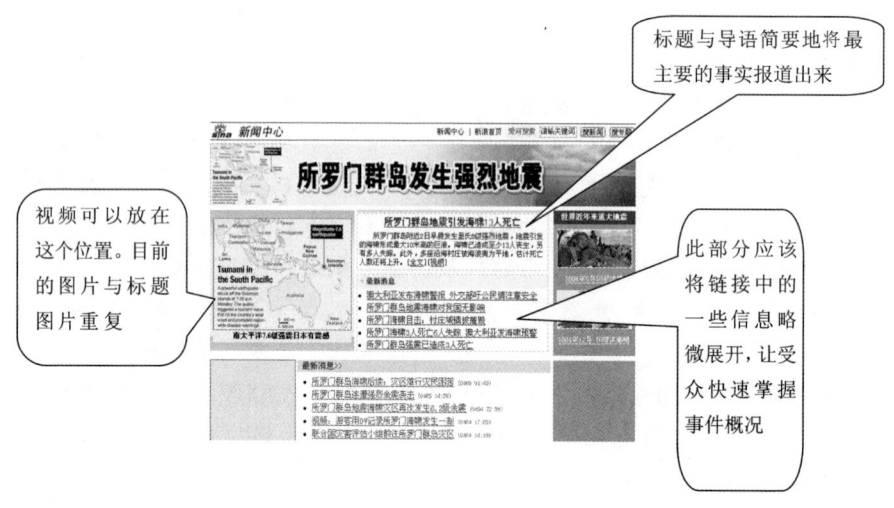

图 14-2

最新消息中所列的链接为以下一些:

澳大利亚发布海啸警报　外交部呼吁公民请注意安全

所罗门群岛地震海啸对我国无影响

所罗门海啸目击:村庄城镇被摧毁

所罗门海啸3人死亡6人失踪 澳大利亚发海啸预警

所罗门群岛强震已造成3人死亡

在这个报道中,主体部分完全用链接的方式把信息串联起来,但真正的网络报道并不是信息的堆积,而是要让这些信息真正地长在树干上,成为树的一个组成部分,即需要对信息有更有效的梳理与整合。编辑可以把以上链接的部分内容展开,让读者在一个页面就能抓住报道的主旨,笔者试改写如下:

据所罗门群岛官员称,地震导致该国西部海岸遭受海啸浪潮袭击,政府在全国范围内发布了灾难警报。

所罗门西部港口城镇基佐居民肯尼迪称,可漫过头顶的洪水冲入了

---

① 所罗门群岛发生强烈地震,http://news.sina.com.cn/z/Solomonsquake/index.shtml

镇子。她通过电话表示,"靠海的房屋都被冲毁了,镇中心在经历了地震和海啸后已是一片狼藉。许多房屋倒塌。由于余震,整个镇子仍在颤抖。"所罗门海啸目击:村庄城镇被摧毁

澳大利亚国家气象和海洋中心称位于该国东北部的威力斯和库克顿岛都可能会遭受海啸侵袭。澳大利亚发布海啸警报　外交部呼吁公民请注意安全

我国国家海洋环境预报中心预计,本次地震海啸将在今日 14 时后到达我国大陆沿海,所罗门群岛地震海啸对我国无影响。

如此改写之后,报道的整合度和信息的丰富度都会有所提升,有利于读者的信息接收,同时,对于感兴趣的读者也给他们留下了选择的空间。

三、庞大的根系

这是指网络消息可以对背景材料、相关信息的全历史、全过程向度的运用。围绕着主题新闻,通过链接可以形成一个全方位的、超越时空的、立体的整体信息体系,就好比给了网络新闻一个庞大的根系。

例如新华网曾经报道"首例村主任告镇政府案撤诉",在这个报道之后,网站附上了短评:"基层政府要树立新的行政观",对这则新闻进行了评述,还附上了一系列与镇政府、乡政府等基层政府相关的新闻,如:《河南洛阳两农民告倒镇政府》、《越权罢免村官湖南民选官告倒镇政府》、《向基层"插一脚"浏阳一个镇政府招牌超过上百块》等,使受众对我国乡、镇级政府的工作状况有了一个广度和深度上的了解。

然而目前的很多网站对背景及相关信息的链接组织工作不太注意。

如设置无意义的链接。如新浪网一条新闻"昆明规划局原局长牵涉胡星案今日受审"[①],最后一段是这样的:

据当地媒体报道,曾华"落马"是被云南一家房地产商举报的。据说,这家房地产开发商在昆明一家高级酒店向曾华行贿 5 万美元,并在曾华毫无觉察的情况下,偷偷将整个行贿过程进行录音,录音资料最终被送到了检察机关手中。

其中画线的"房地产"与"开发商"两字即为嵌入式链接。这两个词语与整个报道的关系并不大,属于无意义的链接;而且打开后是爱问搜索的内容,与原报道更是风马牛不相及。然而,这类无意义的链接设置在网络媒体的报道中经常可见。有的是为了推广某项服务或某个产品的需要,有广告的作用,对于受众来说,打开

---

① 昆明规划局原局长牵涉胡星案今日受审,http://news.sina.com.cn/c/l/2007-03-20/081112561604.shtml

链接后却有受骗上当之感,长此以往,对网络媒体的信任度会下降。

还有的报道经常设置关联度不大的链接。如一条新闻"律师解读物权法:杂物占楼道有权要赔偿"①,报道最后的"相关链接"中是这样一些新闻:

相关链接

物权法:法律未禁止抵押的财产均可抵押 2007-03-20 00:58:36

公民阳光权国庆起受法律保护 2007-03-20 00:58:35

人民日报:增强忧患意识锐意开拓进取 2007-03-19 20:46:55

外报评两会:中国民主制度正在迅速和谐地发展 2007-03-19 15:12:00

外报解读温家宝记者会:让人民快乐 向世界负责 2007-03-19 15:11:00

除了第一、二条关联度较大外,其他三条关联度都不大。这样,对物权法感兴趣的受众可能会错过延伸阅读的机会,而降低受众在网站的浏览量和停留时间。

能够让受众自由地选择进行延伸阅读是网络与传统媒体的重要区别,因此,在报道中不光要经营好报道的主要内容,还要组织好能够进行延伸阅读的材料。正如中国人民大学彭兰教授所认为的,"链接并不是一种装饰,而是一种承诺,它意味着记者或编辑要给读者更多的有用信息"②。

值得注意的是,非线性结构是网络报道的核心结构形式,它也可以和倒金字塔式结构、时间顺序结构、列举式结构等原有的消息结构组合、嫁接,使得网络新闻的信息组织方式更为多元、灵活。

第四节　多种符号与元素的组织及配置

在网络报道中,融合了文字、照片、声音、图像、动画和图表等多种信息形态的多媒体报道大有用武之地。这样的报道应该具备全新的叙事方式——多媒体叙事,这样网络的优势能得到集中体现。

我们可以从外国新闻网站上看到多媒体叙事的成功实践,下面以 MSNBC 网站的多媒体报道为例来分析。

1996 年,IT 巨人微软与 NBC 合作共同成立了 MSNBC 公司。从一开始,MSN-BC 公司就提出要以"更多的新技术、更强的交互功能以及更加个性化的内容服务"为宗旨。这次合作立即得到了很多人的赞同,原因在于:一方面,微软提供强大的技术支持,如帮助 NBC 王牌电视节目《日界线》、《今日秀》和《晚间新闻》的视频解决了大量网络堵塞问题并赢得了品牌效应;另一方面,NBC 的独家报道和优秀的

---

① 律师解读物权法:杂物占楼道有权要赔偿,http://news.sina.com.cn/c/l/2007-03-20/001411446880s.shtml

② 彭兰:《网络新闻学原理与应用》,新华出版社 2003 年版,第 266 页。

人员为 MSNBC TV 和 MSNBC. COM 的内容提供了质量上的保证。同时,当遇到重要新闻,但其重要性又不到中断 NBC 正常播出的程度,新闻主播就到 MSNBC TV 和 MSNBC. COM 播报新闻,然后再在 NBC 晚间新闻中播报,使 NBC 新闻更具竞争力。当时,人们普遍认为,微软与 NBC 的携手不仅意味着微软的网络技术与 NBC 的声誉、实力的结合,而且是信息产业与媒体产业的联合,代表了媒介传播的网络化与传播手段高科技化的结合。

11 年过去了,虽然 MSNBC 在传统的有线电视新闻领域一直没有超过 FOX 新闻与 CNN,与微软的合作也出现种种问题,但它在网络视频流媒体领域方面却一直处于先锋地位。2004 年,MSNBC. COM 发布财报实现 1996 年成立以来的首度盈利①,并且据 Nielsen/NetRatings(NTRT)公司的一项统计显示, CNN. COM、MSNBC. COM 和雅虎新闻是访问量位居前三位的新闻网站②。

MSNBC 网络的多媒体报道既有丰富的电视节目资源,又有制作精良的 Flash 动画、网页幻灯(Slide Show),另外,也有一些报道来自美联社、路透社等通讯社,以文字报道为主。

一、以视频新闻为主体的报道

以视频为主体的新闻报道突出视频中心,视频内容直接嵌入页面播放,不需要另外打开专门的播放页面。在旁边,会有一个标题及类似导语一样的一段话提示这条视频的报道要点。有的视频内容下方会加上相关视频的链接,让受众自由选择,见图 14–3。

播放页面右面是这条新闻的主要内容介绍

当天值得推荐的视频选择一个典型画面及一个吸引人的标题组合在一起

图 14–3

---

① MSNBC 网站 8 年来首度盈利 80% 营收来自广告, http://tech. sina. com. cn/i/w/2004 – 07 – 13/1042386974. shtml

② CNN、MSNBC 和雅虎新闻访问量位列美网站前三名 http://ieeec. com/360/0box360/0000004443/htm/0206/00_0000_544109_18_06_02_0000004443_00002. htm

二、以 Flash 为主体的报道

在 MSNBC 网站上，Flash 动画运用较为频繁，且制作丰常精细。其中一种有菜单功能的 Flash 示意图很有特点。点击菜单则可以播放不同的内容，文字显示及图片均会变化。如上图所示，有的 Flash 示意图还有主持人视频或音频报道。这类报道由于需要受众的参与和选择，让用户决定浏览的内容、顺序和时间。因此又叫做INTERACTIVES（互动报道），是一种融互动、图片、文字、音频、视频为一体的多媒体报道形式，如图 14-4。

图 14-4

三、以文字为主体的报道

在 MSNBC 网站的报道中，相当大一部分仍然是以文字为主体的报道，这类报道的方式就是将报道分层，尽量将文字内容提纲挈领地浓缩，让受众在尽可能短的时间内获得更多的信息；当对某内容更感兴趣时，会通过点击"FULL STORY"（完整报道）进一步阅读。在文字为主体的报道页面上，文字处于视觉中心，但在旁边往往常配置一个相关的 Flash 或音频、视频报道，起到补充及丰富页面的作用，如图14-5。

图 14-5

从以上分析可以看出，MSNBC 网站更加注重多种媒体信息的有机结合，发挥各自的优势来相互配合。多种媒体信息结合都必须是一个主题报道内的结合，没有太多的闲散信息干扰阅读，显得明快简洁。另外，多媒体制作水平相当高，不仅视频内容清晰、稳定，而且 Flash 的制作也很下工夫，与国内的很多网站多媒体信息的粗糙形成鲜明对照。可见，技术与编辑思想的共同作用，才可能有比较成熟的多媒体报道。

而多媒体叙事的内容容量很大，在网络平台上可以不再受传统新闻版面和时间的限制，存储成本越来越低；同时，通过网络平台，多媒体报道可以做到随时随地更新信息，总以最新的面目出现；另外，多媒体报道互动性更强，尊重人们对新闻的自主权。

练习

1. 请以以下电视新闻稿为基础，改写成一篇网络消息；同时，请上网查询更多的相关资料，为其设计出网络消息的页面，列出你所要使用的各种链接，并考虑视频的使用。

题目：《"火烧秸秆"多隐患"变废为宝"出效益》

播出栏目：《新闻联播》

播出日期：2005 年 6 月 17 日

【导语】

麦收时节，"火烧秸秆"的场景又在不少农村上演，既污染环境又浪费资源。而同时，有些地方的农业部门积极引导农民，采用新技术、新设备将秸秆"变废为宝"，逐步改变一些不科学的农耕习惯。

【正文】

成片的秸秆烧得噼啪作响，通红的火苗吱吱乱窜，呛人的浓烟四处蔓延，麦收季节，记者在某些农村依然看到这样一些火烧秸秆的场景。

【同期】村民

麦秸不烧，种不上玉米，这个都得烧。

【正文】

把废弃的秸秆一烧了之似乎简单，可带来的隐患却不少。昨天，山东淄博市磁村的 50 多亩小麦被一把大火烧了个精光，就是临近地里烧秸秆惹的祸。

【同期】山东淄博市淄川区磁村 村民

心疼得俺吃不下饭去 从昨天到现在都没吃饭

【正文】

焚烧秸秆带来的危害还不止这些。入夏后，四川成乐高速公路两旁的麦田里总是大火不断，又黑又粗的浓烟把公路锁了个严严实实；而在安徽合肥，郊区焚烧秸秆产生的浓烟，不仅造成飞机无法正常起降，浓烟含有的二氧化硫、氯气等有害物质，也影响市民的身体健康。

【同期】合肥市民

眼睛、喉咙难受

【正文】

既然火烧秸秆有诸多害处,能否"变废为宝"出效益呢?

【记者现场】陕西

这里是位于西宝高速和陇海铁路之间的扶风县绛账镇东西湾村。往年三夏这里焚烧麦茬的现象比较严重,到处可以看到浓烟滚滚。但是记者今年在这里却看不到焚烧麦茬的现象。

【正文】

让农民们认识秸秆价值的就是这个叫做"硬茬播种机"的新设备。它能够直接把种子播种到土壤深处,剩下的麦茬还能增加土地肥力,既省力,又高产。

【同期】陕西省扶风县绛账镇东西湾村 村民

保墒、没草,玉米还长得旺。

【正文】

为推广新技术,扶风县农业部门建立了千亩示范田,用实实在在的效益改变了农民对秸秆的认识。和扶风县农业部门一样,安徽、山东、江苏等地的农业部门也正是用耐心的服务和科学的引导,改变着千百年沿袭下来的耕作习惯。

在山东平度市,农业部门正在推广使用一种叫做"生物反应堆"的新技术,利用生物发酵技术,使秸秆产生农作物所需的肥料;在安徽利辛,新投入使用的秸秆处理设备也是大受欢迎。能自动把秸秆拾起打包的秸秆打捆机、可直接在地里粉碎秸秆做肥料的秸秆粉碎机等使秸秆利用价值大大提高。

今年,江苏沭阳推广的秸秆种植食用菌技术让秸秆成了抢手货,一亩地的秸秆能赚100多块钱。而在山东淄博,新上马的麦秸秆中密度板项目还能用秸秆做原料生产装修材料。

【同期】山东农民

现在,每亩地的(秸秆)收入能达到50块钱左右,变废为宝了。

2. 对比一个同一题目的报道中报纸、广播、电视以及网络上的呈现方式有什么相同点和不同点,并思考网络应该如何融合进报纸、广播、电视的元素,体现自己的特点。

第*15*章
新闻特写

每年两会都会引发一场新闻大战。各路媒体的上千名记者在会上展开激烈的新闻竞争。

近年来,一个有趣的现象是,这场竞争首先在人民大会堂前的 33 级台阶上上演。记者们在这里围追堵截代表和委员,越是关注度高的代表和委员被围得越厉害。

上海《青年报》的记者敏锐地嗅出这里面有新闻,于是他选取了众多记者包围采访萧灼基委员的场景,报道记者的采访使得这位经济学家在 33 级台阶上竟然走了 45 分钟。

"45 分钟,正是是学校一堂课的标准时间。45 分钟,掂量出经济问题在人们心中的分量。45 分钟,探讨经济问题不算太长,但作为一个在人民大会堂前的采访,确实极为罕见"。报道是这样结尾的,体现了特写的透视感。

特写有什么特点?写作时要注意些什么?本章将重点分析这些问题,让初学者能对特写有一个最基本的理解。

第一节　特写及其特点

新闻特写是指截取新闻事实的横断面,即抓住富有典型意义的某个空间和时间,通过一个片段、一个场面、一个镜头、对事件或人物、景物作出形象化的报道,体现一种有现场感的生动活泼的新闻体裁。

它的快速成长与兴旺是 20 世纪广播、电视等电子媒体相继出现以后,纸质媒体为了与其竞争,特别是与电子媒体视觉化、形象化的新闻抗衡,借鉴摄影中的"镜头"与文学中的文字表现手法而形成的一种报道形式。

它一般摄取新闻事实中最富有特征和表现力的片段,通过多种表现手法做具有强烈视觉及情感效果的着力刻画,使其产生立体感,从而更集中、突出地表现新闻事实和主题。

新闻特写按照报道内容,可分以下几种类型:

一、人物特写

如以报道新闻人物为主的新闻特写。但它比人物新闻写得细,截取新闻人物最有特点的一面或一瞬间进行充分展示。下文是一则人物特写:

爱情消防兵

上尉参谋寸立奇,是新疆军区某部的一名白族军官。别看他又黑又胖,一脸憨相,他在战友中的名气可不小——因为他擅长写情书,如果谁的爱情发生"险情",只要他出手,准能化险为夷。如今,他已经帮助5位战友拉回了女友的芳心,大伙都叫他"爱情消防兵"。

寸立奇从小就喜欢读小说,潜移默化中文字水平也得到了提高,他还从书中学到了能哄女孩开心的窍门。每年,寸立奇所在的分队都要到阿里高原执行任务。阿里高原邮件邮递周期长,寄封信、发个包裹往往需要一个半月的时间,而一部被称为"爱情生命线"的军用电话也时不时因风雪而中断。一些战友的婚姻爱情因此出现了危机,寸立奇看在眼里,急在心上。

去年3月的一天,二级士官小李悄悄对寸立奇说:"寸参谋,能不能帮我写封情书?"寸立奇问:"你想表达什么呢?"小李难为情地说:"我女朋友要跟我分手,她说和我打个电话要中转三次,通一封信要一个多月,几年见不着一次面,跟我谈恋爱太累了。你肚子里墨水多,帮我劝劝她,就说这几年不在她身边,让她受苦了,对不住她,等今年10月下山休假时我一定回去看她,让她在家好好等我!"小李一口气说个不停,寸立奇拍拍他的肩膀说:"没问题,包在我身上。"

两个小时后,一封文笔优美、感情真挚的情书写成了。信里这样写道:"我的爱没有海誓山盟和花前月下的悱恻缠绵,没有朝朝暮暮的相依相守和四目凝视时的含情脉脉,但是我的爱里充满了高原军人的忠诚、责任、执著和永恒……"小李深情地读着打印好的情书,小心翼翼地将它装进信封里,满怀期待地塞进了邮筒。

其实,阿里高原的艰苦生活并不能使官兵们感到恐惧,他们害怕的是心灵上的创伤和寂寞。为了让小李的女友回心转意并巩固"战果",寸立奇每天把对女友的思念和牵挂、高原上艰苦的生活和经历都写成充满感情和关爱的情书,并打印一式两份,一份寄给自己的女友,另一份以小李的名义悄悄寄给小李的女友。每次给女友寄藏族的头饰、首饰等小物件时,寸立奇总不忘给小李的女友寄一份。

漫长地等待了三个月后,小李终于收到了女友的回信,同时还收到了女友寄来的一条大红的围巾。女友在信中说:"你的情书深深地打动了我。虽然我很清楚那不是你写的,但我还是感觉到了高原边防军人厚重的爱!我在家里等你,你下山我们就结婚!"小李脸上终于露出了久违的笑容。

"能帮助高原军人走过爱情的寒冬,我感到很温暖。"说这话时,寸立奇一脸真诚。

人物特写要求绘声绘色地再现人物的某种行动、行为或者性格。它比人物通讯更集中与凝练,同时应该有"画面感"、"动感"。

二、场景特写

以描绘某一有典型意义的场景为报道内容的新闻特写。这种特写往往摄取某一新闻事件中最为典型、生动感人的场景或事件的细节,进行深入细致、绘声绘色的描绘,把当时的状况再现于受众面前。

小平夹克衫　感动三代人①

自《世纪伟人邓小平——纪念邓小平同志诞辰 100 周年展览》10 日在国家博物馆公开展出以来,已经有近万名首都各界群众前往参观,缅怀邓小平同志。人们从一件件展品中,再次感受到小平同志的伟大。

王老先生是在女儿和外孙的陪同下来到国家博物馆的。参观中,王老先生的外孙惊奇地发现,小平同志生前穿的一件夹克衫好像有毛病:夹克衫纽扣间距都是 15 厘米左右,但最下面一颗离衣服下摆只有四五厘米,显得非常不协调。找讲解员一问,王老先生和他女儿、外孙三代不禁齐声感叹:邓小平如此朴素随和,真是可钦可佩!

原来,当年邓小平视察南方之前,女儿给他买了这件夹克衫。回家试穿发现下摆长了一截。邓小平舍不得把这件新衣服搁置浪费,就让裁缝剪掉一截下摆。在整个视察南方期间,这件灰蓝色夹克是邓小平的两件主要外套之一。他就是穿着这件纽扣不协调的夹克衫,站在罗湖口岸,深情地眺望香港的。

听到这个故事,几位围过来的观众不约而同地鼓起了掌。负责布展设计的国博工作人员龚青女士眼眶都湿润了,她说,虽然这件衣服纽扣间距不协调,但和邓小平这位老共产党员朴实无华的作风是和谐一致的。

在展厅后部,分别按 0.7:1 和 0.5:1 比例复制的房间格外引起观众注意。这是邓小平在景山后街家中的办公室和会议室。30来平方米的房间完全按真实情况布置,暖壶、沙发等物品都是由邓小平家人提供、邓小平当年用过的。

右侧房间内,只有9张老式的套布沙发,8个小茶几,一条两米多的条案和一个小书柜,再也没有其他装饰,这就是邓小平设在家中、用了二十多年的会议室。这是曾召开过许多重要会议。邓小平的办公室也很普通,办公桌上是一把十几元的暖壶、放大镜、毛笔和孙辈送的一个小毛绒玩具。唯一的电器是一台彩电,产于上个世纪80年代,一直陪伴到邓小平去世。

许多观众感慨道:"小平同志真是太俭朴了!"

这一特写从一件不为人知的夹克衫的角度、人性化的切入主题,借三代普通观众的眼,以鲜活的事实和场景准确、形象、生动地展示了一位老共产党员的人格魅力。体现了新闻特写以小见大、透视全局的特点。

从以上分类和案例中,我们可以看出新闻特写的特点:

(1)镜头感

特写在一定程度上借鉴了摄影或者电影中的特写镜头的表现方法,相对于一个完整的新闻事实,它所再现的只是其中的一个片段、一个切面、一个瞬间,甚至于一个细节。

当选择好这一横断面后,应该将这一事实放大、细化,以加强视觉和艺术效果。

(2)现场感

新闻特写调查生动而集中地再现场景与人物。通过渲染与烘托气氛,调动受众形成视觉——神经——情感——思维的感应过程。

(3)透视全局

新闻特写更强调以小见大的传播效果。它虽然选择的只是一个剖面、一个片段,但这个片段应该具备透视全局或者本质性内容。

第二节 特写的取材

特写的取材比较灵活,几乎各种类型、各种内容的新闻事实都可以写成特写,只要他们具备镜头感、透视感而且记者能够独立采写就可以。如以下新闻特写:

奥运带来公园健身热

每天清晨,北京大大小小的公园里满是晨练的人们,一派朝气蓬勃的景象。共同的爱好——健身运动让他们走到一块。

老年人激情不逊年轻人

天坛公园晨练人数很多，玩的花样也很多。抖空竹、柔力球、交谊舞、太极扇……各种各样的锻炼方法让人眼花缭乱。家住甜水园社区的任大妈天天来这锻炼，最近她玩起了柔力球。"刚练 1 个多月，以前和他们一起打太极。"说着，她指了指身边一群正和着音乐打太极的老人们，"我们不光打拳，还舞刀、舞剑、舞扇子。"任大妈说。谈到对于运动的热爱，她说："我们都锻炼惯了，在家根本待不住。我们老年人的激情绝不次于年轻人。"

八岁孩童爱足球

朝阳公园占地面积大、环境优美、娱乐健身设施完备。每天早上和傍晚，这里是人们锻炼的绝佳地点。

今年 67 岁的张大爷买了年票，每天都来公园打网球或羽毛球。大学时代曾是校足球队员的张大爷平时最爱看足球，他说："十分喜欢欧洲五大联赛，欧洲杯我也看。"谈起这次北京奥运会的足球比赛，他兴奋地说："小罗肯定来北京！他对中国还很有感情的！"作为一名巴西球迷，他这次看好巴西夺冠。

今年 8 岁的白宇超家住麦子店社区，姥姥每天早上带他来朝阳公园的健身器材上锻炼。白宇超说："我喜欢踢足球，平时最爱看足球比赛，但我只看中国队的比赛。"姥姥说，宇超平时走路也边走边踢球。她从包里掏出一个旧的球说："瞧，这就是他平时走路踢的玩意儿。"姥姥说。老人平时打太极，对武术情有独钟，"今年武术也上奥运会了，我看到有的外国人也打拳，但不如中国人打得好。"她笑着说。

臧奶奶组织健身征文

在地坛公园的门球场地，一位老人正在练习门球，他是国家一级教练，每天都在这里和老伙伴们打球，他们都是东城区门球协会的会员。而臧奶奶是门协的创始人，1988 年 4 月门协成立，之后不断壮大，臧奶奶说："现在我们上岁数了，而奥运的项目竞技性比较强，老人们练习门球也算是支持奥运了。"臧奶奶还在组织征文《改革开放三十年——话说全民健身》。"从事门球运动 20 年了，最近准备写本关于全民健身的书"。

奥运将至，国家体育总局社区还精心制作了"奥运健儿奋力拼搏 为祖国争光 展国人风采"的锦旗，30 余名居民代表已经将寄语亲手送到了国家体育总局训练局副局长叶秋利手里，激励奥运健儿为国争光。

表达热情的方式很多，家住石佛营社区的张大妈选择了当社区志愿者，负责维护治安和咨询服务，一个早上她能帮助二三十个外地人指路。"我最喜欢中国女排，运动员很有拼劲，女排也是咱国家的强项啊。"她说。

从这一报道中我们可以看出来,写特写首先要选准一个"镜头",包括选准一个片段,一个情节加以"放大"。上一个报道选了三个有代表性的地点或场景,从中表现奥运会对各种人健身方面的影响。

在特写的选材时,要抓住生动的形象,捕捉人物、事件的动态、动势。才能让镜头"动"起来,否则容易流于苍白。

抓住有感性色彩的东西,让情融于事中。如上文中,"姥姥说,宇超平时走路也边走边踢球。她从包里掏出一个旧的球说:'瞧,这就是他平时走路踢的玩意儿。'"老太太的言谈举动让人感到其对孩子的喜爱和对孩子调皮的无奈。

抓住新闻事件的高潮部分来写,并运用较多的描写手法,把情景写得栩栩如生,但必须严格遵守新闻真实性的原则,不能夸张、虚构,更不能无边想象。

第三节　特写的叙事

近年来,随着网络的发展,报纸的影响力大不如前。新闻特写在增强报纸可读性方面,发挥着越来越重要的作用。如何根据读者需求的不断变化和新闻规律的丰富发展,使新闻特写在新的历史时期展现出新的风采,发挥出更大的作用?准确把握其"新"字的属性和本质,努力在"闻"字上挖潜力,不断在"特"字上下工夫,刻苦在"写"字上做文章,是新闻记者应努力的方向和目标。

一、写出"新"

新,是新闻的基本属性,更是新闻特写的特性和本质。所谓"新",在新闻特写上至少应体现三层意思:一是所写内容是新近发生的故事,也就是新闻时效性强的事件,不是旧闻和陈年老账;二是所写内容是新近发现的新闻故事和新闻事件,虽然不是最近发生的,但却是最近才被发现的,过去不曾被人发现或注意的;三是写作方法、技巧、结构、语言上的独到之处,能给人耳目一新的感觉。无论内容还是形式都没什么新意,就构不成其"新闻特写"了。

这要求记者通过仔细的观察,对准一个有特色的近景,按下"快门",收到以小见大、出奇制胜的效果。

二、写出"事"

事,即故事、事件、事情。没有故事,新闻特写就如同无源之水、无本之木。这里的"事",有几个属性:一是真实的事。报道事实是新闻规律的基本要求。有些人以为新闻特写可以效仿文艺创作,可以虚构故事情节和内容,这是错误的。新闻特写里的事,必须做到绝对真实、完全真实,无论时间、地点、人物、言行、环境,都来不得半点虚构和水分。二是新鲜的事。不能是陈糠烂谷子的事,必须是新颖、鲜活、有特点的事,也就是能令人耳目一新的事。三是具体的事。既然是特写,就要像电视特写镜头那样,有形、有影、有声,让人看得见、摸得着、听得到,决不能简单概括、一笔带过,要尽可能地详细。

如上面所举的例子《小平夹克衫,感动三代人》写出了夹克衫、办公室和会议室,以及三代人看展览的故事,这些故事都经过精心的描绘,令人难忘。

三、写出"人"

见文不见事、见事不见人,这是许多新闻稿件的通病,更是新闻特写的大忌。事是人为的,有事件,就会有人物,我们写新闻特写,应当以事烘托人、以人带出事,人事交融,融为一体。主人公姓甚名谁? 有什么自然背景、家庭背景和历史背景? 个人爱好和特点是什么? 他在新闻事件中的地位、作用是怎样的等,只要条件允许,都要尽量给予交代。

四、写出"景"

景,场景,情景也。写景就离不开情节和细节。新闻特写在写具体事件时,应当尽量交代其事件发生的背景、情景、场景,如当时的自然环境、天气情况、附近景物、人物的具体动作等,有时候越细致就越有个性和可读性。值得注意的是,这里的景,必须是真实的景、自然的景、原始的景,决不能是合理想象的景。景在新闻特写中也是重要的新闻要素之一,而不应当只是新闻修饰方法和手段。因此,在新闻特写中写景,也应当严格遵循新闻规律。

五、写出"情"

情,是新闻特写的重要作料调味品,没有情感的特写就如同没有放油、盐、酱、醋的饭菜,让人嚼着毫无味道。所谓写出情感,也就是要写出故事和主人公的感人之处是什么。在"情"字上做文章,一要努力写出感情,稿件主人公有什么喜怒哀乐和酸甜苦辣? 要通过具体事情跃然纸上,让读者感到他们是活着的、有血有肉的,而不是面无表情、千篇一律的;二要尽量写出人物表情和心情,写事就不能不写人,写人就不能不写情,写情就不能不写他们的表情和心情,而表情和心情,多是通过对五官的观察和描写来实现的,有时寥寥几笔,就能起到使文中人物与读者"对话"的作用。写人的感情,要因人因事因具体境况而定,该直白的直白、该含蓄的含蓄,有的需要用语言表达,有的则需要用动作体现。这里的情,必须是真挚的情、朴素的情、符合主人公身份的情,不能是虚假的情、作者强加给主人公的情。

六、写出"神"

神,即稿件主题所体现的精神、思想、灵魂。同新闻消息、一般通讯一样,新闻特写也必须有思想性,也就是对人要有启发、教育、引导、借鉴作用和意义。这里的神,应当是现代精神,有时代特点;应当是高尚精神,有教育意义;应当是创新精神,有启发作用。有的新闻特写虽然故事很感人,但缺乏思想性,或者主题不明确、不集中,或词不达意、不知所云,让人读后不能受到任何启发和教育,就没什么新闻价值了。新闻特写的主题思想,可以通过标题来体现,也可以通过文中主人公的语言来体现,还可以用作者点题的方式来挑明。但值得注意的是,新闻特写的思想性不同于消息那样直白,要通过故事的自然流露,让读者自己得出结论,而不是让作者直接告诉读者。这就需要作者在语言、结构和叙事艺术技巧上有真功夫、深功夫、巧功夫。

练习

1. 请分析以下新闻特写的优劣。

杨利伟和孩子们在一起

新华网北京6月1日电(记者王经国)6月1日,中国儿童中心园内彩球飘动、彩旗飞舞,这里正在举行的庆"六一"大型游园活动,吸引着大批欢度节日的孩子。让孩子们更加高兴的是,今天,他们在这里可以看到仰慕已久的航天英雄杨利伟叔叔。

9时50分,杨利伟出现在中心科学宫门前。顿时,现场沸腾了,100多名儿童手舞彩带和小旗,鼓乐队奏响欢快的乐曲,热烈欢迎杨利伟叔叔的到来。西城区实验学校的赵琪和西城实验二小的赵淼两位小朋友走上前去,为杨利伟献花、佩戴红领巾。

杨利伟5月31日刚刚结束对联合国和维也纳的访问回到北京。虽然一路奔波,很是辛苦,但他脸上依然挂着轻松的笑容。杨利伟告诉记者,和孩子们一起欢度"六一"儿童节,看到有这么多孩子在这里参加科普活动,感到非常高兴。

中国儿童中心学前班冯雨辰的妈妈告诉记者,小雨辰是个航天迷,节假日常去看航天模型展览。杨利伟是他的偶像。听说杨利伟叔叔要来儿童中心,从昨天就吵着一定要来。东校场小学的杨妮小朋友说:"我十分敬佩杨利伟叔叔,长大了,我要当一名中国的女航天员。"

海军第一幼儿园的陈阳是中国儿童中心优秀学员代表,要在这里接受颁奖。让他激动的是,杨利伟叔叔亲自为他颁发了奖章。受奖后,他激动地对杨利伟说:"杨利伟叔叔,您好!我长大了一定要像您一样,当个航天英雄!"

"小朋友们十分聪明,他们充满了想象力,掌握了不少科技知识。我从孩子们身上看到了祖国的未来和希望。我希望小朋友们热爱祖国,努力学习科学文化知识,不断探索发现新的未知世界。"在观看了小朋友们操作机器人进行"火星探测活动"的表演后,杨利伟兴奋地说。

少先队员代表、中国儿童中心影视班学生高天宏和温家学说:杨利伟叔叔是亿万中国人民的骄傲,是新时代的英雄。我们要学习杨利伟叔叔,从小热爱科学,长大后报效祖国,做21世纪中华崛起的先锋。

2. 采写一篇人物特写。

第16章
人物专访

2003 年 4 月,一场突如其来的 SARS 让中国陷入了非正常状态。

各种小道消息、流言漫天飞,很多城市掀起抢购风,人与人之间相互"敬而远之",甚至在一些地方打出了"防火防盗防北京人"的标语。新闻媒体急需用传播手段打通人们的"信息箱"。

2003 年 5 月 1 日开播的中央电视台新闻频道推出的一记重拳就是大型人物专访节目《面对面》,主持人王志先后访问了临危受命的北京市市长王岐山、科学务实的医学专家钟南山、忍辱负重的吕厚山,这三期节目最快的是上午采访,下午就播出了。正是凭着这"三山之问",人物专访栏目《面对面》迅速走红,王志也以他冷峻质疑的采访风格成为观众心中的优秀主持人。

在世界新闻史上,以专访成名的记者也非常多,最著名的当属意大利女记者奥丽亚娜·法拉奇,她曾经对包括邓小平在内的几十位国家元首和政界要人进行过成功的访问,有"世界第一女记者"之称。

人物专访应该怎样写? 本章就将向读者介绍这些问题。

第一节　人物专访概说

人物专访是记者对新闻人物进行的专门访问,这种报道形式以作者与被采访人的谈话为主,有机地穿插必要的背景材料和现场场景,以达到表现和深化主题的目的。

与一般访问不同,专访强调的是"专",即记者事先怀有一个明确的、专门的采访目到现场去,针对事先经过选择的特定的采访对象进行访问,在内容上,突出专题性,即让采访对象回答特定的问题,无论写人、记事还是记言,都不必面面俱到,而是突出某一些侧面;另外,"专"还体现在访问时特定的新闻背景或特定的新闻价值,即要回答读者为什么现在来专访这个人。

虽然平白无故也可以采访一个人物,但它毕竟缺乏报道的"由头"。如果一个科学家取得新的科研成果时;一位官员做出一项决策时;一个作家写出一部作品时;一个演员扮演成功一个影响较大的角色时……这些都是进行专访的好机会。

专访的内容一般是访问活动的实录,即它的主要内容应该以被访者的原谈话为主,再穿插有关的现场情况、背景材料等连缀成文。一般来说,专访有四个要素:被访者、记者、现场和背景材料,专访要通过这四个要素的组合来实现被访者与受众"近距离的交流"。

一、问答体

这是专访最主要的体例,也是最简单、又最能体现专访特征的叙述方式。其特点在于采访实录经过整理后发表,以记者提问、采访对象回答的方式再现访谈内容。

这一体例的特点是实录性、可信性和可读性都比较强。由于保持访问的原汁原味,甚至采访对象回答过程中的停顿、叹词、语气词等口语化的细节都可以保留,能传递出对话现场特有的气氛,把受众带入其中。

问答体的劣势在于篇幅一般比较长,如果问答不精彩,就会大大削弱感染力。此外,如果仅仅是一问一答,缺乏有关人物、事件或问题的背景介绍以及必要的现场表现,也可能影响可读性。因此,在运用问答体时要注意问题的设计、背景的穿插和现场的再现。

如中央电视台《面对面》节目通常就是用对话体,中间穿插背景资料,而现场的表现和反应观众通过电视屏幕都能看得到。请看王志采访刘晓庆的片段:

> 解说:刘晓庆似乎天生就是为电影所生,她经历了"文革"后中国电影的复苏阶段,走过她人生辉煌的 80 年代,甚至在她淡出电影圈的 90 年代,她也从未离开过电影的光环。她是中国最著名也是最有争议的电影明星。
>
> 记者:好像你说的每一句话,在过去的一段时间都能引起人们关注,你做的每一件事都会成为一个焦点,其中有一句话关于电影"我是中国最好的女演员"。你现在还这样认为吗?
>
> 刘晓庆:对,我还是要投自己一票。
>
> 记者:理由呢?
>
> 刘晓庆:因为我觉得如果一个人自己都不相信自己的话,谁还会相信你呢? 这是第一点。第二点,我觉得我搞了很多行,其实工农商学兵我都做过,但是我觉得这当中最合适的,其实还是做电影演员。因为我曾经得了五次百花奖,还得了一次金鸡奖。在我所处的那个时代,我基本上把电

影演员能够得的奖基本上都得完了,这一些都证明我做电影演员是很合适的。

　　记者:但是现在年轻的一代,我看报道的,都是国际影星。

　　刘晓庆:但是我觉得世界电影史和中国电影史都是一代一代电影人这样代代相传。从墨片到黑白片,然后到今天的彩色、高科技的这种。我觉得都是每一代电影人完成他们的历史使命。比方说我们这一代电影人完成的什么历史使命呢? 就是走出国门。我记得当初我可以说是全世界第一个认识的一个中国内地的演员。我记得那个时候非常非常困难,因为那个时候香港、台湾的电影都不能够在中国放映,而且大陆的电影从来没有出去过,所以我就在美国去办影展、在法国办影展,当时还遇到很多很多的困难,所以我觉得我们这一代的中影人,在我们所处的时代,非常好地完成了历史使命。就交给下一代。

　　记者:如果刘晓庆晚出来十年,或者是二十年会怎么样?

　　刘晓庆:这个其实我一点都不遗憾,为什么? 因为我觉得奥斯卡80岁也是可以得的,关键是在于实力。其实现在我们所处的时代也是一样的,我们和现在的年轻演员享有共同的时代。

　　从上面的片段我们可以看出,用问答体是比较能表现记者的采访风格和被访者的性格特点的,因此,人物专访大多选择了用问答体的形式写作。

二、散文体

　　散文体也可称为隐性问答体,即摆脱了一问一答的模式,记者可以根据报道的需要自由取舍问答的内容,并灵活地使用描写、议论、抒情等手法,穿插叙述访问的情景、过程,或者表现被访者的形象、性格等。

　　它的优点是报道精练,篇幅相对于问答体短小,同时,通过灵活的处理,报道的信息量较大,报道显得多彩多姿。这种方式给记者留下了比较大的写作空间。不足之处在于真实感和交流感显得弱,专访的"访"体现不够充分。

　　请看《南方周末》2006 年 3 月 9 日刊出的人物专访《"地产总理"任志强》的开头:

　　3 月 2 日,在位于北京南礼士路的华远大厦董事长办公室里,头顶已现花白的任志强从满桌的资料和文件中抬起了头,双眉紧锁毫无表情地冲记者点点头,就算是采访的开始。

"他说话不会拐弯"

　　2 月的最后一天,任志强写了《给小潘的第二封回信》(小潘指潘石屹),然后把文章交给秘书上传到他的博客上。

任志强平时并不怎么打理自己的博客,不过但凡有他在别处发表的文章或观点,秘书觉得可以拿来回答网友疑问的,便会帮他上传到博客上。

这篇回信长 5076 字,任志强说,他写这篇东西只花了 2 小时。"这么长的文章我几乎每天都要写一篇,但专门给博客写还是第一次,这次是因为小潘特地打电话来让我写一篇。"

这篇东西是任志强货真价实"写"出来的。他一直拒绝使用电脑,再长的文章都是提笔而就,然后交给公司打字员录入。任志强称自己手写的速度比打字员录入还快,他觉得用电脑会阻碍他的思维的连贯。

这封信,以及之前任志强给小潘的第一封回信——《小潘的无知》立即成为新一轮的舆论热点。

若以资产而论,任志强的华远地产公司或许进不了京城地产三甲,但近两年来任志强只要一开口说话,江湖上必然是一阵刀光剑影。

2005 年 1 月 8 日,任志强在"2005 宏观经济引导力"论坛上发言说:我没有责任替穷人盖房子,房地产开发商只替富人建房。

2005 年 11 月,在"2005 首届中国地产品牌价值评估与品牌评选活动"论坛上,任志强说:房地产行业就应该暴利;买卖有理,炒房无罪,禁止炒房就是违宪。

2006 年 2 月,在上海举办的房地产论坛上,任志强说:现在出现穷人区和富人区很正常。

曾有好事者在网上发帖称,在全国人民最想打的人中,任志强排名第三。

在这次讨论中,任志强毫不留情面地批评了他的竞争对手、合作伙伴和私人朋友潘石屹。他用了一个非常直白的标题:《小潘的无知》。

"我这么批评他没什么,不会影响我们之间的关系。"任志强用毋庸置疑的口气告诉记者,小潘是我的学生,他的第一块地就是我卖给他的,那个时候他连什么是"七通一平"(房地产术语,七通指通电、通水等,一平指平整土地——记者注)还不懂呢。

"他说话就是这样,直来直去,不会拐弯。"潘石屹说起任志强不禁微微苦笑,"其实很多事情他说的都非常有道理,但就是表达方式有问题,让人难以接受。穷人富人这种说法太刺激,很容易伤害到像我这样从甘肃天水出来的穷孩子的自尊心。"

3 月 4 日,凤凰卫视的锵锵三人行节目录制现场,任志强和潘石屹面对面。结果滔滔不绝的任志强让潘石屹根本逮不着说话的机会,节目主持窦文涛适时塞给潘石屹一个小铃铛:"你要说话的时候就摇这个铃铛,表示抗议。"潘石屹摇了铃铛,任志强没有理他,继续说——抗议无效。

三、口述实录

这种文体的处理特点是全文集中记录被访问者的口述,把现场的记者和记者提问都删掉,或者淡化,主要保留被访者的谈话。口述实录的优点在于它使得被访者和受众之间形成一种直接交流感,并且让被访者自己讲故事,让人感觉更可信。

这种叙述方式适合一些现身说法的专访,例如个人经历、思想心理等,让采访对象讲述自己的经历、情感,讲述自己的故事。

第二节　人物专访的分类

一、因人而访

因人而访式人物专访其报道内容就是被采访对象本人,进行人物专访时,一定要强调此时采访此人的新闻性和现实针对性。

因人而访又分为人生片段式与人物传记式两种模式。

人生片段式重在采访人物某一段独特的经历,而不是其成长的全过程。如2008 年全国人大进行换届选举,产生了新一届的政府,走马上任的各部部长就成了人们关心的新闻人物,很多媒体对他们进行了专访,而专访的主要内容在于其工作以后的经历、工作特点、性格特点以及他们将怎么对待新的工作,并不对其从小到大的成长细节进行过多的描述。

人物传记式则是像传记一样,把人物的成长过程和经历都展现出来,并试图在这个过程中展现人物的性格变化和心路历程。如 2008 年北京奥运会上,我国射击选手郭文珺获得金牌,媒体对其成长的过程非常关注,对她进行了人物专访,从她小时候学射击开始讲到父母离异对她的影响,再谈到她学射击的几进几退,将她的经历进行传记式的报道。这种人物传记式的专访比较适合取得一定成就、经历特别的名人。

因人而访一般必须问到的一些问题有:被采访对象生命中的高潮与低谷时期以及如何应对的、决定命运的关键时刻或转折点是什么、未来的打算等,把人物放在困境中,了解其在面临矛盾时的选择和应对,往往更能体现人物的性格和特点。

如凤凰卫视"鲁豫有约"节目采访著名模特吕燕,就将采访点放在"改变命运的三天",让她回忆哪三天改变了她的命运。吕燕谈到了决定从江西老家来北京参加模特表演的那一天、在北京偶然遇到法国模特星探邀请其去法国发展的那一天、决定回国参加模特大赛的那一天,通过将这三天发生的故事完整地展示,观众就能看到在决定命运的关键时刻吕燕是如何选择的,而她的成功与她的选择之间的关系是什么。

二、因事而访

这是以记事为主的人物专访,这类专访往往是通过采访新闻事件的当事人、参与者或者见证者来报道新闻事件的内幕情况、事实真相等。在因事而访中,"事"处于中心位置,人是配角,对采访对象个人的成长、性格等可不涉及,重点在于通过被访者之口来报道"事"。这里面重点强调的是事情发生的详细过程,在这个过程中被采访对象的作用、情感等。

如中央电视台《面对面》采访画家韩美林,由头是奥运吉祥物"福娃"发布,这时的专访就没有谈韩美林的个人经历和故事,而是让他讲作为"福娃"的主创团队负责人,"福娃"的创作过程及入选过程。请看专访的片段:

因为依照原来的作品无法获得新的突破,而这时距离吉祥物原来预计推出的时间越来越短,韩美林和修改创作组决定跳出原来的作品重新创作,在这一过程中,5个娃娃的形象逐渐开始浮现出来。

王 志:这五个跟那六个好像区别非常大了。

韩美林:非常大。

王 志:几乎是另起炉灶了。

韩美林:另起炉灶。

王 志:什么时候有了这个想法?

韩美林:就是因为走不通了。我们已经两个多月,真的是吃不下,睡不着,半夜蹦起来,怎么能解决这个拨浪鼓打篮球的问题,怎么解决打排球、游泳的问题,它解决不了,真的是愁得慌。

王 志:这段日子都这么过的吗?

韩美林:这段修改可以说非常艰苦,天天趴在那儿改,我们改的大的小的,几千了,光改的次数就60多次。这是一个非常艰难的时期。

王 志:这个时候你怎么来取舍,照顾哪个部分,不照顾哪个部分?

韩美林:我有些压力在这儿,有的就不听了,也不管领导也好,不领导也好,没有办法。

王 志:您秘书告诉我,为了设计这个,曾经一天晚上两次吃救心丸,何至于此,韩老师身经百战。

韩美林:急了,还有三天就要交出来,这儿还拨浪鼓,还熊猫,你说你不着急吗?一夜出来,没想到这个艺术家就得受罪,一急就是出来好东西,就是那天晚上出来了,就是吃了两次救心丸,洗了一个凉水澡,冻得哆嗦,结果那天这五个就出来了。我说干脆咱们就想开,因为什么呢?看完构思稿里边,我早就想到咱们陕北的小人了,陕北剪纸的小人,看到了吧,要跳出来,你看这个小人,当时我们想小人又是五字挺多的,五环、五福临门、多了五字挺多的,咱们叫做五行。

　　王志:巧合呢? 还是你觉得应该跟这五字套起来,因为这正好是五环?

　　韩美林:这是慢慢的,这可以说是集思广益。没想到吴冠英老师说当时他投稿的时候投了五个小人。

　　王志:原稿里面就有? 这个有点像半坡的。

　　韩美林:是彩陶文化里面的,后来感到它不能覆盖中华民族,因为这个原因屡次把它放进去,就屡次遭到否定,我们就从概念上来讲,用这五个小人重新设计,没想到当天晚上我们就设计出来了,这就是当天画出来的五个小人,这是当时的头一个,就根据吴冠英老师画得,就是更可爱了,后来就干脆连着画起来了,后来就都出来了,到后来不断修改,不断提意见,我们在不断的改进,我们这里面选得就多了,最后我们再不断地丰富,把中华民族的东西能够尽量的丰富进去,我还得修改,最后这五个小人算定下来了。

三、因论而访

　　这类人物专访是记者带着受众关心的问题请有关人士做出解答和解释的专访,虽然也是对人的访问,但落脚点是传达被采访者的见解、意见、观点、评议等。这类专访在选择采访对象时并不一定是新闻人物,而是权威人士,在某些问题上有发言权的代表人物。这类专访的现实针对性极强,能够及时为受众释疑解惑、提供见解,起到传播知识、引导舆论的作用。

　　如人们很关心价格问题,特别是2007年以来,中国的物价上涨比较快,如何看待物价上涨? 这对中国经济有什么影响? 很多媒体就此问题专访有关专家,让各路专家谈自己的看法。

　　值得注意的是,因论而访的内容往往是一家之言,同样的论题不同专家的分析与回答可能完全不同,记者应该采访对此问题最有发言权的人来进行回答。

第三节　人物专访的消息源

　　一般说来,人物专访最重要的消息源就是人物本身,要想尽一切办法让被采访者接受你的访问。受客观原因和内心认识等影响,许多人、特别是名人、新闻人物、权威人物不愿接受采访,这是不少记者头痛的问题。对此,要有一些技巧让他打开心扉。

一、让被访者丢掉对采访的顾虑

　　如一位记者曾专访在《虎踞钟山》中扮演刘伯承元帅的军旅演员程建勋。他将电话打到他家里说明来意后,程建勋先是犹豫了好一阵子,想要拒绝,说他身体不好需要调养。但笔者说对他的作品和个人背景都有所了解,只需要见面会谈半个小时足够,甚至可以进行电话采访。如此一来,程建勋只好答应了什么时候在哪见面。实际采访进行了两个多小时,由于记者准备充分,把想要的素材几乎全都挖走了。在遇到被采访对象有顾虑时,要针对其心理状况运用一些策略计谋,攻破名人的心理。

二、坦白地亮明你采访的必要性

如笔者采访 1993 年北京申奥代表团新闻发言人、资深外交官吴建民先生时,一开始也不顺利。于是记者给他写了一个采访说明,重点谈这次采访的意图是什么,怎么样让奥运会成为老百姓外交的舞台展示中国的形象,采访与他所做的工作的联系等,他看了之后,认为接受采访对传播他的奥运外交理念比较有价值,于是接受了采访。这就说明,记者想采访一些知名人物时不能望而生畏,他们有自己的追求和选择,采访时可以将采访的目的和他们的追求与目标进行勾连,让其对采访目的持正面评价,加大接受采访的概率。

三、正确地分析被拒绝的原因

在进行人物专访时,常有被采访对象无情拒绝的情况发生。被访者拒绝采访,有多种原因。其中许多人的拒绝并不是因为内心对采访的抵触,而因为不良媒体的过度采访——如一些记者热衷于挖隐私等。要针对其原因再做工作,如果明星刚拍完一部戏,人很累需要休息,不方便采访,则可以经常联系着,等到时机具备;有些人还会担心记者的来路不明,则要说明你所服务的媒体的基本情况。总之,要认真分析,仔细研究,细心琢磨,看用什么样的方法来做通拒绝采访的采访对象的工作。

除了被采访对象作为主要消息源外,他的家人、他学生时代的同学和老师、朋友、同事、亲戚、邻居和其他熟人都可以成为采访对象。从他们那里获得的信息往往十分丰富,对直面采访对象采访和后期写作有很大的帮助。当然,从外围获得的很多信息应该在专访时向被采访对象进行核实或者应答。

另外,观察也是重要的获得信息的手段。写人物专访,观察细致,从人物的服饰、举止神态,到周围的有关事物,都应在记者视线之中,尽管在特定的场合采访,可能会受到不少限制,但是只要记者善用眼睛采访,还是会获得丰富而详实的材料。

请看《"地产总理"任志强》的另一个小片段,判断一下记者有哪些消息源:

冷面总裁

任志强给有些记者留下这样的印象:"他看起来很凶,呃,从来没见他笑过。"

华远集团的员工们很少能见到任志强的笑容。即使是在电梯间里和他打招呼,他也常常若有所思地置之不理,或者冷冷地"嗯"上一声算作答复。一位跟随任志强 11 年的员工说,从来没有从任总嘴里听到一句直接赞扬的话。

任志强解释是:"工作时间嬉皮笑脸怎么行? 一个董事长得维持形象。夸奖一定要放在嘴上么? 我给他们发了奖金,这难道不是夸奖?"

一位跟随任志强近 20 年的华远老员工说,其实任志强对于员工是非常宽容的,虽然做事风格果断利落雷厉风行,却并不像外界想象的那样暴躁。他也会批评手下,但绝对就事论事,不会针对个人。"这么多年来没有见到他把谁说哭过。"

几年前一个女员工工作上出现失误,年底时人事部门决定不再和她续约。有人告诉她直接去找任志强,这个人吃软不吃硬,你掉几滴眼泪他一准心软。这个女员工一试之下果然如此。

SARS 期间,任志强安排公司为每名员工发口罩、消毒水、中药、利巴韦林、核酪、打增强免疫力的"胸腺肽",人均费用高达 1300 元,超出大多数公司的标准。利巴韦林是香港用作 SARS 治疗的药品,当时供应非常紧张,任志强通过多方联系,不声不响地将药订了下来。

与任志强共事 18 年的华远公司财务总监袁绍华说,2001 年企业分家的时候,许多员工宁愿拿着比以前少 30% 的薪水,也要跟着任志强去新公司。

任志强平均每天工作 15–16 个小时,他的日程常要以一刻钟为单位来安排。他除了要处理企业事务外,还要参加大量的社会活动。任志强的秘书说,他非常守时。公司早上 8:30 上班,只要不在外面开会,任志强总准时到办公室,从不迟到。

在接受凤凰卫视采访的邀请时,任志强只留了半个小时的空当。秘书提醒他可能不够,"他们的节目播出只要十几分钟就够了。"任满不在乎地说。

任志强用的手机是一款市面上已经找不到的摩托罗拉 A388,手机外壳已经磨得斑驳不堪,这款 2001 年上市的产品现在的价格可能不会超过 1200 元。

任志强不喜欢穿西装。曾有记者看到任志强参加一个房地产商的聚会,别人都是正装出席,只有他穿了一套休闲装。

"我平时不喜欢穿得特别正式! 坐也不能坐,站也不能站。"在任志强看来,穿西装与开奔驰都是工作需要,"不然谁给你投资?"

第四节 人物专访的写作

人物专访的写作一般都要涉及以下内容：

GOALS：此人的目标是什么？未来的目标是什么？

OBSTACLES：此人过去曾经遇到过哪些困难？新困难又将是什么？

ACHIEVEMENT：此人的成功是什么？成功带给他的喜和忧是什么？

LOGISTICS：造成这种情况的背景是什么？有什么特殊的原因？

这四个关键词的首字母连起来就是"GOAL"，因此，又叫做"GOAL"写作法。对这些内容，一般有以下写作方法：

一、主题式结构

将人物专访的内容分为每个若干主题，各个主题相对独立，在同一个主题里，相关材料集中使用，然后再进入下一主题。

如《"地产总理"任志强》就把专访分为"他说话不会拐弯"、"任大炮"、"鸡肋"、"地产界的总理"、"我最不愿捐钱给穷人"、"冷面总裁"、"读书、桥牌、女儿"这几个主题，每个主题表现任志强一个方面的特点，将采访的素材打乱顺序，按照主题的需要来组织。

二、时间框架结构

这种结构往往从现在的状态开始，追溯过去，重新回到现在，最后再谈未来，以时间把访问得来的素材穿起来。

如《面对面》采访刘晓庆就是这样，从刘晓庆如何评价自己入手，回忆如何走上电影之路、如何开始大红大紫、第一次写自传就受到争议、第一次走出国门开影展、如何去做生意、如何经历税案风波、如何复出（回到现在）、展望未来（有没有计划把你的故事拍成一部电影？）。

这种时间框架结构故事性比较强，适合于传记式的报道模式。

此外，一篇人物专访一般还有年龄和外貌描写，家庭教育情况或简历、其他人对被访者的评价。如外貌及行动描写：

> 上午9点，已届71岁的王光美同志，来到千年古刹隆兴寺。她一身简朴的黑色衣衫。领系藕荷色飘带，平易近人，风采依然。她不时向过往游人微笑致意。①

---

① 王伟华：《王光美重返西柏坡》，《石家庄日报》1992年5月23日。

另外,还可以信息框和图表列出一些很有意思的事实或花絮,如:

· 我最喜欢的事情是……
· 我生命中最美好的时光是……
· 我的朋友在背后说我……
· 最能描述我的特征的词是……

三、关于开头、主体和结尾

一般来说,专访通常不能劈头就是谈话,需要安排一个开头自然而然地引出访谈的内容来。开头有这样一些常见写法:

介绍采访对象的概况;

介绍采访对象的某一突出成就;

由一个读者普遍关心的事件或问题引发;

对采访现场进行描绘;

直接引用对方的某句精彩的原话;

交代访问的意图和目的。

总之,应该根据情况灵活处理,写得新颖,有吸引力,这是人物专访开头的写作原则。

在人物专访写作中,可以对采访对象的语言做一些必要的选择和谨慎的加工。不应该也不可能把对方的话语(如逻辑混乱时、口头禅较多时)一股脑全写进文章中去。对那些重要、深刻、清楚、有较高新闻价值的语言,记者尤其应该强调。有些明显词不达意的地方,可以在不违背对方原意的前提下做一些调整,但一定要谨慎。

在人物专访的主体写作中,应该添加一些采访现场的内容。因为人物专访是在一个特定的时间和空间之中进行的,有着特定的氛围和特定的人物对应关系,有具体的表情和口吻。这些虽不是专访的核心内容,但是缺少了这些内容,专访就会枯燥而且缺乏真实感。像下面这样的句子为专访增添了不少生动性和真实感:她微微叹了口气、稍稍沉思之后告诉我、说到这里他的眼睛湿润了……

人物专访的结尾,大体上可以归结为下列几种主要方式:

以作者的抒情和评论作结;

以采访对象的希望和要求作结;

以一个难忘的小小镜头作结;

以对采访对象情况的补充交代作结。

练习:

1. 请分析人物专访《冰点故事:用新闻影响今天》的采写特点。

"上世纪五六十年代,中国干部阶层享有的所谓'特权',主要是信息特权。"李大同说,"那时高级干部的阅读物,是对社会屏蔽的。"

他就生长在这样一个家庭里。而如今,他以打破信息屏蔽为职业。

李大同,中国青年报《冰点》周刊的掌门人、报社的侃爷和大编(辑)、曾经的"黑帮"子弟和"北京盲流",在内蒙古草原上呆了 11 年,没有上过大学。他 1979 年进入中国青年报社,10 年间,从驻地方记者到编辑、部门主任,经历了一张报纸新闻生产的所有流程。1995 年创办《冰点》特稿版。

在最近出版的《冰点故事》里,李大同回顾了《冰点》创办 10 年来的历程:最初,它以讲平民故事见长。北京城最后几个背粪桶的工人;湖南十万大山里含辛茹苦供养孩子上学的五叔五婶;生活在中国社会底层的美军飞虎队烈士遗孤……这些普通人在时代变迁中的曲折命运,为哺育诞生的栏目凝聚了来自社会各阶层的人气。但平民故事并不是《冰点》的全部。大专辩论赛的是与非;语文教育的困惑;电影《拯救大兵瑞恩》引发的道德拷问——创立之初只有四五名成员的新闻"小作坊"直面当时社会上的热点问题。2000 年前后,《冰点》对时代的反应更具指向性:从反思"普遍问题"过渡到直击新闻事件,《冰点》完成了"由软到硬"的转型。

尽管从诞生的第一年起,《冰点》就有把报道结集出版的传统,但《冰点故事》的面世,依然引起了相当的关注和争议。

有人称赞这本书"基本用报纸语言写成,文字流畅、口语化、富有节奏,长文短文,都有一些前后的埋伏,目光扫过真是前后无阻"。有人称赞这本书所总结的新闻观点是精粹到骨头渣里的真知灼见。但也有人批评作者自恋自大,新闻观点已落后于时代。

带着这些问题,记者日前采访了李大同。

解密《冰点》的运作

记者:你经常引用一句话"新闻只有一天的生命力",但《冰点》的文章又不断结集出版。

李大同:因为《冰点》不是经典意义上的新闻版。《冰点》都是非新闻性特稿。如果我是新闻版主编我就不会这样做了,我就会去关注发生性事件。《冰点》从来没有报道过发生性事件。"北京最后的粪桶"发生了什么?"五叔五婶"发生了什么?没有!《冰点》所有的特稿都不是新闻。

记者:那它是什么呢?

李大同:讲个小故事吧。我们有一个部门主任去开孩子的家长会。老师强调加强孩子的思想政治教育,要读这个,要读那个……突然有个学生家长站起来问老师,你有没有让学生读《冰点》? 那比任何思想教育教材都好,我每期都让孩子读——这位家长就不认为《冰点》是新闻。确实,我们的定位是时效要求不强的"有价值的信息",这些信息因人们关注而具有新闻性,但并非是发生性新闻事件。

新闻特稿与一般的发生性新闻有很大区别,获普立策特稿奖的报道有几篇是发生性新闻? 特稿当然也有告知的功能,但它的主要追求却不简单是告知。我们选择的人物或事件,通常集中反映了当前社会的矛盾、困惑、痛苦和缺项,是一个当代中国的社会实景。特稿还有一种一般新闻不具备的刻画、表现功能,你看一条新闻会哭吗? 已有不少读者说看《冰点故事》时哭得"稀里哗啦",还有忍俊不禁笑起来的。要知道我在书里,只是非常概略地回顾我们曾经报道过的故事。特稿一定要具有打动人心的力量。

现在有一些评论,以为《冰点故事》反映的就是我的新闻观,其实,在这本书里,我用故事来传达的是我的特稿理念;而故事之外的文章才是我的新闻理念。可惜在这本书里,我无法用故事来解说我的新闻理念。

记者:可是,现在即便不是特稿的新闻,也不会满足于只记录而不做分析了。

李大同:特稿的主要特征并不是分析,而是生动、传神的表现。《冰点》全是长达 8000 字以上的特稿,8000 字的特稿和 4000 字的特稿就有区别了,和 1000 字的区别就更大了,因为它要有足够丰富的细节和故事。这就超出一般新闻的意义了。一般新闻的目的是什么? 告知! 但是《冰点》没有任何值得告知的。北京有几个背着粪桶的人,我需要告知你吗? 十万大山里有两个上不起学的孩子,我需要告知你吗? 不需要。为什么大家还要看,因为你展示了一种命运、一种情怀,一种大家可以共同感动、共鸣的东西。

最近我们刊发的《从小康跌入赤贫》,就是写一家人怎么看病,那个家庭本来是内蒙古一个县城里的小康家庭,想买私家轿车的。妻子生病之后,支付不起昂贵的医药费,丈夫每天跪在北京街头乞讨,直至死去,人的最后一点尊严都给抹掉了。王小波说过,这个社会上沉默的是大多数,没人听他们说话,他们也说不了话。有一个细节:采访对象走了多少家媒体想请人听他家的故事,没人理他,最后我们决定采访他,他给记者一个短信就发了 60 多个“谢”字过来。你想想这是什么心情。这篇报道,当天 Sohu 网上的跟帖 3700 多条,列为榜首。大家都想知道这样的故事? 不是! 而是大家从中知道了自己面前是一个什么样的陷阱:万一我要得了这个病又没有医疗保障……这样下去,太危险了,得不起病啊。

记者:也就是说,你写这本书的时候,是专门针对特稿这种文体的?

李大同:我这本书,主要是提供一种生活方式的记录,即一个新闻工作者,一个报纸的编辑,他可以怎样生活,而实际在怎样生活。我希望这本书像小说一样好看,有各种各样的人物和故事出现,有冲突和命运的跌宕。我想在这本书里呈现出一个报纸编辑和当代中国之间的互动过程。你每天都在受到各种不同的信息的刺激,作为一家有影响的大报的编辑,你对这些刺激如何做出反应,你根据什么选择来向社会发布信息,这些很少有人记录。我相信公众应该了解这个行业的运作,因为这个行业与他们的生活息息相关。

这本书不是一个特别深思熟虑的结果,就是跟着感觉走。我一度在哪些人是这本书的目标读者上感到踌躇,最感兴趣的可能是业内人士,而我确实想让行业外的人也有兴趣读。打开那些发黄的剪报本,过去的故事一幕一幕出来。我知道有一部分内容是讲给学新闻的人看的,需要讲解的时候我就讲解一下。对《冰点》感兴趣的一般读者,从了解一种行当的角度,这本书应该也是有吸引力的。

是记录历史,还是要影响今天?

记者:你在书里说的一句话,我当时读到的时候,脑子里就打了个问号,你说新闻绝不是记录历史,而是要影响今天。

李大同:这是一个常识,还需要讨论吗?

记者:你觉得新闻在多大程度上能够影响现实? 经常听到一些同行抱怨:我可以一件件揭露个别事件,但是我扳不倒背后的逻辑。

李大同:那是另外一个问题。为什么我们新闻工作者经常会觉得沮丧呢? 因为其他社会系统配套不够。在任何一个健全的社会系统里,舆论监督是整个社会监督的子部分,这个子部分起到的作用是先行者,先告知社会有某件事情发生,如果这件事不正常,有可能违法、违规,然后社会其他监察系统就会蜂拥而上,这是健全社会的特征。比如说水门事件,如果光有新闻界的报道,有个屁用?要等其他社会系统出来,国会出来了,司法部出来了,正式调查开始了,总统下台了。我报你一个梁锦松事件,我说你买了一部什么车,买了以后就涨了几万港币,为什么?廉政公署立刻就上来了,你这车怎么买的?梁也只有辞职一条路。新闻就是为了让社会其他监督系统启动。比如说这次某某医院收取病人500万,马上中央调查组就下去了。

不能有时候没用,甚至很多时候没用,我们就什么也不干了,我们要完成职业规定我们必须完成的工作。我们不必考虑社会其他系统是否会联动,当我们面对后人的时候,我们可以说我们干了我们该干的工作。

记者:当你这么说的时候,你觉不觉得有些像西西弗斯?

李大同:不。社会就是这样前进的。总得有一部分人坚持住。我不管它有没有用,我的职业使命是要告知,如果我没有做到告知,就是失职。况且其他社会系统也不是百分之百都不动啊。孙志刚事件你报道它为什么?想留给历史吗?它动了没有?它动了。它废除了恶法。这不是在影响今天吗?

只有想影响今天的记者才是好记者,一时影响不了没有关系,如果他能坚持记录,他仍然是好记者。相反,真正可怕的是犬儒主义、玩世不恭。我报了也没用,我报它干吗?有危险、做无用功,我就不报了。这才是对这个职业真正的危害。中国社会是在前进中的社会,它不是一个完美无缺的社会。在任何其他社会里,新闻界也都只有一个权利:告知社会发生了什么。

另外,不能对影响今天做过分功利的理解,以为我一报,那个问题就迎刃而解。负责任的、公众关注的信息,有一种潜移默化、匡正人心的作用,有教育作用,有引发深刻思考的作用,有增强公民意识的作用,等等。这些都是在影响今天。

记录是中国新闻界退而求其次的追求,这个追求并不错,它坚持了职业底线。我们有很多报道也是这样。SARS,人已经死了,但是有多少人知道他们是怎么死的,它为什么这么死掉,没人知道。这种信息,就需要记录下来供后人检索。

软新闻是怎么硬起来的

记者:你对《冰点》十年的描述是"从软到硬",这是你个人的新闻价值观发生了变化,还是你所面对的社会发生了变化?

李大同:是公众对《冰点》的期望导致发生了这样的变化。一开始我们就是报一些故事,大家觉得好看,感动——基本就是在这样一条轨道上走。但是,我们也不能全是这个,我们要发挥一点舆论监督的作用,不多,因为舆论监督费的力气太大,还通常引发诉讼,我们就那么两三个记者,耗不起。但是,你搞一篇出来就不得了,人们纷纷找上门来。

"硬"报道就是新闻性报道。它完全是新闻事件的调查和展示,而且也有一些成功地改变了现实。

现在,我们也是有分工的,我们的观察版要更加动态一点,特稿这部分我们还是要长期坚持思想上、文化上的"输氧",作为公民社会养成的组成部分。包括我们现在系列发表的龙应台的文章,都是在做公民意识的培养。

记者:你对"硬"的概括,一个是时效性强,一个是从温情脉脉的东西变成揭黑报道,这就是你的"硬"的指标?

李大同:所谓"硬",是指直接干预社会现实的报道。我报道它的目的就是为了改变现实。比如我们的《控告查无实据》,第三天公安部的暗访员就进到我们报道的这个家庭里面,最后,乱抓人罚款的派出所被整个解散,所有从老百姓那里搜刮来的几十万钱财如数归还。但是,也有一些让人无奈的,比如《被反复驳回的死刑判决》,我们最后的努力就是救了被告一条命,但是仍然判无期。他们有充分的证据无罪。

软报道的特征是表现,把一个事件表现得玲珑剔透,有深度,有社会现实的很强的针对性,大家爱看。但是硬报道就是干干脆脆的新闻调查,没有任何渲染,更没有一些人批评的夹叙夹议。纯正的调查性报道是不允许议的,甚至刑侦术语都是原装的,因为这就是事实。

"艺术人生"

记者:问一个很"艺术人生"的问题,按理说你们 1950 年代这一代人,很多东西都被固化了,你长年坚持的底气是什么?

李大同:不能把一代人的特征概念化,人与人之间的差别是很大的。在任何时代,因阶层、教育、经历、职业的不同,一代人之间的差别大了,在越来越多元化的社会就更是如此。

我们这代人,总的说来是 1950 年代那种理想主义和英雄主义锻造的。这种锻造有虚妄的色彩,但一定会留下痕迹,譬如我们就很少感到恐惧,这大概是受《红岩》的影响。(笑)

记者:这特别有意思,你从一个信息特权的享用者变成了向别人传播信息的人。这可能也证明了信息本身的力量。

李大同:是。我们下乡的时候,没有中断学习,这非常重要。我们在草原游牧的时候,搬家要装两大牛车的书,都是古今中外的名著。

记者:"我们"是谁?

李大同:我们是一伙子"黑帮"子弟。10 个人。当时作为北京盲流到草原上。

记者:你们连插队的资格都没有?

李大同:没有。自己拿着户口走。一呆就是 10 年,没有上过大学。但是也有好处,没受教条的锻造。1980 年代翻译过来的新闻的理论和作品,全部研究过,没有一本遗漏。我们的脑子里,装的是新闻共同体几百年来发展成熟的价值理念。有人说这些理念过时了,其实这些人都太年轻了。

新闻的价值理念是不会很快过时的,它已经是非常成熟的一套价值系统。我们现在是往这个价值系统靠近。它会很快变化吗? 10 年就发生变化? 不会的。我们之所以跟世界上的同行有共同语言,依据的是我们的新闻共同体已经成熟的价值观念。

2. 自己选择一个采访对象,完成一篇人物专访。

第17章
调查性报道

2002年12月6日,中国经济时报用5个整版近4万字的篇幅推出了该报记者王克勤耗时半年多采写的深度调查性报道——《北京出租车业垄断黑幕》。该文用大量无可辩驳的事实,剖析了以北京为代表的中国绝大多数城市现行出租车行业运营管理体制存在的种种弊端,指出目前该行业体制是"富了老板,亏了国家,苦了司机,坑了百姓"。

一石激起千层浪,报道刊登后,社会各界反响极为强烈,业界更是异常关注。许多专家学者纷纷提出应该全面改革出租车业现行管理体制,走市场化的路子。此事也引起中央政府的高度重视,国务院领导同志专门就此做出了批示,认为这篇报道"对中国行政管理体制改革具有重要的案例价值"。

记者王克勤在采访时曾遇到重重阻碍,甚至是威胁、恐吓,曾有人扬言出5000万元买他的人头,王克勤也因此被戏称为"中国身价最高"的记者。然而面对重重黑幕,优秀的新闻人总是知难而上,"有所不避"。王克勤顶着常人难以想象的压力继续采访报道,最终得以成功。

王克勤,中国经济时报高级记者,著名调查性报道记者,被业界称之为"中国的林肯·斯蒂芬斯(美国著名揭黑记者)"。近年来,他先后推出震惊海内外的《北京出租车业垄断黑幕》、《兰州证券黑市狂洗"股民"》、《公选"劣迹人"引曝黑幕》、《甘肃回收市场黑幕》等一系列揭黑性深度调查性报道。仅2001年一年因为他的秉笔直书而被送进监狱的黑恶分子就达160多人。

2003年,中国第一届记者节时,王克勤被中央电视台"讲述"栏目评为中国记者风云人物之一。

什么是调查性报道?怎样才能做出优秀的调查性报道?本章将介绍调查性报道的方方面面。

第一节　调查性报道概说

1972 年 6 月 17 日深夜,美国华盛顿。在民主党总部所在地水门大厦,警察捕获了 5 名盗窃犯。事发当天上午,《华盛顿邮报》记者鲍勃·伍德沃德即去采访,发现两名盗窃犯的地址本有"亨利,白宫"的字样,感到这不是一般的盗窃案。于是,伍德沃德与另一名记者伯恩斯坦开始了艰苦的调查,终于发现:民主党的竞选对手共和党在水门大厦安装了窃听器。面对这一政治丑闻,全美国都感到震惊。共和党人,包括尼克松总统千方百计掩盖事实真相,压制对这一事件的报道。两名记者的采访遇到重重阻力。但他们没有放弃,不断发表有关报道。经过长期调查和连续报道,"水门事件"终于水落石出。1974 年 8 月,尼克松被迫辞职。这个历时 26 个月的、搜集和研究了大量资料的、访问 400 余人的大型报道被称为调查性报道的最成功之作。

调查性报道源自美国的黑幕揭发传统,上个世纪六七十年代在美国进入巅峰时期,此后就一直作为一种重要的深度报道形式见诸各种媒介,被称为"报纸的希望"。1985 年,普利策新闻奖开始设立调查性报道奖,目前,调查性报道的比重约占整个普利策新闻奖获奖作品的三成左右,与解释性报道和客观报道三足鼎立。

上世纪 80 年代,调查性报道开始出现在中国的媒体上。1980 年 7 月 22 日,《人民日报》《工人日报》同时披露了当时石油部海洋石油勘探局的渤海 2 号钻井船翻沉导致 72 人死亡的重大事故的真相。这个报道刊发后,两报又连续发表评论跟进,导致当时的国务院副总理受到记过处分、石油部部长被撤职、国务院公开做检讨。这一力度在新中国成立以来是从未有过的。这之后,调查性报道在中国方兴未艾,成为深度报道的一支生力军。

调查性报道最突出的是鲜明的"调查"特色,一般报道只报道孤立的、公开的突发事件的表面结果,而调查性报道则注重挖掘新闻事件内在的、隐蔽的关系,并向公众分析、揭示这些内在联系的重大意义;一般新闻报道常常受制和听命于突发性新闻事件,强调时效性;而调查性报道则注重揭开那些被有意隐蔽、不欲为人所知的内幕,它主动性更强,而对时效性则不过分苛求;调查性报道的调查难度比一般报道大得多,费时费力,有不少调查报道所涉及的事件,一开始甚至没有任何线索,全要靠记者的独立调查来完成这一过程。

如美国《新闻周刊》记者迈克尔·艾西考夫从 1994 年起,先后爆出克林顿与波拉·琼斯的性骚扰纠葛、克林顿对凯瑟琳·威利的性骚扰,以及克林顿与莱温斯基的风流情史,从而被传媒界公认为"率先揭露克林顿行为不端和渎职丑闻,震动世界的卓越的记者"。但他为这一切所做的求证核实工作同样堪称一绝。1994 年 2 月 11 日,艾西考夫就参加了一群政治保守派在华盛顿召开的公布波拉·琼斯对克林顿指控的记者招待会,但因为白宫的干涉,文章不能发表。分管此事的主编一再要求他"继续调查核实",艾西考夫也就一日没有停止过求证采访活动。他差不多找遍了知情人,对琼斯案的调查在深度和进度上丝毫不亚于专业侦探,连琼斯本人的律师有时都要请他帮忙找寻和约谈重要证人。一些当事人本不愿公开卷入,但在他锲而不舍的要求下大都向他提供了重要的情况。为了核实知情人所谈的情况,他有时要向更多的人求证,有时要查阅数年前总统电话往来和收受礼品的记录,甚至说动不相识的人为他查阅内阁部长未解密的私人文书资料。艾西考夫的偶像——伯恩斯坦和伍德沃德,这两个调查水门事件的《华盛顿邮报》记者认为:一个称职的记者善于在力所能及的范围内收集到所有的材料……他会把两个人的话加以核对,并用已知的事实来验证,在确信自己充分掌握了一切可靠情况以后才动笔。

调查性报道的选题范围非常宽,只要是与老百姓关系密切,和公民生活息息相关,具备以下三个特征就可以进入调查性报道的视野:

1. 所报道的事实或行为损害了公众利益;

2. 这种事实或行为被掩盖;

3. 记者有可能实行独立调查。

比如说,社保漏洞、腐败、渎职、司法不公等就常常是调查性报道关注的选题。2007 年 1 月《中国经营报》刊发了一篇引起震动的文章《外资坐庄中国股市揭秘》。线人"张先生"——江苏一家金融机构主管经营业务的负责人所披露的大量惊心动魄的内幕事实,成就了这篇出色的调查报道。

我国常见的调查性报道一般包括官员的违法和违规行为、司法腐败、有组织的犯罪与黑社会问题、"三农"问题、环境问题、财经内幕、消费纠纷调查等。

第二节 调查性报道的结构

调查性报道一般篇幅都比较长,为了吸引受众能持续阅读或收看,必须有一个好的结构方式将大量的材料组织起来。

一般来说,调查性报道有这样一些结构形式:

一、问题式

这种方式是将一个事件全部的原因、过程、结果完全打破,也摒弃了起因、发展、高潮、结果四元素排列组织的叙事方式,而是将各个阶段中最异乎寻常的现象挑出来,整个叙事的节奏也是在"提出问题——解决问题——又发现问题——再解释——再发现"的方式中进行的。

如王克勤的《北京出租车垄断黑幕》调查就运用了这一结构形式。记者根据采访到的数据按照逻辑链来推导,抓住核心。这里面的核心就是"车份钱",司机收入严重不公是因为车份子钱存在;怎么能交上这笔钱呢? 只有出租车价格升上去才有可能;交上的钱去了哪里呢? 出租公司造假账、偷漏税,想方设法把钱留在自己的口袋里。这样就可以归纳为"富了老板,肥了官员,亏了国家,苦了司机,坑了百姓"。

二、纵向式

按照事件发展的后顺序安排结构,称为纵向结构。这种结构的好处在于可以反映新闻事件的大致过程,让受众了解前因后果。记者也可以借"过程"说话,表达某种观点和意见。

2007 年 7 月,央视《新闻调查》的记者调查到一个让人触目的事实——陕西一个村里五天之内出现了三位农民先后自杀的事件,记者就以纵向的时间方式按照三位农民自杀的顺序来做报道,头绪比较少,显得比较清晰。

三、横向式

这种主体结构方式的特点是,不受事物发展时间顺序的限制,围绕一个主题,将多个侧面或同一时间不同空间范围的情况有序地组织起来,反映"面"的变化。这种结构的好处在于,可以为受众提供一个"沙盘模型"式的全景图。

如《南方周末》2006 年曾推出了一个调查性报道题为《"送子神话"的背后》,揭露上海长江医院的问题。报道分为几个部分:掏光了腰包的就诊者、孕妇的"不孕症"、执法处罚难、巨额广告带来了什么、投资者何人,这几个部分是一个主题的多个侧面,形成一个横向的联系,让受众从多个角度透视这家医院的问题。

四、复合式

将以上结构方式融为一体的结构方式,如一开头,提出问题,如"为什么在一个村庄里短短几天之间会出现连续的自杀? 是什么原因使得生命如此脆弱?",接下来则是对事件来龙去脉的叙述,以纵向结构贯穿,在涉及关键的人和事时又变成一种问题式的阐述,等等。复合式在结构调查性报道时比较稳妥而有效,也使得结构变化较多,读来颇有波澜起伏。

第三节 调查性报道的写作

一、均衡、公正

关于调查性报道,往往有一种误解,认为只要调查性报道就必然是揭露性的题材。其实不然,调查性报道未必就是批评性报道,它定位于"研究问题",而不是"批评揭露",即使是那些敏感题材也是如此。调查性报道的最大功能和追求目标就是把隐蔽的真相和信息,通过记者的调查、还原,公正客观地传达给受众。所以,均衡是最重要的原则。"自由表达的可能不仅要给弱势群体,也要给他的对立面。"

客观性原则包括的准则有:平衡、公正、不存偏见、准确、中立等。这有两层含义,一是新闻报道应该准确的反映现实,提供材料;二是报道只记录事实,不评述事实。

在王克勤的《北京出租车业垄断黑幕》中,充分地体现了记者的客观性原则,大量地提供事实信息,心平气和地奔走在出租车司机、出租车公司和各个部门之间,让读者自己来一步步理解北京出租车行业的现状,辨别真相。

1. 用事实来叙述事件,强调可以证实的事,强调"现场"

调查性报道仍然强调用事实说话,并且要善于选择典型的事实。如在《北京出租车业垄断黑幕》调查中,就大量使用这种手法。

要报道车份钱对司机来说是怎样的压力呢? 记者选择了银建公司 38 岁的司机邓少龙,邓少龙的故事让读者欷歔不已。在邓少龙生病住院停运期间,出租车公司依然照收每月 5100 元的"车份钱",他刚下手术台仅 2 小时,公司就派人到病床前催要"车份钱"。这一事实让人感受到出租公司的无情与冷酷。而在叙述这件事的时候,记者非常注意收集采访现场的反应,"说到这儿,足有一米八的汉子邓少龙泪花在眼睛里转圈圈,他的未婚妻张昱更是泣不成声。"把读者带到采访的情境当中,用事实和现场本身的力量来打动人。

2. 行文交代新闻来源,表明所叙之事并非记者捏造

如在《北京出租车业垄断黑幕》一文中,所有的直接引语都有出处,而且都用采访对象的真实姓名,经得起读者的追问。涉及文件材料的内容,记者均把部门、文件号、出台时间等信息列出,表明确有其事。该文发表后,被业内人士评价为"铁证如山"。

如以下段落涉及出租车公司与司机的纠纷处理缺乏法律保护,是这样报道的:

> 1999 年 10 月 26 日,北京市高级人民法院出台了一份《关于如何处理出租汽车承包合同纠纷案件的规定》("京高法发〈1999〉381 号")文件,规定"企业因内部承包产生纠纷,应由企业或其上级主管机关调处。"、"各院经济庭正在审理的出租汽车承包合同纠纷案件,因不属人民法院主管,应裁定驳回起诉"。于是出现了许多出租司机"有冤无处申,有理无处讲"的局面,以至于 2000 年底,发生 3 名出租司机集体到北京西客站欲卧轨自杀,造成京广线停运数小时的事件。
>
> 无奈,2001 年 11 月 6 日,北京市高级人民法院就此专门下发"京高法发(2001)282 号"文件,重新规定"因原承包合同发生的涉及财产关系的纠纷,先由交通局有关部门进行行政调处;调处仍不能解决的,法院依法受理""当事人在交通局依法作出行政处理后,仅就因变相买卖出租汽车引发的财产纠纷起诉至法院的,法院应当受理""本处理意见自发布之

日起施行,'京高法发(1999)381号'文件同时废止"。

这段报道完全用法律文件的原文来行文,并将文件号等都标识出来,让受众毋庸质疑。

3. 将事实与观点分开

调查性报道应该非常注重事实与观点的界限区分,让受众明白哪些是基本事实,哪些是由事实引申的观点。同时,记者在介绍分析事实或观点时,往往会交代来源或出处,用引号提示。

如在《北京出租车业垄断黑幕》调查中,记者发现,出租司机与出租车公司之间的劳资关系如何界定是一个关键。王克勤大段引用了一位司机的观点:

北京通州天运出租车公司司机董昕经过4年多的行业调查得出的结论是这样的:

"集体所有制的出租车公司其财产归劳动群众所有,职工在企业里不仅享有按劳分配的权力,而且对集体积累的财产也有所有权。集体积累是不直接参与分配的全体职工的财产,是用于发展企业和职工福利的资金。只有职工大会才有分配权。这样就确立了职工在企业里的政治地位、经济地位,享有国家规定的各项补贴和福利政策。

劳动合同,是为在岗人员提出责任和利益的一种契约,但没有规定在企业里的政治权利。一些老板只让你签订劳动合同不建立劳动关系,把职工变成临时工、打工仔。降低职工政治地位的目的,就是为了阉割你反抗掠夺与剥削的维权能力,就是要侵吞职工积累,更残酷地榨取你的剩余价值。他们不投资、不劳动、居然也敢对企业的主人拍着桌子大叫:'不干,你给我走,这儿没人请你来!'

关于劳动合同,首先要搞清谁是资方,谁是劳方,公司的资本全部来自司机,我们工人是资方,经职工大会通过聘用的管理人员是劳方,这些管理人员应同我们这些出资人的代表签订劳动合同。

而这些分文不出,靠政府给特许经营权自封为'老板'的人,却将我们这些出资人变成了打工仔,真是黑白颠倒!

马克思在《资本论》里论述资本家是凭借自己的资本经营来剥削工人的剩余价值。而出租车公司的'老板'连资本都没有,却直接掠夺工人的财富,他们比资本家更恶劣、更反动!"

这段话出自司机之口,记者通过引号强调了这一点,表明这不是记者个人的看法,让报道显得客观。

4. 避免主观,追求公平

在调查性报道的写作中,记者应力求避免主观,在选择事实进行报道时不以自己价值观和偏好为标准,注意多方面的收集信息,避免一面之词。另外,在行文时把感情蕴含在叙述中,多用动词,少用形容词。如王克勤在进行《北京出租车业垄断黑幕》的调查时,虽然有关单位拒绝采访,但记者仍然努力采访到了对立的另一方——出租车公司,提供了争论两方的情况和观点。

如关于车份钱和风险抵押金是否合理,出租车公司给出了解释:

> 对此,北京北方出租汽车公司副总经理刘纲8月29日接受记者采访时是这样解释的:"我们这是国家给的就业岗位,你不干,有的是人干。""郊区的农民既不要上三险,也没那么难缠,让他交多少'风抵'就交多少'风抵',让他交多少'车份钱'他就交多少'车份钱'。"记者问"这合理吗?"好几家出租车公司的经理给记者的回答都是相同的——"存在的就是合理的,得面对现实!"

这样的客观报道,反映了受众对信息产品真实性方面的要求,也是调查性报道新闻人保护自己的工具,这样可以有力地避免遭受指控,从而实现更好的传播效果。

二、表现深度

美国哥伦比亚大学新闻学院的《新闻报道与写作》教程中提出了三层报道的概念:第一层是对事实性的直截了当的报道;第二层是发掘表象背后实质的调查性报道;第三层是在事实性和调查性报道的基础上所作的解释性和分析性报道。调查性报道一般至少应该达到第二层次,而好的调查性报道能够在此基础上,实现对问题的分析与解释,达到第三层次。

调查性报道最显著的特点,就是允许记者对新闻事件的有限介入。这种介入不是记者夸夸其谈,也不是记者趴在桌子上做学究式的研究,它要通过提供经采访、调查得来的事实来传递深层次的信息,这种信息含有记者的认知、理解和分析。

1. 从影响入手

普通的新闻事件是适宜采取深度报道作为报道形式的。一些异常性、趣味性事件(如畸形的婚姻,凶杀),即使写的很长,弄成"大特写",也不能算是深度报道。调查性报道的选题一般都与公众利益息息相关,这样就能引起民众普遍关注,自然就能对受众、社会产生足够影响力。

如《北京出租车业垄断黑幕》一文题材重要,涉及北京出租车全行业,而这一行业又是与老百姓衣食住行关系密切的行业;同时,北京出租车行业的状况,可以说是全国出租车行业的一个缩影。这篇报道将出租车行业放到一个宏观的背景中,追究其因果流变,探询出租车司机们真实的生存状态,完全可以称得上是具有社会学意义的解剖书。

2. 观点统筹

在写作调查性报道时,记者要注意发挥主体意识,不满足于报道事件的表象,而是把事件放到一个紧密联系的过程中,找到事件与事件之间的因果逻辑。调查性报道一般都有一定的观点统筹,但这种统筹的观点不是通过层层说理、立论、驳论实现,而是需要大量的事实,有说服力的事实来反映的。

如《北京出租车垄断黑幕》从的哥的姐怨声载道的现象入手,剖析出租车是怎么样赚钱的,研究出租车公司是如何发家的,并揭露了出租车公司黑钱的手法;这时,报道再从另一个侧面表现的哥的姐不得不跑出租的无奈命运。报道最后分析了现行出租车体制的弊端,聚焦五大问题,给出解决的思路。每一部分层层相扣,层层深入,用事实表现了各部分之间的逻辑联系。这种报道结构有助于读者深入理解事情的本质。

在调查中,记者的重点在于收集各种事实。王克勤通过日常采访、收集权威数据、调查、暗访等多种手段得到大量事实,为报道的深度提供了坚实基础。

3. 获得广度

广度指报道的全面。报道的内容不是一般报道中的单个事实,而是由一系列相关事实联系而成。调查性报道要打破一般报道的"一事一报"法,从时间上贯穿过去、现在、未来,从空间上联系此事、彼事,角度上多面出击,达到对由众多小事实构成的复杂事件的完整审视。要达到这一点,加大采访面、注重对背景的交代是比较有效的办法。

在《北京出租车垄断黑幕》一文中,记者先后采访了上百位出租车司机,联系了三十多家政府机关,跑了十几家出租车公司,进行了多维度的广泛调查。另外,报道的背景提供也比较有特色,如采访出租车公司如何发家时,提供了几家出租车公司自己在网站上的介绍。介绍中几乎都出现了"跳跃式"发展的字眼,用此来进一步证实出租车公司发家的普遍过程,让核心新闻事实更有厚度。

三、调查性报道的采写技巧

1. 采访大量的人,通常要采访很长时间,甚至要反复采访

如以大量刊登调查性报道著称的《三联生活周刊》有一个采访的规矩,要求超过三千字的报道必须采访八个人以上;像王克勤的《北京出租车垄断黑幕》先后采访北京的出租车司机 100 多人,并到 10 多位出租车司机家里进行了家庭访问与考察,前后的采访时间长达半年时间。在采访中,王克勤以个人采访为主,同时还采用了召开出租车司机的座谈会、跟车采访、家庭访问、在的士餐厅等待司机问卷访问等各种办法采访。

2. 进行民意调查和观察

由于调查性报道调查的问题大多涉及公众利益,如果能进行问卷调查,则能把情况的基本面展现得更清晰、更有普遍性。如王克勤在调查甘肃证券黑幕的时候,

就制作了一个内容周详的表格式问卷,印了几千份下发到受害股民手中,了解股民的受损失情况。

观察更是调查性报道采访的重要手段,而观察的内容也应该直接进入到报道当中。如《北京出租车垄断黑幕》一文,有这样一个段落:

> 今年3月13日下午,通州地区下了场雨,雨夹着沙尘,北京三元出租车公司司机陈立华的车身弄得挺脏,正在四惠地铁站外面排队等客的陈立华因车身不洁被正在该地区巡视执法的交通局工作人员罚款200元。

这一段以简要的语言将当时的雨和司机的窘态表现出来,很有现场感。

3. 分析在数据库和图书馆的公共记录或其他文件中发现的信息

调查性报道特别强调要做好背景资料的收集和分析。新闻事件的背景大致包括:补充性的历史资料、展示事物间相互关系的资料、提供人物必要经历的资料、数据性的事实等,这些背景材料对采访和写作都有极大的作用。对采访来说,可帮助记者获得采访机会、迅速进入采访角色和取得采访对象的信任。对写作来说,可以加强报道说服力。

在《北京出租车垄断黑幕》调查中,记者调查出了出租公司不给司机上保险,黑保险费的事实,运用了大量的数据。这些数据的取得正是要利用出租车公司和保险公司之间的矛盾。保险公司因为出租车公司拒交保险费,使原本有三亿的保险市场,实际投保额只有十分之一,一肚子牢骚的保险公司为记者提供了出租车公司黑保险,黑司机的关键数据与手法。

4. 记录细节,包括对话,对人们或地方的特征的描述

调查性报道在写作中应该使用大量的细节,这些细节能让人感到真实可信,意味深长。

在《北京出租车垄断黑幕》的报道中,有大量鲜活的细节。如司机邓少龙生病住院还被逼交车份钱,他只好忍痛投入运营。近一年以来,邓少龙每天回家的第一件事不是吃饭也不是睡觉,而是用自己熬的花椒盐水泡屁股(怕发炎)。他说"医生让半年后去复查,我愣是一直没敢去,我怕住院,我怕停运,我更怕钱啊!"这一细节让人感到司机的无奈与心酸,对出租车司机的生活状态有了更直观的理解。

直接引语与对话的使用是调查性报道很鲜明的特点。通过采访对象所说的语言表达事实是比较有说服力的。

5. 搜集那些来自不同群体的采访对象们的信息和观点

调查性报道讲求均衡的特点就要求记者与各种各样、各个利益方的代表采访,从而了解各方的观点。

如在《北京出租车垄断黑幕》调查中,给人印象很深的是,一些出租车公司的老板也接受了采访,并且向记者坦言自己的发财内幕。王克勤自己联系了北京市

的 20 多家出租公司,大部分被拒绝。之所以后来有出租车公司老板接受采访,完全得益于北京一个县的交通局领导。当时记者自称是国务院发展研究中心来做出租车行业调查的,这位领导当即打电话下令让本地几个出租车公司配合中央做调研。在三辆官车护送下,记者大摇大摆被请进了平谷的某出租公司摆好了水果与茶水的会议室,并由局领导主持,听取了公司创业的汇报,在一番问询后,记者就完全掌握了出租车公司靠搜刮司机创办公司的真实情况。

6. 不光研究公共问题和事件,还要研究大量可行的解决办法和提议

调查性报道不仅要揭露问题,而且还应提出解决方案,这样才能推动事物的进步。因此,调查性报道在采访中不可避免地要多走访专家,看看专家为这一问题开出的"药方",记者需要在写作中将有可行性的内容罗列在报道中。

2006 年 4 月一位记者曾到山西临汾调查炼焦业污染问题,当地那"乌烟瘴气"的大气环境实在让记者触目惊心。但令记者惊奇的是,当地群众(污染受害者)与污染制造者——炼焦厂、小钢铁厂、小发电厂等之间,并没有如我们想象的那样存在着剑拔弩张的对抗。他们甚至"唇齿相依"。某焦化厂就在一个村子中间,我们看到那个村里的新建豪华大院比比皆是。后来按政策,这个厂被强制关停,村民们非常抵触,因为这是砸了他们的"金饭碗"。

当地人对媒体十分戒备,记者的朋友一再告诫记者,不要暴露记者身份。据此前的报道,山西环保执法中的暴力抗法事件不断出现,并呈逐年上升的趋势,也有记者采访时被殴打。采访也进行得很不顺利,似乎处处都有一张无形的网在阻碍着我们。以至于记者在采访中总是几个人一起走,不敢分散行动。

这些现象其实是典型的发展与环保的矛盾。后来记者从这些现象中提炼出了"由于贫困,当地的污染受害者同时又是污染制造者和受益者"的结论,并在报道中提出"寻找替代产业,辅以扶贫项目,并对当地农业优势产品加以引导,使群众生活水平得到明显提高"的建议,受到有关部门的好评。

第四节　调查性报道的陷阱

1. 失去主题(焦点)

像所有的写作一样,不要将报道写的面面俱到,要坚决的删去和主题无关的东西。

2. 过度报道

在报道复杂事件的时候,往往采访了大量的人,翻阅大量的资料,记者要努力抽离出其中的本质联系,洞察事件玄机,而不要试图说明所有的联系和重叠。否则记者就会被材料所淹没,大量的材料让你手足无措,试图全部用上等于没用。

3. 报道不足

采访时,没有与足够的人接触,或没有收集到足够的信息,报道可能显得简单,

失之于表面化,这对深度报道来说是致命的。解决办法:看看哪些该采访的机构或相关人士没有采访;从读者角度看看这篇报道有什么不清楚的地方。

练习

1. 请从网上找到"北京出租车业垄断黑幕"一文的全文,进行精读,思考这篇报道的调查特色体现在哪些地方?

2. 请以下面的材料为线索,制作一个调查性报道的方案。

《半月谈》杂志刊登的贵州一个普通人家的丧葬清单显示:

墓地 2.55 万元;墓地管理费 2000 元;宴请亲友 1.13 万元;灵堂出租 800 元;灵堂布置 800 元;骨灰盒 870 元;灵车接送 220 元;遗体停放 40 元;平炉板火化 320 元;卫生隔离垫罩 50 元;正常抬尸 60 元;消毒费 10 元;茶水服务费 10 元;悼念厅 500 元;挽联书写 180 元;丧事代理服务 30 元;乐队服务 80 元;殡仪礼炮 160 元;骨灰袋 3 元;红布 8 元;金银被 22 元;水杯 6 元;花圈 200 元;鞭炮 300 元;餐费 722 元;桌椅租赁费 180 元;纸钱 25 元;机麻 450 元;纱布 2 元;车辆过路费 73 元;包厢费 238 元。

以上各项费用累计 4.6159 万元。

如果这个案子尚属特例的话,以下这组数据,可谓权威解读了殡葬行业的具体暴利:

据国家统计局公布的数字,我国死亡人口每年大约有 820 万人。按照低标准丧葬费用计算,假如平均每人 2000 元丧葬费,那么,殡葬行业每年的市场是 164 亿元。

一些地方,墓地价格超过了房价,如果再算上这些费用,殡葬行业的销售总额将超过 2000 亿元。

殡葬暴利的背后是百姓的苦不堪言。

国家统计局发布的统计数据表明,2005 年我国城镇居民人均可支配收入 10493 元。如果对比上述清单计算,逝者的殡葬费用,大约相当于我国城镇居民人均 4 年零 5 个月的可支配收入。而贵州省是我国经济发展水平比较落后的省份之一,此逝者的殡葬费用大约相当于贵州省城镇居民人均 5 年零 8 个月的可支配收入。

一位刚刚办完丧事的人无奈地说:"看病看不起,死了还死不起,活着的人也快被拖死了!"

这种暴利甚至使一些大学本来冷门的"殡葬专业"变得火爆起来。

武汉民政职业学院是湖北省唯一开设殡葬专业的普通高校,前年该专业仅招收了 7 名学生,去年招生陡增到 64 人。而今年,这个专业更是火爆。

一位北京的学生说:"哪个行业收入稳定?银行?铁路?我看现在都不好说了。所以,我报考这个专业的唯一目的,就是这个行业不仅稳定,而且收入可观啊。"

所谓殡葬专业,全称一般是"现代殡仪技术与管理"。

原来报考这个专业的人寥寥无几,原因是这个工作晦气,找对象都难。而随着大学生就业压力的增加,如此收入颇丰的一个行当,也实在让人开始动心了。

一位 23 岁从德国留学回来的"海归"姑娘,不顾家人反对,在北京一家殡仪馆做起了"美容师",专门为死人整容。

这些现象代表了很多人的想法:"每天都死人,还怕失业啊?"

据了解,在武汉这样一个收入中等的城市,包括殡仪馆、公墓、陵园等在内的单位中,普通员工的工资 2000 多元,中层干部或者有特殊技能的人员,月薪 3000 至 5000 元。

暴利的背后,是行业的垄断。

6 月 6 日,被誉为"殡葬垄断终结者"的无锡人许伟达,再次对外界宣称:他已获批准入,突破了接尸车在全国殡葬行业中的垄断状况。

54 岁的许伟达名不见经传。3 年前,他改写了中国殡葬业的历史。

2003 年,他注册成立江苏首家民营殡仪服务有限公司,在江苏全省率先打破殡葬行业由民政部门一家垄断的局面。同年,其又在全国率先打破了骨灰盒垄断的销售局面。

在这期间,许伟达的公司经营困难重重,最直接的原因是来自行政上的压力。他拍案而起,与无锡民政部门对簿公堂,打起"中国反殡葬行业垄断第一案"的官司。

这起官司引起民政部关注,并最终被准入和参与竞争,殡葬行业的垄断口子也就此被撕开。经此一案,无锡的骨灰盒售价在一年中连降 3 次,总降幅达 40%。

看来,要想破除殡葬行业暴利,不真正打破垄断,不建立真正的市场竞争机制,说什么都是一句空话。

但是据报道,在江西省一些地方,虽然有了民间资本的加入,但殡葬费用不降反升。一些民营墓园甚至与国有墓园形成共同联盟,牟取暴利。

既然引入了竞争机制和民间资本,殡葬业的暴利为什么不但没有消除,反而变本加厉了呢?

打破垄断没有错,更是希望所在。价格由市场决定,这是市场规律。但这儿的关键是价格由市场决定有个不可或缺的前提:市场必须是成熟的。成熟的市场之中有均衡机制,能够对供求和价格进行理性的调节。然而就殡葬行业来看,这个行业的市场化运作显然还很不成熟。

虽然民间资本进入了殡葬行业,而一些民营墓园却与国有墓园结成了"价格同盟",政府部门则未能出手干预,甚至根本是在默许着种种破坏市场的行为。在这种背景下,殡葬暴利达到 2000% 的程度是在所难免了。

第18章
深度报道

2007 年3月,网上的一组"史上最牛的钉子户"的图片让这一事件成为万众瞩目的焦点。

其时,已经有上百家媒体的记者云集重庆,守着那栋极有象征意义的小楼前的工地进行报道。《南方周末》记者张悦也在其列,但他却非常郁闷。他跟编辑打电话说:"每天都有采访和新发现,但也有不少采到的料陆续被其他日报类媒体报道出来,眼睁睁地看着手里的新闻变旧闻。"

要赢得这样一场媒体战役,对于一个以周为出版形态的媒体而言并不在优势。对于《南方周末》而言,随着事态的发展,如何适时对选题的方向与侧重点进行调整?如何在众声喧哗中寻找到其他媒体尚未触及的、但又是比较重要的视角或领域?是在这场媒体战役中脱颖而出的最重要一招。

于是,《南方周末》的主创人员把这一事件放在刚刚通过的《物权法》的大背景下,通过采访法学、社会学、政治学多方面的专家来辨析清楚:重庆钉子户事件的本质到底是什么?从法理和现行法律法规的角度,钉子户是否拥有只要不满意拆迁协议,就可以坚持不搬迁的权利?政府是否拥有强拆的权力?应不应该动用强拆权?法院裁定限期强拆,过期却未执行,法律的信用是否又一次被透支?这一组采访构成对这一事件的深度报道,让《南方周末》在这次钉子户事件的报道中高人一筹。

什么是深度报道?如何操作深度报道?希望通过本章的学习能让初学者基本掌握其要领。

第一节 深度报道概说

深度报道,是一种深入揭示"新闻背后的新闻"的报道,是运用解释、分析、预测等方法,从历史渊源、因果关系、矛盾演变、影响作用、发展趋势等方面报道新闻的形式。

深度报道的旨趣不在于报道,而在于解释与分析,即对于很多新闻来说,人们并不仅仅满足于知道发生了什么,他们还想知道这些事为什么发生,它们意味着什么,结果又是什么? 在实践中,人们又往往将深度报道称为"解释性报道"。

深度报道如何来完成这一"解释"任务呢? 西方的深度报道,重视用事实本身所蕴涵的意义来解释,即通过大量的背景材料(另一些事实)来揭示意义。

深度报道是顺应纷纭复杂的社会生活和新闻媒介的激烈竞争而诞生的。它诞生于 20 世纪 40 年代,是西方新闻界为了满足人们对"二战"中多变的国际形势的渴求而采用的一种报道方式。当时,广播和电视迅速发展,报纸为在同业中寻求自己的独特优势,不断挖掘"新闻背后的新闻",便首先进行深度报道。

在我国 80 年代中后期,随着经济体制改革的深化和对外开放进程的加快,广大受众更关注社会、政治、经济生活,已不满足于"是什么",而要了解"怎么样"、"为什么",要求新闻媒介对社会关注的问题予以全面、深入的报道。这种外在的需求,促成了深度报道的迅速繁荣。不仅如此,相对广播、电视的"快"来说,报纸在媒介竞争中,为了寻求生存空间,只好选择"深"的优势(尽管现在广播、电视也有"新闻纵横"、"焦点访谈"之类的深度报道,但就其总体的播出频率和内容含量上讲,远不及报纸的深度报道更突出)。

同时,报纸的版面也有很大的扩展,中央和省(市)级报纸从原有的 4 版扩展到 8 版、12 版、16 版甚至 32 版,有的都市报甚至扩展到 64 个版,特殊时候甚至达到一百多个版。报纸版面的增加使得进行深度报道成为可能。

另一方面,从新闻记者的价值取向看,深度报道已成为新闻工作者普遍追求的一种报道方式。中国人民大学舆论研究所与全国记协 1997 年在全国范围内举行的一项调查研究结果显示,90.3% 的人认为"挖掘更深入"应是新闻报道的重要价值要素[①]。这说明,在新闻工作者的深层意识中,新闻报道的"深度"已成为我国新闻工作者的普遍自觉追求。

进入 2000 年以来,我国新闻类周刊开始兴起,同时,日报类媒体对深度报道的重视程度在提升,深度报道已经成为了媒体竞争的一个重要产品。

第二节　深度报道的特点

一、内容的丰富性

深度报道主要用于重大题材的报道,它突破了"一人一事一地一报"的报道方

[①] 中国人民大学舆论研究所:《中国新闻工作者的职业意识与职业道德》,《新闻记者》1998 年第 3 期。

式,是一种讲求展示新闻事实的宏观背景与结构的报道方式。

这样的报道方式必然不能满足于向受众提供单一的、平面的新闻事实,而是对新闻诸要素作进一步的深化,不仅剖析新闻事实的发展过程,也要展示它所发生的宏观背景;不仅要说清楚何时、何地、何人、何事、为何、如何,还要说清楚什么结果、意味着什么、未来会怎么样,内容比较丰富。

2007 年 5 月 2 日,云南迪庆藏族自治州梅里雪山发生雪崩事件,导致两名游客遇难,1 人重伤,6 人轻伤。针对这一事件,《三联生活周刊》进行了报道,报道的前半部分主要采访幸存者,回忆雪崩发生的经过及救援的情况,后半部分如下:

> 雪崩事件后,受伤游客与迪庆州政府之间就赔偿问题难以达成和解,最主要原因就在于对这条路线性质的理解不同。
>
> 邱华说,在过金沙江之前的澜沧江大桥那个有个水泥房子,是卖门票的地方。一张门票60元,还要登记游客从何处来。由于门票上没有注明营业范围和景点,游客们一般会认为这是梅里雪山整个景区的门票。
>
> 然而,梅里雪山景区管理局负责人阿主却指出,这只是明永冰川的门票。"梅里雪山的出名不在风景,他是藏传佛教中的神山,上千年时间里,它是藏人朝圣的雪山。梅里雪山开始为外界关注始自 1991 年中日联合登山队的山难。作为风景区对外开放是在 1998 年前后,当时长江中上游地区天然林禁伐,而砍伐木材是国家级贫困县德钦县最主要的财政来源。禁伐后,把旅游业作为支柱产业来培育,成为县政府的主要策略。但当时对游客开放的只有明永冰川,云南省发改委有个可销售门票的规定,那是我们卖门票的政策依据。"
>
> 阿主详细描述了到神瀑的路线:从德钦县城出发到西当温泉有约 50 公里的公路,之后要翻越海拔 2000 ~ 3800 米的山梁,下到海拔 2500 米的雨崩下村,这一段距离有 15 公里,都是 2 米左右宽的人马道,须徒步或骑马,从下村到神瀑又有 7 ~ 8 公里的山路。"国务院曾规定,三江并流地区国家级风景名胜区要通电,通信,有道路,有管理部门。而雨崩一没有通公路,二没有通电,大多数地方还没有手机信号,并不是一条成熟的旅游路线。"阿主甚至开玩笑说,"谁去那个地方? 只有吃苦的藏族人才去! 来梅里雪山朝圣一次是藏区人一生的愿望。"
>
> "山难后,外界对梅里雪山有了了解,开始有游客带着装备进山,并写了游记贴到网上四处传播。于是,有知识、有钱、有时间的人把来梅里雪山作为一件值得标榜的事件。神瀑是内转经朝圣的重要地区,也是藏人必去的地方,知名度就更高了。现美国财政部部长鲍尔森在高盛当总裁时曾包机来过这里。但这里的很多地方并不具备对游客开放的条件,但又不是军事禁区,不能强行禁止人进入。"阿主举例说,进出雪山的路并不

止这一条。雪崩事件发生后，救援部门在这条线路上设了 3 道防线，以防止游客进入再出事故。但阿主和景区工作人员仍看到有不少游客沿雨崩河下来，根据卫星地图，雨崩河下来的小路，从澜沧江到雨崩村没有人检查门票。

滞后的法律与积极的保险

雪崩事件发生后，云南迪庆藏族自治州成立了以常务副州长和良辉为领导的专门小组，负责救援和遇难者善后工作。梅里雪山所在的德钦县旅游局一负责人在接受采访时说，当地政府全力做好遇难者的抢救和善后工作，几名伤者的医疗费用及照顾他们的团友的吃住费用目前全部由当地政府支付，当地政府还派人照顾伤者。此次雪崩属不可抗拒的自然灾害，而且游客登山路线为未开发区域，属非常规线路，游客事先应知道存在一定风险。事发后当地政府已做了很大努力，但不大可能对此事进行赔偿。

而据部分受伤游客反映，他们是购买门票进入景区的，既然购买了门票，景区就应对游客人身安全负责。而且进入景区内那片未开发区域时，一路上并没有看见安全提示牌。发生意外后，只有当地村民前来营救和游客自救，景区好像没有专业的救援人员，因此该景区应承担部分赔偿责任。

北京市澍铧律师事务所律师、法学博士沈腾则认为，此事件从法律上来说属侵权范畴，而侵权有三种规则：一是过错原则，谁主张，谁举证；二是过错推定原则；三是无过错原则。云南雪崩事件中，游客购买了门票，游客与景区形成旅游合同，出现问题属合同纠纷，适用于过错原则，必须由游客举证证明景区有过错，仅凭门票证据不足。另外，雪崩属人类不可预见、不可克服的自然灾害，那里属不特定的危险区，法律上对此并没有特别规定，这是法律滞后的一面。在这种情况下，景区管理人员有没有起到必要警示和提醒义务成为是否承担责任的关键，但不属重大过失。

沈腾认为，类似的侵权案件诉诸法律，其目的在于事后的赔偿认定，事实上这种方式成本高，也很难完全弥补损失。当人们把更多假期用于旅游时，最好的方式是出行前提前购买保险，这也是国外常见的生活方式。他说："法学界一直有一种主流的说法，保险业的发展将替代侵权行为法。"

对于成熟的户外运动爱好者来说，这并不新鲜。深圳的资深"驴友"叶子说，普通的人身意外伤害险对于户外自助游客来说保障系数并不高，因为要么不适用于理赔原则，要么就是理赔金额过低。像他这样喜欢爬山潜水的人，每次出去玩之前都会买一些保险，一年花个几百块，理赔金额在 10 万到 20 万元，相对更有保障。具体购买的险种，在像磨房网这样的户外旅游网站上都有推荐。

在这个报道中,我们可以看到除了将事件的过程详细展示之外,更有对事件的争议以及法律分析,并为类似事件的预防找出了解决的办法。报道的内容非常丰富,将围绕这一事件的方方面面都照顾到的同时,还提出了思考。

二、倾向的鲜明性

深度报道一般有繁杂的材料和较为鲜明的倾向性、思想性,以理性的目光透视社会各个领域的种种现象和问题,将典型的新闻素材锤炼成主题深刻的报道,能够发掘出事情的真实本质。

它既向人们叙述客观事实,吸引读者,又能在其中揭示某种深刻的道理,表明媒体的态度。一篇好的深度报道,能够从变化多端的社会现象出发,对正在萌芽发展或将要萌芽发展的事物进行具有远见卓识的剖析,客观深刻地探求事物发展的过程,展望事物发展的前景。

2006年9月,《纽约时报》刊出报道《毛去哪里了?中国修改历史教科书》,引起了一些敏感者的注意。报道中称上海市使用新的历史教科书,"这套新版标准历史课本不再探讨战争、王朝和共产主义革命,而是把更多的笔墨放在经济、技术、社会风俗和全球化等多种主题上","摩根大通、比尔·盖茨、纽约股票交易所、美国航天飞机以及日本的子弹头火车,都在新版教科书中得到了突出。课本中还有专门讲述领带如何流行起来的章节。曾被视为世界历史重要转折点的法国大革命和俄国十月革命,如今受到的关注也大为降低。毛泽东、长征、殖民侵略以及南京大屠杀,而今只在初中讲授,并且内容也大幅缩减。"

这一报道引起中国国内的广泛关注,随着更多国内媒体和网络群体的加入,它变成了一场关于历史教科书改革的大讨论。

《中国新闻周刊》也对此话题进行了题为《历史教科书:酝酿八年的进步》的报道。仅从标题来看,我们就能看出报道者的态度——即把历史教科书的改版定位于"进步",而不仅仅是"争议"。在整篇报道中,我们都可以看到这样的倾向的流露,尤其在报道的最后,记者这样写道:

> (一位中学历史教师说)"历史课,我认为不是仅仅在传授知识,历史知识现在都可以查得到。我认为,历史课是在塑造学生的价值观。它让学生具备一种阅世能力和洞察分析能力,从历史中汲取一种精神力量,将来会视野更广,心胸更开阔。"
>
> 在一份北大附中的学生们用英语制作的课程表上,他们特意把历史(History)用大写字母标出,以表达他们的喜爱。

结尾是一段直接引语和一个事实,记者的议论只字未提,但这样一种客观的手法仍然可以表达出报道鲜明的倾向。

三、采访上的困难性

深度报道往往由编辑、记者深入策划,多名记者配合采访,不会有现成的材料可抄写,需要深入到现场、深入到生活中,不仅采访当事人,还要大量采访有关人的各种不同反映,有时还要查阅有关历史背景资料,并在占有大量材料的基础上,科学分析问题,正确回答问题。虽然深度报道的时效性较之消息不够强,但也不是无限期的拖下去,而是要在尽可能短的时间内达到尽可能深的深度。因此,深度报道采访的难度相当大。在媒体中,从事深度报道的记者往往都要求具备多年的采访、写作经验,有一定的阅历,否则难以完成深度报道任务。

四、表达上的文学性

深度报道由于篇幅较长,为了能吸引受众看下去、爱看,在表达上要比消息更为生动,在保持客观真实性的基础上,把各种文学元素加入到新闻报道中,才会上受众耳目一新。

如《历史教科书:酝酿八年的进步》中的几个段落,是文学手法写作的部分。

> 历史教科书似乎总是一个引人关注的问题,无论中外。前不久,上海这个一向以经济发达、头脑精明、言语柔软而著称的城市成了这个问题的聚焦点。关于上海的中学历史教科书的改革,变成教育界、史学界以及大量网民关注的热点,讨论甚至上升到"民族未来"的高度。

> 政治史和生活史、物质史比起来,只是大海最上面那一层浅浅的波浪,更下面的,是社会文化的变迁,这才应该是历史主要的内容——雷颐介绍了法国年鉴学派的观点,从上世纪初,年鉴学派就提出了这样的观点,到现在也是历史学界最具影响力的学派。而目前,法德已经开始联合编写历史教科书了。

第三节 深度报道的写作要领

就提供与众不同的事实、讲求时效的特点而言,新闻是一种"瞬间反映事实的表达艺术"。深度报道就要求能够在有效的时间内,以一种职业意识克服种种困难,及时发现和报道人们欲知的和意料不到的事实并进行理性分析,而且表达简洁、清晰、生动。要做到这一点对记者的素质要求非常高。当前媒体中的很多所谓深度报道,或是将新闻变成了某种肤浅的理论论述,或是用大量笔触详细描述现有的已知事实进行重复,让人能感受到一种潜在理性的深度报道是很少的。

日本记者本多胜一1966年写过一篇《死在故乡》的报道,只有一千多字,报道了一位老年妇女自杀的过程,另附一张日本老人自杀情况的调查表。关于老人自杀的分析,仅有三言两语,含蓄而深刻,对它的评价是"在广阔的背景下写出事件的深度"①,因而成为典范的深度报道之一。

对于深度报道而言,不论题材是大是小,能够较早地、深刻地反映社会的变化,包括细微变化,能让人理解是最基本的要求。要达到这一点,在写作中有以下要领。

一、深入成就深度

深度报道的核心在于新闻的深度,关键在于记者能否通过新闻线索的挖掘,新闻事实的呈现,新闻事件的分析,将一个或一组新闻事件的价值传递给听众,帮助受众更深入地理解新闻事实,引发受众对新闻事件的深入思考,借此去评价新闻事件对自身的影响以及获得对世界的认识。

做好深度报道的前提是采访要做好,做好采访前的案头准备工作尤其重要。从熟悉采访对象,到掌握采访题目的相关知识,从搜集背景材料,到制订采访提纲,每一个环节都必不可少。

在这个基础上,还应该整合各种资源,分析收集到的材料。例如收集事件的背景材料,记者不仅需要了解整个事件的来龙去脉;还要知道目前事件发展到怎样的程度;然后分析根据以往的经验,接下来将有可能产生哪些问题,而这些问题在其他城市、其他国家又是采取哪些方法避免的。对新闻背景材料进行思辨性的分析,不仅能令记者快速地对采访题目有一个全局性的把握,更能在制订采访提纲时具有针对性,切中问题的要害。

例如中央电视台的记者制作医改系列报道时,有一期节目是关于专家门诊的,这个话题贴近民生,看上去很小,但深究下去却发现,事件远比预想中复杂得多。于是,记者从分析专家门诊的设置目的开始,到目前的专家门诊超负荷运作的各种现象,再到围绕专家门诊的利益团体,从现象到本质,条分缕析。

对于这个话题,很多类似的报道只停留在专家如何超负荷工作,患者想挂专家号如何如何难等。但作为深度报道,从制订采访提纲开始,就要考虑找出新闻背后的新闻,如一直关注专家门诊占医院收入的比例,既是专家又是医院管理者的医生如何保证医疗质量等问题。

二、报道要有逻辑

深度报道首先要体现构思严密的逻辑力量,精心挑选的新闻素材加上基于客

---

① 本多胜一:《死在故乡》,《外国新闻通讯选评》下册,中国人民大学出版社1985年版,第186页。

观事实上的理论分析,让受众从中悟出道理。

深度报道的题材,多是事实比较复杂、问题成因多的新闻事件,篇幅相对长一些。如果没有逻辑作为事实联系的纽带的话,读起来会让受众感到混乱不堪。

如广东电台的一位记者看到一篇报道,全国人大副委员长韩启德透露:"卫生部基本决定取消医院药品 15% 的加价。"而不少业内人士预计这措施将降低市民的医疗支出,缓解群众看病贵问题等。但记者就想到,药品只是医疗费用支出的一部分,医院的药品便宜了,并不一定会导致患者医疗费用的降低。如何评价这一政策对市民医疗费用方面的影响? 于是,笔者走访了多家三甲医院展开深入细致的采访。尤其重点走访了作为新政策试点的医院,先采访其药剂科主任,让他评价新政策的试行效果,再找到该家医院取消药品加价政策前后的诊疗费的统计结果。数据显示,取消药品加价政策,患者门诊费用有小幅降低,而住院费用则不降反升。于是记者采写了一篇深度报道,获得了当年广东省广播电视新闻奖。

这篇报道的逻辑就是,政策出台——效果预期——实际情况——得出结论,通过这样的逻辑将采访到的事实串联在一起,非常清晰。

三、通过具象写作

要写好深度报道,并不是说为深度而陷入一个又一个的观点介绍与分析,而应该通过具象的内容来写。记者可以用客观记叙的写法,把亲眼目睹的事件或场景,展现在读者面前,让读者对其有真切的了解和感受。在这个过程中,记者再穿插种种背景材料或解释性内容,从而在提供现场感的同时,又增进了作品的深度和广度。请看这则报道:

"神山圣湖"守护者①
手机实况转播

41 岁的仁青桑珠,身穿藏袍,坐在会议室前排,紧盯着北大校长许智宏的脸。

这位来自西藏贡觉县大山里的农民,没有上过一天学,听不懂普通话,但在 11 月 29 日,他坚忍地坐在会议室里,紧盯许智宏,希望能从他的脸上,猜出他所说的话。

他右耳上塞着手机的耳机,这不是追求时尚,而是在进行一场"实况转播":电话的那一头,连着西藏贡觉县,几十个农牧民,聚到仁青桑珠的家里,打开电话的免提,屏住呼吸,想知道这位北京大学的校长说些什么。

在他们心中,从来没有一个会议是如此遥远,需要用电话来听;也从来没有一个外面的会议是如此近——会议上讨论的"神山圣湖"保护,与

---

① 《南方周末》2005 年 12 月 8 日 B13 版。

他们息息相关。在窗外，他们所保护的森格南宗神山，高高矗立着。他们想知道，他们按照自己的文化传统保护神山，外面的人怎么看？

与许多来自川、藏、青、滇的生态保护者一样，仁青桑珠很惊异，许智宏这样的"大人物"，怎么会来到偏远的四川康定，参加基层社区人士居多的神山圣湖与保护地管理研讨会。

而对许智宏院士来说，这并不奇怪。作为生命科学领域的科学家、联合国教科文组织人与生物圈中国委员会主席，他了解西部山地在生态保护方面的重大意义。西部山地是长江、黄河、澜沧江、怒江等大江大河的发源地和上游，这些河流的状况，影响着下游约300万平方公里5亿多百姓的生活。神山圣湖是藏族人民神圣的地方，很多圣湖也是重要的高原湿地，它们的稳定对于藏区、全中国乃至东南亚的生态安全和持续发展具有至关重要的意义。

身为全国人大常委的许智宏校长说，中国西南的生物多样性和文化多样性非常丰富，但又非常脆弱。这里的保护，已引起政府越来越多的关注。那么多的基层干部和社区百姓投入这项事业，是生态保护的重要基础，社会各界都应该来支持。

进行电话"实况转播"的仁青桑珠，通过自己找来的业余翻译，弄明白了许智宏的话，立即兴奋地将这一信息转告给家中的老乡们。然后，他想关掉手机。

"仁青桑珠，你不要关手机，让我们听到会议上说些什么。"他村里的朋友索南求培说。

"可是你们和我一样，听不懂汉话。"仁青桑珠说。

"没关系，你就开着吧。"乡民们说。他们将耳朵更加凑近电话机。这是他们极少的了解外部世界的机会。每当听到会场爆发出笑声，乡民们急急地问仁青桑珠："他们在笑什么？与我们有没有关系？"

在这种关键时候，仁青桑珠就要请人将会场上的发言翻译过来，讲给家乡的人听。仁青桑珠为了实现这次"实况转播"所充值的300元话费，像家乡热曲河的水一样，很快哗哗哗地流走。

但豪爽的藏人是不在乎钱财的，他们在乎的是神山圣湖，他们所热爱的家乡。

一个藏族村庄的环保实践

仁青桑珠的家乡，西藏贡觉县的东巴村，一座名为森格南宗的神山，庇佑着这里的世代藏民。"我爷爷那时候，这里还有茂密的森林，有老虎、野人，可是后来，树全被砍光了，像剃了光头一样。"仁青桑珠说。

保护神山的传统，令藏民极为珍视生态环境。他们开始种树，但因为不知道政府的政策，只是在偷偷摸摸中进行。2003年初，青海三江源保护协会的秘书长扎西多杰来这里考察,他告诉村民们,种树可以光明正大,这是政府鼓励的事。"村民们心里一下子亮了。"仁青桑珠说。他们立即成立了一个"森格南宗生态保护协会",全部的 1300 名村民,都是会员。这年春天,他们开始种树,计划是 1 万棵。可是,到哪里找这么多树苗呢?

县林业局的人说:"你们这是好事情啊!"当即给了他们 1000 棵树苗和一麻袋草种。

2004 年,政府给他们的喜讯,将他们冲击得几乎站不住脚。贡觉县这一年有 80 万棵沙棘的种植任务,可找不到人种,正愁完不成呢。林业局一下子给了他们 40 万棵,还有其他树种 4 万棵。

"哇!这么多树啊!"仁青桑珠说。村里人激动得睡不着觉,唱着歌,跳着舞,满山遍野去种树。当山上的小树一点点多起来的时候,村民们继续恢复他们的传统。这次,他们要巡山了。在历史上,根据部落法律,每家每户都要派人,骑着马,巡视神山,检查是否有人偷猎。巡视之后,他们才决定资源的利用:哪里的树可以砍,什么时候砍。

现在,他们略微改变了方式,离科学更近一点。他们制定了 4 种表格,前三种表格,巡山的人都要拿在手里,随时把他们观察到的记录下来,三种表格分别记录树、野生动物和土地。而第四种表格,要放到村民的家里,如果对保护生态有什么意见和建议,就要写在上面,交给大家讨论。他们曾讨论过这样的问题:狼来吃羊怎么办?这里很贫穷,本来羊就不多。最后,他们决定,谁要是打死一只狼,罚款 50 元。这意味着,当狼威胁到农牧民的生活基础时,可以打死狼,但是,通过罚款,又告诉大家,这种行为是不被鼓励的。

之所以要讨论狼的问题,是因为 2002 年之前,狼多成灾,村民们最心疼的,是自家的奶牛被狼咬死。

2004 年到 2005 年,一只牛羊也没被吃掉。村民们简直不敢相信。"这么灵!我们的环境只保护了一年!"仁青桑珠高兴地说。

村民们发现,他们的庄稼地里,有动物来过的痕迹,像是岩羊,这提供了对这一奇迹的解释:村民们保护神山,种树种草,野生动物多起来了,狼有了食物,就不再袭击牛羊。仁青桑珠说,但是,野生动物为什么恢复得这么快!好像山神给动物们打了个电话,说,这村的人保护环境保护动物了,你们都去吧,狼也不要吃他的牛羊了。

村民们更加相信,人与自然是可以对话的。

村民们不仅种树,还开始清理神山。2003 年春天,在一座山上,50 个村民捡了 3 天,将所有的垃圾捡出来,一片纸都不留。他们在地下挖了一个坑,将垃圾埋起来,上面撒上草种。村民们细心地观察着,春天过去了,草没有长出来,夏天过去了,草还没有长出来。看来这个方法不行,造成了二次污染。到了冬天,他们将垃圾刨出来,晒干,一把火烧得干干净净。

可是山上为什么会有那么多的垃圾呢?

仁青桑珠说,这里出产虫草,很多人上山挖虫草,就将生活垃圾扔到山上。仁青桑珠知道,如果这里的藏人不挖虫草的话,就太贫困了,所以不能禁止。所有的村民再次召开会议,热烈讨论之后,决定允许挖虫草,但必须将自己的垃圾背下山来。挖虫草刨的坑,也一定要填起来,将原来的草皮补上。村民们讨论的不仅是环境保护问题,还有生计问题:如果挖了坑不填起来,3 年之后,草场破坏严重,虫草就没有了。为了可持续发展,必须制定这些制度。

在这次会议上,仁青桑珠也听到北大校长许智宏相似的发言:"西部生态的保护,要与当地百姓的经济发展结合起来。"

仁青桑珠说:"这些道理不是别人告诉我们的,而是自己讨论后认识到的。这也是民主讨论的好处。它让村民们自觉行动。"

仁青桑珠自己办了一份藏文小册子,名为《自觉》。在这本小册子上,有国家的相关法律法规,有佛教有关生态保护的教义。里面还有一句话,表明这个村庄环境保护的首要原则:以国家的稳定、民族政策和法律为依据。

可是,复印一本需要十几元钱,仁青桑珠的小册子只印了 50 册,发给村民。"我没钱了。"他笑着说。在康定的会议上,仁青桑珠拿着这本小册子给与会代表看时,"保护国际"的中国首席代表、北京大学吕植教授当场承诺,将资助他们印刷更多的小册子,发给附近的村民,让大家都来保护环境。

每一寸土地都是"神山圣湖"

这个会议由北京大学和从事保护生物多样性的非营利性国际组织"保护国际"联合召开,参加者有全国人大环资委、国家环保总局、林业局、建设部和众多自然保护区的政府官员、国际和本土 NGO,以及西部山地的藏、彝、羌、回等各民族生态保护者。

"保护国际"中国首席代表吕植教授说,西部山地生态保持良好的地方,大多因为有神山圣湖的存在。当地百姓出于自己的文化传统,保护自然环境,已经惠及东部,可是,发达地区并没有认识到这一点。对当地民众生态保护的成果给予承认,是对他们最好的支持,这也就是仁青桑珠的老乡们要通过"电话转播"关注这个会议的原因。

吕植说,国家在西部建立了大量的保护区,这是一件好事。但因为人员和资金的缺乏,有的保护区,一个人要管理上万平方公里,这样要达到有效管理,绝无可能。因此,保护区的管理模式要改变,要与当地社区百姓的环保行为相结合。要做到这一点,国家在立法上,对类似于仁青桑珠和村民们所做的"社区保护",应给予法律认可。这次会议最终形成了一个《康定倡议书》,呼吁将"社区保护地"正式纳入国家的保护地体系,并在政策上和法规上给予支持。

全国人大环资委法案室副主任蔡微说,全国人大正在起草自然保护区法,这部法律的起草,应该借鉴与传统文化相结合的经验。这个会议上所介绍的社区共管形式,应在法律上给予鼓励。

但在会议上,出现一个小小的争论。四川省甘孜州档案局研究员得荣·泽仁邓珠解释"神山圣湖"的起因说,远古时候,藏民族对很多自然现象无法做出科学解释,因此产生了本能的敬畏大自然的心理。这是藏民族保护生态观的形成之始。

但一位藏族与会者提出,如果这样,是否意味着"神山圣湖"是迷信的、落后的?

仁青桑珠说,这不是迷信,而是文化与传统,是藏族人民在历史发展中慢慢形成的环保文化。藏民族生活的青藏高原,是生态最为脆弱的地方,在人类发展中,藏族人比其他民族经历了更多的生态灾难,这些灾难,在藏民族的文化、宗教、风俗中都有所反映。

正在自费整理、保护大量藏文资料的仁青桑珠认为,藏民族对自然的感受最深,很多藏族文化就来源于对环境的体验。很多外来人说,藏民族文化中有一些朴素的环境保护因素。"其实它不是'朴素'的。"仁青桑珠说,藏民族的环境保护文化,已上升到生命之间平等对待的程度,他们尊重自然,尊重其他生灵,因此,在青藏高原上,他们与自然和谐地相处了好多好多年。

而在其他地方,环境保护是因为工业污染所带来的迫切要求,不是因为对其他生命的尊重。仁青桑珠说:"我们村民保护环境,是遵从传统文化,很快乐地去做,没有其他目的,而外面的人做保护环境——",他两手伸出,做了一个拧湿衣服的姿势,"——是被法律和钱挤出来的。"

对这个问题的争论没有结论。但与会的世界著名动物学家、作为外国人第一个获准进入西藏羌塘无人区进行研究的乔治·夏勒博士的话,令仁青桑珠印象深刻:"必须保护地球上的每一寸土地,我们所有的土地都是'神山圣湖'。"

这个报道的来源是一个会议,但记者却写了很多会议外的东西,写出了深度。在这个过程中,记者为自己设置了一个良好的视角——用"一般旁观者"的眼光,描写了仁青桑珠参加会议的状况。简明生动的叙写,不仅使人如临其境,而且在隐约中留下一丝好奇——他为什么用手机把会议的情况转播出去呢?

报道不仅写了事态的进程(怎么样),而且写了事态的缘由(为什么),写了推动这场护山运动的思想。关于这点,作者并没有自己站出来分析评述,而是通过对现场几个人物的叙写来表现的,如仁青桑珠、北大校长许智宏、"保护国际"中国首席代表吕植等。通过这几个人物的言行,人们可以知道这场环保运动的主旨和意义。

报道不仅写了面前的场景,而且写了背后的斗争,写了人们与自然之间的矛盾与对话。当然这一点是侧写的,由于记者并没有到仁青桑珠的家乡进行采访,主要采访点是在会议上,所以只能点到为止。但是这么一"点",却是重要而有分量的。

通观整篇报道,我们可以看出,它的风格是客观的、不愠不火的叙述。它遵循西方新闻界传统的客观报道写法,很少有主观评论的词语,当然更看不到中国式的"鲜明"、"泼辣"和"斗志昂扬"的激情。不过,本文的客观报道已不再停留于事件表象的叙写,而是着力去揭示事件的原委,揭示事件背后的斗争,揭示事件的影响和后果。这正是深度报道应该做到的;同时,本文的客观叙述风格,并不意味着没有主观倾向性,恰恰相反,正是在不愠不火的客观陈述之中,它自然地表达了主观爱憎,并将其潜移默化地传递给读者。至文章结尾,作者意味深长地写道:"对这个问题的争论没有结论。"但与会的世界著名动物学家、作为外国人第一个获准进入西藏羌塘无人区进行研究的乔治·夏勒博士的话,令仁青桑珠印象深刻:"必须保护地球上的每一寸土地,我们所有的土地都是'神山圣湖'。"这就画龙点睛,点出了全文的主旨。

新闻作品的首要任务在于传播新近发生的事实的信息,一切主观意向都只能附载于这些信息、在这些信息传播过程中传递给受众。离开了具象的新闻信息的传播或者不能给读者多少新闻信息,却时不时站出来宣讲一通自己的观点,这样的新闻作品只能使读者敬而远之,更谈不上吸引受众、影响受众。所以能不能在具体的客观报道过程中潜移默化地给受众以影响,实在是一名记者报道水平高低的试金石。

练习:

1. 请找出五篇你喜欢的深度报道作品,分析其在写作上的共性和差异。

2. 找一个同样题目的报道,如"史上最牛的钉子户事件",看看《南方周末》、《三联生活周刊》、《中国新闻周刊》等刊载深度报道的媒体是如何处理的? 你更喜欢哪一个的报道? 为什么?

第19章
广播电视新闻专题的写作

每年"两会"都是国家大事,议案提案成千上万,报道什么? 怎么报道? 各家媒体都绞尽脑汁,八仙过海,各显神通。

2008 年"两会"期间,中央电视台新闻频道《共同关注》的系列专题节目让人耳目一新。代表委员几千人,媒体一般最关注大人物——官员、名人、明星,而《共同关注》却反其道而行,专门找那些"小"人物——来自基层的代表、委员,关注这些"草根"代表如何当选、如何履职、如何参政议政。

于是,就有了《从打工妹到全国人大代表》的第一个农民工代表胡晓燕;有了提倡菜篮子代替塑料袋的《代表老陈》;有了为雪灾中脐橙销路奔走在《冰雪橙乡》的全国人大代表廖丽萍;还有了反映物价问题《把肉价拉下来》的重庆人大代表范安富等。这些人物个性鲜明,语言朴实无华,故事生动感人,节目播出后反响非常好。

广播电视新闻专题有什么样的特点? 写作时要注意什么问题? 本章将重点给予说明与分析。

第一节　广播电视专题及其分类

广播电视专题是综合运用广播、电视表现手段与播出方式,通过对重大新闻题材或围绕重大主题的详尽、深入或独特视角的报道,为受众提供尝试信息的新闻报道形式。

广义地说,广播电视新闻专题是除广播电视消息以外的所有新闻报道形式的总称,但从写作的角度看,广播电视新闻专题从本质上是深度报道在广播、电视新闻当中的运用。

广播电视新闻专题大致有以下几种类型。

一、纪实性专题

所谓纪实性专题,是以社会生活中的真人真事为表现对象,从现实生活中选取典型,提炼主题,直接反映生活的广播电视新闻专题。纪实性专题一般具有明显的纪实风格特征,它特别注意采用采访录制或拍摄的方法,记录具有原生形态的生活内容,通过对生活情状、文化现象或历史事实的记录,来揭示生活本身具有的内涵和意蕴。这类专题绝对不允许虚构情节,也不能任意改换地点、环境等。在这一前提下,纪实性专题可以运用各种听觉或视觉表现手段,以增强表现力与感染力。

像广播中常见的实况录音剪辑、电视中如《百姓故事》里的纪录片等等都是纪实性专题节目。

二、分析性专题

分析性专题是对人们普遍关心的新闻事件、社会热点问题或重要社会现象进行解剖和分析,从中引出规律性认识,用以引导社会舆论的专题类型。这种专题报道,不仅要说明发生了什么事,更重要的是阐明为什么会发生、如何对待这种事。如果说对"为什么"和"如何"的分析,是这类报道的重点和特色所在,那么通过分析引出令人信服的论断则是它的预期目的。请看一个广播分析性专题的实例:

狂犬病防治要建立长效机制①

主持人:听众朋友早上好,欢迎你走进《中国之声》:《今日论坛》,我是主持人雨亭。狂犬病是一种人畜共患的传染病,据不安全统计,全世界每年因狂犬病导致的死亡人数达 50000 多,我国也是狂犬病流行的国家之一,发病数仅次于印度,居世界第二位。卫生部提供的数据表明,今年 9 月,全国共报告狂犬病例 393 例,和去年同期的 287 例相比上升了 36.93%,死亡 318 人。今年 1 至 9 月,累计报告发病数 2254 例,和去年同期 1738 例相比上升了 29.69%,狂犬病仍然是致死人数最多的传染病种。今天的节目,我们和大家一起探讨有关狂犬病的防治。我们也欢迎听众朋友在收听节目的同时,通过短信随时发表大家的观点和感受,编辑字母 CF 加你的留言发送到 9500168。今天节目的嘉宾是中国疾病预防控制中心传染病所室主任张勇震。张教授,你好。

张教授:你好。

主持人:目前,全国狂犬病形势严峻。9 月 11 日,卫生部公布 8 月全国法定报告传染病疫情报告显示,今年 1 至 9 月全国累计报告发病数 2254 例,和去年同期 1738 例相比上升了 29.69%,而 1996 年全国仅报告

---

① 《狂犬病防治要建立长效机制》,中央人民广播电台《今日论坛》,2006 年 10 月 25 日。

发病159例。狂犬病愈演愈烈,这其中的根源何在?

张教授:近几年我国狂犬病上升迅猛原因有以下三方面。第一,随着社会经济文化的发展,老百姓养犬数量急剧增加。据我们调查,农村地区70%的家庭养犬,如此规模的私养量,导致配套管理工作的滞后,比如犬的免疫力低,很多地方甚至不到3%。第二,很多人被动物伤害后,没有到正规的狂犬病门诊进行预防医疗处理。最后,我国尚没有建立起完善的防治狂犬病的长效机制。

主持人:非常赞同张教授的观点,长效机制,任重道远。听众朋友的反馈非常及时,手机尾号0881的听众建议,深入基层广泛宣传狂犬病危害,强制接种狂犬疫苗,发达地区应免费接种,同时,捕杀流浪狗。手机尾号0888的听众认为,有关狂犬病常识的普及工作也要及时开展。

> 以上为第一层次,提出问题,并通过听众的意见来强化这一问题。

主持人:一说到狂犬病,大家就以为是狗特有的传染病,请问张教授,这种理解是否准确?狂犬病的内涵究竟是什么?

张教授:这种理解是错误的,根据全世界对有关狂犬病流行病学调查发现,目前世界上所有瘟学动物都可以携带并传播狂犬病毒。而我国由于犬私养量过大,大部分直接伤亡病例主要来自于狗的问题,所以给大家造成一个错误概念,中国一说起狂犬病就是狗的问题,其实不然。另外,狂犬病是一个古老的疾病,这个病主要由狂犬病毒感染造成,感染后到达人的中枢神经系统,对其产生功能性伤害,主要症状表现为怕水、怕风、怕光。

主持人:狂犬病还会寄生在哪些动物体内?手机尾号0367的听众提出,猫抓伤人后也会有狂犬病发生,请问张教授,是否有此情况?

张教授:我国95%的狂犬病由狗引起,4%左右的病例由猫引起,此外由家畜,包括猪、马、牛、野生动物伤害造成。

主持人:如果我只是抱一抱小狗,没有被它咬伤,没有伤口,就肯定不会感染狂犬病。这样理解是否准确?

张教授:一般而言,这样是不会感染狂犬病的。但特别留心一点,如果狗已携带狂犬病毒,和人过分亲密,比如舔到有伤口的部位或者黏膜部位,有可能传染狂犬病毒。根据我们调查,国际上的确认数据表明,狂犬病主要通过被直接伤害、狂犬病直接感染、直接接触而引起。

主持人:手机尾号6179的听众提到一种情况,如果被已打过疫苗的狗咬伤,是否安全。

张教授:一般而言,接种过疫苗的狗对人不会产生伤害,但必须考虑到,由于我国兽用疫苗质量监督力度不够,有些兽用疫苗可能存在质量问题,因此对人产生间接威胁,还是建议到狂犬病门诊进行预防治疗处理。

> 以上为第二层次,就狂犬病的一些知识进行讲解,消除大家对狂犬病的误解,从而佐证要建立长效机制的必要性。

主持人:手机尾号3446的听众建议,防治要从源头抓起,要严格限制养狗数量,定期给狗注射疫苗,媒体要加大宣传力度。手机尾号3991的听众向专家求教,安全养狗的注意事项。

张教授:随着社会发展,养狗是正常行为,但除了狂犬病以外,狗还会携带其他的病毒性疾病,包括寄生虫等。因此,养狗首先要遵守社会相关部门的管理规定,包括登记、注册等。其次,遛狗尽量避开高峰期,同时要牵牢,严禁随意乱跑,以免伤人。最后,注意狗的卫生。特别强调接种相关疫苗,对自己负责,对别人负责,也是对犬本身负责。

主持人:当你享受和狗之间欢乐的同时,肩头就承担着一份对自己和公众的责任。手机尾号0616的听众认为,制定切实有效的管理制度可以借鉴发达国家的经验。比如,美国按照通行的美国动物医学协会指南要求,狗每年应到医院门诊进行例行体检,同时要注射综合性的防疫针,每三年还要注射预防狂犬病的药剂,如果没有定期进行防疫措施的狗出现伤人情况,养狗人要负法律责任,而我国在这方面尚无相关措施。

张教授:目前,我国有地方政府已经制定了相应的养犬条例。

主持人:手机尾号9800的听众询问专家,狂犬病潜伏期有多久?

张教授:众所周知,狂犬病一旦发作必死无疑。狂犬病绝大部分的病例潜伏期是一至三个月,超过几个月以上发病的情形较少。此外,我国北方地区是我国狂犬病低发地区,感染狂犬病的几率相对较小。

> 以上为第三层次,深化分析,并初步提出结论:养狗文明离不开相关规章与措施——即长效机制制约。

主持人:今天我们关注的话题是有关狂犬病的防治以及文明养犬的话题。听众朋友可以继续发送短信发表各自观点,编辑字母CF再加上你的留言发送到9500168。

主持人:欢迎大家继续收听正在直播的《中国之声》:《今日论坛》,我是雨亭。我们继续连线中国疾病预防控制中心传染病所张勇震教授。张教授,你好。

张教授:你好。

主持人:手机尾号5451的听众认为,狂犬病的防治迫在眉睫,有关部门应加大宣传力度,全面防治。手机尾号6634的听众说,防治工作需要多部门齐抓共管。手机尾号 1531 的听众询问我国在养狗和防治狂犬病方面有无长远规划,未来会不会制定一些有可操作性的具体政策?

张教授:针对狂犬病,我国相应的政策和法规主要表现在以下几方面:第一,国家加强对家养动物管理。第二,增强犬的免疫力度,从源头上控制传染范围,这需要政府个人共同努力。第三,坚决捕杀流浪狗。

主持人:对于生命的尊重体现在生活的方方面面,关心宠物也是关心人类。现在有些地方甚至出现了全城打狗的现象,全面捕杀非法犬,有人认为此项举动对人的心灵产生深刻影响,更应倡导文明养犬,有效预防。张教授如何看待对这一问题?

张教授:我同意这个观点,作为有益动物的物种,我们不可能把它们全部消灭,消极影响显而易见。此外,随着我国人口老龄化进程加快,以及考虑单亲家庭等方面因素,养犬也会对人类带来很多益处。关键问题不是犬本身的问题,而是我们怎么更好地做好相应的管理工作和养成科学文明养犬的观念。

主持人:狗是无罪的,犬患其实是对社会责任心、文明素质、社会管理水平、公共卫生体系等全方位的拷问。狗是人类的朋友,不要因为自身短视、自私和无知,让朋友变成敌人,当然更需要建立长效机制,防范狂犬病的发生。感谢张教授参与我们今天的节目,主持人雨亭代表责任编辑边琪感谢大家的收听。

> 最后一个层次,通过听众的参与与专家的分析,论述了如何建立"长效机制"。

针对文明养犬的问题中央人民广播电视的《今日论坛》节目制作了一期节目,其核心观点是"狂犬病防治要建立长效机制",不要头痛医头,脚痛医脚,否定了那种全城打狗"一刀切"式的做法。在主持人与专家对如何文明养犬、防治狂犬病的问题进行深入分析的同时,引入来自演播室外听众的观点和看法,让人们对养犬行为进行更为深入的理性思考。

通过上述节目我们可以看出,分析性专题离不开反映、分析、论断三个环节,具有强烈的评论色彩。在写作这类专题时,要善于以符合时代、社会发展趋势的新观念处理题材,并注重因事说理、用事、理结合的逻辑力量说服受众,在表达上要符合受众的思维规律,理繁弃纷、深入浅出。

三、调查性专题

调查性专题其实是调查性报道在广播电视领域中的运用,注重挖掘新闻事件内在的、隐蔽的关系,并向公众分析、揭示这些内在联系的重大意义。

在广播、电视媒体中,以调查性专题著称的栏目有中央人民广播电台的《新闻纵横》、中央电视台的《焦点访谈》和《新闻调查》。

在写作广播电视调查性专题时要注意,这类专题报道题材重大,批评性、揭露性报道往往面临错综复杂的情况、盘根错节的社会人事关系。要弄清事情的真相或问题的实质、查清根本的原因,不仅要进行细致的调查,还需要做实事求是的分析,否则就可能为表面现象所迷惑,做出背离实际的判断。另外,在报道过程中要注意展示调查的过程。

比如号称《新闻调查》栏目的第一个真正的调查性报道的《透视运城渗灌工程》,记者王利芬就作了充分的调查,不仅采访了各级官员,还到实地去走访了许多村庄和农户,甚至自己跳到建好的渗灌池中检查其水管理了没有、是否有下水的通道,掌握了大量的第一手材料,才使得报道能立得住,经得起被批评一方的任何反驳。

第二节　广播电视新闻专题的特点

广播电视新闻专题运用广播或电视手段,深入、具体、详尽地报道某一重大新闻事件或某些具有新闻价值又为广大受众关心的典型人物、经验,新出现的社会现象等题材的新闻报道形式,其特点有以下一些。

一、主题开掘深刻,揭示事物的本质,反映客观事物的内在规律性

专题不仅报道重要的新闻事实,而且注重反映事物或事件的发展变化过程、原因和影响;不仅讲究事实具体,而且重视发挥典型情况和细节;不仅审视事实的新闻价值,尤其注重从反映社会脉搏和时代精神的高度选择题材、提炼主题。专稿也要求具备新闻诸要素,但更注重"为什么"(Why)和"如何"(How)这两个要素。

二、用形象说话

在用事实说话的基础上,捕捉能够更容易被受众感知的声音形象或视觉形象材料,通过个别来反映一般。体现事物本质的倾向、观点是从场面和情节中自然流露出来的,使受众在形象中满足对事实认知的需要和情感宣泄的需要。

三、表达方式多样化

可以有恰当的描写、抒情和议论,并大量使用其他的符号手段,如音乐、音响、特效等。可以用对播、交谈、问答或嘉宾、听众参与的方式播出,表现手段和播出方式远比消息丰富多彩。

四、表现功能的多样性

专题不仅具有提供详尽事实的反映功能,而且具有提示事物来龙去脉及其实

质的解释功能、分析功能。随着社会的日益复杂化,后两种功能越来越受到广播媒介和听众的重视,于是近些年来陆续出现了一些专门播出解释性或分析性专题的节目或专栏。请看下面一个例子:

火烧湿地(片段)①

黑龙江电视台 2001 年 10 月 27 日首播

[字幕]10 月 17 日

扎龙真的着火了。

没有人能把大火和湿地联系在一起,但是扎龙湿地却真的着起了大火。

当我赶到扎龙的时候,大火已经燃烧一天了。

[记者现场报道]现在是 17 日上午 11 点多钟,记者在扎龙保护区的一处火场为您做现场报道。大家可以从我的身后看到部分的火光和浓烟,看到在火场里的风势,火马上就要烧到这里了,据扎龙保护区有关部门监测,扎龙保护区内现在还有十几处这样的火点正在燃烧。

在我做完这段现场报道的三四分钟后,无情的大火就吞噬了这片茂密的芦苇,而在更多的地方,十几亩、几十亩的苇塘在两三分钟里就成了一片焦土。扎龙湿地保护区的核心区在杜蒙县烟筒屯镇的辖区,也是大火燃烧的核心地带。从今年夏天起,干旱的扎龙芦苇丛中就开始出现火情,这些时燃时灭的星星之火,终于在秋天形成了燎原之势。

扎龙湿地是我国最大的鹤类保护区,每年都有大量的丹顶鹤在这里繁衍生息,而现在扎龙已经看不到丹顶鹤了,出现在镜头里的,是远远的苇塘深处滚滚的浓烟。保护区的同志告诉我,因为湿地严重干旱,早在今年夏天,当湿地出现零星火情的时候,有的丹顶鹤就开始迁飞了。

登上保护区观察火情的直升机,扎龙大火以更大规模出现在我的镜头前。据保护区初步掌握,保护区从南到北、从东到西都有火点在燃烧,核心区里,4 万多公顷的面积处在大火之中。

扎龙,火烧连营。

[隐黑出字幕:10 月 18 日]……

《火烧湿地》这个节目聚焦于"黑龙江扎龙湿地着火"这一新闻,本身着大火的事就具有很强的新闻性,而且湿地与大火联系在一起,当然吸引人的眼球。但记者并没有局限于此,而是以高度的责任感,结合多年来对扎龙湿地命运的关注,揭示出扎龙大火的必然性,从而引发人们对生存环境的深刻思考。

---

① 《火烧湿地》,黑龙江电视台,2001 年 10 月 27 日。

那么,湿地为什么会燃起熊熊大火呢? 专家分析,着火的根本原因就在于缺水。进入 20 世纪 90 年代以来,扎龙湿地的进水量就在急剧减少,扎龙湿地 90% 的补给水来自乌裕尔河,而沿河修建的水库多达 60 多个。十年前,流向扎龙湿地的水每年有 3 亿多立方米,而现在已不足 6000 立方米。因此,扎龙湿地不再湿润了,火灾当然也就逼近了。这篇专题报道沿着火势进展和记者的现场思考这两条线同时展开。记者的报道视点始终没有离开火场,但这种现场报道,又融入了大量的背景信息。

同时,电视专题的语言可以更有个性化。如《火烧湿地》的画面是沉重的,记者的解说是忧郁的,整个作品的风格和节奏有一种让人透不过气的感觉。也正是这种让人透不过气的感觉,才能引发人们对生存环境、对人与自然关系的深入思考。

专题的"深"是要求主题多侧面、多角度、多方位地报道新闻事态,由于专题具有播出时间长、容量大的特点,因而它可以对新闻事件进行细致的分析和详尽的解释。这就使得专题在新闻节目中唱"重头戏"和"压轴戏"。正因为如此,专题对题材的要求就比较苛刻,它不能选择一般性的题材作为报道内容,它必须选择广大群众普遍关注的重大新闻事件和重要的社会问题。而且,要对这些重大事件的发生、发展的来龙去脉进行挖掘和拓展,将通过深入采访得到的翔实材料向观众阐明事物的起因与发展变化的轨迹,由浅入深、层层递进地做深度报道。

第三节　广播电视新闻专题的表达手段及其常用结构

一、广播电视新闻专题的表达手段

广播新闻专题可同时调动同期声、解说、录音资料、音乐等手段,以对播、交谈、问答或听众参与的方式播出;电视新闻专题的表达手段,包括诉诸于视觉的手段,如活动画面、照片、图片、动画、字幕、特技等,诉诸于听觉的手段,如同期声、解说、录音资料、音乐等。在新闻专题中适当采用这些手段,与内容协调,起到烘托内容、激发受众情感、引起共鸣的作用。

二、影响广播电视新闻专题结构的因素

由于广播电视新闻专题的篇幅比较长,一般在十分钟以上,因此,组织好结构对信息的传递和受众的接收都至关重要。一般而言,影响广播电视新闻结构的具体因素有以下这些。

一是说、听的线性方式。一般来说,广播电视新闻专题要力求脉络单纯清晰、层次井然有序,其结构以单线结构为基础,讲究顺序而进。所谓顺序,包括顺时间发展之序,顺空间位置变化之序,顺情节来龙去脉之序,顺事物间的逻辑关系之序。

这样安排材料,叙述事实,顺乎人们的思路,比较容易听得入耳,也有利于人们听后面的、想前面的,边听边琢磨,更好地理解事情的来龙去脉,前因后果,弄清楚人、事、物之间的关系。

二是突出听觉与视觉印象的特点。对于专题而言,由于时间比较充分,可以有较充分的机会来展示事物的音响与画面,但同时也需要记者精心剪裁,突出体现事物特点的听觉或视觉信息。这样,才有利于更好地表现题材、体现主题。

三是考虑受众的收听、收看状态。因为广播电视新闻专题的时间较长,要吸引听众或观众的持续注意需要在结构上多下工夫。这里面尤其强调过渡要顺乎思路。过渡是段落、层次间联系的反映,能使广播电视新闻专题更加完整、和谐、流畅、缜密,形成顺当、连贯的视听效果。广播电视新闻专题有多种多样的过渡手段,如有时可以应用关联词、语气词,有时可以应用过渡句、过渡段。只要自然、顺乎思路、顺理成章,任何方式的过渡都无不可。

正是这些因素的综合作用,决定了广播电视新闻专题的结构除了坚持从题材的实际出发以外,还必须要适应视听规律。

三、广播电视新闻专题的常用结构

1. 纵式结构

按新闻事实发生、发展时间顺序组合和编排材料的一种结构形式,也叫单线条过程链接法。适用于报道中心事件、中心故事、中心人物的事实,如有些新闻小故事、事件专题等。这种纵式结构有以下几种情况:按照一个事件的发生、发展过程,按时间顺序叙述下来;或按照生活中发生的一连串故事的时间顺序,依次叙述。

生死 5 小时①

主持人:(水中救援的画面)刚才我们看到的这一幕是发生在几天前黑龙江黑河到加格达奇的公路上。当时,这辆客车被冲入急流,旅客们只能从车里爬出来,站在被洪水淹没的客车车顶上,暴雨不停地下着,四周一片汪洋,看着滔滔的洪水,他们惊恐而无助,而更危急的是一些人已经被洪水冲走了。

最初: 车陷大水

获救者王文祥:因为水大,大车被冲击移位了,移到边上了,车子都栽了。

获救者:一下水就咕嘟喝了一口汤,捣两下就没劲了。

获救者闻丽梅:我认为就是完了,然后我给我家那个(丈夫)打电话。

①　《生死五小时》,中央电视台《焦点访谈》2006 年 8 月 1 日。

获救者:大概有个十来秒钟,(手机)一下就断了,我这心里一下就(想)毁了,我就知道客车差不多,基本上就把人没了。

7月23日上午,44名乘客先后登上了一辆从黑河开往黑保山的个体客车,由于路程较长,一些乘客迷迷糊糊地睡着了,突然一阵"哗哗"的水声,将他们惊醒。

获救者王文祥:拉开窗户一看,那时候大水,已经积有一米三四那么深了,到大客轱辘的上面,基本到大客车的一半了。

获救者闻丽梅:然后我站在那儿一瞅,四周都是水。

据两位获救者回忆,客车遇险的地点位于黑河至加格达奇公路327公里处,由于连日暴雨,路旁原本只有几米宽的小沟,已经变成一条湍急的大河。客车正是在此处滑下了路基,落入三米多深的洪水之中,车上的人顷刻间陷入了险境。

接着:水没汽车

获救者王文祥:车已经进水了,完了司机就打倒档开始倒车。

获救者闻丽梅:就听到那些车里的人就说别倒,别倒,这个司机想倒出去。

获救者王文祥:就觉得车一动弹,我正在那儿趴着窗户看,一下就栽到水底下去了。

获救者闻丽梅:我就忽忽悠悠地就上去了,我感觉到是接触到车顶了。

获救者王文祥:到我脖子地方的时候,我就靠着窗户跟前,就开始端玻璃,那时候已经端不动了,水已经淹到玻璃的三分之二。

然后:救援队赶到

报警电话在11点40分打出,12点38分黑河市110人员赶到现场之后,发现事态远比预想的严重,便向黑河市边防支队紧急求援,中午12点45分,黑河边防支队的抢险官兵在泥泞中驱车29公里出现在了遇险群众的视野当中。

黑河边防支队爱辉边防大队政委陈荣春:我们来以后,就看到群众把客车上的唯一一根绳子拴在咱们的电话线的电缆上,20名群众抓住这一根绳子,而且我们看到客车上有近20名群众,而且水里面、树权子上还有很多群众把着比较细的树枝,情况非常危急。

开始救援

根据当时的情况,抢险官兵立刻分成几组开始绝地救援。

黑龙江边防总队黑河边防支队支队长曲钧成:第一组我们抽调的是水性比较好的人员,马上就该下水救人的救人了,第二组就是拉绳索,接应这些救援的人员。

此时,车里的每一位乘客都已经经历了一次生与死的考验。

获救者王文祥:就在那儿喝水,那时候那种心情就彻底绝望了,当时在我的感觉来讲,一个也出不去了。

获救者闻丽梅:我还用手捂了几下嘴,后来就感觉有股力量给我吸着就走了,我就啥都不知道了。

被冲出车外之后,王文祥和一部分乘客爬到了客车的顶部,闻丽梅和另一些乘客则被冲到了周围的区域。

陈荣春:我们马上把我们带来的大绳固定在客车上,把客车固定住,如果要是不固定这个客车,情况会更加危急,然后我们把救生衣每一件发给客车上的每名乘客。

增援队赶到,但水势更危急

十分钟后,黑河边防支队的另一路官兵也赶到了现场。就在此时,被冲毁的路面已经形成了一个缺口,顺山而下的洪水呼啸地冲向已经在水中苦苦支撑了一个多小时的群众。

获救者闻丽梅:当时我早上就没吃饭,都站那么长时间了,当时我都要受不了了。

获救者王文祥:这时候水继续往上涨,我们在里面等着救援。

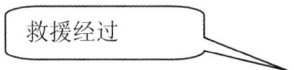

救援经过

在这种情况下,抢险指挥部果断决定由黑河市公安局一名民警先行登上客车顶部,一面稳定群众的情绪,一面帮他们系好安全带和绳索,将他们逐一送入营救通道。与此同时,针对那些被洪水冲到了客车周边的群众,营救工作也在紧张地进行着。爱辉边防大队政委陈荣春主动要求带一组队员营救远离岸边的几名群众,他穿上救生衣,绑上绳索,毫不犹豫地冲进了湍急地洪流中。

曲钧成:这个底下的情况是看不着底,水流也非常大,这水也非常浑浊。

陈荣春:但是当时救助的时候,根本没有考虑这么多,应该把群众一个个救上岸,这才是我们的目的。

　　他奋力游向遇险群众,救下了第一名,接着是第二名、第三名,一共八名,岸上的战友要下来替换陈荣春,可他怎么也不肯。经过一个多小时的救援,大部分遇险群众被成功地营救,但仍有几名下落不明。为了进行远距离搜救,黑河边防支队特意调来了冲锋舟,而当运送冲锋舟的车辆到达时,吊车却在半途中陷入了泥泞,无法使用。情急之下,支队长一声号令,两吨多重的冲锋舟竟被官兵们生生从车上抬了下来。冲锋舟使搜救范围得以扩大,在洪水中,边防官兵果然发现了被卡在一棵树上的黑河幸福中学教师闻丽梅。此时,她的精神和体力已经接近极限。

　　获救者闻丽梅:部队的人来,我心里才有底,因为他们来了才能真正把我救上去,因为看电视,咱们平时看电视也多,每次最有危险的时候,不都是部队人冲上去,解救这些人的。

　　也就在这时,闻丽梅还看到了几位自己的亲友,原来丈夫得知妻子遇险之后,怕路远赶不及,就特意请他们就近赶来救助。

　　获救者闻丽梅:带来两个会水的,其实他们根本无法靠近我,在离我树的前面,就是到我之前是一个急流。

　　就在闻丽梅的亲友束手无策之际,爱辉边防大队大岛边防派出所教导员刘春波挺身而出。

　　爱辉边防大队大岛边防派出所教导员刘春波:我就拐过去,拽着树枝一点一点,拽到那个妇女跟前。

　　获救者闻丽梅:我看到他的时候,他看着我,我看着他,我俩谁也没有出声,但是我心里想的是,这个人就是我的救命恩人。*

　　刘春波:我就让她慢慢慢慢一点点下来,踩着我腿下来,她一下来的时候,我就抱住她,我就把游泳圈套到她身上。

　　岸上的战友看到刘春波救下了闻丽梅,便奋力回拉连在他身上的绳子,可由于树木挡住了战士们的视线,绳子被死死地卡在了水边的一棵树上,闻丽梅身上的救生圈也被扎破了,她开始下沉。

　　刘春波:当时一看她往水里沉下去了,当时我身上有一根绳,我一看到,我就伸手把她拽过来,一拽过来我俩就往下沉了。

　　获救者闻丽梅:然后他又扔过来绳子,说你抓住那绳头,在他的帮助下,他从后面推着我,前面那些人就拽着,我就过去了,然后等我的脚踏上岸了,我感觉我确实安全了,我就瘫了。

　　闻丽梅是最后一名被营救出的遇险群众,经过5个多小时的救援,黑河边防支队与公安干警、消防官兵、解放军指战员,共计160人并肩战斗,成功营救出41名遇险群众,这起事故中有5名乘客不幸遇难。

　　获救者王文祥:被营救以后,那种心情是无法表达的,这也是我获得了第二次生命。

获救者闻丽梅：那你说他到我身边，是不是冒着生命危险去的，他也不知道他自己确实能不能安全，所以说我觉得这几天一直非常感激，但是找不着这些人，不知道怎么去感谢他们。

主持人：感谢摄像机镜头为我们记录下了这场生死大营救的过程，让我们看到了黑河市公安民警、边防消防官兵和解放军干部战士，共 160 多人合力上演的这场真实版的"生死时速"。从接到救援信息、启动应急预案到完成救援，他们仅用了 5 个小时，而这 5 个小时充满了惊心动魄，也充满了团结、力量和友爱。

从上篇报道我们可以看出，这种纵式结构让人感觉一目了然，新闻事实的发生、发展的时间顺序很清楚。把事实发生的时间顺序直接作为广播电视专题节目的主要线索，是一种常用的结构方式。这种结构方式的缺点在于如果节奏把握不好，会让人感觉到有记流水账之感。

2. 横式结构

横式结构是按照新闻事实的内在性质来区别叙述，同类内容归到一起，再分出先后组织。横式结构又分为同时异空结构和多侧面拼接结构。横式结构比较适用于报道那些场面宏大，但没有中心事件的新闻事实。同时异空结构，就是将同一时间作为一个平台，将发生在不同空间、不同方位上的事实串联起来，以显示题材的丰富和场面的宏大。这种结构常常用来报道某些纪念日的重要时刻，它是以空间的变幻来显示时刻的重要。还有一类叫多侧面拼接结构，常常围绕主题，在一个主题的统领下采用这一主题的不同侧面拼接事实。

<h3 style="text-align:center;">不文明行为"排行榜"①</h3>

主持人：您好观众朋友，欢迎收看《焦点访谈》。不久前，北京市结合奥运人文主题进行了建国以来最大规模的社会公德现状调查。与此同时，全国很多地方也进行了类似的调查和讨论，一时间社会公德话题又成了人们关注的焦点。调查发现多数人最深恶痛绝的不文明行为，主要集中在交通出行、旅游观光、环境卫生和公共设施这四个方面。

> 第一部分：交通不文明

解说：衣、食、住、行，行在生活中的地位不言而喻。出门在外，大家都想既快、又安全地到达目的地，但是有些人却只图自己方便，把马路当成是"我的地盘，我做主"，把交通法规全部抛在了脑后。

行人和机动车本来应该遵守交通法规，可一些机动车和行人总爱亲

---

① 《不文明行为"排行榜"》，中央电视台《焦点访谈》2005 年 12 月 7 日。

密接触,不是行人走到了机动车道里,就是机动车开到了非机动车道里,这样一来,交通拥堵不用说,也成了事故发生的隐患。

不久前,北京市发生了这样一起惨剧,这位过马路的人已经按动了人行道的交通指示灯,这辆疾驰而来的宝马车却连带一脚刹车的意思都没有,撞人后,汽车驾驶员驾车逃逸,行为确实令人发指。

在城市里面,一些客运车为了本车乘客上下车的方便,不管自己在什么位置,随处就停。瞧,这辆车就潇潇洒洒地停在了马路中间,让乘客上下车。

严飞 北京市崇文区交通支队前门队副队长:

北京市的机动车保有量是很高的,所以一部分司机为了赶时间,占用了自行车道。我们经常能感到机动车抢占了自行车道后,跟自行车发生争执,有时有可能两个人就打起来了,进一步冲突了。

解说:有着十多年交管经验的严飞告诉我们,常见的道路违规有多种情况,而变道不打灯,则是让许多司机备感头疼的一种。

严飞:有的司机为了赶时间,就直接把车开过去了,并线就走了,没有打灯的时候就并线了。

记者:这种状况多吗?

严飞:这种状况应该说还是比较普遍的。

> 第二部分:旅游观光不文明

解说:每一次的旅游黄金周是大家难得放松的机会。而游人的行为其实也是景区的风景,个别人在游览美景胜地中放松身心的同时,也放松了自己的行为。

我们来看看,这是北京天坛公园著名的回音壁,然而这面回音壁现在却是伤痕累累。再来看看,这是一张介绍长城的示意图,然而就在这张示意图截取的长城画面上,却清晰可见"某人到此一游"的痕迹。

一位专门负责带队出境游的领队告诉我们,在国外许多景点都在显眼的位置标识有中文提示语,比如"便后冲水、请排队"等等,每当看到这些,他总是感到既气愤,又惭愧。

王禹 中国国际旅行社总社出境游总部专职领队:有的时候大家一下飞机,都憋了半天了,急着去上厕所的时候,在国外习惯每个人站在一道线后面,等你出来以后我再过去,咱们的习惯,我就直接站在你后面等着,你在前面方便的时候,我就在你背后,好像警察在监督一样。

解说:您瞧这位小伙子,爬到了古建筑的最高处,自己居然还得意洋洋。不仅国内如此,一些人还把这个习惯带到了国外,比如不分场合、对象地乱拍照。

王禹:咱们比较喜欢西方的小孩子,我们叫他洋娃娃。一旦见了洋娃娃都非常喜欢,不管人家父母愿意不愿意,过去就搂着人家照相,甚至要亲两口,要摸一摸,而且一个人照完了之后,全团都会大家你喊我,我喊你,都过来照,所以弄得人家父母很别扭。

> 第三部分:环境卫生不文明

解说:没有人不想生活在优美的环境里,然而这个美好的愿望有时却成了一种奢侈。

现在养宠物的人越来越多,这本来无可厚非。但是一些宠物主人不清便,成了令人深恶痛绝的老大难问题。为此,有的城市甚至出台了"宠物随地大小便,主人不清理,最高罚款五百元"的规定。

尽管我们每天都在提醒大家不要乱扔垃圾,但是乱扔垃圾这种现象仍然顽强地存在我们生活之中。您瞧,这是一位屡遭打击的居民自己拍摄下来的画面,画面中一袋垃圾正在做着抛物运动。再看这边,一袋袋垃圾从天而降,楼下居民叫苦不迭。

范振泉 北京市海淀环卫服务中心二队:我们扫吧,有时只能下手捏。我们搞这个工作,我们有时下手捏,说师傅您挪一下,我们扫扫,就这样。

解说:这些画面时常可以在一些地方见到,不管是白天还是晚上,有的人有了内急,竟然本着"就近"的原则,先痛快了再说,他倒是痛快了,别人呢?

市民:我们到这儿捂着鼻子或者一跑就过去了。

> 第四部分:公共设施不文明

解说:如今,公共设施为我们提供了越来越多的便利。国家在公共卫生间等公共设施上的投入不断增加,而同时也不得不面对公共设施不断遭受破坏的现状。

在公共设施上乱涂、乱画,让很多管理部门感到头疼,对于这种行为现在似乎是无计可施。

王宝平 北京市海淀区环境卫生服务中心四队队长:大家都看到了,从这个小广告来讲,给我们工作带来了很大困难。

记者:你看这公厕上这么多颜色是怎么回事儿?

王宝平:就是说我们刷小广告,喷完以后,就是社会对我们要求,厕所墙上不能有小广告,我们粉刷只能是哪有我们就刷一块,哪有刷一块。

解说:虽然现在手机普及率很高,但是公共电话的便利仍然不可取代。然而公共电话在街头闪亮登场以后,却时常面临着被毁坏的厄运。再看看这边,这是一间干净、便利的一类公共卫生间,而就在这里有专门 24 小时打扫管理的地方,还是有人钻了空子,让管理人员防不胜防。

王宝平:典型的一个,蹲这以后无聊地烫那个隔断板,烫门板。

记者:拿烟头烫。

王宝平:拿烟头烫,所以现在门板也不好修复,烫完以后就烙下痕迹了。

解说:和其他行为相比,偷盗井盖就最为可恶。北京市市政工程管理处养护部的张书运告诉记者,他们管理的16万个井盖和蓖子中,去年就丢失了一万多个。

张书运 北京市市政工程管理处养护部部长:井盖的丢失和损坏,对我们的工作压力相当大,为什么呢? 第一就是对市民的生活有影响,第二对市民的安全有影响。

主持人:中国是有着五千年历史的文明古国,现在正在建设现代化的文明强国。通过片子里展示的这些现象,我们看到一些人的行为距离文明还有一定的差距。其实我们身边这样的现象并不少见,我们也应该在自律的同时,提醒身边的人"从现在做起,远离陋习,走进文明"。好,感谢您收看这期的《焦点访谈》,再见。

这是一个多侧面拼接的横式结构专题,把各种不文明行为分为四大类,按照不同类别来组织报道,报道的各部分之间是并列关系。这样的结构使得报道虽然内容繁多,但是井然有序,便于观众接受。

3. 递进式结构

递进式结构是一种透过现象层层深入到事实背后,步步深入,环环递进,从现象到本质的结构。这类报道往往在一开始提出问题,接下来层层推进,由浅入深地进行分析和调查,最后得出一个结论。递进式结构分析问题,一般是按照由现象到本质、由原因到结果等层层深入的思维轨迹。它的层次与层次之间已不再是并列、平等的关系,而是推进的关系,向前发展的关系;犹如剥笋,一层比一层深入,最后挖掘出本质和灵魂,因此,也有人把递进式称为"剥笋式"。

疑窦丛生的人工授精①

主持人:作为一种辅助生殖技术,人工授精的方法让不少患有不孕症的夫妇满足了要一个宝宝的愿望。但是因为人工授精对于精子的质量要求很高,关系到下一代的健康,关系复杂的社会伦理问题,所以我们国家对于人工授精这样的人类辅助生殖技术的应用和精子采集、检测都有着严格规定,出台了《人类辅助生殖技术管理办法》和《人类精子库管理办法》,要求从事治疗活动的医院必须进行严格的审批,而且严禁私自采集精子。今年初,湖北的一个妇女进行了人工授精,可是随后发现,给自己

---

① 《疑窦丛生的人工授精》,中央电视台《焦点访谈》2005年5月26日。

进行人工授精的医院并没有取得卫生部门的批准。夫妻俩越想越害怕。

解说:在湖北,记者见到了这个接受人工授精的女子,几个月前,他在广德妇科医院接受了人工授精。

记者:那么再说起人工授精,就是医院实施人工授精这件事情,你的感觉是什么?

当事人:害怕,应该说是顾虑重重。

记者:顾虑什么呢? 有一些什么顾虑?

当事人:最直接的,精子的来源,那个精子到底出自什么样一个人的身体? 很恶心的感觉。

解说:不断产生疑虑,这名女子备受煎熬,心力交瘁。要了解当事人的感受,我们先得了解人工授精的相关知识。人工授精就是用人工的方法,将丈夫或者他人的精液注入女性体内使其妊娠的一种方法。而使用非丈夫的精液的人工授精被称为供精人工授精。供精人工授精出生的后代会面临一系列的法律和社会伦理问题,所以世界各国都对人工授精采取了一系列的准入制度,对捐赠精子实施严格的检测制度。我国规定,实施人工授精的医疗机构,必须经卫生部审批,使用的精子必须由国家批准的精子库提供。卫生部公布的最新消息表明,我国能实施人类辅助生殖医疗机构一共37家,而可以开展或者是试行开展人工授精的只有6家,而这名女子实施供精人工授精的武汉广德妇科医院不在国家批准之列。这家医院提供的精子能否合格? 成为当事人越想越担心的问题。

记者:精子的来源,他说是来源于精子库吗?

当事人:他没有说来源于精子库,但是他说我们精子的来源你放心,都是很正规的,都是经过检验的,都是几亿个精子里面挑出来的,筛选出来的。

记者:他们有没有什么相关的什么证书可以给你看,或者是检验证书?

当事人:没有,我当时很想看,但是没有。

解说:2001年公布实施的《人类辅助生殖技术管理办法》明确规定,人类精子库提供精子时必须提供精子检验合格证明。武汉广德妇科医院自身没有资质,也没有提供精子检验合格证明,他们使用的精子质量如何保证呢? 记者找到了这家医院的法人代表杨霞。

杨霞 武汉广德妇科医院法定代表人:我们广德医院应该讲不会做这个事情。

解说:从办公室墙上悬挂的证件看,武汉广德妇科医院是一家盈利性的民营医院。面对记者,作为法人代表的杨霞,不仅不能说明精子的来源,甚至矢口否认医院曾经给病人实施过人工授精。而这种说法得到了院长的支持。

李定天 武汉广德妇科医院院长：如果说我们医院单独做的话，我们医院从来没做过。

解说：可是当记者出示当事人的病例后，院长就改变了说法。

李定天：我们医院目前是没有做人工授精的。广德医院的前身是，当时和华中医科大学同济医学院的生殖中心，作为合办医院的时候，是做过人工授精的。我们有这样的病人介绍过给他们，我们有，这个资料是我们统计的。

解说：院长解释说，广德妇科医院没有做过人工授精，他们只是无偿地为同济医学院计划生育研究所联系病人，实施人工授精的都是同济的医生，精子也是他们掌握的。他还说，由于关系好，医院和这家单位没有签署书面文字，但是这一切都被同济医院计划生育研究所否认。

朱长虹 同济医学院计划生育研究所副所长：首先作为同济医学院计划生育研究所和广德妇科医院，无论是在医疗还是在科研上面，是没有任何合作关系的。我作为一个研究所，它是作为一个医疗机构，它的病人怎么会提供到我这个地方？我觉得是非常之奇怪。

解说：这家研究所也称生殖医学中心，他们说，广德医院成立前曾经和现在的法人代表杨霞合作经营过一个门诊，但是合作关系早在2003年就结束了，现在的广德医院和这家研究所没有任何关系。本来很明确的事实在两方各执一词的情况下，变得扑朔迷离。到底谁在实施人工授精？谁又能说清楚精子的来源？第二天，记者又一次来到广德妇科医院。

李定天：我现在只讲这么一句话，就是从广德医院开业以后，是(和它)没有任何业务上的联系，偶尔请他们来讲座，仅限于此。

记者：但是昨天你给的回答是……

李定天：我说了，我昨天是说的假话。就是在我们开业的时候，我们曾经做过一两例，那是到其他单位拿的(精子)。

记者：哪个单位？

李定天：就是你们昨天去的地方。后来计生所就要求我们不要再做这个了，他也不给我们供应了，我说那我们就都不做了，因为你没有合法的精子，我们就不能做这个事情，我就要求绝对不能做的。

杨霞：当时我们也了解了一下情况，也告诉了雷医生坚决不能再干这个事情了，整个情况就是这样子。

记者：你现在说的是事实吗？

杨霞：是事实。

解说：他们说的真的是事实吗？这次两位负责人又说，2004年8月前医院做过一些人工授精，后来再也没有做过。其实，在第二次到医院前，记者就已经掌握了一些证据。证据表明,广德妇科医院给患者实施供精人工授精的时间和数量远远超出两个负责人所说的。这是知情人提供的广德医院供精人工授精的登记册,一共46份。登记册显示,医院从2003年12月到2005年1月一直在进行人工授精,记者注意到,广德妇科医院2004年4月取得医疗机构执业许可证,5月29号正式开业。而此前它已经开展人工授精5个月了。记者按照登记册中的情况进行了了解,得到了当事人的证实。因为涉及隐私,当事人大多数不愿意接受采访,在记者的努力下,有两位当事人勇敢地站出来面对镜头。

记者:你一共做了几次?

当事人:第一次我就做了两次,第一次收了1800元,第二次收了2500元。

记者:这两次是在同一天做的吗?

当事人:隔一天。

记者:那你有没有问他,它的精子来源是来源于哪儿?

当事人:同病房的一个人问过,我和她聊天的时候,她说她说问过,医生说从很远很远的地方,说了你也不知道。

记者:那么当时有没有给你出示有关的检验合格证呢?

当事人:没有,什么也没有,就是我们一去,她检查,那天可以做就做吧。

记者:你记得在哪家医院做的呢?

当事人2:就在武汉广德妇科医院。

当事人2:大约是去年11月份做了两次,12月份又做了一次,但是都没有成功,我没有成功对它已经灰心了,今年已经没有去了。

当事人2:问过,但是他说这是保密的,不会给你透露的,他说保证精源的健康。

解说:院长只承认买过一两份精子,但是这么多白纸黑字的登记册和和接受了人工授精的当事人都证实,给他们注入体内的精液是武汉广德妇科医院提供的。

记者:那精子从哪来?

杨霞:我刚才给你讲了这个渠道。

记者:两条?

杨霞:三条。

记者:哪三条?

杨霞:一条就是夫精的精子,同体的。一条是病人家属带来的精子,还有一条精子从哪儿搞来的,也不知道,我听说是这样的。

解说:明明双方签署的协议中写明,精液由医院提供,现在怎么变成了可以由患者或者是患者家属提供了？明明卫生部规定,供精人工授精只能使用在精子库冷冻 6 个月以上,检验合格的精子。这家医院的精子怎么这么混乱？如果这是事实,那它可能造成极大的社会危害。

记者：医院的法人代表杨霞在接受记者采访时,声称自己对医院实施人工授精的事情毫不知情,但是在几天前,记者进行前期调查时,他对病人家属说的却完全是另外一番话。

杨霞：你放心,我们这个医院是非常规范的,不会有问题的。精子都不会有问题的。这个你不用担心。我们的精子都是正规精子库来的精子,而且我们成功率也是非常客观的。但是这个不怀孕的人,就是有她的问题,一定要把这个问题找出来,排除掉。精子库的精子经过多方面的检验,要求严格得很,因为这说句实话,说难听点,这也算是在制造人类。

解说：面对患者,这位法人代表表示,这是在制造人类,所有操作都很规范。面对记者,她却一再推脱说自己不知道。实在不知道这位法人代表在什么情况下说的才是真的。

记者：随着调查的深入,精子的来源问题越来越令人担忧,我们希望找到准确的答案,但武汉广德医院却始终无法给出令人信服的说法。一家实施了人工授精的医院,且无法向公众说明精子的来源,那些在这家医院接受了人工授精的患者,她们的权益又怎么能得到保护？

主持人：记者调查发现,武汉广德医院从事人工授精不仅没有经过合格的审批,院方也无法证明精子来源的合法性。非法的人工授精,让人们产生了很多担忧：提供精子的是一些什么样的人？他们是不是健康？同一个人的精子提供给了多少人？他们的后代会不会有近亲结婚的可能？这些方面的问题一旦发生,将给患者和社会造成极大的困扰和危害。采访的后期,记者向当地卫生部门反映了广德医院的所作所为,相信卫生部门会对这家医院违规行为依法进行查处。

这个报道采用这层层深入的剥笋式结构,由表及里,把事实的真相一点一点地展现出来。虽然最终的答案没有获得,但通过记者的调查,问题的存在已经是不用质疑的了。

练习

1. 请根据以下材料,以江西电台记者的身份策划一期电视新闻专题节目。

今年春节,江西省红色旅游景区异常火爆,井冈山接待游客 2.1 万人次,1.2 万名党员干部到瑞金革命旧居旧址参观学习,红色旅游成为党员先进性教育活动的课堂。

从上世纪 90 年代开始,江西省对井冈山、瑞金和南昌八一起义等 30 多处重要的革命旧址进行修缮复原,在井冈山修建了"井冈山烈士陵园"、"黄洋界保卫胜利纪念碑",在八一起义纪念馆采用了声光电等现代化表现形式,在安源路矿工人运动纪念馆新建了毛泽东、刘少奇、李立三塑像。各级党委、政府共筹集资金 1000 多万元,开展保护革命文物、维修革命旧址和更新文物陈列工作,还先后请国家发改委、财政部等 36 个部委在瑞金修复旧址。

江西省先后推出红色文化研习游、革命摇篮体验游、红色故都寻访游、长征之路觅踪游、人民军队寻根游、工人运动探源游、秋收起义访问游等红色旅游产品。形成了上海—嘉兴—南昌—井冈山—瑞金—长汀—高州—遵义—延安—西柏坡—北京的中国红色旅游概念线路,南昌—井冈山—赣州—瑞金金牌线路,井冈山—萍乡—韶山—长沙等精品线路。

江西省大力进行旅游交通基础设施建设,南昌、井冈山、瑞金、安源、上饶等红色旅游景区都有高速公路相通。修建了井冈山火车站、泰井高速公路,井冈山形成了立体交通网络。瑞金修通了京福高速公路江西段、昌厦一级公路江西段和赣州到瑞金二级公路,并将建成赣州至龙岩的铁路,瑞金的外部交通条件已有根本改善。

2004 年,江西以超前的意识夺得发展红色旅游先机,成为全国业内红色旅游"风向标"。2005 年 1 月 8 日,全国旅游工作会议第一次放在江西召开。国家旅游局局长何光韦透露:"是江西的红色历史和红色旅游潮将此次会议吸引到了江西。"他表示,江西依托丰富的红色旅游资源,成为在全国率先开展红色旅游并取得成效的地区,经验值得借鉴。

国家旅游局将红色旅游定为 2005 年全国旅游核心主题之一。去年年底,《2004—2010 年全国红色旅游发展规划纲要》正式出台。全国旅游界都将目光聚焦在红色旅游上,相关活动如火如荼。各兄弟省也在旅游上打起了"红色"牌。

2004 年 12 月,北京顺义区焦庄户地道战地下地道遗址被确定为北京市三个重点建设的"红色旅游"景区之一。该遗址及地上抗战活动的村落格局恢复改造后,游客们可以钻地道、参观抗战民居、吃抗战饭、看抗战电影,甚至可以亲自打一场"地道战"。

2005 年 1 月 1 日,"太行情,山西行"红色旅游系列活动在长治市武乡县的八路军太行纪念馆全面启动,从而拉开了山西省纪念抗日战争胜利 60 周年的序幕。

2005 年 1 月 6 日,"情系红旗渠·河南红色旅游"活动在河南省正式启动。

2005 年 1 月 7 日,重庆市与四川省广安市签订协议,共同打造红色旅游无障碍区域。

新近出台的《2004—2010 年全国红色旅游发展规划纲要》向全国旅游业发出了一个强烈信号:提升景区产业素质已成当务之急。

根据规定,国家为将获得重点扶持的红色经典景区设下了较高的门槛——80% 以上必须为国家 3A 级旅游区,其中 4A 级以上景区要达到 40%。而江西省目前 4A 级景区仅为 9 家,5A 级景区数目为零。

2005 年 2 月 21 日,国家发改委、中宣部、国家旅游局等 13 家单位首次联合公布《全国红色旅游精品线路录》和《全国红色旅游经典景区名录》。在全国红色旅游 30 条精品线路和 123 个经典景区名录中,江西有"四线五景"榜上有名。4 条精品线路分别是:南昌–吉安–井冈山线;赣州–瑞金–于都–会昌–长汀–上杭–古田线;井冈山–永新–茶陵–株洲线;黄山–婺源–上饶–弋阳–武夷山线。

在全国红色旅游 123 个经典景区名录中,江西占 5 个,即江西的南昌市红色旅游系列景区(点);萍乡市红色旅游系统景区(点);井冈山市红色旅游系统景区(点);赣州市、吉安市、抚州市中央苏区政府根据地红色旅游系统景区(点);上饶市上饶集中营革命烈士陵园。

2. 请分析与评价以下电视专题节目采访片段的特点。

刘姝威,著名经济学家陈岱孙、厉以宁的学生,中央财经大学研究所研究人员,专长于信贷研究。

蓝田股份,证券代码 600709,1996 年在上海证券交易所上市。5 年来的财务报表显示出持续的业绩高增长,蓝田股份有限公司也因此被誉为"农业产业化的一面旗帜"。

然而,2001 年 10 月 26 号,刘姝威的一篇题为"应立即停止对蓝田股份发放贷款"的 600 字短文却直接改变了蓝田神话的命运,文章指出,蓝田股份已经成为一个空壳,建议银行尽快收回蓝田股份的贷款。之后,蓝田股份被停牌。《新闻调查》记者王志专访了刘姝威。

记 者:就是 600 个字,粉碎了一个上市公司的神话。这件事本身我们听起来,就令人难以置。不知道你作为当事人来说,你的个人感触是什么?

刘姝威:我纠正你的说法,不是由于我 600 字粉碎了一个神话。它这个蓝田的问题,我想不是我首先发现的。你不能说是因为我发了这 600 字,才把这个神话来粉碎的。在我之前,证监会已经开始进行调查。

记 者:但是问题是,你是第一个吹响预警信号的人。

刘姝威:如果这样的话,那你太小看了我们银行家了。现在我要考虑的问题是什么呢,这么简单的问题,银行不会发现不了。那么为什么不应该发放的贷款发放出去了呢?应该停发的贷款停发不了呢?这就说明一定是有其他的因素在干扰。

记 者:照你这么说,就是没有人来关注这件事。

刘姝威:没有人说出这件事。银行没有及时采取行动的原因,不是因为技术上的原因。

记 者:不是由于技术上的原因?

刘姝威:从技术上,现在银行有那么多博士和硕士。他们都受过很好的训练,他们怎么能够看不出来呢?绝对不是由于技术上的原因,而是由于技术以外的原因。

记 者:你指的这个因素是什么?

刘姝威:就是什么呢?作为一个上市公司的话,瞿兆玉哪有那么大的本事上天入地:他为什么能那么迅速地就能拿到《金融内参》呢?如果这个因素你不消除的话,保证我们的信贷安全是很难的。

记 者:你指的这个因素是在商业游戏规则之内呢,还是之外?

刘姝威:我想这不是市场经济允许的。要是在一个健康的市场经济当中,这些因素是不可能存在的。这些因素呢,会威胁到我们国家社会主义市场经济的健康发展。而我以前的研究,就像瞿兆玉对我的评价一样——你太学术了,我对这些因素原来关注得太少了。

记 者:你指的这个因素是权力吗?

刘姝威:你说呢?

记 者:我问你。

刘姝威:我问你。你听了我讲述的话,你认为这个因素是什么?

记 者:你是当事人。

刘姝威:这个问题我想应该让公众来分析吧。现在的问题是如果是权力的话,这就有一个——他为什么会用他掌握的权力干出这种事?怎么才能够制止他运用手中的权力干这种事?这是我们应该思考的问题。那么对于决策部门来讲,是不了了之呢,还是要一查到底呢?如果这个问题你不一查到底的话,以后他还这么干;如果这个因素你再纵容它存在下去的话,银行没法办,行长无法当,这是很危险的。

记 者:你认为会不了了之吗?

刘姝威:我不希望不了了之。

记 者:你的预测是什么?

刘姝威:我的预测……我无法预测。

记　者:预感呢?

刘姝威:我无法预感。

记　者:这个事情让很多人难以置信。那么你作为当事人,你的最大的感触是什么?

刘姝威:要从大的来讲,就是说,要使我们国家的社会主义市场经济健康发展,使我们国家的经济能够持续稳定地增长,老百姓的日子能够越过越好,我们还有许多事情要做。如果因为干扰银行信贷工作的这些因素——同时也是干扰我们社会主义市场经济健康发展的因素,最终它会妨碍我们老百姓过好日子,对吧? 那么如果这些因素你不消除的话,早晚有一天,怎么说呢,它是一个蛀虫,它会把我们国家经济最核心的部分给蛀空。

第20章
网络新闻专题制作

2008年9月9日,《兰州晨报》刊登了一篇消息,称当地几十名患上肾结石病的婴儿都有吃某品牌奶粉的历史,医院怀疑病因与奶粉有关。

这则报道当天是以单篇的形式被各大网站转载,受到了很多网民的关注,人们纷纷留言,要求公布"某品牌"奶粉的具体名称,并要求查明婴儿患病是否与奶粉质量有关。

第二天,多家地方媒体报道当地也出现婴儿患上肾结石的病例,并将奶粉品牌指向号称中国奶粉市场占有率第一的三鹿集团。各大网站对此新闻进行了转载,一时间迅速形成了一个舆论热点。

当事件的影响力升级时,网站对这一新闻的报道力度也升级了,从最开始的单独报道,到制作成新闻专题作为一段时间的重要报道向网友推荐。

网络新闻专题是近年来出现的网络深度报道的一种新模式,因其鲜明的网络特色而受到网友的喜爱。网络新闻专题有什么样的特点?怎样制作才更能发挥网络优势?本章将解决这些问题。

第一节　网络新闻的专题产生及其特点

网络新闻专题的报道形式在国外早已有之,如"发现频道"(Discovery Channel)网站2000年持续了一年时间的对美国的种族仇恨和暴力的独家报道,可以说是一次成功的网络专题报道。这个报道包括文字、图片、音频和视频报道,包括了社区暴力犯罪、如何建设一个健康的社区以及有关人物报道,同时还链接到这个国家的一系列校园枪击案和办公室枪击案,暴力事件给社会带来的经济损失和给受害家庭带来的精神损害,以及对这一社会现象的最新研究等。这种做法被认为是沿用了传统报纸的深度报道做法,但因网络媒体的特长而使报道的深度和广度大大加强了。

　　在我国,由于大多数网络媒体没有采访权,其海量的信息大都来自传统媒体。一些重大新闻事件发生后,形成一段时间的舆论热点,多家传统媒体会从不同角度来报道它,相应的,网络媒体就获得了多家媒体关于同一事件的不同报道。这些围绕一定主题的多条报道成为网络的宝贵信息资源。

　　早期,网络就将这些报道简单分类后列出长长的标题单,如分为最新消息、以往报道、评论等多个版块,每个版块都将相关标题列出。

　　但通过实践,网络编辑们发现,这种做法对信息资源的浪费比较大,网友一般只看看列在前面的标题,很多内容重要但位置靠后的报道得不到充分关注。于是网站开始了对这些信息的整合工作,即形成网络专题,通过适当的编排、加工,将对信息的选择权还给受众。

　　网络专题有以下特点。

　　1. 集纳效应

　　网络专题将各种媒体对同一新闻事件报道的海量信息进行汇聚,从消息到特写、深度报道、评论,从通讯社到不同地区的报纸、电台、电视台、其他网站都一网打尽,通过重组新闻资源、重新编辑改写后集中在一个页面上。这种集纳可以形成网页中的强势,产生"1+1>2"的系统效应,实现新闻价值的增值。

　　网络专题的集纳方式有两种。一种表现在空间上,如编辑为相关新闻配置上有关的背景资料或汇集相关的报道,并通过"超链接"的方式将它们连接起来,可以帮助读者释疑解惑,开阔视野,加深对新闻事件的理解;或者在网页上把凡是有某种内在联系的稿件放到一起,形成报道集群,引起读者的注意。另一种表现在时间上,如编辑采用连续报道或系列报道的方式,使对同一主题的新闻事件的报道通过时间的延续和信息积累而得以加强。读者既可以检索查询到这一事件过去发生的状况,也可以在动态中了解到事件最新发生的变化。以上两种方式的综合运用,使网络专题的稿件群体优势得到了最大的发挥。

　　目前,大型网站均会就最近一个时期的重大事件组织专题报道,这里面既有有关背景的历史回顾和相关的各种报道,又有滚动播出的事件发展的最新动态。这种多层次、多角度、立体化、全方位的报道,正是网络媒体得天独厚的优势。

　　2. 宜动宜静

　　网络媒体不光能将传统媒体的最新信息采集到自己的发布系统中,同时通过数据库的长期保存,这些信息可以无限制地反复利用。

　　新闻事件的发生发展,往往可能是持续数日,甚至也可能是旷日持久,在这种时候,任何个体受众都不可能自始至终把握新闻事件的所有线索和信息。如像"神六"升空这样一个多日持续的新闻事件,传统媒体采取逐日报道的形式为主,这样的报道方式对于一个连续多日没有接触媒体的人来讲,可能会由于信息或者知识储备缺乏造成信息理解和接受的困难。然而网络媒体则可以在相当程度上弥补传统媒体这一不足,它既能快速反应,也能有所沉淀,可以将持续多日的新闻事件报道进行更加有条理地组织。

3. 意见性信息的强势

虽然网络媒体的内容大多来自传统媒体,但在网民意见性信息的表达方面,通过网络媒体最为直接,可以说,网友评论是网络媒体原创信息中最重要的一种。

网络媒体的兴盛不仅仅在于它具有无与伦比的信息空间,还在于它开启了一个前所未有的言论空间,让受众畅所欲言,通过种种手段发表自己的意见。

而网络专题由于均是选择重大新闻事件或者社会热点问题进行报道,因此受到网友的注目度较高,网友发言的热情也较其他的一般性报道要大。并且,通过网络专题上"在线调查"环节的设置,还可以进行民意调查,将意见性信息数据化。

第二节　网络新闻专题的结构与布局

网络新闻专题大致有以下几种结构与布局方式。

一、粘贴集纳式

网络媒体从传统媒体中大量采集同一主题的新闻信息之后,最常见的一种报道方式就是粘贴集纳。网站把来自各处的传统媒体的信息按照一定的分类集中在一起,在最短时间内上线,内容和形式上对原来媒体的形态却不改变,至多将标题进行一下修改,打开链接后出现的则是原媒体的内容。

这种粘贴集纳带来了网络新闻海纳百川的容量,形成了早期网络新闻专题"平面罗列"式的编排方式,在一个新闻专题主页上往往有上百条新闻标题列出供受众选择。这种求全式的报道模式很受网友的欢迎,这样受众能在众多新闻找到自己感兴趣的内容;但这样的粘贴式报道也带来问题,其一是使各新闻网站之间的同质化现象严重,从编辑方式到内容均相差不多,各网站之间的特色不鲜明;其二是这样的海量信息报道使得很多受众面临海量选择而无所适从,只能匆匆浏览,对信息的深度阅读不够。

二、整合重构式

面对粘贴集纳多报道带来的问题,一些网站开始尝试整合传统媒体的报道资源,将某一主题下众多的单篇报道的内容进行重构、分层,发挥网络特长,把文字、声音、视频等符号系统兼集一身,甚至可以利用计算机和网络技术生成平面和三维动画、全息图像、虚拟空间环境等。这样将传统媒体的新闻信息加以整合、重构,并在一定程度上实现各种信息形态的相互转换,可以发挥网络的优势,体现各个网络媒体的特色,使受众产生比接受传统媒体的报道更加深入的"沉浸感",从而使报道效果最大化。

目前,这种整合重构式网络专题在一些比较重要的报道中被较多地采用,越来越多的网站采用这样的形式来提升报道的吸引力。

如在 2006 年 9 月 26 日,安倍晋三成为日本首相当天,新浪网立刻制作了一个新闻人物专题,介绍安倍晋三其人(如图 20-1)。

图 20-1

而这个报道整合了《安倍晋三:极右的政治家》(来源四川在线-天府早报)、《安倍 50 年最"民族主义"首相?》(来源:四川新闻网-成都商报)、《安倍晋三称日本将采取更强势的外交政策》(来源:中国新闻网)、《英报称安倍是日本战后民族主义色彩最浓厚首相》(来源:中国日报网站)、《三大难题困扰"安倍新政"》(来源:环球时报)、《安倍的四大挑战》(来源:四川新闻网-成都商报)、《小泽一郎:日本自民党最怕的人 誓言击败安倍》(来源:大洋网-广州日报)共计七篇报道。

按照粘贴集纳式的报道方式的话,则是将七篇报道的标题一一列出,让受众选择喜欢看的进入;但按照整合重构式的报道方式,则将这七篇报道的精华部分在一个页面体现出来,通过重新结构、组合,让这些报道的精华部分有序化。

如页面分为"颇具魅力的纯种政治家"、"政策走向'强'字当头"、"新任首相面临四关"、"三大难题困扰安倍新政"四个部分,并配发了预测性的报道"鹰派新首相上任趋势分析"以及背景资料"安倍鹰派言论"、"安倍晋三简历"、"自民党选举不是首相选举"等(如图 20-2)。

报道的每一部分又通过相应的小标题和简短的文字报道让内容一目了然,同时将原报道中涉及的几幅照片和漫画也组合到整合报道中,使新报道的页面更加丰富、活泼。

通过这样的整合重构式报道使受众看了这个人物页面基本把握了七篇报道的要

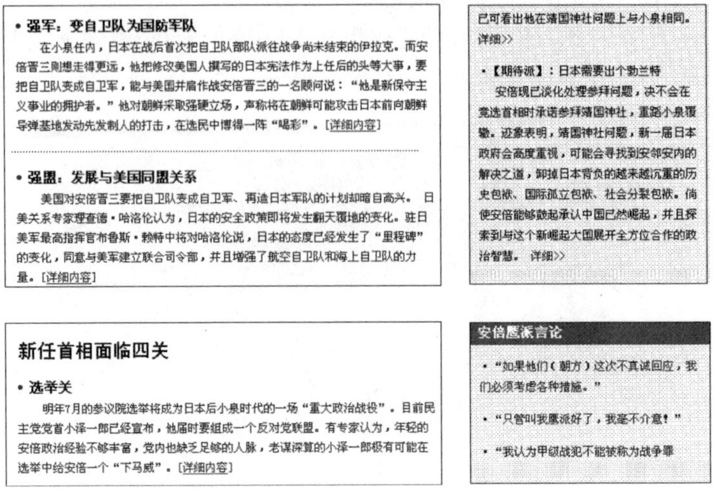

- **强军：变自卫队为国防军队**
  在小泉任内，日本在战后首次把自卫队部队派往战事尚未结束的伊拉克。而安倍晋三则想走得更远，他想修改美国人撰写的日本宪法作为上任后的头等大事，要把自卫队变成自卫军，能与美国并肩作战安倍晋三的一名顾问说："他是新保守主义事业的拥护者。"他对朝鲜采取强硬立场，声称将在朝鲜可能攻击日本前向朝鲜导弹基地发动先发制人的打击，在选民中博得一阵"喝彩"。[详细内容]

- **强盟：发展与美国同盟关系**
  美国对安倍晋三要把自卫队变成自卫军、再造日本军队的计划却高兴。日美关系专家理查德·哈洛伦认为，日本的安全政策即将发生翻天覆地的变化。驻日美军最高指挥官布鲁斯·赖特中将对哈洛伦说，日本的态度已经发生了"里程碑"的变化，同意与美军建立联合司令部，并且增强了航空自卫队和海上自卫队的力量。[详细内容]

新任首相面临四关

- **选举关**
  明年7月的参议院选举将成为日本后小泉时代的一场"重大政治战役"。目前民主党党首小泽一郎已经宣布，他届时要组成一个反对党联盟。有专家认为，年轻的安倍政治经验不够丰富，党内也缺乏足够的人脉，老谋深算的小泽一郎极有可能在选举中给安倍一个"下马威"。[详细内容]

已可看出她在靖国神社问题上与小泉相同。详细>>

- **【期待派】：日本需要出个勃兰特**
  安倍现已淡化处理参拜问题，决不会在党选首相时承诺参拜靖国神社，重蹈小泉覆辙。迹象表明，靖国神社问题，新一届日本政府会高度重视，可能会寻找到安倍党内的解决之道，即把日本背负的越来越沉重的历史包袱、国际孤立包袱、社会分裂包袱，倘使安倍能够敢起承认中国已然崛起，并且探索到与这个新崛起大国展开全方位合作的政治智慧。详细>>

安倍鹰派言论

- "如果他们（朝方）这次不真诚回应，我们必须考虑各种措施。"
- "只管叫我鹰派好了，我毫不介意！"
- "我认为甲级战犯不能被称为战争罪"

图 20-2

点，如果还有受众对此有更深的兴趣，则可以点击详细内容进行更进一步的阅读。值得注意的是，目前整合重构式报道更多的是注重对传统媒体的报道内容的梳理，而普遍存在着忽视自身媒体信息来源的问题，对网络媒体自身得天独厚的意见性信息的开发和梳理远远不够。如对安倍晋三的报道，在报道最后有互动的设计（如图20-3）。

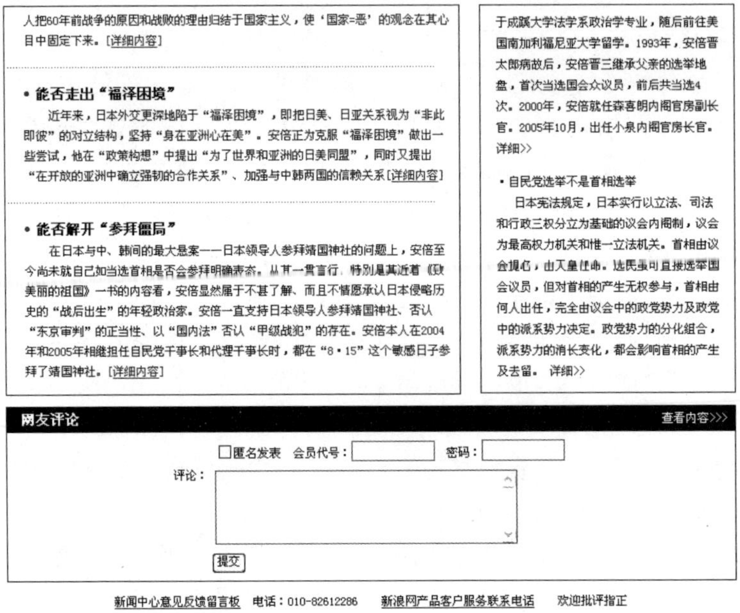

人把60年前战争的原因和战败的理由归结于国家主义，使"国家=恶"的观念在其心目中固定下来。[详细内容]

- **能否走出"福泽困境"**
  近年来，日本外交更深地陷于"福泽困境"，即把日美、日亚关系视为"非此即彼"的对立结构，坚持"身在亚洲心在美"。安倍正为克服"福泽困境"做出一些尝试，他在"政策构想"中提出"为了世界和亚洲的日美同盟"，同时又提出"在开放的亚洲中确立强韧的合作关系"、加强与中韩两国的信赖关系[详细内容]

- **能否解开"参拜僵局"**
  在日本与中、韩间的最大悬案——日本领导人参拜靖国神社的问题上，安倍至今尚未就自己如当选首相是否会参拜明确表态。从其一贯言行，特别是其最近看《致美丽的祖国》一书的内容，安倍显然属于不甚了解，而且不惜愿承认日本侵略历史的"战后出生"的年轻政治家。安倍一直支持日本领导人参拜靖国神社、否认"东京审判"的正当性、以"国内法"否认"甲级战犯"的存在。安倍本人在2004年和2005年相继担任自民党干事长和代理干事长时，都在"8·15"这个敏感日子参拜了靖国神社。[详细内容]

于成蹊大学法学系政治学专业，随后前往美国南加利福尼亚大学留学。1993年，安倍晋太郎病故后，安倍晋三继承父亲的选举地盘，首次当选国会众议员，前后共当选4次。2000年，安倍就任森喜朗内阁官房副长官。2005年10月，出任小泉内阁官房长官。详细>>

- **自民党选举不是首相选举**
  日本宪法规定，日本实行以立法、司法和行政三权分立为基础的议会内阁制，议会为最高权力机关和惟一立法机关。首相由议会提名，由天皇任命。选民虽可直接选举国会议员，但对首相的产生无权参与，首相由何人出任，完全由议会中的政党势力及政党中的派系力量决定。政党势力的分化组合，派系势力的消长变化，都会影响首相的产生及去留。详细>>

网友评论　　　　查看内容>>>

□匿名发表　会员代号：[　　　]　密码：[　　　]

评论：[　　　　　　　　　　]

[提交]

新闻中心意见反馈留言板　电话：010-82612286　新浪网产品客户服务联系电话　欢迎批评指正

图 20-3

　　这样的设计虽然给网友发言的方便与提示,但如果能将已经发言的网友对安倍晋三一些评价性信息选择几条缩编在一侧,会丰富互动的内容,同时也能刺激更多的网友浏览页面后发言。

　　这种整合重构式结构和布局形式既对相关的信息进行了梳理,并对新闻进行初步的解读和解释,让受众能提高对信息获取的效率,同时也能突显网络媒体的报道特点,融多种媒体符号于一体,为真正意义上的多媒体报道打下基础。

　　值得注意的是,这种报道的内部结构大都以板块的形式存在,各板块之间大多以某种逻辑关系相联系。如以下这个专题中的内部结构就是列举式。

　　这种结构在导语之后用几个版块提供支持性信息,然后列举支持前文的信息点,所列举的项目通常为并列关系,并且每一个版块会用小方框、大号圆点等符号突出强调。这种结构比较适合于有许多要点可以列举的关于人物或事物的报道。

　　以下关于宿州医改的报道就采用了列举式结构,把报道的要点分为"江苏宿迁'卖光式医改'"、"宿迁医改质疑"、"医改,向左? 向右"三个版块列举,每个版块中仍然用列举的方法逐条表现对此次医改调查的成果①,如图 20-4。

图 20-4

　　此篇报道的导语是这样的:

　　"从 5 年多前开始,以公立医院私有化、也就是俗称的'卖光'为主线的江苏宿

①　宿迁医改,让人看得起病,http://news. 163. com/special/0001139T/medicarereform060323. html

迁市医疗卫生体制改革,一直成为人们关注的焦点。从那时到现在,全市 135 所乡镇以上公立医疗机构,有 134 所完成了产权置换,改造成了股份制、混合所有制、个人独资等多种类型的医疗机构,实行民有民营。这种改革方向是否解决了长期以来老百姓最关心的看病难,看病贵问题呢?”[详细][参与讨论]

受众可以直接点击“详细”进入文字报道,也可以看导语之下的页面,快速了解报道要点。

三个版块中,“江苏宿迁‘卖光式医改’”部分又分为“宿迁医改四大原则:管办分开 医卫分离 医防分设 医药分家”与“医院民营化改革”两个部分,每部分列举四大原则的内容及民营化改革的举措。

“宿迁医改质疑”部分又列举了三个问题,分别是“医疗费用降了吗?”、“不规范医疗行为消失了吗?”、“医疗质量上来了吗?”,通过对三个问题的简要报道指出宿迁医改的不足之处(如图 20-5)。

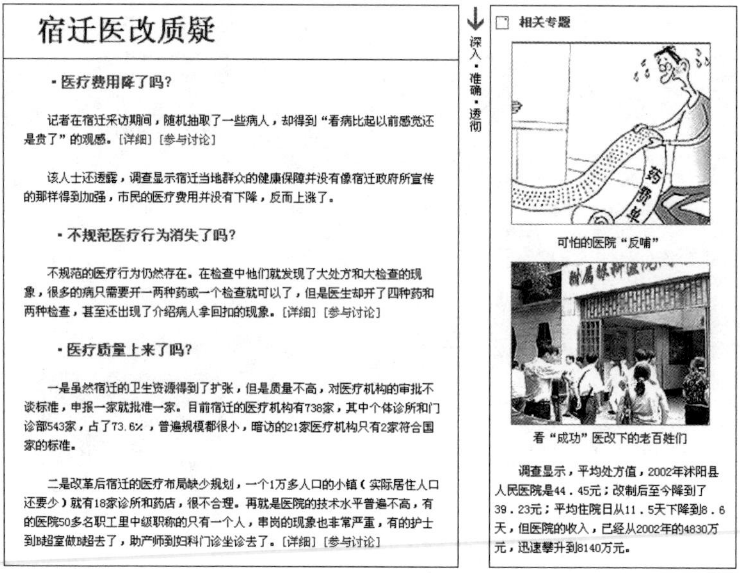

宿迁医改质疑

·医疗费用降了吗?

记者在宿迁采访期间,随机抽取了一些病人,却得到“看病比起以前感觉还是贵了”的观感。[详细][参与讨论]

该人士还透露,调查显示宿迁当地群众的健康保障并没有像宿迁政府所宣传的那样得到加强,市民的医疗费用并没有下降,反而上涨了。

·不规范医疗行为消失了吗?

不规范的医疗行为仍然存在。在检查中他们就发现了大处方和大检查的现象,很多的病只需要开一两种药或一个检查就可以了,但是医生却开了四种药和两种检查,甚至还出现了介绍病人拿回扣的现象。[详细][参与讨论]

·医疗质量上来了吗?

一是虽然宿迁的卫生资源得到了扩张,但是质量不高,对医疗机构的审批不谈标准,申报一家就批准一家。目前宿迁的医疗机构有738家,其中个体诊所和门诊部543家,占了73.6%,普遍规模都很小,暗访的21家医疗机构只有2家符合国家的标准。

二是改革后宿迁的医疗布局缺少规划,一个1万多人口的小镇(实际居住人口还要少)就有18家诊所和药店,很不合理。再就是医院的技术水平普遍不高,有的医院50多名职工里中级职称的只有一个人,串岗的现象也非常严重,有的护士到B超室做B超去了,助产师到妇科门诊坐诊去了。[详细][参与讨论]

深入·准确·透彻

相关专题

可怕的医院“反哺”

看“成功”医改下的老百姓们

调查显示,平均处方值,2002年沭阳县人民医院是44.45元;改制后至今降到了39.23元;平均住院日从11.5天下降到8.6天,但医院的收入,已经从2002年的4830万元,迅速攀升到8140万元。

图 20-5

“医改,向左? 向右”这一部分列举了一些专家对医改走向的建议,以“医改,不能回到包办时代”、“医疗市场应该完全放开”、“政府主导医疗保险,医院市场化经营”三方面来组织,条理比较清晰。

使用列举式结构时,不但可以依据逻辑顺序将报道列为几个部分,也可以依据时间顺序来组织,报道的各个部分都相对独立完整,但又在一个大主题下连接成一个整体。

在网络专题中，使用列举式结构的突出优势是能将新闻信息迅速条理化，尤其是一些比较有深度的内容，要想以较为短小的篇幅表达足够多的事实，用这种结构将非常有效（如图 20-6）。

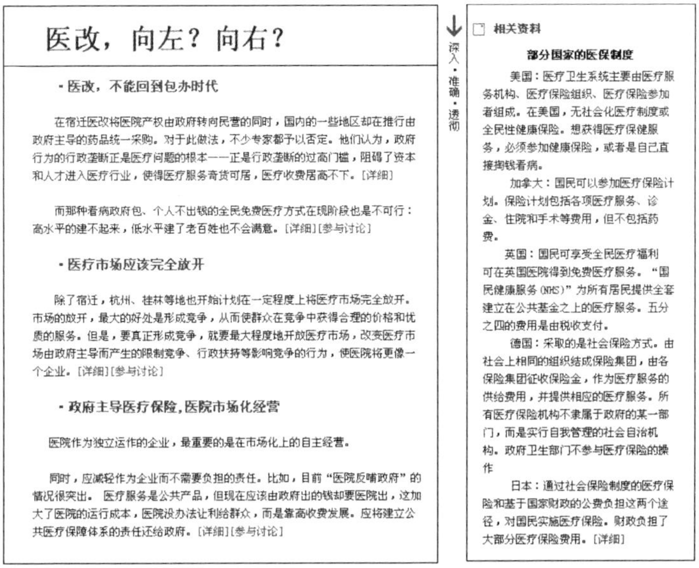

医改，向左？向右？

· 医改，不能回到包办时代

在宿迁医改将医院产权由政府转向民营的同时，国内的一些地区却在推行由政府主导的药品统一采购。对于此做法，不少专家都予以否定。他们认为，政府行为的行政垄断正是医疗问题的根本——正是行政垄断的过高门槛，阻碍了资本和人才进入医疗行业，使得医疗服务奇货可居，医疗收费居高不下。[详细]

而那种看病政府包、个人不出钱的全民免费医疗方式在现阶段也是不可行：高水平的建不起来，低水平建了老百姓也不会满意。[详细][参与讨论]

· 医疗市场应该完全放开

除了宿迁，杭州、桂林等地也开始计划在一定程度上将医疗市场完全放开。市场的放开，最大的好处是形成竞争，从而使群众在竞争中获得合理的价格和优质的服务。但是，要真正形成竞争，就要最大程度地开放医疗市场，改变医疗市场由政府主导而产生的限制竞争、行政扶持等影响竞争的行为，使医院将更像一个企业。[详细][参与讨论]

· 政府主导医疗保险，医院市场化经营

医院作为独立运作的企业，最重要的是在市场化上的自主经营。

同时，应减轻作为企业而不需要负担的责任。比如，目前“医院反哺政府”的情况很突出。 医疗服务是公共产品，但现在应该由政府出的钱却要医院出，这加大了医院的运行成本，医院没办法让利给群众，而是靠高收费发展。应将建立公共医疗保障体系的责任还给政府。[详细][参与讨论]

深入·准确·透彻

相关资料

部分国家的医保制度

美国：医疗卫生系统主要由医疗服务机构、医疗保险组织、医疗保险参加者组成。在美国，无社会化医疗制度或全民性健康保险。想获得医疗保健服务，必须参加健康保险，或者是自己直接掏钱看病。

加拿大：国民可以参加医疗保险计划。保险计划包括各项医疗服务、诊金、住院和手术等费用，但不包括药费。

英国：国民可享受全民医疗福利可在英国医院得到免费医疗服务。“国民健康服务(NHS)”为所有居民提供全套建立在公共基金之上的医疗服务。五分之四的费用是由税收支付。

德国：采取的是社会保险方式。由社会上相同的组织结成保险集团，由各保险集团征收保险金，作为医疗服务的供给费用，并提供相应的医疗服务。所有医疗保险机构不隶属于政府的某一部门，而是实行自我管理的社会自治机构。政府卫生部门不参与医疗保险的操作

日本：通过社会保险制度的医疗保险和基于国家财政的公费负担这两个途径，对国民实施医疗保险。财政负担了大部分医疗保险费用。[详细]

图 20-6

三、结合式报道

这种报道形式一般是粘贴集纳式与整合重构式的一种结合，通常的表现是报道的前端类似整合重构式报道，将多篇来自传统媒体的报道进行整合，大致介绍新闻事件的基本情况；后部则大量链接其他相关报道的标题，方便读者选择。这种方式也常见于网络新闻专题中。

如新浪网 2005 年 11 月对“天价医药费”事件的报道则采用了这种方式（如图 20-7）。

报道的前半部分以整合重构的手法将“天价医药费”的事实情况进行简要的描述，通过事件调查、各方反映、揭秘高额医药费是如何出炉的、质疑高额医药费砸出中国医疗四大疮疤等版块将大量的传统媒体报道进行条分缕析的组合；后半部分则在“最新报道”的引领下，把大量的报道内容罗列出来，包括综述分析、相关新闻、媒体评论等多个部分，共有一百多条新闻，供对这一话题感兴趣的受众进一步自己选择。

这种报道模式比较适合新闻事件在不断发展变化当中、最新进展能不断添加的报道，既让受众了解最新情况，也能提供给受众更多的选择。但这种报道方式页面较长，阅读负担比较重。

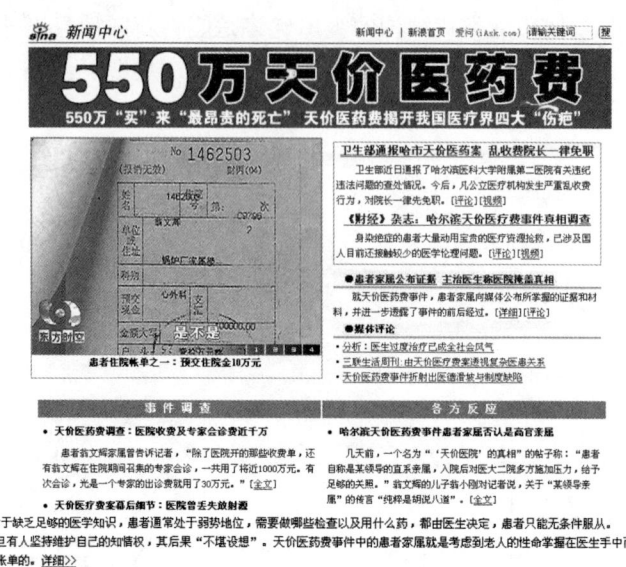

图 20-7

第三节 网络新闻专题的多媒体表现

目前,新媒体在利用传统媒体的内容进行报道时存在的主要有以下问题。

一、对网友意见性信息的整合不够

网络的海量信息要求编辑人员能迅速判断、挑选并用合理的方式表现出来,这里面不光包括以稿件或主题为中心的传统媒体报道资源的整合,网络自身的丰富的意见性信息的整合也非常重要。目前网络对网友的意见性信息更多的只是提供一个平台,让网友有发言的渠道。但从当前的网络来看,并没有太重视这一块资源。

其实,在社会变化越剧烈的时候,人们对新闻及"观点"的需求越旺盛,作为人们思想表达载体的意见性信息,正能适应受众对"观点"的需求。针对一个客观的新闻事实,不同的人会有不同的态度和看法,每一种分析和意见背后其实都是人们逻辑思维的结果。而把握新闻事件的要害越准确、思辨越深刻的意见性信息,就越对受众有意义。因为在海量的信息面前,要使自己的思想和智慧免于钝化,受众总倾向于高效选择出有用的信息,而来自他人有内涵的思考结果将会优先被受众选择。因此,面对海量的网友评论,如果编辑人员能从中选出有价值的"观点"性内容将有助于受众开拓思路,同时提高接收信息的效率。

网络的诞生使得人们的话语权趋于平等,网友的发言以思想观念、判断认识等作为关注的主要层面,形成了来自多方面的意见性信息。网络编辑如果能经过收集、整合,体现这些观点的广泛群众性,让这些观点能通过网络方便地、直观地表现出来,更能激发其他网友的参与感,甚至可以调动他们发表观点、见解的民主意识和参与热情。

二、多媒体的手段运用不灵活

目前网络专题报道对于文字、图片、幻灯等媒体手段运用的比较自如,但对于音频、视频内容的运用还显得生疏、死板。如天价医药费的报道最初来源于中央电视台《新闻调查》节目,有着丰富的音频与视频信息。但在网络报道中,节目视频是以整体形式出现的,网友要收看的话,就像看电视节目一样全片播放。但实际上,网络编辑人员可以将这一节目的音频、视频切成若干小片段,分散穿插在报道当中。如在报道"揭秘高额医药费是如何出炉的"的版块中,文字是这样处理的:

> 就在我们向医院多方求证却不能得到明确答案的时候,病人翁文辉的主治医生王雪原找到了记者,表示愿意说出他所知道的真相。
> 记者:你决定把你所知道的说出来,是什么让你做这样的决定?
> 王雪原:我想我要做一个对得起自己良心的,对得起自己良知的医生,那么以前我不知道也就罢了,今天我了解到这个事情的一部分真相,我看到了这样一部分的事实,我就要把这样的事实说出来。

如果在这种文字后面附上一段"王雪原采访实录"视频或音频,只将节目中涉及他接受采访揭出黑幕的片段制作成一个小文件,相信很多网友会点击打开来听一听,看一看。从而避免了收看整个节目带来的效率低下的问题。

三、拓展性阅读的链接组织化程度不够

在网络专题新闻报道中,链接往往作为拓展性阅读的必要手段存在。一般来说,链接有嵌入式与单列式两种。嵌入式链接就在报道当中,将报道中的某些字句制作成链接,当受众读到这里感觉有阅读障碍或想了解更多关于这个字句的内容时可以点击展开;而单列式链接一则是列在新闻后面,受众读完新闻后想读些其他相关新闻时可以点击打开。一般而言,从链接所链的内容与报道的关联度看,嵌入式链接要比单列式链接与报道的关联度更大。在西方媒体的一些网站,只要把鼠标放在一个嵌入式链接上,就可以不弹出新窗口,而在同一个页面平面展开一个面积较小的对话框。这样的处理方式更能体现以受众为本的关怀。

四、网络专题的多媒体展现——以凤凰新媒体为例

1. 集中主题,突显视频优势

凤凰新媒体有一个栏目叫"凤凰牛视",是凤凰宽频集中凤凰卫视的相同主题的视频内容制作的,属于全视频专题。这在目前的新闻网站中非常少见。而这种方式,让流动视频节目有了沉淀的空间,通过重新的梳理,呈现出全新的含义;同时这种方式也使得视频内容能够承担一些比较深刻的报道内容,这一点是电视媒体难以企及的。

如关于陈水扁"法理台独"的问题,2007 年 3 月,凤凰新媒体制作了视频专题,把凤凰卫视上的所有关于这一主题的新闻重新分类重组,起到了累积强势报道的作用(如图 20-8)。

图 20-8

这个专题从"美日为阿扁撑腰"、"大陆两手准备"、"去中国化、去蒋化"、"台

海军势"、"独派言论"、"扁不可信"、"军购风云"、"政坛风气差"等八个方面把最新的和过去的上百条视频内容组织起来。最新的视频位于专题上方,可以即时更新;作为拓展收看的视频则进入八大版块,资料视频的内容非常丰富,甚至还有"蒋介石下葬全过程"的历史画面,可以看出,网络编辑对凤凰卫视的相关视频资源做了细致的收集与梳理。此外,专题也结合了一些网络调查互动手段,让网友投票"对台独应该怎么办?",进一步体现"新媒体"的双向交流特征。如果能将重点视频的内容用文字形式简单地表达出来,网页的信息量会更丰富。

2. 将视频结构进入一般专题当中

这是凤凰新媒体常用的一种处理视频的方式。通常做法是在专题的显著位置,对其独家视频内容进行推介,并围绕相关视频配置文字稿件。

如凤凰卫视的两会专题。在页面的中心位置是温家宝总理答记者问的图片,点击进入后能打开温家宝总理记者招待会的视频片段;而在专题的右侧位置将视频资源全面集中,受众可以打开观看。而来自凤凰卫视的新闻资源将用红字标出,如"谢亚芳独家"、"凤凰点评"等,对自家的新闻醒目化;其他来源的新闻内容围绕凤凰的内容进行配置(见图20-9)。

图 20-9

3. 视频内容与文字的结合

对单条视频新闻而言,凤凰新媒体提供视频的内容,有的新闻也提供一些文字内容对视频内容进行说明或补充,方便一些没有通过宽带上网的客户掌握新闻。

此报道虽然以视频内容为主,但在下方设置了一个导读,将视频的主要内容以文字的方式进行浓缩,方便忙忙碌碌的受众进行扫描。

导读:朝鲜,一个对外界而言颇为神秘的国家,自去年进行核试验后,就更加为国际社会所关注。朝鲜对核问题的态度如何？对与美国的关系如何看待？朝鲜内部有什么样的动向，发生了什么变化？朝鲜同中国的关系如何？平壤是否正在借鉴中国的经验？为回答这一系列问题，凤凰卫视特别邀请获得平壤高层授权、同时与朝韩高层保持良好关系的商人李玉珍作客《震海听风录》节目，首次通过媒体向全球介绍朝鲜的最新情况，透露相关的真实信息。

邱震海：我们说朝鲜正在借鉴中国的改革开放道路，这句表述至少不是那么准确或完整，而且我们也不可期待朝鲜会像中国那样，走出一条像中国模式那样的改革开放的道路。那么这方面，我想是理论上的误区，现在我有一个非常具体的问题想请教您，你了解朝鲜的一些内部的情况，我们知道最近一段时间，中国内地的媒体，以及包括香港和海外的媒体，都在大量的报道，说朝鲜要在绯缎岛建第四个工业园区，而且香港有些媒体已经言之灼灼地说，这是金正日总书记，不久以前拜访中国驻朝鲜大使的时候，亲自向朝鲜方面透露的，您觉得这个消息是像香港媒体所报道的那样吗？

李玉珍：不是的。我只是听说，有一个意向书递交到朝鲜的某一个部门。但是我去了解的结果，真正提过这个合资或者投资的这个部门完全不知道这一件事，外交部门也不清楚有这么一件事情，那更提不上说更进一步了。

邱震海：也就是说，这个在这一些具体的操办的部门，他们现在还完全不知道这个情况，那到底朝鲜方面有没有打算，就像香港媒体报道的，要把绸缎岛建立成一个金融区？

李玉珍：现在因为政府部门没有收到这么一个项目，所以到底意向书是递到哪里我们还不清楚。

绯缎岛没有大规模移民

邱震海：还有一个非常关键的问题，有些报道已经在说了，说朝鲜已经大规模的在移民了，把当地绯缎岛的居民开始移掉，把外面优质的居民移进去，是这样吗？

李玉珍：这样讲非常不合理，那绯缎岛的居民都是(优良之士)的居民……

邱震海：也就是说，您给我们一个基本的消息，就是有关绯缎岛，目前香港媒体报道的东西完全不属实，至少在目前这个阶段还没有这么样的一个计划，是这样吧？

李玉珍：没有。

邱震海：好的，非常感谢您给我们透露这个消息。一个小小的朝鲜确实有太多的神秘需要我们去了解，那么在下一期的节目里，我们将继续和李玉珍女士探讨朝鲜一些内部的情况,包括他们的领导人和他们人民的想法,他未来在经济发展和改进经济方面,到底有哪些具体的措施将会出台。

相关新闻:神秘朝鲜商人授权披露核问题风暴中的真实朝鲜

神秘朝鲜商人:朝鲜的钱是"干净的"?汇业银行的 2400 万美元资金分成 50 个不同的账号,而且有些还是化名,外国会计都经过审核、调查,已经清楚的说明,这笔钱是一个正当的钱,并不是黑钱,也不是洗黑钱。所以这次六方会谈能够顺利地达成也是跟这个有关。

朝鲜只有团结没有斗争,只有改进没有改革?朝鲜是绝不会走美国所希望的那种改革的道路,也不会完全跟中国一样的那种所谓的改革开放。因为朝鲜是一个社会主义国家,是一个民主的国家,不存在什么阶级斗争,它是团结一心的民族。所谓革是没有什么可革,或者,如果讲到改,它只是根据现实的情况改进、改善。

真实的朝鲜:美国的压力让朝鲜人更加热爱金正日?外界或者民众表示对金正日将军的一种爱戴、爱慕,并不是金正日将军他要求这么做的,也不是政府的一个决定,不是这样,这是外面人民的这么一个称呼。

神秘朝鲜商人透露,朝鲜有信用愿意弃核?朝鲜核问题,根本上也就是因为美国对朝鲜的敌对关系的一个产物。所以,朝鲜自己觉得并不是说要用核武有器去攻打哪一个国家。他们认为,他们在这五千年的历史当中,从来没有向任何一个国家扔过一块石头,他们是爱好和平的。朝鲜人民如果没有核武器的威胁,或者是美国的封锁或制裁,他们根本不需要这个核武器。

朝鲜目前不会在华盛顿设办事处。

总的说来,相对于其他网站对视频、音频等信息使用得比较粗糙,凤凰新媒体在这方面却是将其作为自己的主打内容来经营的。通过对凤凰卫视内容的分类重组,来实现节目内容的增值。同时,凤凰新媒体也开始尝试运用视频搜索等技术去挖掘自身的潜力,让视频内容产生更大的影响力。

第四节　网络专题的制作程序

一、稿件的选择

网络新闻专题的稿件来源是非常丰富的,一部分来自传统媒体及记者采写和刊载的新闻报道;一部分来自网上的各种渠道(如 BBS、网上聊天、新闻组等);还有一部分来自网站记者的原创作品。不管稿件来何种渠道,都需要经过编辑反复认真的选择,去伪存真、去粗取精。用什么不用什么稿件,不仅能够衡量编辑个人水平的高低,而且体现了一个网络媒体的编辑思想和方针。如上海东方网对新闻稿件的选择就作了十分严格的规定,并提出了十个"不可用原则",即假不可用、险不可用、长不可用、虚不可用、劣不可用、乱不可用、浅不可用、涩不可用、套不可用、恶不可用。然而,也有一些网站由于编辑把关不严,黄色的、虚假的、格调低下甚至有政治错误的新闻在网上恣行,致使网站经常成为虚假新闻的发源地。

二、稿件的加工

对于网络专题而言,尤其是要制作整合重构式专题的话,未经编辑加工处理的新闻稿件只能是原材料或半成品,只有经过编辑精心整理加工后的稿件才能成为新闻专题进入传播领域。

网络编辑对稿件的加工主要包括对新闻事实的核实、订正,对多个新闻事实的重新组织,对文字的修改和对辞章的修饰等。网络新闻专题具有"全时化"的特点,网络新闻专题的编辑工作也是"全天候",随时有新的消息就可以向专题中进行添加。

1. 制作网络新闻标题

在网络新闻传播中,标题是引导读者向深层信息进入的第一航标。突出重点、强调新意、简洁明快的标题会吸引、刺激、引导读者点击索取下一层新闻内容,而低劣的标题则会沦为深层新闻内容展示的直接障碍。因此,对网络专题新闻编辑来说,制作出富有吸引力的标题是一个重要任务。

网络新闻标题的一个显著特征就是单行化。网络新闻标题要比传统媒体,尤其是报纸标题更为简洁传神,耐人寻味,要求做到高度简洁地表述最为重要的事实。简洁的标题要尽量包含这些要素:说明一个新闻事实;突出其中最为重要的新闻因素;揭示新闻中最新、最为本质的变动意义。当然,在实际操作中,这些要求或许不能同时在一个新闻标题中实现,但实现的成分越多,其新闻标题的质量就越高。为了让读者在最短的时间内尽可能准确、尽可能完整地了解最重要的新闻因素,需要在网页的第一视觉区域内完成对重要新闻的概括、描述和引导。这就要求将最重要的新闻要素置于最前面。

一般来说,网络标题不要超过 25 个字,因此遣词造句要格外精心。但是,许多新闻网站对新闻标题重视不够,推敲不够,由于网上的新闻面广量大,时效性的要求比传统媒体高得多,很难从容不迫地推敲新闻标题,加之网络媒体的一些从业人员未经过新闻工作的专业培训,对新闻标题片面追求字数的精简,造成有些标题制作粗糙,甚至连基本的准确都难以做到。如 2001 年 4 月 1 日,美军侦察机在南海撞毁我军飞机后,个别网站拟制的标题是:《中美战机南海上空相撞》,这个标题连基本的事实都没有表达清楚。相比之下,人民网的标题就做到了简洁地表达新闻事实的要求,该网站新闻专题的标题是《美侦察机撞毁我军机事件》。

　　除了简洁、准确之外,网络新闻专题的标题还应在鲜明、生动上下工夫。如西藏和平解放 50 周年之际,多家网站开设纪念专题,名称多为《纪念西藏和平解放50 周年》,而央视国际独辟蹊径,将专题命名为《阳光下的西藏》。"阳光"这一形象的比喻,生动而富有感染力地描绘出西藏和平解放 50 年来的繁荣进步。

　　2. 撰写网络新闻专题导读

　　网络新闻专题的导读重在吸引网民进行深入阅读,但同时还要传递出一些基本信息。2005 年 11 月 22 日新浪网新闻中心制作了一个新闻专题《历史性的一步再遇挫折 户籍改革究竟难在哪》。整个专题可以看做是一篇关于我国户籍改革的综合性报道。

　　进入专题页面后,呈现在读者眼前的是 7 个分标题,将整个综合报道分为 7 个版块,依次为: 1. 户口故事: 如何跨越你我的"楚河汉界";2. 户籍解读: 符号的意义和沉重的现实;3. 制度之辩: 枷锁还是保护伞;4. 改革之路: 十字街头徘徊不是选择;5. 样本剖析;6. 焦点透视;7. 前景分析: 户改尚需跨越的几道障碍。全部 7 个版块共计由 18 篇各带有小标题的文章组成。整篇报道跨度大、覆盖面广、分析深刻。充分显示出网络媒体在信息总量、背景材料链接以及文章篇幅等方面较之印刷媒体所具有的巨大优势。其中 18 篇小标题文章均以导读方式呈现,而要想阅读全文则需点击进入下一层次链接。现举其中导读二例:

一个符号的前世今生

　　户籍制度在我国很早就出现了。据甲骨文记载,商王朝已开始实行人口登记制度,有"登人"或"登众",即临时征集兵员的记载。这可以视为我国户籍制度的萌芽。[全文]

三大弊端带来社会不公

　　我国户籍管理制度存在着三大弊端:一是城市和农村户口的二元化管理;二是迁徙不自由;三是户籍与政治、经济、文化教育等权利挂钩,被人为赋予了太多的"附加值"。[全文]

　　对于如此篇幅巨大的新闻报道来说,通篇阅读全文显然需要花费更多的时间和精力。而网络新闻受众本身就具有追求信息更新速度、注重阅读效率的特点,因此以第二写作层次出现的导读部分,无疑成为网络新闻受众了解信息概要的重要环节。通过对 18 篇导语的浏览,完全可以掌握整个新闻策划的主旨,从而对关于我国户籍改革的情况有了一个概要性的掌握。对此问题感兴趣的受众还可以进一步点击进入下一个报道层次。一般来说,绝大多数的网络受众会止步于第二层次的阅读,即完成导读部分的阅读之后便结束整个阅读行为。

　　写作网络新闻导读的时候,编辑应时刻意识到网络媒体的特性是有区别于印刷媒体的。网络受众在阅读网络新闻时,明显表现出跳跃式阅读倾向,即对新闻信息的选择性极大。因此要求在写作新闻导读时，可以尽量多使用概括式导读，同时有具体的事实，尽量做到在阅读者目光移开之前，为其提供最大信息量的新闻内容。

3. 考虑多媒体手段

网络专题新闻中不但可以配以图片和图表，而且还可以链接音频文件和视频文件，更真实、生动地再现新闻事件；同时，由于网络能与受众实现即时交流与互动，可以为受众提供差异化的新闻服务。

因此，网络传播是多种传播手段的结合，网络专题编辑不但需要具备驾驭文字的能力，而且还需具备驾驭有声语言和对画面进行艺术处理的能力，熟练运用计算机技术和多媒体技术。

4. 页面包装

网络也有自己的"版面语言"，一般说来，处于网页左方和上方的信息强势较大，因为这部分信息往往最先争得读者的"眼球"。所以，网络新闻专题中重要的信息都应尽量放在这个位置；另外，网络新闻专题分层较多，一些网页会先被读到，一些网页则可能较晚出现，前面的网页自然比后面的网页更具强势，专题主页是读者最先浏览到的页面，因此，主页的设计与包装应下更多的工夫，包括采用何种字号的标题、颜色如何、是否需要添加动画效果等。

此外，网络新闻专题还可以用时间为手段来强化或者淡化稿件。网络不像报纸有固定的刊期和版面，也不存在广播电视不易保留的弱点。网络新闻的内容可以在几小时内甚至随着事件的发展随时更新；也可以根据需要在网页上保存几天甚至更久，这些都取决于编辑对该新闻专题的重视程度。

练习

1. 请在网络上找到关于"三鹿奶粉导致婴儿肾结石"事件的众多新闻报道，组织一个整合重构式的网络新闻专题。

2. 找到一个你所喜欢的网络新闻专题，分析一下你为什么喜欢它？它的优缺点是什么？

3. 试比较商业网站如新浪网、搜狐网、传统媒体网站如人民网、新华网对同一事件的新闻专题的处理方式有何不同。

第21章
在媒体实习和工作

每年的十二月到次年三月是大专院校毕业生投简历、找工作的黄金时节。近些年来,传媒业的迅猛发展、诱人的薪酬、挑战性的职业特点以及相对较高的社会地位吸引着越来越多的年轻学子。传媒行业也因为不断有众多富有朝气和激情的年轻人加入而更加充满活力。

同时,我们也注意到:因为看好传媒行业的前景,近些年来国内很多高等院校都纷纷开设新闻学或传播学专业,新闻传播类专业毕业生数量正在逐年猛增;而另一方面,随着经济全球化和信息技术的迅猛发展,报纸杂志、广播电视等除了来自传统媒体相互之间的竞争加剧之外,同时也面临日益增加的来自网络、手机等新媒体的竞争,传媒行业的竞争日趋激烈。新媒体快速扩张,传统媒体正在发生急剧变革,媒体的融合成为一种趋势。这样,传媒行业也对应聘者的新闻业务素质和综合素质提出了更高的要求。在这种大背景之下,近几年的高校新闻传播类专业毕业生尤其是一般院校的新闻传播类专业毕业生面临前所未有的、而且正在日益增加的就业压力。

为了帮助新闻传播类毕业生提高自身竞争力、正确把握职场信息、准确找好自身定位,帮助毕业生在日益激烈的就业竞争中脱颖而出、顺利找到自己如意的工作,并从容度过实习期,笔者总结了多年在中国人民大学新闻学院进行新闻业务教学和研究以及在中央电视台、北京电视台等媒体新闻实践的经验,并从新闻媒体一线从业人员和一些全国知名媒体的人力资源专家那里获得宝贵的信息资料,把具有普遍指导性的东西和一些实践成功的经验和案例整理出来独立成章。希望能对新闻传播类应届毕业生、新闻媒体实习生的求职、实习有所启发和帮助,同时还希望对初入传媒行业的年轻编辑记者们的工作有所帮助,也希望能对新闻传播类专业其他年级同学的专业课学习有一些实践指导意义。

第一节　如何选择媒体

进入传媒行业首先要选择好媒体,媒体的选择关系到能否顺利找到一份适合自己的工作,并对自己今后的发展起重要作用。

在众多的媒体中,如何找到能够给你实习机会和工作机会的媒体?这是大家面临的最大困难。你可能觉得,你心仪的媒体不缺人,因为他们没有做广告、没有刊登招聘启事。但根据笔者掌握的情况,真正的事实是:无数的制片人和执行主编天天都在抱怨:我的人手不够,我缺少一位得力的记者,能用的人太少,我缺的不是资金而是太缺能干的人……。如果你觉得自己是个人才,就不要轻易放弃,应该尽力去寻找机会。

那么,到哪里去求职呢?以下是一些小建议。

1. 网站

几乎每一个大的媒体都有自己的网站列出一些工作机会,你可以给指定地址发简历。如果用电子邮件发简历,请注意一个细节,无论对方是否要求你用纯文本的方式发送,你都要尽可能地用纯文本的方式发邮件。除了为对方的信息安全考虑外,也要为忙碌的人力资源主管着想,在每天众多的来信中,他/她可不一定有工夫去一一打开那些附件查看简历。试想:一份打开邮件就能看到的简历,与一份打开邮件之后还要打开附件才能看到的简历,那一份能更有机会呢?

2. 专业招聘网站和论坛

一些知名的专业招聘网站和传媒论坛上也经常会有招人的信息,不妨去关注一下。

3. 新闻媒体地址名录

查一下《中国新闻年鉴》和《中国广播电视年鉴》,里面会列出很多媒体的名称、电话、地址、邮编等信息,你有可能在你所擅长或喜欢的领域找到合适的媒体,并与之取得联系。例如,有一位同学,勤工俭学时曾推销过保险,他通过查找名录,向某保险报发出了求职信,经过几轮面试复试,最终如愿以偿。

4. 熟人介绍推荐

在我国这个更加注重人情关系的社会中,这一条途径往往是很有效的。熟人可以是老师、亲友、学长,也可以是你熟人的熟人,只要他们能和新闻单位能说上话的人搭上线,成功的希望能多增加几分。

5. 上门毛遂自荐

一位新闻自考的学生就成功地采用了这种方式,她巧妙地晃过了凤凰卫视的守门保安,找到了一位执行主编,当场表明来意后递交了个人简历,获得了面谈的机会,几天后就收到了实习的 offer。而勇气正是一个出色记者不可缺少的素质。但要注意,这一招一般不建议推广,要慎用。对较有开放精神的媒体和负责人来说,可能会适合一些。但如果有人想闯《人民日报》,恐怕麻烦就大大的了!

6. 滴水穿石式

很多栏目都有读者电话、观众热线,一位新闻系的学生从大一开始就经常给《北京青年报》提供新闻线索。由于采用率高,线索质量好,编辑部对他印象很深,大三时就进入该报实习,最后毕业留在了报社工作。还有一位平面媒体的记者,想转到广播电视行业,于是他多次给央视某栏目写意见、建议,谈自己对节目的看法。由于见解中肯,很被该栏目的制片人欣赏,一些建议得到了采纳。最终,这位平面媒体的记者被邀加盟央视,如愿成为了一位电视记者。所以,有才华的人,要善于向别人展现自己,同时也还要有韧性。这样,成功的机会就更大一些。

7. 大型招聘会

参加大型招聘会也是一种方式,但一般来说,招聘会现场人山人海,参展单位也有限,僧多粥少,竞争很激烈。

根据经验,建议大家在选择媒体时,应注意不要一味地贪求名气大。全国只有一个央视,但却有几千家地方电视台和广播电台;全国只有一个《南方周末》,但却有成千上万家地方报纸、行业报纸、期刊、杂志……。所以,一定要根据自身的特点、特长来选择。一般而言,目前国内各大媒体、知名媒体更青睐名校的毕业生和有实际从业经验的应聘者。但如果你有不同一般的过人之处,那也还是有机会的。此外,小媒体、不知名的媒体同样值得考虑和重视。因为媒体小,有可能你一去就采编合一,一个人跑好多条线。这样,给你的舞台和发展空间反而有可能更大!

据笔者了解到的西方国家新闻媒体的经验来说,大学生很少能一毕业就进入《纽约时报》、《华尔街日报》这样的大报,大多数人都是从地方报、甚至是社区报一步一步地锻炼成长起来的,其中的佼佼者最后才有机会进入名报大台。

第二节　如何写好求职信和个人简历

选择好媒体之后,就要精心准备求职信和个人简历。如何写出一份好的个人简历? 个人简历如何既实事求是又能吸引人力资源主管的更多注意呢? 如何针对不同的媒体,写好自己能吸引人的求职信呢? 这对成功获得宝贵的机会至关重要。

当你向一个媒体提出实习或工作申请时,最好要事先搞清谁将接收你的申请。联系人的姓名、头衔、性别等信息一定要正确,对收信人的称呼也很重要。有时,单从收信人的名字还难以判断其性别。有些女性总编辑和人事部门负责人的名字看起来像男性,也有男性的名字听起来很女性化,所以最好事先打个电话搞清。做记者、编辑的第一步就是要核实事实,要准确,而收信人的信息不准确通常意味着你将失去工作机会。

尽量把求职信写到一张纸上,要像写新闻一样突出你的信息点。导语或简明扼要地概括你的要求,如"我申请贵报'社会新闻记者'一职,我具备……背景,有……经验,这些能使我成为你们这项工作的合格候选人";或讲述关于你的一件事情,如"我上一年级的时候,从电视上看到了……新闻,这条新闻对我的影响是……,当时我就想,我要成为一名记者"等。求职信的开场白就像记者写作导语一样,写法可以多种多样,但都要一语中的,同时注意不要太花哨。

开场白之后是核心段——阐述你写信的原因,你的工作经历、你的特长(为什么别人应该聘你)以及你想在这个媒体工作的原因。结尾用简短文字感谢收信人对你的关注。

求职信给雇主留下关于你的第一印象,要写得清楚、有趣、简洁。个人简历上绝对不能有打字错误,这一点对想要成为新闻媒体从业人员的人来讲尤其重要。

可以给出二至三位推荐人的有关信息,包括他们的电话号码和电子邮件。要尽可能地为雇主着想,如果你不主动提供推荐人的情况,你就是在迫使雇主花更多的时间去向你了解。

应聘新闻媒体最好提供五六篇你之前发表过的作品的剪报,不需要太多,有人把自己的所有作品印成厚厚一本,其实这并不明智。如果是应聘广播、电视行业,最好提供磁带,如果没有磁带,也要尽可能地提供作品的文字版。要选择那些比较有特色的报道,尤其是导语写得比较好的报道,如果导语不好,很难吸引人把它们读下去。作品类型要全:消息、特写、硬新闻、深度报道。

要注意,新闻媒体在选人时会更多地关注你是如何采访写作的,而不是你写的是什么。因此,选作品时要注意选择采访写作上更有特点的作品,而不是一味追求题材重大。

复印剪报时,最好不要把字号缩小,这样会方便筛选简历的人阅读。另外,最好在每篇报道后附上一段或几段文字说明你是如何写这篇报道的、这篇报道的重要性,以及你在采访时遇到过什么困难。此外,还可以说明你为什么把这篇报道作为你的代表作品以及你喜欢这个报道的原因。

准备好的材料寄出之后还需要做些什么呢?有的人认为耐心等待就行了,但这其实不是一个积极的做法。很多人会抱怨,真不知道我的简历有没有收到?发出的简历就像泥牛入海一样,再也没了消息。与其这样消极抱怨,不如积极地打个电话询问一下,与对方取得联系。通过"follow up"(跟进),可以进一步表现你对这个工作的兴趣和一种认真负责的态度,加深人力资源主管对你的印象。

当然,如果这家媒体明确写出"谢绝来电来访",一般说来,就不宜打扰。但也还是有例外的,尤其对于招聘记者职位的媒体,通过进一步的跟进,能体现你身上具有的记者素质——穷追不舍的执著。

第三节　如何准备笔试及笔试应试策略

经过第一步"海选",你有可能获得笔试的机会。海选中,除了运气外,更重要的是你的简历是否能打动招聘主管。因此，一定要研究用人单位的要求，写出有针对性的简历。当接到笔试电话后，你不要太过高兴，而应当很清楚：接下来就是靠自己实力说话的时候了，能不能过五关、斩六将，全看你自己的能耐，全靠你自己把握。

一、新闻媒体的笔试类型

根据了解的情况，新闻媒体的笔试大致分为这样几类：

1. 广而杂型

编辑、记者号称"杂家"，一些媒体希望通过这种基本素质的考试来挑选出适合自己的人才。其特点是范围极广，内容极杂。天文地理，古今中外，无所不包。准备这种考试，就像参加"开心辞典"节目一样，靠得全是自己平常的知识面，很难一蹴而就。一些综合性大媒体偏爱这种类型的考试，如南方报业集团、央视等。虽说广而杂，但仍然有一些规律可循。一般而言，逻辑、文学、历史、社会、法律、时政等内容将是考察的主要侧重点。因为对一个未来的记者、编辑，最基本的就是要有严密的逻辑思维能力、扎实的文学素养，对历史和现实有清醒的认识，遵纪守法，关心国家大事。否则，就很难胜任新闻工作。

2. 专业型

大多数媒体在挑选人才时，更看重申请者的专业素质。考察和考试时将全面检验申请者的核心新闻传播业务技能：采访、写作、编辑、评论、策划、专业外语等。这类考试在各类新闻媒体中是最常见的。如新华社的入社笔试，有采访提纲的撰写、写作角度不同的导语、写作短消息、配发编者按语、策划选题、翻译外电等内容。面对这样的考试，新闻传播专业科班出身的同学相对来说就有些优势。如果你的业务能力足够强，这类考试都不用特别准备，现场发挥即可；但对于业务能力不够强，或者是跨专业的应聘者，最好临时抱佛脚，看看新闻传播业务的书，了解各项业务技能的要求和特点，考前练练笔，增加成功的机会。

3. 政治型

有的媒体在选拔人才的时候非常注重申请人的政治素养和理论功底，在笔试时也会体现这一点。这类媒体以党报居多。参加过《人民日报》入社笔试的一位同学认为，考试中很多题目接近于公务员考试和考研的政治题。这需要你对时事政治非常熟悉，而且要有自己的见地，对政治修养要求很高。

4. 综合型

以上三种类型的综合，既有基本素质考察，又有专业能力考察，还要检验政治素养。随着就业竞争的日益激烈，以及媒体自身的发展需要从而对用人要求有所提高。目前，这类考试呈增加的趋势。

你可以向通知你的人询问一下有关笔试的具体内容，包括考哪些方面？时间？地点？考试时长等。这样，基本能对你所面临的考试的大概类型进行一些分析，并提前做好准备。

另外,需要提醒大家注意的是,在笔试前,你应该加强对应聘媒体的调查研究,尤其是对你所应聘的部门或岗位的现状要了然于心。如你想去某电台的新闻频道工作,你就需要知道这个频道的节目有哪些? 哪些节目受欢迎,哪些节目收听率不高? 节目的风格都是什么样的? 在笔试中,经常会出现让你给所应聘的媒体或频道或栏目提出意见和建议。如果你不了解其特色,所提建议就只能是泛泛而谈,看不出你的见解,显得空洞,就很难在笔试中胜出。

对媒体的研究越细越好,最好从媒体内容到媒体受众都有所了解。如新浪网的笔试题中就曾出现过请应聘者将若干条新闻按网友关注度排队的题目,重在考察你对新浪网受众的兴趣点的把握。你必须了解是什么样的人上新浪网、这些人关心什么样的新闻,才能做出相对准确的判断。

不打无准备之仗,是新闻记者的一个重要原则,能了解多少就了解多少,能准备多少就准备多少,准备笔试其实也就像准备一个采访一样。

二、笔试临场策略与技巧

应聘过程中的笔试往往只有短短的几小时,是对你的综合知识、基础理论和业务能力等的综合实力大检阅。如果临场发挥不理想,没考出你的真实水平,那实在是非常遗憾的事。因此,掌握一些小策略和技巧将有助于你心理稳定、正常发挥,甚至能够超水平发挥。以下是我们总结出的策略和技巧:

1. 摆好心态

笔试是你通向职场的第一关,就像"开心辞典"中实现家庭梦想的一道道关一样。万一没能考得太好,也没什么可懊悔的,因为后面还有面试关。通过了笔试,你也不一定就能成功应聘;考好了,也没必要欣喜若狂,因为那只意味着你在通往成功的路上迈出了第一步。抱着重在参与、全力以赴的态度去应考更容易发挥出你的水平。

2. 沉着应对

拿到试卷后,建议先不要着急答题,而应快速浏览题目,对题型、题量有一个底,以便安排自己的答题时间。这样做还有一个好处,就是能让思考时间前置。对一些需要动脑筋发挥的题目,先看一下心中有谱,这样,在答前面的题时,潜意识就已经开始对它进行思考了,等做到这道题目时往往就能文思泉涌,一挥而就。

3. 认真理解题意,细心再细心

尤其是对专业型笔试,一定要看清楚题目的要求。在一家青年类报纸的笔试中,人大新闻学院的一位同学就因为粗心而痛失机会。题目要求"根据材料一写不同角度的导语",但被他看成"根据材料二写不同角度的导语",用错了材料。虽然他写的导语非常出色,其他方面表现也很好,但仍然没能入围。原因很简单:新闻工作是一个精细活儿。

4. 一道题都不能落

有时,考试题目会很难,好多题你都不会做。对于不会做的题,千万不要让它空着。一位知名媒体的人事主管说过:会不会是能力问题,做不做是态度问题。你能做到什么程度就做到什么程度,绝不要放弃。有的时候,这是用人单位故意设置的陷阱,看看你在困难面前会怎么应对,而交空白试卷显然是不足取的。

5. 注意书写

根据我们的经验,一张整洁的试卷往往能为你赢得更高的评价。在电脑时代,打印出来的简历把人的个性淹没了,而笔试的手写体通常会不经意地流露你的性格特点。一些媒体的人力资源主管认为:一般来说,整洁书写的人通常会有更高的工作效率和更好的自我约束能力。在同等条件下,用人单位往往会倾向于选择书写整洁的人,尤其是编辑的职位。

6. 重在思路,点到为止

应聘笔试往往不需要长篇大论,简洁、清楚,思路明晰,逻辑顺畅即可。尤其在做策划方案、给媒体、版面提改进建议时,点到为止、有强烈针对性比拉拉杂杂说一堆要好一些。要明白,"精炼"也是新闻写作的一大要求。

7. 无论出于何种动机,千万不要作弊

要记住:真实是新闻的第一生命,记者、编辑不能说谎,这是新闻职业的红线。

临场发挥就像足球比赛的临门一脚,也有很多不可控的因素。而良好的发挥通常需要坚强的实力做后盾。

第四节　面试临场策略与技巧

笔试之后,幸运者将获得面试的机会,但是新闻媒体的面试与其他工作相比有自己的一些特点。

面试从来就不是一件轻而易举的事。媒体总是在寻找这样的人——精通业务、充满信心、能够勇挑重担,卷起袖子就干。但是,如果你不通过面试一关,你将无法证明你的这些优点。面试的目标是"击中工作",你要在短短的时间里让你的能力表现得光芒四射,而它的结果是可能在几秒的时间里使你得到工作机会,否则就会断送工作的机会。

首先,面试考官在"拷问"你的时候都不是为了娱乐,而是为了迅速地获得与你有关的信息,对照岗位的要求,从而帮助他们做出你是否适合这一工作的判断。因此,你要清楚的是考官们寻求的是什么东西,然后有的放矢地准备他们所需的信息,这样能减轻你的恐惧感和焦虑感。

在面试前先问自己几个问题:我最强的技能是什么? 我最精通的知识领域是什么? ——这可能会影响到将派你到哪个口采访;我个人性格最优秀的特点是什么? ——这是一个新闻工作者的软实力;我最重要的成就是什么?

把刚才哪几个问题的答案与你所应聘的新闻媒体的利益联系起来,再想想以下问题:我肚子里的货有哪些能说服媒体让我赢得申请的职位? 哪些方面的实力、成就、技能和知识使我最符合申请的职位? 我具有什么样的背景能使我在众多竞争者中鹤立鸡群、脱颖而出? 另外,也需要扫描一下自己的缺点,可以问问自己:当问到缺点时,我应该承认哪一条缺点? 我应该怎样说明我采取的措施和我所取得的进步?

根据经验,一般新闻媒体常见的面试题目及应答方式如下:

1. 谈谈你的情况。

要点是简短,两到三分钟,突出你的关键成就,从这些成就中表白你的主要性格特点、个人魅力,你的个人特质和所取得的成就对你未来工作单位的重要性。注意表达时要表现出适当的谦虚和谨慎。如:我一直就很喜欢和不同类型的人交往,我想这可能是因为我善于言谈,当然更重要的是我是一个好的聆听者(谦虚地介绍自己,同时开门见山地提到自己具有一个记者最重要的素质)。

2. 我为什么要认为你是这个岗位的最佳候选人?

首先澄清你头脑中对该职位的各项特殊要求的认识,然后再将你个人的长处以及你在以前的实习和工作中取得的成绩与之相匹配即可。

3. 在你的学习和实习中,你经历的最大一次失败是什么? 你为此做了一些什么以保证这种情况的不再发生?

这是一个问缺点的问题。向考官呈交一份关于自己缺点的清单或者把自己标榜成一个完美无缺的人,都不是好的选择。最好的办法是承认一个缺点或一次失败,而且是"好"的缺点,即这条缺点并不触及你所申请工作的红线,是过度正确的行为。如果你申请记者岗位,你就不能说自己的最大缺点就是做事拖拖拉拉,这就意味着你会被面试官认定为你可能会经常错过截稿时间。你可以说自己是一个工作狂,但你通过学习时间管理来改进等。

4. 你在压力之下,能保持良好的工作状态吗?

请注意在你举的例子中,工作压力千万不要是由于你的工作拖沓或没有预见到问题而发生的。

5. 你是喜欢单干呢? 还是与人合作?

答案取决于你所申请的职位。例如,你申请的是记者站的工作,你就不能说你喜欢和同事大力发展关系。一般来说,与其他工作一样,新闻工作也是一个需要团队作战的工作,但是,采访却需要你有单枪突破的本领。

6. 你为什么想到我们这个报社(电台、电视台、杂志等)工作?

在进入新闻媒体的面试中,除了问关于你的性格和特点之类的问题之外,面试官还有可能会问一些跟传媒专业相关的问题。这时你又应该如何作答呢?

这个问题的答案应该根据你的实际情况而定。你可以回答说因为你喜欢传媒行业,并且希望在这个行业内成长,而这家报社是一个很好的起点。这时你应该展现出对这个机构的熟悉程度,最好详细说出你比较喜欢它的哪些东西。如果对方是一家小型的新闻单位,你可以说记者在那里可能做各种各样的工作,能尽快促成你成长;而如果对方是一家大型的新闻单位,你可以说自己被这家报纸或电视台的名望所吸引,或者说你想得到一个从很有经验的新闻工作者那里学到东西的机会。总之,如果你非常想工作,你愿意在这家媒体工作,那么把这种心情说出来就可以了,只要真诚就好。

7. 你为什么想要做一名记者?

因为做记者比做销售有意思;因为你喜欢语言文字工作;因为你喜欢和不同的人打交道……这些理由都可以。面试官问这个问题只是想知道你对新闻事业有多少感情,并且检验你简历中写的东西是不是真实。

8. 你做记者的目标是什么?

这是在问你的职业规划,回答时一定要比较谨慎。假如你面对一家地方报纸的提问时,却回答你的目标是到央视去,成为大腕记者,虽然是实话,却比较危险。保险的做法是回答在这个媒体中你的目标,如成为出色的社会新闻记者,写出独到的社会新闻等。

9. 你平时看什么书、杂志、报纸? 或你有什么爱好?

这是一个常见问题,面试官通过这个问题来看你的喜好。你可以如实回答,不要附庸风雅。一位新闻学院的学生在回答这个问题时说自己喜欢看《华尔街日报》,想显得自己比较有水平,结果面试官追问了几个问题就发现这是个谎言。

10. 你怎么评价我们这家报纸? 如果你到这来工作,你能做什么?

这个问题也需要认真研究。不要说这家媒体很糟糕,你能拯救它。你可以先指出它的一些优点,再指出一些弱点,或你认为可以改进的地方,如你觉得它可以多一点经济报道或者人物专访,并说出你的理由。如果你读过它,你就有提出观点的权利,但不要太直接,可以婉转一点儿。另外,在谈到你能为这家媒体做些什么的时候,千万不要说你能彻底改变它,或者说把它做得精彩十倍。你可以说一些你喜欢做、擅长做的工作,不要妄自菲薄,也不要傲慢自大。

11. 你写过的报道当中,你最喜欢哪一个? 为什么要喜欢它?

这是另一个能表现你的内涵和洞察力的问题,同时也能检验你在简历中提供的作品剪报是否真实。注意如实回答,并与剪报中所陈述的理由保持基本的一致。

12. 你将怎样做一篇报道?

面试官可能会让你以一个当前比较热门的话题为例,让你设想该怎样报道。你要仔细思考,并尽可能地提出一些有意思的点子。

13. 你有哪些问题?

这个问题通常结束问题,但同样非常重要。一方面,这是你的一个机会去问问关于这家媒体和这项工作的一些事情;另一方面,面试官可以通过它看出你作为记者会不会有效提问。你可以问问关于实习期的事,也可以问问整个招聘最后还需要什么程序,还可以问关于工资、待遇的问题。但一般情况下,工资不能成为你要问的第一个问题。

最后,你要感谢面试你的人,因为他(她)为你的面试付出了时间。

第五节 如何顺利渡过实习期

经过了笔试、面试的几道关之后,一些媒体将可能向你发出 offer,邀你加盟,但更多的一些媒体会要求你去先那里实习一段时间,再考虑是否正式聘用你。一般来说,越是大牌的媒体,要求你先去实习的可能性就越大。如新华社、《人民日报》、《经济日报》、央视、《南方周末》等媒体更愿意通过实习来考核一位新入行者的潜能、来决定你的去留。

对于刚刚开始职业生涯的一位新记者、新编辑来说,在陌生的办公室里开始的前几十天充满了挑战和机遇。怎样才能迈好这一步呢? 笔者总结了如下一些经验供参考。

一、摆正位置和心态

一位非常优秀的新闻系学生经过笔试、面试进入了一家报纸实习,只不过才几天工夫,她就已经提出了三个很有价值的选题,并且陆续展开采访,赢得了好评。这种感觉让她觉得很不错。一天,在部门例会前,部门主任请她去复印几份文件,恰好当时她正在整理采访记录,于是她顺口就说:“我这里还挺忙的,您看找别人行不行?”立刻,部门主任的脸就晴转多云了,而后来她也因此失去了在这家媒体工作的机会。

这位同学犯了一个很多职场新人都很容易犯的错误,那就是没有搞清楚“你是谁?”。新人的原则是绝对不要骄傲自大,不要喜欢过度地表现自己,而要学会以一个谦虚的态度来对待你的领导、同事以及周围的人和事。

一般来说,刚进入媒体实习的新人开始所能得到的工作可能会比较简单一些,如整理采访记录、帮助记者打电话联系采访对象、核实采访线索、接听读者热线、观众热线等等。有时甚至可能就是安排你做打杂跑腿的活儿,比如复印文件、收发传真,甚至打扫卫生等。这些工作对于一位成绩优秀的大学毕业生来说可能会显得太简单,但你也要特别注意不要流露出任何的不合作或者抱怨的情绪。如果你连这样的小事看不上、不愿意做,谁会将更重要的事交给你呢? 谁又会愿意帮你、带你呢? 作为新入行的人,首先要让别人对你产生踏实感、信任感,这样才有可能得到有挑战性工作的机会。

另外,部门的主管也更愿意让新人在开始阶段经受一些挫折,让优秀的学生有意识地约束自己的优越感,并尽快让新人弄清并适应本单位的游戏规则。

二、融入团队

第一印象非常重要！如果在开始的时候不能给别人留下好印象,今后会更困难。很多人刚开始实习就有一个误区,认为要以极大的热情投入到工作当中,尽快做出成绩来。事实上,没有人会寄希望于一个新来的实习生马上就能给报社、版面或栏目带来巨大的奇迹,主管们更希望实习的新人能尽快找准自己的定位,尽快融入团队当中。所以,开始的时候,建议刚入行的新人更多的重点可以放在如何与办公室的前辈和同事的交往与沟通上。

与其他行业一样,在传媒行业,也会有一些先来的同事会把新入行的年轻大学毕业生看作对自己的威胁。因为在传媒这一行里,年轻、行动迅速本身就是一种自然优势,有一些在本单位工作了几年的记者们可能害怕新人的到来会产生竞争。这类老记者的反应通常是不给你任何新闻线索,每次只交代你必须要交代的话,多一句也不会说,不愿意给你任何帮助。对这类老记者,建议你采用守势,以虚心求教、诚恳、无知无畏的态度来向他问问题。不管他对你多么冷若冰霜,你一定要尽可能笑脸迎人,让他觉得你的目的不是对他产生威胁,从而慢慢愿意与你交流、最终愿意接纳你。

不要消极地等待别人主动与你接近,要知道只有重视单位已经存在的固有习俗并且愿意接受的人,才能够尽快融入这个团体。如果整个团队 12 点吃饭,那么你自然也应该跟上。如果大家都穿牛仔裤和衬衫,那么你就不要整天西装革履。总之,不要刚到一个新单位,就以一个与众不同的面孔出现,而且还试图立即改变些什么。

来自多位传媒人力资源主管的反馈表明:一些有潜力的学生通过笔试、面试几道关卡后能够顺利进入媒体实习,但最终很遗憾没能留下来的原因往往不是专业能力不够,而是由于个人性格上的缺陷和交往上的不足。他们或者过高估计了自己的能力,或者总想证明自己比同事懂得更多、更能干,往往很难融入团队当中,从而最终引起团队的反感。

在融入团体的过程中,要小心那些长期以来在部门里被排挤在外的人,他们往往比较乐意接受团队中出现的新生力量。这样一些人的特征是表现得很有才华,但是一直不得志,对你热情有加,经常在私下对别人的采访或稿件评头论足,说三道四,甚至会说一些风语冷语。此时,你最好还是以观察与倾听作为自己的最佳策略,不要随意加以附和,更不能成为传播各种小道消息的人。但相反,如果你过于巴结讨好主任、制片人,也很有可能会被同事们看作追求功利的人,而被他们集体排斥。

对于职场新人来说,最好先和那些合作性强的同事建立起自己的人际关系网络,然后再慢慢扩展。通常这些人都是一些很受欢迎而且有经验的同事,虽然他们不是真正的领导,但绝对是部门的业务中坚,甚至有可以左右领导决策的能力。如果在一个办公室里,一些记者、编辑经常很注意听团队中的某个人说话,并且经常向他询问他对报道的建议,那么这个人很有可能就是这个团队中合作性强、大家普遍认可的人,这也是你需要优先结交的人。这些人往往是信息源泉,有疑问时,不妨经常请教这些前辈同事。"为什么"这个词对于你来说,是这个阶段最重要的一个词。一般情况下,这样的同事会比较乐意给你详细解答,并且希望你能尽快融入他们的集体团队中。

三、主动出击

那么应该怎么样去融入团队呢?主动出击是一个好办法,"付出、付出、再付出",就像对待你必须采访到的采访对象一样。比如可以用轻松的话题打开局面,像周末过得怎么样?这样的问题能引起广泛的共鸣。又如,为你的同事提供帮助,比如主动帮老记者整理采访记录、主动帮忙录入、打印稿件,主动去复印文件等。那些对你的举动表示积极回应的同事将会成为你融入团队的突破口。

不过,要注意的是,在媒体实习最重要的还是你的专业实力,实习并不是搞办公室政治,在实习的过程中,更需要把自己的能力在适当的时候展现出来。

四、展现自己的专业素质和能力

在实习中,一开始几天基本上是在为融入团队打基础,但如果总热衷于在办公室里搞人际关系而没有抓住适当的机会表现出你的专业素质,那实习的效果将大打折扣。因此,在你的团队开始接纳你、不再排斥你的时候,职场菜鸟就要考虑秀一秀自己飞行的本事了。

1. 提出自己能把握的选题

在新闻媒体实习时,找选题往往是新实习记者面临的第一关。根据了解,大多数媒体不会将在职记者日常联络的跑口单位和部门分给实习生。因此,通常实习生很难有稳定、有效的新闻来源,新闻线索只能靠自己挖寻。那又该如何挖寻线索呢?一般的,实习生自己找线索有以下几种途径:

(1)从别的媒体上获得线索,挖掘第二落点

一般来说,新闻单位都订阅了大量的报刊、杂志,那里将是丰富的资料库和信息源。对照自己实习媒体的选题特点,从已经发表的新闻中搜索一番,看能不能为自己的媒体找到可以做进一步报道的线索。一方面,这种线索的可信度较高(已经被别的媒体报道过了),另一方面能否自己找到新的角度、找到什么样的新角度,这可以看出你的基本新闻素质。如一位在《科技日报》实习的学生在阅读大量报纸后,发现有一则报道是"我国科学家率先预测拉尼娜现象将结束",报道的重点是科学家预测的结果。他立刻想到这可以作为继续报道的选题,《科技日报》可将报道重点放在科学家如何做出的预测上面,由此写出了一篇更为深入的报道,获得了报社的好评。

（2）从社交渠道获得线索

去实习时,你也可以发动你的同学、朋友、家人做你的通讯员,请他们在看到、碰到、听到一些有意思的事情时,也能告诉你。这样,也可以扩大你的消息来源。

（3）从读者热线、观众热线中获得线索

很多实习生的工作是从接听读者热线、观众热线开始的。这里面每天都有海量的信息,但是有价值的线索并不多,关键在于你如果鉴别。你的领导也能从这里看出你的专业素质。

（4）主动出击,从生活中来

最典型的例子就是在《经济参考报》实习的一位毕业生,实习时对北京的厕所问题做了一番调查。之后,写出了一篇很有特色的《访厕所》,获得了当年的"中国新闻奖"。还有一位在北京电视台实习的学生想拍一拍京通高速路上行人乱穿行的情况,结果却拍下了一起因行人穿高速公路遭遇车祸死亡的全过程,也获得了当年的"广播电视新闻奖"。当然,这两位实习生最后也都如愿以偿,被实习媒体录用。

需要提醒实习生注意的是,在提出选题时一定要考虑自己的操作能力,最好以自己能够独立操作为佳。如果一味追求猛料,所报的选题操作难度太大,几个选题之后,执行主编或制片人会觉得你眼高手低,实践能力比较差。而如果你的选题总需要别的记者参与去做,也会让人看不到你到底做了些什么?因此,要从自己的实际情况出发,提出可行性、操作性更强一些的选题。

2. 把别人不做的选题做出特点来

在实习时,老记者有时也会交给你一些选题,这类选题往往是老记者认为"食之无味,弃之可惜"的没什么太大价值的东西。在这里,建议你不妨高高兴兴地接下来,认真分析、思考一番,看看里面还有没有什么可以挖掘的新东西。如果你能把大家都不太愿意做的选题做得有声有色,你的业务能力当然也就大大地显现出来了。如一位实习记者在植树节来临前接到一位老记者给的选题,就是采访市政府例行的植树活动。这位实习生对这个选题进行了认真思考,觉得虽然每年都要报道植树,但从来没有报过植树的结果,这些树成活了多少? 于是一个新角度被发现了,这位实习记者的报道让人耳目一新,当然受到了好评。

3. 精心利用边角料

在采访之后,除了要写好新闻稿之外,也可以好好利用一下那些虽然做了采访,但没有写进新闻稿里的信息。比如,你可以把你所掌握的背景写成相关链接,把一些小的瞬间写成花絮。这样,一方面可以锻炼你写不同类型稿件的能力,同时也能给编辑配置稿件的时候提供方便。这样做还有一个好处,那就是:你能给大家留下这样的印象——这个实习生很勤奋,很善于挖掘新闻资源。

4. 多与业务高手探讨业务问题

新闻单位的业务部门是"内容为王"的。业务水平的高下,决定这位记者或编辑的地位和重要性。作为实习生,应更多地向本部门的业务高手咨询、探讨,虚心请教。一方面可以请他们为你的选题提供意见或建议,从他们身上,你可以学到很多东西;另一方面,也可以表现出你的好学上进。在最后留哪个实习生工作的问题上,一些业务骨干也是很有发言权的,要让他们有合适的渠道来了解你,看到你的专业素质和潜能。如果你只知道整天闷头做选题,不知道别人怎么看、怎么想的,到最后就会比较被动。

5. 适当坚持自己的看法

如果你确信你的看法是对的,并且你有足够的理由,不妨适当地坚持一下。一般说来,实习生人微言轻,所谈的看法不一定会被重视。但你适当的坚持也还是会让别人考虑一下你的想法是否有道理。如果一旦发现你的想法有一定的道理,即使不予采纳,你善于思考的形象就已经开始树立起来了。如一位在央视实习的女生,在协助录主持人演播室的时候,发现这位全国知名的主持人读错了一个音,于是她大胆地提出来了。一开始这位主持人坚持自己的读法,但这位实习生说自己曾查过字典,对这个字的发音记得非常清楚,之所以斗胆提出,完全是为了维护主持人的形象。最后这位主持人找来了字典查了一下,发现果然如这位女生所说,只得把这一段串词重新录制一遍。事后,大家对这位实习生刮目相看,她最终如愿进入了央视。

最后,需要指出的是:对大多数想进入传媒行业的朋友来说,先入行比一步到位更加重要。所以,拿出你的勇气来,秀出你自己,不要怕被拒绝,精心去准备,努力去争取! 有句话说得好:上帝为你关闭了一扇门,就会为你打开一扇窗!

参考文献

1. 张征:《新闻发现论纲》,中国人民大学出版社 2006 年版。

2. 汪苏华、曹华民主编:《中国电视新闻佳作赏析》,中国广播电视出版社 1998 年版。

3. 中国晚报工作者协会主编:《我们在民间——2005 年度中国晚报优秀新闻作品集》,文汇出版社 2006 年版。

4. 李天道主编:《普利策新闻奖名篇快读》,四川文艺出版社 2005 年版。

5. 艾丰:《新闻写作方法论》,人民日报出版社 1993 年版。

6. 孔祥军编:《新闻传播精品导读新闻(消息)卷——范式与典例》,复旦大学出版社 2004 年版。

7. 中国新闻奖评选委员会办公室编:《中国新闻奖作品选(2000—2006)年度》,新华出版社 2001—2007 年版。

8.〔美〕布鲁斯·D.伊图尔等:《当代媒体新闻写作与报道(第六版)面》,中国人民大学出版社 2006 年版。

9. 邓科主编:《南方周末:后台》(第一辑),南方日报出版社 2006 年版。

10.〔美〕谢丽尔·吉布斯等:《新闻采写教程》,新华出版社 2004 年版。

11.〔美〕卡罗尔·里奇:《新闻写作与报道训练教程》,中国人民大学出版社 2004 年版。

12. 刘明华、张征选编:《新闻作品选读》,中国人民大学出版社 2003 年版。

13. 刘明华、徐泓、张征:《新闻写作教程》,中国人民大学出版社 2002 年版。

14. 余仁山:《解密〈新闻调查〉——电视调查性报道的策划与运作》,福建人民出版社 2008 年版。

15. 蔡雯:《新闻报道策划与新闻资源开发》,中国人民大学出版社 2004 年版。

16. 叶春华、连金禾:《新闻采写编评》,复旦大学出版社 1996 年版。

17. 凯利·莱特尔等:《全能记者必备》(第七版),中国人民大学出版社 2003 年版。

18. 孙玉胜:《十年:从改变电视的语态开始》,生活·读书·新知三联书店 2003 年版。

19. 王辉:《电视新闻实务解析》,中国广播电视出版社 2007 年版。

20. 彭兰:《网络新闻学原理与应用》,新华出版社 2003 年版。

21. 艾丰:《新闻采访方法论》,人民日报出版社 1996 年版。

22. 汤世英:《中国新闻作品研究》,武汉大学出版社 2000 年版。

23.〔美〕梅尔文·孟彻:《新闻报道与写作》(第九版),清华大学出版社 2003 年版。

24. 南振中主编:《新华社70年新闻作品选集(1931—2001)》,新华出版社2001年版。

25. 仲志远:《网络新闻学》,北京大学出版社2002年年版。

26. 罗兰·德·沃尔克:《网络新闻导论》,中国人民大学出版社2003年版。

27. 何苏六:《网络媒体的策划与编辑》,北京广播学院出版社2001年版。

28. 钟大年、于文华:《凤凰考——建构一个新传媒》,北京师范大学出版社2004年版。

29. 〔美〕杰里·施瓦茨:《如何成为顶级记者——美联社新闻报道手册》,中央编译出版社2003年版。

30. 丁柏铨:《新闻采访与写作》,高等教育出版社2004年版。

31. 张宁:《电视新闻采访的理论与实践》,中国广播电视出版社1998年版。

32. 张默:《新闻采访写作》,武汉大学出版社2000年版。

33. 王振业:《广播新闻与电视新闻》,武汉大学出版社2001年版。

34. 王蓓等:《广播电视新闻业务》,中国国际广播出版社2005年版。

35. 朱羽君等:《中国应用电视学》,北京师范大学出版社1993年版。

36. 中央电视台新闻评论部编:《焦点外的时空》,生活·读书·新知三联书店1997年版。

37. 周小普:《广播新闻与音响报道》,中国人民大学出版社2001年版。

38. Telling the story：The Convergence of Print, Broadcast and Online Media, The Missouri Group Bedford/St. Martin's, 2004

39. The News about the News,Downie, Leonard Jr. and Kaiser, Robert. ,Knopf, 2002

40. Writing Broadcast News：Shorter, Sharper, Stronger, Block, Mervin. Bonus Books, 1997

41. Writing for New Media Bonime, Andrew and Pohlmann, Ken C. John Wiley & Sons, 1998

42. 新浪网 www. sina. com

43. 搜狐网 www. sohu. com

44. 网易网 www. 163. com

45. 人民网 www. people. com. cn

46. 新华网 www. news. cn

47. 东方网 www. eastday. com

48. 央视国际网 www. cctv. com

49. 中央电台网站 www. cnr. cn

50. 中华传媒网 www. mediachina. com

51. 中央电视台新闻采访部内部参考资料

未完全列出具体篇目的参考期刊还有:

《现代传播》、《国际新闻界》、《网络传播》、《中国广播电视学刊》、《新闻大学》、《中国记者》等。

后 记

　　这本书从开始写作到最终完成前后经历了四年的时间,最终呈现在大家面前的是一本很厚的书。期间,我总试图让书变薄点、再薄点,可是大量的实例让我无法舍弃也不能舍弃。从事新闻采写教学近十年的经验告诉我,具体、典型的实例是掌握采写技能的敲门砖,如果光有理论的条条框框,读者是无法理解新闻采写是如何操作的。因此请读者原谅这本书的厚度。

　　本书最终出版时,我正在美国密苏里大学新闻学院进行为期一年的访问学者研究,是中国传媒大学出版社的吴磊编辑帮助我完成了最后阶段的校对、修正等一系列的工作,在此期间,我们通过邮件往来沟通信息,感谢她细致而富有成效的努力使得本书能顺利出版。

　　虽然我在写作中尽可能地标注出资料和观点的来源,但难免有所疏漏。在此谨对本书涉及的所有来源的作者表示感谢!

　　如果你在阅读本书时有什么想法,欢迎和我交流。我的邮件是 yingx@ruc.edu.cn,感谢网络时代让读者和作者有了双向互动的可能性。

许　颖

2011 年 7 月

图书在版编目(CIP)数据

新闻采访与写作/许颖著.--北京:中国传媒大学出版社,2011.10(2020.7重印)

ISBN 978-7-81127-348-9

Ⅰ.新… Ⅱ.许… Ⅲ.①新闻采访－高等学校－教材 ②新闻写作－高等学校－教材 Ⅳ.G212

中国版本图书馆 CIP 数据核字(2011)第 182292 号

新闻采访与写作

XINWEN CAIFANG YU XIEZUO

著　　者	许　颖	
策　　划	董媛婷	
责任编辑	吴　磊	
装帧设计	魏　东	
责任印制	李志鹏	

出版发行　中国传媒大学出版社

社　　址　北京市朝阳区定福庄东街 1 号　　邮编:100024

电　　话　86-10-65450528 或 65450532　　传真:010-65779405

网　　址　http://cucp.cuc.edu.cn

经　　销　全国新华书店

印　　刷　艺堂印刷(天津)有限公司

开　　本　710mm×1000mm　　1/16

印　　张　25.25

字　　数　523.6 千字

版　　次　2011 年 10 月第 1 版

印　　次　2020 年 7 月第 12 次印刷

书　　号　ISBN 978-7-81127-348-9/G·348　　定　价　49.80 元